我的创新之路
——从学术研究到行政管理

李颖科 著

西北大学出版社
·西安·

图书在版编目(CIP)数据

我的创新之路：从学术研究到行政管理／李颖科著.
西安：西北大学出版社，2025.3. -- ISBN 978-7
-5604-5562-4

Ⅰ.C53

中国国家版本馆 CIP 数据核字第 2024U1C082 号

我的创新之路——从学术研究到行政管理
WODE CHUANGXIN ZHI LU——CONG XUESHU YANJIU DAO XINGZHENG GUANLI

著　　者	李颖科
出版发行	西北大学出版社
地　　址	西安市太白北路 229 号
邮　　编	710069
电　　话	029-88302590　029-88303404
经　　销	全国新华书店
印　　装	中煤地西安地图制印有限公司
开　　本	787mm×1 092mm　1/16
印　　张	28.5
字　　数	436 千字
版　　次	2025 年 3 月第 1 版　2025 年 3 月第 1 次印刷
书　　号	ISBN 978-7-5604-5562-4
定　　价	186.00 元

本版图书如有印装质量问题，请拨打电话 029-88302966 予以调换。

自序：创新伴我一路走来

从社会学角度而言，创新是指人们为了生存和发展需要，运用现有的信息和条件，在特定的环境中，突破常规，发现或产生某种新颖、独特的有价值的新事物、新思想的活动。创新是一个民族进步的灵魂，是一个国家兴旺发达的不竭动力，也是一个政党永葆生机的源泉。人类社会从低级到高级、从简单到复杂、从原始到现代的进化历程，就是一个不断创新的过程。

早在史前时期，我们的先民就表现出一种勇于开拓、不断创新的探索精神。就浙江良渚遗址和山西陶寺遗址出土的文物来看，我国史前区域文化对外来文明因素的吸收融合大多不是简单的复制性效仿，而是通过改造加以创新。良渚文化玉器具有特色的神人兽面纹之外的鸟纹及变体鸟纹应是源于大汶口文化，进入良渚社会后与神人兽面纹组合成一个整体。之后，进入龙山时代，陶寺文化与社会扬弃式吸收外来先进文明因素，例如创造性使用范铸铜容器，成为辉煌的夏商周三代青铜铸造技术之始。另外，日常用具也有经改造的情形，一些十分重要的器物如玉器更少见与原产地完全相通的文化现象，而是创新出多璜联璧、组合头饰、组合腕饰等新的象征物以凝聚族群。

自夏商周以来，伴随着创新实践的不断推进与深入，人们对创新的要求亦越来越高。《礼记·大学》云："汤之《盘铭》曰：'苟日新，日日新，又日新。'"《康诰》曰："作新民。"这即是说，如果能够一天新，就应保持天天新，新了还要更新。要激励人弃旧图新。如果说，"在明明德"①还只是相对静态地

---

① 《礼记·大学》开篇云："大学之道，在明明德，在亲民，在止于至善。"意即通过道德、修养而达到并保持人类最高的善。

要求弘扬人性中光明正大的品德,那么"苟日新,日日新,又日新"则是从动态的角度来强调不断革新,展示的是一种创新的姿态,驱动人们弃旧图新。在中华五千年历史长河中,从思想到器物,从制度到文化,从艺术到科技,中华民族取得了一项又一项辉煌灿烂而又独具创造性的历史成就。

相对于创新实践的开始,在我国,"创新"一词的出现却要晚很多。据现有文献记载来看,"创新"一词最早见于北朝北齐人魏收所著《魏书》,该书云:"革弊创新者,先皇之志也。"在西方,创新(innovation)一词起源于拉丁语,原有三层含义:一是更新,二是创造新的东西,三是改变。创新作为一种理论,可追溯到1912年美国哈佛大学教授熊彼特的《经济发展理论》。熊彼特在其著作中提出:"创新是指把一种新的生产要素和生产条件的新结合引入生产体系。"

古往今来,创新的名人事迹不胜枚举,创新的实践成果层见叠出。而每一项创新成就的出现,都是人们不断质疑、不断探索的结果。孔子曰:"疑是思之始,学之端。"宋人陆九渊指出:"为学患无疑,疑则有进,小疑则小进,大疑则大进。"著名地质学家李四光说:"不怀疑不能见真理。"法国化学家拉瓦锡,对知识不盲从、不迷信,敢于怀疑、勇于创新,于是有了燃烧的"氧化说"。中国杂交水稻之父袁隆平,不迷信权威和书本,大胆怀疑,反复实验,终于研究成功三系杂交水稻。一部科学技术史实质上就是一个不断释疑解惑的过程。

牛顿从苹果落地的小事产生了怀疑,经过刻苦钻研悟出万有引力定律。古今中外,凡是有所作为的科学家,无一不具有强烈的、勇敢的怀疑精神。凡此足见一个人只有在不断质疑、不断提出问题中才能有所建树,这也正如爱因斯坦所说,提出问题比解决问题更重要。

就我自身的成长、发展而言,之所以能够在学术研究和行政管理工作中取得些许创新的成绩,在很大程度上得益于家庭教育中质疑精神和探索意识的培养。常言道:父母是学生的第一任老师。家父在我的启蒙教育中对我影响至深。父亲是1930年生人,毕业于陕西华县咸林中学,做过小学语文教师,当地年长者都称其为"秀才"。这主要有两方面的原因:一是父亲毕业于咸林中学。咸林中学成立于1919年,是当时陕东地区唯一的一所中学,那时能够在咸林中学就读的学生为数不多。二是我父亲懂乐器(二胡、笛子等),会演戏(在学校编排的《白毛女》剧中饰演杨白劳),还写得一手漂亮的毛笔字。每到春节,他总是忙着给左邻右舍写春联。而每每在此时,我是他最好的帮手,替他研墨、裁纸。在我的记忆里,从上小学到读大学、研究生期间,每年春节回家,这是必做的一项"家庭作业"。每次我既高兴又心疼:高兴的是,父亲给家乡父老写春联送祝福;心疼的是,在当时的农村,一无暖气二无空调,写春联的当口正是春寒料峭之时,父亲的两只手冻得通红,他不时地捧起双手用嘴哈气来暖和一下冰冷的手指。父亲为人谦和,从不跟别人高声红脸说话,在"功名利禄"上与世无争,在家庭日常生活上不操心、不管事,正如我母亲所说,油瓶子倒了他也视而不见,唯独在对我的教育上却十分上心,要求严格。其中有两点使我受益无穷,终生难忘。一是学习上要求我多背多记,扩大知识容量。父亲博闻强记,具有超强的记忆力,在他80多岁的时候,家里几十位亲戚的电话号码,无论是手机还是座机,他可随口说出来,是我们家名副其实的"移动电话本"。也许是想让自身的优长在子女身上得以传承和体现,打从我上小学一年级开始,每学完一篇语文课文,不管是长文还是短篇,他都要求我从头至尾背诵下来,每天晚上我一睡到被窝里,第一件事情就是给父亲背诵当天或前天所学的语文课文。可以毫不夸张地说,从小学到高中毕业,每一篇语文课文我都能熟练地背诵下来。二是学习上要求我多怀疑、多提出问题。他常常对我说,课堂上老师讲的不一定都是对的,在学习上有出息的人,往往是敢于怀疑、勇于探索的人,教育我要从小养成大胆质疑、自主分析、独立研判的学习习惯。

正是由于受父亲这种多思善疑思维的熏陶,我慢慢养成一种敢于怀疑常识、怀疑权威,勇于挑战定性结论的不"安分守己"的学习习惯。我读初中的时候,正是张铁生交白卷之风盛行之时,在为张铁生一片叫好声中,我在内心反复质问:学生交白卷是英雄,那么工人不生产、农民不种地是否也是英雄?!1975年我读高中,一天晚上和几名同学去看电影《决裂》,其中有一个镜头是一位农民把一头水牛牵到学校,学生正在上课,教室外不断传来牛的叫声。

看完电影,在回学校的路上,我和几名同学说,不管出于什么动机,把牛牵到学校都是不对的,这影响了正常的教育教学秩序。第二天,不知同行的哪名同学给学校团委打小报告,团委书记找我谈话,说我反对毛主席"五七"指示和"五七"办学方针,责令我写出深刻检查。1975年11月,"批邓、反击右倾翻案风"运动从北京逐渐扩大到全国,在我所就读的学校也搞得轰轰烈烈。一天,晚自习结束后,教室里剩下几名同学在聊天,有一名同学言及反击右倾翻案风,我接过话茬说道,邓小平是要发展中国教育事业,并不是搞右倾翻案。与上次如出一辙,不知哪名同学又打了小报告,把我说的话反映给校领导。第二天上午,学校决定撤销我的班长职务,并在全校给我开批斗会。在开完批斗会后我一直休学在家。不久,"四人帮"垮台,我继续回校读书。

按理说,吃一堑长一智,在第一次遭受打击后就应汲取教训,"痛改前非",但善思多疑、好提问题的秉性却难以改变。但也正是这种秉性涵养了我日后在学术研究和行政管理工作中力求创新求变的治学态度和工作作风。1979年我考入西北大学历史系考古专业读本科,1983年考入本系汉唐典籍专业读硕士研究生,1986年毕业留校任教,从事教学、科研工作。1997年调离西北大学,先后在西安市文物园林局、西安市社会科学院(社科联)、西安日报(晚报)社、西安市教育局、陕西省社科联等部门从事行政管理工作。在40多年的学习、学术研究和行政工作中,我始终认为,创新是推动学术发展、促进行政管理的不竭动力。就学术研究来说,没有创新,就无从彰显其魅力与生命力,更无从谈及其价值与意义。尤其是对文化研究来讲更是如此。我们知道,文化发展是一个扬弃与创新的过程,每个时代的文化总是在继承前一时代文化精华并剔除其糟粕,同时再融入本时代新的文化成分而不断加以创新的基础上发展起来的。没有对以前文化的继承,文化的发展就没有根基。相应地,只是一味地继承,而不融入新时代新的文化因素,不加以创新,文化的发展只能是一种毫无生机、毫无价值的僵硬的重复。作为一个文化研究者,只有秉持创新的治学精神,不迷信权威,不盲从大家,敢于发前人所未发,才能占据学术研究的主动与先机,也才能永葆学术研究的魅力与活力。故此,我在研究历史文化的过程中,始终以怀疑、批判的勇气,把学术创新放在首位，不步他人后尘，积极大胆创新。迄今为止，在我发表和出版的学术论著中，有大小 30 多种创新的学术观点。比如，在史学史研究方面，我对不为学界重视的春秋战国和魏晋南北朝时期的史学成就做了比较全面细致的考察论证，取得了系统的创新性研究成果。其中，重点对中国史学的起源、孔子对中国史学的贡献、吕不韦与《吕氏春秋》的史学成就、考据学的成立等重大学术问题进行深入研究，提出了孔子为中国史学之父、中国历史学作为一门完整的学科形成于春秋末期至战国初期、经世致用之学起源于孔子修《春秋》、寓论于史的撰史手法创始于孔子《春秋》而非司马迁《史记》、考据学成立于魏晋南北朝时期、干宝《史议》为我国史学评论史上第一篇专论等原创性学术观点，在学界产生较大影响。同样，在日常行政管理工作中，我也一直把锐意改革、勇于创新贯穿其中，向创新要动力、求活力。我所工作过的五六个行政部门，都先后留下了我注重创新、努力创新的足迹，特别是在文化遗产保护、社会科学工作、新闻媒体宣传和教育改革发展方面取得了诸多创新成果。可以说，数十年来，创新伴我一路走来，创新给我激情，创新给我力量！

无论是进行学术研究，还是从事行政管理，只要是创新，就必然要比"按部就班"付出更多的辛苦和汗水，有时甚至会给创新者带来麻烦与风险。相应地，顺应时代进步，有利于推动学术发展、激发行政管理活力的正向创新，必将得到学界和社会的肯定与赞誉。回首我走过的创新之路，一方面，在学术研究中，我先后发表了 110 多篇学术论文，出版了 12 部学术论著，有多篇创新性学术论文被《新华文摘》和《人大复印报刊资料》全文转载，其中《人大复印报刊资料·历史学》1987 年第 11 期全文转载了我的 3 篇学术论文。正是凭借这些创新性研究成果，1992 年我 32 岁时破格晋升为副教授，1993 年荣获国务院特殊津贴专家称号，1995 年 35 岁时破格晋升为教授。当年在学校破格晋升高级职称，不仅不占学校既有职称编制，而且每破格晋升一次，还可为学校增加一个高级职称编制，因此各高校都在积极鼓励大家申报。不过，当时破格晋升不唯对学术研究成果和教学工作量有较高要求，而且还要通过外语考试和学术答辩，当时有人戏称此为"过五关，斩六将"。另一方面，在行政管理中的诸多创新之举被《人民日报》、《光明日报》、《经济日报》、新华社《国内动态清样》、《新华每日电讯》、《瞭望周刊》、中央电视台、新华网、人民网、光明网、经济网等国家主流媒体长文、多频次持续跟踪报道,特别是新华社《国内动态清样》从2011年到2016年,先后7次大篇幅对我主导的西安市基础教育综合改革创新的理念、思路、举措、成效及经验做了全面系统的报道,受到中央领导的批示和肯定。另外,西安教育改革创新事迹被拍摄成电视纪录片《正道》和电影《紫香槐下》,在央视和全国各大影院播出、上映,引起社会各界热烈反响。我也先后荣获西安市学术技术带头人、陕西省"四个一批"人才称号。尽管在改革创新的过程中,我历经艰辛,有过痛,流过泪,但每每想起这些,心头总是充满了无比的喜乐和欢笑,些许的成就感抛却了曾经的疲累与苦楚。

　　年届退休之时,我萌发了将自己在学术研究和行政管理工作中的创新之举做一梳理总结的想法。一则很好地反思其中的得与失,为退休后的生活提供有益借鉴和参考;二来欲就自身微不足道的探索追求同从事学术研究与行政管理工作的新人略作一些分享。我依先后工作过的单位、部门,按照"历史文化研究篇""文化遗产保护篇""社会科学工作篇""新闻媒体宣传篇""教育改革发展篇"五个部分写就此书。书中的所有观点和内容均保持原初的"样貌状态",未做任何改动或修正,以确保历时性上的准确与客观。今不揣浅陋,公之于众。若能得到读者一瞥,或者有所启迪,我将深感欣慰。由于自身学术见识、研究水平、工作能力所限,书中必有错误与不当之处,诚请学界鸿识及社会各界青年朋友诘驳、指正。

李颖科

2024年6月

目　录

历史文化研究篇

炎帝非神农 …………………………………………… (5)
黄帝出生于陕北高原黄陵境内 ……………………… (10)
孔子为中国史学之父 ………………………………… (13)
中国史学起源于春秋末期至战国初期 ……………… (25)
考据学成立于魏晋南北朝时期 ……………………… (35)
对魏晋南北朝史学评论的新认知 …………………… (51)
孙盛史学初探 ………………………………………… (61)
干宝在历史编纂学上的贡献 ………………………… (75)
论裴松之的史学思想 ………………………………… (88)
《世说新语注》新论 ………………………………… (98)
魏晋南北朝史学发达原因新探 ……………………… (111)
对中西方史学比较研究的理性反思 ………………… (117)
儒学是形成中国传统直觉思维的内在根源 ………… (128)

文化遗产保护篇

对当代文物保护观念的质疑 ………………………… (144)
对中国文化遗产保护历程的审视与批判 …………… (147)
中国文化遗产保护存在问题新辩 …………………… (168)
构建中国特色文化遗产保护发展理念 ……………… (189)
重构中国特色文化遗产保护发展原则 ……………… (211)
中国文化遗产保护的目的、任务新论 ……………… (225)

创新中国文化遗产保护发展路径……………………………………（254）

社会科学工作篇

论国际化大都市与城市社科院的角色与担当 ……………………（299）
积极参与国际智库平台对话，创新人文交流机制 ………………（305）
创新社科工作思想观念………………………………………………（310）
革新社科工作体制机制………………………………………………（312）
加强学术理论研究……………………………………………………（316）
服务地方经济社会发展………………………………………………（318）
创新性开展省级社科联工作…………………………………………（321）

新闻媒体宣传篇

对新时期地方宣传思想文化工作的几点思考………………………（341）
创新版面栏目…………………………………………………………（348）
强化理论评论…………………………………………………………（355）
提升新闻质量…………………………………………………………（361）
主动设置议题…………………………………………………………（368）
激活广告经营…………………………………………………………（376）

教育改革发展篇

教育品质决定社会气质………………………………………………（388）
大学区管理制改革……………………………………………………（392）
民办初中学校招生制度改革…………………………………………（419）
创新中小学素质教育…………………………………………………（428）
创新教育评价体制……………………………………………………（437）

后　记…………………………………………………………………（443）

历史文化研究篇

1986年至1997年，我在西北大学文博学院从事教学、科研工作，讲授"中国历史文选""中国历史文献学""中国史学史"等课程。教学之余，主要从事史学史、历史文化研究。在学术研究中，我本着实事求是的治学态度和敢于怀疑、提出问题，敢于挑战传统权威的治学精神。一方面，在对神农、炎帝、黄帝、孔子、吕不韦、司马迁等历史人物和历史学、考据学、史学评论的起源，以及谁为中国史学之父等重大学术问题的研究上，依托历史记载和新的考古发现，通过深入研究、缜密论证，提出许多原创或创新性的学术观点。例如，在中国史学起源问题上，针对现代著名史学家金毓黻、杨翼骧等以文字、历法的产生和史书、史官的出现为依据，将中国史学的起源界定在上古三代的传统观点，我以历史编纂学和史学思想体系的基本形成为标志，论证提出中国史学起源于春秋末期至战国初期。另一方面，把不被史学界重视或很少有人研究，但又的确颇多学术创新且具有代表性的历史学家及其史著作为典型个案进行深入考察，先后就孙盛与《晋阳秋》、干宝与《晋纪》、裴松之与《三国志注》、刘孝标与《世说新语注》等，做出比较全面系统的探索性研究，有些学术成果填补了学术研究空白，有些学术观点发前人所未发。比如，南朝宋裴松之是我国古代杰出的史学家，其所撰《三国志注》内容丰富、独具特色。长期以来，学界相继围绕该注从史籍注释、史学考证、史学评论等方面对裴松之的史学成就做了深入的研究，并已发表了诸多论著。然而，关于裴松之的史学思想，一直无人探讨，这直接影响到对裴松之的全面总结与评价。我依靠《三国志注》等文献，第一次全面系统地论述了裴松之的史学思想，填补了学术研究空白。这些创新成果，一方面发表在《中国史研究》《史学史研究》《中国历史文献研究》《人文杂志》《西北大学学报》等刊物上，另一方面散见于我撰写出版的《儒学与中国人》《孔子与中国史学》《吕不韦与〈吕氏春秋〉》《论中国史学传统》《春秋战国与魏晋南北朝史学论稿》《论中国传统文化的深层结构》《黄帝传》《黄帝与黄帝陵》等论著中,在历史学界产生了较大的学术反响。

炎帝非神农

关于炎帝与神农究竟是一个人还是两个人的问题，直接影响到我国上古史的深入研究。长期以来，学界一人说和两人说相持不下，至今未有定论。我在撰写《黄帝传》的过程中，因研究需要，查阅了很多有关炎帝和神农的文献记载，结果发现，无论是就文献记载的内容和演变来看，还是就历史的真实情况来说，炎帝确非神农，那种把炎帝和神农看作一人的观点乃附会托古所致，既不符合文献记载的内容，又与史实相去甚远。于是，我从三个方面对炎帝即神农提出疑问。

第一，从文献记载的演变来看，战国以前，有关炎帝的文献典籍只言炎帝，未言及神农，更未将二者相提并论。例如，成书于春秋末期的《国语》和《左传》，是迄今所知有关炎帝事迹的最原始的文献典籍，它们均只言炎帝而不言神农。《国语·晋语》载："昔少典娶于有蟜氏，生黄帝、炎帝。黄帝以姬水成，炎帝以姜水成。成而异德，故黄帝为姬，炎帝为姜。……异姓则异德，异德则异类。"《左传·昭公十七年》亦说："炎帝氏以火纪，故为火师而火名。"将炎帝与神农合并而看作一人始于战国时代。成书于战国末至秦初的《世本》首次指出："炎帝即神农氏。"尔后，汉刘歆、班固及晋皇甫谧《帝王世纪》、唐张守节《史记正义》等均主此说。客观地说，这种肇始于战国时期的把炎帝与神农看作一人的观点，实际上是一种附会的说法。众所周知，战国时代，托古现象十分严重，人们为了抬高或者美化自己论述的对象，每每采取附会手法，以托古的面目将其与古圣先贤相系连。诚如《淮南·修务训》所说："世俗之人，多尊古而贱今，故为道者，必托之于神农。"比如，就黄帝而言，综览古代文献典籍，战国以前，尚无黄帝发明创造之说，自韩非创圣王以制器而为人民举而为天子之说，一些创造发明便纷纷归于黄帝。其具体做法，不是攘夺他人之发明，就是以发明者为黄帝之臣，结果是上古时代各个方面的成就，诸如日常生活中的衣、食、住、行，社会生产中的诸多器械，科学文化中的天文历算、音律五声，政治领域中的若干典章制度，风俗习惯中的婚丧嫁娶，等等，都由黄帝所发明、制作。显而易见，这是一种十足的托古现象。在炎帝问题上也是如此。由于炎帝与神农在某些方面的一致（都居于姜水之地），人们为了充分显示炎帝的"丰功伟绩"，便将其上托于在人们心目中占有崇高地位的神农氏，并把他们合而为一，遂使本来各自分立、互不统属的文献记载交相杂糅、不易分辨。顾颉刚先生即坚决反对将炎帝与神农合并，他在《古史辨》中指出："千余年来，大家对于'炎帝神农氏'一名安之若素，所有的历史书上都这样写了。但这种偷天换日的手段固然可以欺一般庸众，终于骗不了一二思考精密的学者。"这里所说的"偷天换日"，正是附会托古的表现。

第二，从文献记载的内容来看，炎帝与神农有着本质的区别——一个是"修火之利，范金排货"①的火神，一个是"斫木为耜，揉木为耒"②的农神，即便是战国以来，在炎帝事迹上多所附托的文献典籍也无法掩饰这一点。比如，有关炎帝的记载，大都与火有关，请看下面一些引文：

炎帝为火师。(《左传·哀公九年》)

炎帝作，钻燧生火，以熟荤臊，民食之，无兹胃之病，而天下化之。(《管子·轻重》)

炎帝作火，死而为灶。(《论衡·祭意》)

---

① 《路史·后纪三》。
② 《周易·系辞下》。

(炎帝)于是修火之利,范金排货,以利国用,因时变螺,以抑时疾,以炮以燔,以为醴酪。(《路史·后纪三》)

遍阅文献典籍,此类记载,还有许多,兹不一一罗列。可以断言,大凡古书中言及炎帝的记载,基本上都与火有关。我们再回头看看有关神农的文献记载。

神农氏……人身牛首,长于姜水。(《艺文类聚》卷十一引《帝王世纪》)

古之人皆食禽兽肉,至于神农,人民众多,禽兽不足,于是神农因天之时,分地之利,制耒耜,教民耕作,神而化之,使民宜之,故谓之神农也。(《白虎通义》)

神农时,天雨粟。神农耕而种之。(《艺文类聚》卷十一《周书》)

有丹雀衔九穗禾,其坠地者,帝(神农)乃拾之,以植于田。(《拾遗记》)

神农之揉木为耒,教民耕耨,民始食谷,谷始播种,耕田以为土,凿地以为井。(《论衡·感虚》)

很显然,有关神农的记载,都与农耕有关。至于上述"人身牛首"之牛,则更是明证。因为当农业发展到一定程度时,牛便成为重要的畜力,"牛者,所以植谷者,民之命也"[1],"牛者,所以耕田畴,为生人之大本"[2]。不唯中华远古先民对牛倍加珍重,世界其他民族也是如此。如印度崇牛为"圣牛",尼泊尔敬牛为"神牛",并将其定为"国兽"。正因

---

[1] 《淮南子·说山训》高诱注。
[2] 《宣室志》卷三。

此，在中国，作为农神的神农被赋予牛的风貌，形象地表征了他在农业生产中的突出地位。总之，从有关炎帝和神农的文献记载的对照来看，炎帝和神农并非一人。

第三，从历史的真实情况来看，炎帝和神农所生活的时代有很大距离。神农氏出生于姜水，姜姓，本系今甘肃、青海一带羌人的一支。早先以游牧为主，后来逐渐过渡到原始农业生活。史称"神农之世，卧则居之，起则于之，民知其母，不知其父，与麋鹿共处，耕而食，织而衣，无有相害之心"①；"神农之世，公耕而食，妇织而衣，刑政不用而治，甲兵不起而亡"②；"伏羲、神农，教而不诛"③。据此可知，神农氏生活的时代正是母系氏族社会时期。当时，既没有压迫奴役强加于氏族成员身上的法律、刑罚、监狱、军队等其他暴力统治，也没有凌驾于氏族成员之上的暴力统治者，人们按照传统习惯，在协调一致、和睦平等的环境中集体劳作和生活。与神农氏一样，炎帝作为一位我国远古传说时期的部落首领，亦生长于姜水之地，但他却生活在母系氏族社会向父系氏族社会过渡的时期。按《国语·晋语》和《新书·益壤》，炎帝和黄帝为兄弟关系，这表明他们是同一祖先的后代，后来分别成为姬（黄帝居于姬水）、姜（炎帝居于姜水）两姓部落的首领。据《史记·五帝本纪》《逸周书·史记解》《新书·益壤》等诸多文献典籍记载，炎、黄二帝曾在阪泉（古地名，一说在今山西省运城县④，一说在今河北省涿鹿县）展开一场激战，这就是历史上著名的黄炎之战。这场战争是我国上古时期姬、姜两个异姓部落间的一场激烈冲突。拉法格在论述神话和宗教里的天界时曾经说过："天上反映地上的事件，正如月亮反映日光一样。"⑤有关黄炎之战的远古传说，正是我国上古时期母系氏族社会向父系氏族公社转化时生活状况的一种折光式反映。如众所知，

---

① 《庄子·盗跖》。
② 《商君书·画策》。
③ 《商君书·更法》。
④ 该篇论文写于1990年，山西省运城县今已为山西省运城市。
⑤ ［法］拉法格：《宗教与资本》，生活·读书·新知三联书店，1963年版，第53页。

新石器时代早期的母系氏族社会，发展到新石器时代中晚期，已经过渡为父系氏族公社，尔后经过数百年之久，再进入奴隶社会。这也就是说，传说中的炎、黄时代及后来的尧、舜、禹直到夏代前期，是我国从原始社会到奴隶社会之间的一个过渡时期。这一时期，原始的公有制逐渐向私有制转变，部落与部落之间关于土地、牲畜等事宜的纠纷越来越多，冲突和战争、曲折和反复不断出现。黄炎之战正好说明这一点。总而言之，在生活时代方面，神农在前，属于母系氏族社会；炎帝在后，属于母系氏族社会向父系氏族社会过渡时期。实际上，前人早已指出炎帝和神农在时代上的差距。唐孔颖达《礼记·曲礼》正义引用蜀谯周语曰："女娲之后，五十姓至神农，神农至炎帝一百三十三姓。"神农至炎帝是否一百三十三姓姑且不论，但二者在时代方面有很大距离，却是不可否认的历史事实。

基于上述三方面的理由，我认为炎帝与神农确非一人，他们分别是我国上古时期两个部落联盟的首领。神农在前，因发明农耕而被尊为农神；炎帝在后，因发明火而被称为火神。至于是否像有些人所说，由于炎帝为神农后裔而被称为神农氏或炎帝神农氏，倒是很值得商榷的问题。如果炎帝为神农后裔而被称为神农氏或炎帝神农氏，那么据文献记载，黄帝与炎帝同为一氏族中的两个胞族，则黄帝亦为神农后裔，但古代文献典籍为什么没有将黄帝称作神农氏或黄帝神农氏？可见这种观点是不能成立的。后人之所以将炎帝和神农合并而看作一人，我认为有两方面的原因：一是炎帝与神农都居于姜水之地；二是神农发明农耕，炎帝发明火，农业与火紧密相关。

黄帝出生于陕北高原黄陵境内

关于黄帝的出生地，迄今尚无定论，综括诸论，主要有寿丘和天水两说。晋皇甫谧认为黄帝生于寿丘："黄帝生于寿丘，长于姬水，因以为姓。"①后《通鉴外纪》《轩辕黄帝传》《路史·疏仡纪·黄帝》均主此说。按张守节《史记·五帝本纪》正义："寿丘在鲁东门之北，今在兖州曲阜县东北六里。"据此则黄帝生于今山东曲阜。其实这种说法不无商榷之处。第一，黄帝出生于母系氏族公社时期，而当时山东是夷人的大本营或主要生活区，作为姬姓的少典族后裔的黄帝不可能出生于夷人的活动区域内。第二，从考古发现来看，在新石器时代，我国北方的人们主要居住在黄河支流的二级台地上，而山东在当时正处于奔腾浩荡的黄河干流两岸，特别是在那洪水肆虐的年代，人们不可能居住在那里。多年来，在山东黄河干流两岸很少发现新石器时代遗址，这也充分地证明这一点。第三，从历史上看，在周成王"残奄"以前，没有任何遗迹表明姬姓势力已发展到山东境内。所以，我认为黄帝出生于寿丘之说不能成立。

在寿丘说之外，北魏郦道元认为黄帝生于天水，他说："黄帝生于天水，在上邽城东七十里轩辕谷。"②天水在今甘肃天水市，秦时为上邽县。郦氏此说也难以成立。遍阅有关文献典籍，没有任何史实足以证明黄帝生于天水。郦道元之所以得出这种结论，我推测可能与下面两个问题有关。一是少典族最早曾活动于今甘肃境内，具体来说就是洮河、湟河、大通河、

---

① 《史记·五帝本纪》索隐引皇甫谧语。
② 《水经注·渭水》。

黄河流域的河谷地带。二是黄帝号轩辕，而正好天水有一轩辕谷。郦道元应是据此得出黄帝生于天水之说。如果我的推测不错的话，实际上郦道元的说法难以圆通。因为黄帝得以号轩辕是由于他曾居住于河南新郑县境①的轩辕之丘②，并非天水境内的轩辕谷。

我认为黄帝出生于陕西境内的黄土高原，确切地说，就是今陕北高原的黄陵境内。理由如下：

黄帝何以称黄帝？当源自战国邹衍所创五德终始之说。考邹衍五德终始说，以土、木、金、火、水为次。准此而言，黄帝作为五帝之首③，无疑应得土德，而土色黄，故称黄帝。所以，后人多以此论黄帝之得名：

> 凡帝王者之将兴也，天必先见祥乎下民。黄帝之时，天先见大螾【大蝼（螾，土精——作者注）】。黄帝曰："土气胜。"土气胜，故其色尚黄，其事则土。④

> （黄帝）有土德之瑞，土色黄，故称黄帝，犹神农火德王而称炎帝也。⑤

---

① 本文写于 1990 年，河南新郑县今已为河南新郑市。
② 黄帝何以名轩辕？按《帝王世纪》："受国于有熊，居轩辕之丘。"该书又说："有熊，今河南新郑是也。"是则轩辕之丘当在河南新郑境内。与此不同，《山海经·海外西经》云："轩辕之国，在此穷山之际。"同书《西山经》又谓："又西四百八十里，曰轩辕之丘。"按：穷山，神话中地名，在西方。我认为，轩辕所在地，当以《帝王世纪》所说为是。另据《汉书·律历志》："黄帝始垂衣裳，有轩辕之服，故天下号轩辕氏。"又据《路史·前纪七》："轩辕氏，作于空桑之北，绍物开智，见转风之蓬不已者，于是制作乘车，耜轮璞较，横木为轩，直木为辕，以尊太上，故号曰轩辕氏。"且说《汉书》之说，由轩冕之服得出轩辕之号，实乃牵强附会，因为冕与辕毕竟风马牛不相及。再说《路史》之说。在《路史》作者看来，正由于黄帝发明了车，因而才横木为轩、直木为辕，得名轩辕。此说难以成立，因为车的发明者不是黄帝，而是奚仲。我以为，三说之中，《帝王世纪》之说更近乎情理，因为在我国古代，以地为名或为号的人比比皆是。
③ 此依《世本》《大戴礼》所主黄帝、颛顼、帝喾、唐尧、虞舜为五帝之说。
④ 《吕氏春秋·应同》。
⑤ 《史记·五帝本纪》索隐。

（黄帝）以土德王，故曰黄帝。①

且不说上述诸家的大前提——黄帝必得土德之瑞——正确与否，仅就土色黄，故称黄帝而言也是不能成立的。因为土的颜色既有黄，又有黑，还有红。即便黄帝得土德之瑞，但若所得为我国东北的黑土之瑞，是否要称黑帝？或者所得为江南的红土之瑞，是否要称红帝？显而易见，借助阴阳家的五德终始说来论证黄帝的得名，毫无事实根据，均属比附之论。

我觉得，黄帝的得名与其出生地有关，地质、地理学家的研究表明，在远古时期，今陕北黄土高原即是一片辽阔的黄土原，地势西北高东南低，到处分布着深厚的黄土，那纵横连绵的大小山脉、宽广平坦的肥沃土地和迂回盘绕的河流、清新多样的气候以及丰富的自然资源，都是原始社会人们繁衍生息的理想之地。大家知道，当远古时代的人们从旧石器时代渔猎阶段进入新石器时代的农耕阶段时，土地在人们心目中就占有举足轻重的地位。黄帝时代的农耕状态如何，我们无法知其详情，但是，仅就远古传说和考古发现来看，也足以证实黄帝时代已出现农业。首先，传说中的"斫木为耜，揉木为耒"的神农时代是指原始社会的初期农业阶段，那么晚于神农的黄帝最迟也应生活于原始社会的初期农业阶段。其次，近年来考古发现不断证明我国在新石器时代早期已有原始农业②，而黄帝时代正当我国新石器时代。既然黄帝时代已出现农业，那么土地就理所当然地受到人们的高度重视，相应地，人们完全有理由也完全有可能把出生于黄土高原上的他们最爱戴与信赖的首领称作黄帝，这也就是说，正由于黄帝出生于黄土高原，因而才有黄帝之称。

---

① 《史记·五帝本纪》正义。
② 我国新石器时代早期的磁山、裴李岗遗址发现有谷物加工工具。

孔子为中国史学之父

在我国历史上,历代史学家尊司马迁为"史圣",直至今天,史学界一致认为司马迁为中国史学之父。的确,司马迁以毕生精力写成《史记》,创立了以纪传体为主要标志的"五体合一"的史书编撰体制,并以"究天人之际,通古今之变,成一家之言"的史学抱负,构建起了他的历史哲学思想体系,在中国古代史学史上树起了一座巍峨的丰碑,为中国历史学的发展做出了杰出贡献。然而,用发展的历史观来看,其史学成就的许多方面却是本源于孔子及其《春秋》,并非全然为其发凡起例之功。换言之,孔子应为中国史学之父。

一

孔子作为伟大的思想家和政治家,在中国政治思想史上的崇高地位早已举世公认。作为教育家,他在中国教育史上的杰出贡献亦被充分肯定。然而,长期以来,有关孔子对中国史学的贡献及其在中国史学史上的地位,却是知之甚少,论之甚微。尽管早在清朝和近代,章学诚和章太炎即已极力主张,孔子在中国历史上主要以史学家而现身[①],但时至今日,学界同仁并未予以正视。这也就是说,作为历史学家的孔子对中国史学的贡献迄今尚未被史界学人所认知。毋庸讳言,这是一个被我国历史学界长期忽略的

---

① 参见章学诚《文史通义·内篇一·易教上》和章太炎《訄书·订孔》《国故论衡·明解故》等。

问题。

自我涉足中国史学，尤其是先秦史学以来，逐渐形成这样一种看法：孔子在思想史和教育史上的成就，遮盖了他在史学史上的建树。这正像柳宗元一样，尽管他在中唐史坛上相继撰写出《贞符》《封建论》《天说》《天对》等一批历史理论方面的杰作，并以此为标志形成唐代史学在史论发展史上的高峰，但由于他在中唐文坛上的杰出贡献，致使人们只知道作为文学家和诗人的柳宗元，而很少了解作为历史学家的柳宗元。

我提出这种看法，并不是担心孔子研究被思想史和教育史研究者所"垄断"。其目的在于通过对这个问题的思考和探索，促使人们以深邃的历史眼光看待孔子撰述活动的史学意义及其在中国史学史上的价值与地位。这对先秦史学的研究，特别是对整个古代史学发展的历史过程的研究，都有着十分重要的作用。

可以毫不夸张地说，如果从史学的观点来看，孔子的撰述及孔子的学术活动，实乃先秦史学的重要组成部分，尤其是它们还一直深深地影响着后世中国史学的发展。章学诚曾经指出："史学本于《春秋》（孔子所作编年体史书）。"[1]可谓一语破的。今天应该是我们还孔子以伟大的历史学家的本来面目并充分肯定其史学成就的时候了。

我们说孔子是一位伟大的历史学家，并不仅仅是因为他撰写了我国历史上第一部编年体史书——《春秋》，而在于他本来就是一位对历史充满浓厚兴趣，并具有深刻的社会历史观的史学家。且看《论语》中的有关记载：

子曰："述而不作，信而好古，窃比于我老彭。"[2]

子曰："我非生而知之者，好古敏以求之者也。"[3]

---

[1] 章学诚：《立言有本》，见《文史通义·外篇一》。
[2] 《论语·述而》。
[3] 《论语·述而》。

> 子曰:"夏礼吾能言之,杞不足征也;殷礼吾能言之,宋不足征也;文献不足故也,足则吾能征之矣。"①

> 子曰:"吾犹及史之阙文也,有马者,借人乘之,今亡矣夫。"②

这些都反映的是孔子对历史的兴趣与执着追求。

> 子曰:"殷因于夏礼,所损益可知也;周因于殷礼,所损益可知也。其或继周者,虽百世可知也。"③

这则反映的是孔子的历史哲学。

孔子不只是对历史充满兴趣,而且在其学术活动中总是不断地着意于研究历史、研究文物。此类例证不胜枚举。比如,《国语·鲁语》云:

> 仲尼在陈,有隼集于陈侯之庭而死,楛矢贯之,石砮其长尺有咫。陈惠公使人以隼如仲尼之馆,问之。仲尼曰:"隼之来也远矣,此肃慎氏之矢也。"

紧接着,孔子又将西周初年肃慎氏怎样进贡石砮楛矢,周王怎样分赐给臣下,陈侯怎样分到一份的事情详细讲述了一遍,并告诉陈侯说"求诸故府"(库房)即可得到。陈侯当即派人去找,果然找到此物。同书又记载了这样一件事情:有一次,吴国讨伐越国,结果"堕会稽,获骨焉,节专车",吴王派人前去询问孔子,孔子先回答说:"丘闻之,昔禹致群神于会稽之山,防风氏后至,禹杀而戮之。其骨节专车,此为大矣。"然后向来

---

① 《论语·八佾》。
② 《论语·卫灵公》。
③ 《论语·为政》。

使解答了有关防风氏当年的职守等一系列问题。

二

如果说上面的有关事实，只是从一个方面说明孔子是一位历史学家，那么我国史学之父司马迁对孔子的崇拜与模仿则从另一方面显示出孔子作为历史学家的伟大与其史学成就的斐然。据《史记·太史公自序》记载，司马迁之父司马谈在临终之际执司马迁之手哭泣着说：

> 余先周室之太史也，自上世尝显功名于虞夏，典天官事。后世中衰，绝于予乎？汝复为太史，则续吾祖矣。……孔子修旧起废，论《诗》《书》，作《春秋》，则学者至今则之。自获麟以来四百有余岁，而诸侯相兼，史记放绝。今汉兴，海内一统，明主贤君忠臣死义之士，余为太史而弗论载，废天下之史文，余甚惧焉，汝其念哉！

这段文字至少说明两个问题：一是孔子所作《春秋》在西汉初期依然是史家撰史的楷模；二是司马谈希望司马迁踵己之后担负起编写史书的重任，以成为第二个孔子。

司马迁丝毫没有辜负其父的遗愿，并把它作为自己终生奋斗的目标。首先，司马迁对孔子充满了无限的崇敬之情，他在《史记·孔子世家·赞》中明确指出：

> 《诗》有之，"高山仰止，景行行止，虽不能至，然心向往之"。余读孔氏书，想见其为人。适鲁观仲尼庙堂车服礼器，诸生以时习礼其家，余只回留之，不能去云。

显而易见，其中，既有纯挚的依恋，又有仰慕的情感。其次，司马迁把《史记》的写作等同于孔子著《春秋》。我们知道，《春秋》绝笔于获麟,而《史记》也是"卒述陶唐以来,至于麟止";按照《史记·太史公自序》的说法,"孔子厄陈蔡,作《春秋》",而司马迁也是"遭李陵之祸,幽于缧绁",才"述往事,思来者"。特别巧妙的是,孟子曾经说过,五百年必有王者兴,尧舜至商汤五百年,商汤至文王五百年,文王至孔子五百年。由此出发,司马迁直言不讳地指出:"先人有言:'自周公卒五百岁而有孔子。孔子卒后至于今五百岁,有能绍明世、正《易传》、继《春秋》,本《诗》《书》《礼》《乐》之际?'意在斯乎!意在斯乎!小子何敢让焉。"这也就是说,司马迁所生活的时代,应该是第二个"作《春秋》的孔子"出现的时候了,而此人正是司马迁。我们不必去问,孔子是否因厄于陈蔡而作《春秋》,司马迁是否因李陵之祸才动手写作《史记》,孔子至司马迁是否正好五百年。我们所注意的是,在司马迁的心理上,他是第二个"孔子"。《史记》是第二部"《春秋》"。

正因此,在整部《史记》中,征引孔子的地方非常之多,不妨略举数则:

> 孔子曰:"殷路车为善,而色尚白。"①

> 孔子言吴太伯可谓至德矣:"三以天下让,民无得而称焉。"②

> 孔子曰:"伯夷、叔齐,不念旧恶,怨是用希。"③

> 孔子称曰:"居是国,必闻其政。"田叔之谓乎!④

> 孔子曰:"导之以政,齐之以刑,民免而无耻。导之以德,齐之以礼,

---

① 《史记·殷本纪》。
② 《史记·吴太伯世家·赞》。
③ 《史记·伯夷列传》。
④ 《史记·田叔列传·赞》。

有耻且格。"①

可以说,司马迁已经把孔子当作唯一可以印证的权威,比如,说田叔,便套用孔子"居是国,必闻其政"的说法;说万石、张叔,即借用孔子"君子欲讷于言而敏于行"的言辞。有时甚至不加判断,直接以孔子的话作为自己的代言,如"殷有三仁""吴太伯可谓至德"等即属于这种情况。

尤其是司马迁对孔子所撰《春秋》推崇备至。如《史记·太史公自序》载:

> 夫《春秋》,上明三王之道,下辨人事之纪,别嫌疑,明是非,定犹豫,善善恶恶,贤贤贱不肖,存亡国,继绝世,补弊起废,王道之大者也。……《春秋》辨是非,故长于治人。……《春秋》以道义。拨乱世反之正,莫近于《春秋》。《春秋》文成数万,其指数千。万物之散聚皆在《春秋》。《春秋》之中,弑君三十六,亡国五十二,诸侯奔走不得保其社稷者不可胜数。察其所以,皆失其本矣。故《易》曰:"失之毫厘,差以千里。"故曰:"臣弑君,子弑父,非一旦一夕之故也,其渐久矣。"故有国者不可以不知《春秋》,前有谗而弗见,后有贼而不知。为人臣者不可以不知《春秋》,守经事而不知其宜,遭变事而不知其权。为人君父而不通于《春秋》之义者,必蒙首恶之名。为人臣子而不通于《春秋》之义者,必陷篡弑之诛,死罪之名。……故《春秋》者,礼义之大宗也。夫礼禁未然之前,法施已然之后;法之所为用者易见,而礼之所为禁者难知。

在这里,司马迁把《春秋》看作是"是非"的权衡、"王道"的纲领和一切人"通权达变"的指南。它代表一种法制,是禁于未然的法制,这也就是"礼"。一句话,在司马迁的心目中,《春秋》是礼义的根本大法的例证和实施。正因为司马迁如此看重《春秋》,所以《春秋》的著述例则也

---

① 《史记·酷吏列传》。

就自然成为《史记》着力效仿的对象。比如,《春秋》对历史或现实的歌颂与讽刺的做法即为司马迁所吸收。他说:"《春秋》采善贬恶,推三代之德,褒周室,非独刺讥而已。"①这正是《春秋》颂扬的一面,司马迁把这方面发挥在对于当代的歌颂中。与此同时,司马迁像孔子那样,对当代又有所讽刺。然而无论是歌颂,还是讽刺,都不十分明显,这一点也是继承《春秋》而来:

  孔子著《春秋》,隐桓之间则章,至定哀之际则微,为其切当世之文,而罔褒,忌讳之辞也。②

无须赘加列举,只要读者把《春秋》和《史记》做一对读,就可发现,《春秋》的微言大义为司马迁所吸收,以作为其《史记》的神髓。诚如章学诚所说:

  夫史迁绝学,《春秋》之后一人而已,其范围千古,牢笼百家者,惟创例发凡,卓见绝识,有以追古作者之原,自具《春秋》家学耳。③难怪班固修《汉书·艺文志》时将《史记》列入"春秋家"。

从某种程度上来说,没有孔子及其《春秋》,也就不会有举世闻名的《史记》,《春秋》是《史记》的灵魂。笔者如是说,丝毫无意于贬低司马迁作为中国史学之父对中国史学所做出的巨大贡献,只是想说明这样一个问题:研究中国史学,不能只看到司马迁的伟大建树,而忽视或淡化孔子的史学成就。不知从什么时候开始,史界学人便自觉或不自觉地形成这样一种习惯:一谈及中国史学的辉煌成就,就条件反射似的马上联想到司马迁,正如同一说到西方史学便会立即想起希罗多德一样。作为中国史学之父的

---

 ① 《史记·太史公自序》。
 ② 《史记·匈奴列传·赞》。
 ③ 《文史通义·申郑》。

司马迁和作为西方史学之父的希罗多德似乎已分别成为中西方史学成就的代名词。尤其是，一旦将中西方史学试做比较，人们每每以司马迁和希罗多德为基点，其结果必然是中国史学在很大程度上优于西方史学，因为司马迁比希罗多德在生活时代上晚数百年，任何事物的发展总是后来居上。这不能不说是一种十分偏颇的做法。如果我们将孔子和希罗多德这两位基本上处于同一时代的东西方历史学家做一比较，也许能够十分确切地映示出中西方史学的共性与特性，以更好地揭示出历史学发展的普遍规律。

三

不过，我之所以对"孔子与中国史学"这一课题产生浓厚的兴趣，关键还在于孔子作为一位伟大的历史学家，对中国史学做出了许多富有开创性的贡献。需要指出的是，这些贡献在当时也许显得并不十分重要，但对后来中国史学的发展，尤其是对某些史学传统的形成却有着非常重要的影响。因为在人类历史上，常常会出现这样一种现象：一次重大的历史变故或者一种重要的思想学说，其价值的体现与作用的发挥有时不在孕育它的时代环境之中，而在后来的历史长河中。这正像孔子创立的儒家学说，尽管它在孔子所生活的春秋末期并不那么引人注目而备受世人所重视，但对其后中国几千年思想文化的发展却发挥着举足轻重的作用。

那么，孔子有哪些主要的史学成就呢？我认为，孔子对中国史学的贡献主要表现在史学思想和史书编纂两个方面。关于史学思想，至少有三个方面特别值得注意：

第一，孔子修《春秋》，旨在借助历史来阐述自己的政治信念，以达到警世和垂教后世的目的，从而开创了"借事明义"的新史学。进行历史研究，是为了在探讨人类历史发展过程及其规律性的同时，对以往的历史做出符合实际的总结，然后以深沉的历史眼光透视当代社会，以对现今的社会政治和未来的道路做出精确的抉择。换言之，历史研究如果离开为现实社会服务的目的，就会成为一种毫无意义的徒劳之行。如果说孔子整理

《诗》《书》《礼》《易》《乐》尚有"信而好古"之习,那么他修订《春秋》则完全是着眼于当世。 孟子曾经指出:"世衰道微,邪说暴行有(又)作。臣弑其君者有之,子弑其父者有之。 孔子惧,作《春秋》。"①又云:"孔子成《春秋》而乱臣贼子惧。"②可见《春秋》为感于乱世而作,具有强烈的社会批判性。 孔子在该书中通过对自己所处时代二百余年的历史进行反思,并在以王公大夫为其审视与评判对象的基础上,以达到警世和垂教后世的目的。 显然,这是孔子把历史运用于现实政治的一项创举,从而结束了旧史官单纯记言记事的档案史学,开创了"借事明义"的新史学,对中国史学的发展起了很大的促进作用。

第二,孔子主张的"忠孝节义"及其《春秋》对这一思想的运用,形成后世忠孝节义的史学思潮。 如果说在中国传统文化以及外来文化中对中国人影响最深的是孔子创立的儒家学说,那么在儒家学说中对中国人影响最深的便是"忠孝节义"的纲常礼教。"忠孝节义"作为孔子哲学、伦理思想的重要组成部分,在孔子以后,凭借其在统治阶层心目中确然不拔的独尊地位,以强大的渗透力浸入、根植于史学领域,并始终伴随着中国史学的发展而存在,从而形成横贯中国史学长河的一大史学思潮。 几千年来,尽管朝代更迭,社会演变,但不同时代、不同流派的史学家都不约而同地把"忠孝节义"作为修史的一大灵魂,严格地以此为准绳来评判历史人物的功过得失。 而这正是中国史学不同于西方史学的一大特点,或者说是中国史学之所以为中国史学的内在根源之一。

第三,孔子既肯定"人事"又承认"天命"的哲学思想及其"天人合一"思想,形成中国史学在社会历史观方面既承认人为的作用,又相信天神的力量的传统。 孔子在对待"天"的态度上保留了旧的超自然的神秘色彩,亦即在总体上肯定"天"是有权力意志的人格神,并进而承认"天"在人类社会生活中起着十分重要的作用。 与之相适应,孔子相信"命"。

---

① 《孟子·滕文公下》。
② 《孟子·滕文公下》。

他认为，小自人之生死，大至道之行废，一切全然由"命"决定。天命不仅存在，而且可知。然而，孔子在相信"天""天命"的同时，在他身边发生的许多用"天命"无法解释的客观事实又迫使他对"天""天命"产生了一定程度的怀疑，并对其表现出某种自然主义的理性思考。由此出发，孔子有时又承认"人事"在历史发展中起着一定的作用。在孔子身上所体现出的"人事"与"天命"两种相互矛盾的思想因素给当时正在孕育成长的中国史学烙上了无法泯灭的深深印痕，并一直影响着古代乃至近代的中国史学。一代复一代、一朝复一朝，无论是富有创新意向的异端派史家，还是恪守陈规陋俗的正统派史家，都徜徉在由"人事"与"天命"两重截然对立的思想交织融汇的精神氛围之中，都在一种矛盾的内心世界里递相探索决定人类历史命运的是人还是神这一古老而又现实的历史命题，直到古代和近代前期史学终结之际，这一史学现象才成为历史的陈迹。

就历史编纂而言，孔子在下面四个方面做出了开创性的贡献：

第一，在修史体例上，孔子撰《春秋》采用"以事系日，以日系月，以月系时，以时系年"的写法，从而在中国史学史上确立了编年体的雏形，开创了编年体史书的著述例则。后经左丘明撰《左传》，荀悦著《汉纪》，编年体日渐完备，以至到宋代出现了《资治通鉴》这一编年体巨著。

第二，在修史方法上，孔子首创简洁凝练、寓论于史的修史手法。孔子修《春秋》，采用"约其辞文，去其烦重"①的手法，从大量历史资料中经过精思提炼，并通过自己高度概括的语言，仅用一万六千五百七十二字，便将春秋时期二百四十二年错综复杂的史事，写成一部文辞严谨，一字都足以辨明是非、伸张正道而成褒贬的备极精练的重要史籍。自孔子开创简约之法以后，叙事简洁凝练就成为历代史家奉行不悖的修史良法。寓论于史是指寓论断于叙事之中的写作手法。孔子修《春秋》时采用不同笔法寓肯定判断与否定判断于记事之中，借以称赞好人好事和抨击坏人坏事。作者不同的主观意念和感情色彩，不是通过作者本人之口道出，而是经由不

---

① 《史记·太史公自序》。

同的笔法灵活自如地表现出来,这便是孔子的高明之处。其意义在于为中国史学开创了一种寓论于史的修史良法。司马迁撰《史记》即继承了这种手法。

第三,在治史态度上,孔子是中国史学史上第一位主张严谨求实的史学家。他修《春秋》,对于史料的选择本着"知之为知之,不知为不知"的求实态度。正如他自己所说:"盖有不知而作之者,我无是也。多闻,择其善者而从之。"①为了广泛地占有史料,以便实录当世之事,他曾派子夏等十四人到周王室借阅周史,得到"百二十国宝书"②。这些"宝书"便成为孔子修《春秋》的重要依据,用以订正讹乱,补充史实。与此同时,对有些因史料不完备而无法详写者,孔子则以求实态度,付之阙如。这种"疑以传疑""疑者阙焉"的求实态度,一直深深地影响着后世的历史学家。

第四,在研究方法上,孔子《春秋》开后世研究近现代历史之先河。一部《春秋》,正是孔子所处时代的中国近、现代历史。按照公羊学派的说法,孔子把春秋历史分为三世,即所见世、所闻世、所传闻世,分别相当于自己和父辈一代,祖父辈一代,高祖、曾祖辈一代。大致相当于如今所说的现代和近代。从现有史料和中国史学的发展来看,孔子在《春秋》中对号称"天子之事"的近现代历史进行研究总结,客观上开辟了后世研究近现代历史的风气。自孔子以后,密切注意正在变化的现代史,并对告一段落的近代史进行及时总结,便在中国古代史学中逐渐形成一种传统,司马迁《史记》、李焘《续资治通鉴长编》等都是这方面的力作。

上所胪陈,仅为孔子史学活动的局部概观,并非其史学成就的全部。

概括地说,孔子在中国史学的诸多方面做出了开创性的贡献,中国史学的许多传统都直接来源于孔子。尽管中国史学的历史可以从远古传说算起,但中国史学的萌芽起步却在孔子所生活的春秋时代。如果由此出发,

---

① 《论语·述而》。
② 《公羊传》注疏引《闵因叙》。

不抱偏见，正视上述事实，那么应该承认，孔子是中国史学的开山祖师。虽然他对中国史学的发展产生过一些消极影响，但他在中国史学史上的开拓之功却是抹杀不了的。作为史学史研究者，应该像思想史和教育史研究者研究孔子在思想史和教育史上的成就那样，来研究孔子在史学史上的成就，并把孔子的史学成就与其在思想史和教育史上的成就摆在同等重要的地位。唯有如此，才能对孔子这个伟大的历史人物在中国历史上的成就与地位做出准确、全面的评价。

中国史学起源于春秋末期至战国初期

一、问题的提出

梁启超曾经指出:"中国于各种学问中,唯史学最发达;史学在世界各国中,唯中国最发达。"①的确,中国史学,尤其是古代史学极其发达,那层出不穷的历史学家,灿若星河的史学著作,种类繁多的史书体裁,丰富多彩的史学思想,都是世界其他各国所不可企及的。如此发达的中国史学究竟起源于何时,遂成为中国历史研究中一个重要的课题。而对这一问题的探索与解决,无论是对研究中国史学发展的历史,抑或对把握中国史学发展演变的规律都多有裨益。

关于中国史学的起源,这是一个古老而又新生的史学课题。说它古老,是因为早在汉代人们就开始进行探讨;说它新生,是因为直到今天,学界还在研究这一课题。就文献记载来看,在我国历史上,最早探讨史学起源者为东汉时期著名史学家班彪、班固父子。班彪指出:"唐虞三代,《诗》《书》所及,世有史官,以司典籍,暨于诸侯,国自有史。"②班固认为:"自古书契之作,而有史官,其载籍博矣。"③又说:"古之王者,世有史官,君举必书……左史记言,右史记事,事为《春秋》,言为《尚书》,

---

① 梁启超:《中国历史研究法》,商务印书馆1933年版,第25页。
② 《后汉书·班彪传》。
③ 《汉书·司马迁传》。

帝王靡不同之。"①在这里，班氏父子都将史学起源追溯至唐虞三代文字产生和史官出现之时。这一史学起源论为后世不少史家所承袭。南朝梁刘勰说："轩辕之世，史有仓颉，主文之职，其来久矣。"又说："史肇轩黄。"②《隋书·经籍志》更明确指出："书契已传，绳木弃而不用，史官既立，经籍于是兴焉"，"夏殷以上，左史记言，右史记事"。现代著名史学家金毓黻先生认为史学的起源是史官。他说："史学寓于史籍，史籍撰自史家。语其发生之序，则史家最先，史籍次之，史学居末。而吾国最古之史家，即为史官。……故考古代之史学，应自史官始。"③杨翼骧先生认为史学起源于文字的产生："探究我国史学的起源，应当从文字出现的时候谈起。因为有了文字才能有历史记载，有了历史记载才能编纂成史书，在记录史实和编纂史书的过程中才产生了史学。"④仓修良从文字和历法的产生出发，认为中国史学起源于奴隶社会。⑤

不难看出，上述各家在探讨中国史学起源时尽管各有侧重，但基本上都是以文字、历法的产生和史书、史官的出现为依据，将中国史学起源追溯到上古三代。其实这是不能成立的。因为，第一，尽管史学包括史书和史官，探讨史学的起源势必要涉及史书和史官，但史学毕竟不同于史书和史官。所谓史学的起源，是指史学作为一门完整的学科的形成。这也就是说，史书或史官的出现并非史学的起源。第二，上述各家多认为文字出现之日就是中国史学起源之时，这也是难以成立的。诚然，史书要用文字来编写，但文字的最初出现并不必然意味着史书的产生，更不能必然说明史学的起源。第三，上述各家在谈及文字的同时，尽管也注意到史书和史官等这些史学本身的方面，但都没有深入史学内部，从历史编纂学和史学思

---

① 《汉书·艺文志》。
② 《文心雕龙·史传》。
③ 金毓黻：《中国史学史》，商务印书馆1957年版，第3页。
④ 杨翼骧：《我国史学的起源及奴隶社会的史学》，《天津日报》1961年12月6日第4版。
⑤ 仓修良等：《中国古代史学史简编》，黑龙江人民出版社1983年版，第6页。

想等方面来探讨中国史学的起源。第四,上述各家所说的文字、历法、史书和史官,既是他们衡量中国史学起源的标准或依据,同时又是他们衡量中国史学起源的标志。换言之,在他们的心目中,衡量的标准和标志是同一的。毋庸置疑,这犯了一个明显的逻辑错误。不可否认,标准与标志在一定程度上是有联系或者说是相通的,但二者毕竟有着本质的区别,不能混为一谈。第五,把中国史学的起源界定在漫长的上古三代,本身就是一种不科学的结论。因为史学的起源固然不像一个历史事件的发生那样在较短的时间即可完成,但也绝不会如此漫长。

二、中国史学起源的标准

探讨中国史学的起源,首先必须明确,进行这一工作的目的是确定中国史学作为一门完整的学科形成的具体时间和论述它形成的具体情形,而不是探讨史书或史官的起源。其次,必须确定衡量中国史学起源的标准。这是因为采用不同的标准就会得出不同的结论。例如有关中国史学史分期问题的讨论,有人以史学自身的发展进程为标准,将中国史学史分为童年期、成长期、发展期、繁荣期和迟滞期;有人以社会形态的演变为标准,把中国史学史分为奴隶社会的史学、封建社会的史学和半殖民地半封建社会的史学;有人以不同朝代的兴替为标准,将中国史学史分为晚周至汉、六朝至唐、中唐两宋和明清。这也就是说,只有统一分期标准,才能得出同一的结论。研究中国史学的起源也是如此。尽管对中国史学起源的探讨与其他学术研究一样,必然是见仁见智,但我认为无论从哪一方面、哪一角度出发,也无论研究者的研究旨趣如何不同,都应该承认历史编纂学和史学思想是衡量中国史学起源的标准,这主要是因为历史编纂学和史学思想是构成史学这门学科的两大主干内容。史书编纂既是史学成果最便于集中体现之所在,又是传播史学知识的重要途径。历史理论的运用、史料的掌握和处理、史实的组织和再现,都与此相关。而史学思想则是一部史书的灵魂,它直接反映着史家对历史发展变化的看法以及臧否人物、评判是非的标准。因此，历史编纂学和史学思想应是衡量中国史学起源的主要标准。而历史编纂学和史学思想体系的基本形成则标志着中国史学的起源。然而，长期以来，人们在探讨中国史学起源时，从未有人从史学内部入手，把历史编纂学和史学思想作为衡量标准，以致把中国史学的起源弄成了史书或史官的起源。

三、中国史学起源于春秋末期至战国初期

按照上述标准，我认为，中国史学起源于春秋末期至战国初期，其标志是《春秋》《左传》的完成。

（一）春秋末战国初历史编纂学的基本形成

这一时期历史编纂学的基本形成主要表现在下面三个方面：

1.编年体的初步确立

编年体是我国上古记载史事所普遍使用的一种体裁，同时也是后世中国封建社会重要的史书体裁之一。春秋末期伟大的历史学家孔子所编写的《春秋》是我国现存最早的一部编年体史书，汉人尊之为《春秋经》。尽管此书以鲁国为主，用鲁国纪元，记载了隐公、桓公、庄公等十二公二百四十二年的史实，但所记内容却不限于鲁国，而是春秋时期的整体历史。《春秋》记事采取以时间为经、事实为纬的手法，在编写体例上已具备了编年史的重要特征，即"以事系日，以日系月，以月系时，以时系年"①。《春秋》记事一般都有年、时、月、日，具体的日子不明显则有年、时、月，至少也有年、时。另外，《春秋》记事在突出时间顺序的同时，初步将人物、地点、时间、事件四个因素有机地结合起来，把事件系统地按年代先后加以编排，上下连贯，这样，不仅可以使人从中看出历史的发展过程，而且有利于考察各种事件间的相互联系。不难发现，这与甲骨文的记事零碎、金文

---

① 杜预：《春秋经传集解序》。

的一篇篇孤立相比，已完全不同。这些都足以说明，孔子所修《春秋》的问世，在中国史学史上确立了编年体的雏形。不过，《春秋》作为编年体史书的发凡起例者，尚存在一定的不足和缺陷，如记事简单，致使内容空洞、抽象，不够具体，有时还容易使人误解。鉴于此，成书于战国初期的《左传》对《春秋》的体例进行了一定程度的改进，主要表现在三个方面：一是取材广泛，二是叙事完整，三是创立史论。就叙事完整性而言，《左传》改《春秋》标题记事法为完整的叙事，在注意时间、地点、人物、事件、原因、结果诸因素的同时，记事相当详细，对于历史事件一般都能做到首尾完整，而且还能吸收其他史体的长处，使编年体达到基本成熟的程度。

2.寓论于史手法的创立

寓论于史是指寓论断于叙事之中，亦即在史实的叙述中把自己的论点体现出来的写作方法。在中国史学史上，孔子修《春秋》最早采用这一撰史手法。《春秋》采用不同笔法寓肯定判断与否定判断于记事之中，借以称赞好人好事和抨击坏人坏事。兹以弑父弑君为例，孔子的做法主要有三：一是当弑者为乱臣贼子，则直书其名以明其罪；二是当国君无道而被弑，则不书弑者之名，以示弑君尚可谅解；三是本国（鲁）之君在国内被杀，死后又未对杀害国君者予以讨伐，则书以公薨，且不书葬，以讳君之不得善终和指斥群臣之不讨贼。这种寓论于史的撰史手法很好地发挥了"史以道义"的作用。司马迁在《史记·太史公自序》中所说的"《春秋》以道义""拨乱世反之正，莫近于《春秋》"，便是就这种写作手法而言的。

自孔子以后，《左传》的作者也采用了寓论于史的撰史手法。如《左传·隐公元年》记载郑国统治集团内部的纷争时，对郑庄公与其弟共叔段、其母姜氏之间的矛盾斗争做了深入细致的记述。共叔段在其母姜氏的纵容下，野心勃勃地从事扩张篡权活动。郑庄公最后发兵一举打败共叔段。《左传》对战后的记载着重写了这样一件事情：郑庄公在盛怒之下将其母姜氏幽禁于城颍，并发誓"不及黄泉，无相见也"，但立即又觉得自己失策，害怕蒙上不孝的罪名而极思解脱。当臣子颍考叔"食舍肉"，请求给母亲享用时，他装出一副很难过的样子，假惺惺地说："尔有母遗，繄我独无！"

颍考叔为他出谋划策："阙地及泉，隧而相见"，总算为他找到了台阶，因为这样既可使郑庄公免除不孝之名而逃避世人指责，又不怕因违背誓言而惹人讥笑。当他走进隧道时，居然装模作样地赋诗说："其乐也融融。"其无以复加的虚伪暴露无遗。显然，作者这段文字旨在说明郑庄公为人虚伪，但这种结论不是经由作者之口直接道出，而是通过对比衬托手法表达出来的。

3. 简洁凝练的修史风格的形成

我国史家在力求准确的同时，相因祖述一条叙事简约的修史原则，以简练的方式表达出丰富的历史内容。孔子作为一位历史学家，无论是在整理《诗》《书》《礼》《易》《乐》，还是在编写《春秋》的过程中，始终奉行叙事简约的修史原则。刘知幾在《史通·叙事》中曾就此评论说："历观自古，作者权舆，《尚书》发踪，所载务于寡事；《春秋》变体，其言贵于省文。"就《春秋》而言，它是一部备极精练的重要史籍。孔子采用"约其辞文，去其烦重"①的手法，从大量历史资料中经过精密提炼，并通过自己语言的高度概括，仅用一万六千五百七十二字，便将春秋时期二百四十二年间错综复杂的史事，写成一部文辞严谨，一字都足以辨明是非、伸张正道而成褒贬的简练的《春秋》。

《左传》善用简练的语言写出纷繁复杂的历史事件，以较少的笔墨生动而形象地刻画各种类型的人物性格。我们知道，《左传》引用《国语》的地方很多，但所引用的部分，往往经过删节润色，言简意赅。又如《曹刿论战》，它是《左传》中著名的篇章，作者仅用二百余字，便把鲁国在这次战争中以弱胜强的史实原原本本毫无遗漏地写了出来。

自《春秋》《左传》以后，简洁凝练就成为历代史家修史的一大风格。

（二）春秋末战国初史学思想体系的基本形成

这一时期，以孔子、《左传》为代表，从对人类社会的认识、历史发展

---

① 《史记·太史公自序》。

变化的原因的探讨到对史学社会功能的认识、评价人物的标准，形成比较完整的史学思想体系。

1. 进化论的历史变易观

作为一位历史学家，孔子的史学思想表现出进化论的历史变易观。首先，他承认历史在不断发展变化。他在《论语·季氏》中以"礼乐征伐"是否由统治阶级决定为标准，将春秋以前的历史划分为"天下有道"和"天下无道"两个时期，并进而把"天下无道"的历史时期划分为三个阶段：开始是"礼乐征伐自诸侯出"，可以延续十世，然后是"自大夫出"，至多延续五世，最后是"陪臣执国命"，可以延续三世。其次，孔子认为历史的发展具有一定的继承性。这主要表现在他对夏、商、周礼乐文化的认识与理解方面。孔子在对三代礼乐进行广泛而深入的考察与研究之后指出："殷因于夏礼，所损益可知也；周因于殷礼，所损益可知也，其或继周者，虽百世可知也。"①这就是说，三代礼制表现为一种渐进的历史过程，后世之礼对前世之制既有因袭又有发展，换言之，礼制在不断发展，历史在代代相续。

与孔子一样，《左传》一书的作者也具有一定程度的历史进化论观点。作者对春秋以来社会政治、经济和社会组织的剧烈变化持积极拥护态度。相反，对那些不符合社会发展趋势的旧制度的残迹，如人祭、人殉的暴行，却是坚决反对。特别是昭公三十年（前512）所记载的史墨评论昭公之死时所说的"社稷无常奉，君臣无常位"的话更为有力地反映了作者承认社会、事物发展变化的历史进化论观点。

2. 天、人并重的社会历史观

在社会历史观方面，孔子因袭周代的宗教观念，把"天"看作有意志的人格化的上帝，承认"天"在人类社会生活中起着十分重要的作用。在他看来，小到人之生死，大至道之行废，一切全然由天命决定。天命不仅存在，而且可知。由此出发，孔子认为天命不可抗拒，并进而指出："君子

---

① 《论语·为政》。

有三畏：畏天命、畏大人、畏圣人之言。"①孔子在相信"天""天命"的同时，客观现实又迫使他对"天命"产生一定程度的怀疑。相应地，在他的有关谈论中，对"天""天命"表现出某种自然主义的理性思考。他曾深有感触地对其弟子说："天何言哉？四时行焉，百物生焉。"②基于此，孔子所持的态度是尽人事以应"天命"，所谓"不怨天，不尤人，下学而上达，知我者其天乎"③正好说明这一点。另外，孔子坚持不谈鬼神，"子不语怪、力、乱、神"④。有一次，子路向他请教怎样侍奉鬼神，孔子回答说："未能事人，焉能事鬼？"⑤这种对待鬼神的态度正是孔子注重人事思想的反映。总之，孔子的社会历史观既带有承认"天命"的消极方面，又表现出肯定"人事"的积极因素。《春秋》作为孔子在史学方面的代表作充分体现出这一社会历史观。就《春秋》的内容来说，它记载了很多天象变化及自然灾害情况，诸如日食星陨、地震山崩、风雨不调、蝗害螟患、春荒冬饥等，有一百四五十则。《春秋》作为一部"道名分"之作，之所以要大量记载天象灾异，关键就在于孔子具有迷信"天命"的一面。春秋时期，一些守旧的思想家普遍认为："国无政，不用善，则自取谪于日月之灾。"⑥与这种对天变的基本见解相适应，孔子在《春秋》中集天象灾异，旨在宣传人事由"天"在冥冥之中所主宰，警告各级统治者切勿玩忽"天命"。与此同时，我们又应该看到，在一部《春秋》中，孔子并不是事事都陷入"天命论"的泥潭之中。相反，相对于天象灾异来说，《春秋》所记更多的则是人的活动，大凡春秋时期列国间的朝聘、盟会、战争等均有记载，而且这些记载完全是从人事的角度对历史所做的客观叙述。可以说，这正是孔子"人

---

① 《论语·季氏》。
② 《论语·阳货》。
③ 《论语·宪问》。
④ 《论语·述而》。
⑤ 《论语·先进》。
⑥ 《左传·昭公七年》。

能弘道,非道弘人"①思想在史书编纂中的反映。

《左传》作者同样持天、人并重的社会历史观。通观全书,作者在记载历史事实的过程中,总是把历史的创造归于王侯将相,把社会的发展归于"天命"。书中有许多关于卜筮、星占、望气等预断人间祸福的记载,并且几乎没有一件未得到验证。这是《左传》作者相信"天命"、鬼神的一面。与此相对立,《左传》又有一定的重视人事的思想。作者有时把国家的盛衰、战争的胜败,看成是能否得到人民支持的结果。这显然是从人事的角度来探讨国之盛衰、战之成败的根由。尤其是书中两度引用《太誓》"民之所欲,天必从之"这句话,更加突出了人事的重要作用。

3.经世致用的鉴戒史观

众所周知,孔子作为伟大的思想家,保守、复旧的政治思想使他在现实生活中四处碰壁,从而成为一位在周道既衰、天下纷争之际为求得统一的理想而企图用思想理论来挽救颓势的悲剧人物。可是,作为一位历史学家,孔子在现实社会中倒有其成功的地方,这便是"经世致用"思想的运用。孔子在自己的政治理想无法实现的时候,转而编写《春秋》,借历史来陈述自己的政见,并最终改造自己所面临的现实。《春秋》从两方面体现出孔子经世致用的鉴戒史观。第一,正名。正名就是端正名分的道德内涵,用以纠正不符合名分要求的思想行为。孔子针对春秋以来愈演愈烈的社会悖伦行为,提出正名主张。他认为,拨乱反正必自正名始。为此,他通过编写《春秋》来正名,最终使社会各级成员按照名分所含之道德义务把自己的行为纳入一定的秩序范围,以实现国治民安。第二,批判。孔子修《春秋》,采用批判的手法,对一切君不君、臣不臣的社会现象做出贬损以申明大义。孟子所说"孔子成《春秋》而乱臣贼子惧"②,即就此而言。这说明孔子《春秋》为感于乱世而作,具有强烈的社会批判性。尽管《春秋》批判的是过去的既成事实,但却可以为现实提供直接的经验和教训,以

---

① 《论语·卫灵公》。
② 《孟子·滕文公下》。

达到经世致用的目的。

无论是正名，还是批判，都是孔子从当时的客观现实出发，通过编写史书以求经世致用的做法。虽然孔子的目的是要使向前迈进的历史进程回归到他所认为至善至美的周代社会，以复兴三代礼乐制度下的统治秩序，从而表现出一定程度的保守性与落后性，但是，正名和批判作为一种以史学经世致用的方法却是非常积极而有价值的，因为它密切了史学与现实社会政治的关系，加强了史学的参与能力，并因此增强了史学的生命力。

四、余论

第一，上文所论《春秋》与《左传》在历史编纂学和史学思想上的各方面，仅是择其要者而言之，并非其史学成就的全部。比如，像《左传》所采用的工求文笔的修史风格，《春秋》所体现的以名教为本的是非人物观即未予论述。

第二，在历史编纂学方面，《春秋》《左传》的相继完成，第一次从史书体裁、撰史手法、修史风格等方面将史书编写纳入一种比较严密的框架或体系之中，使史书编写由从前的随意性转为规范性，由无序进入有序，从而在提高史书编写质量的同时奠定了中国历史编纂学的雏形，或者说标志着中国历史编纂学的基本形成。

第三，在史学思想方面，孔子和《左传》作者，以其较为系统的史学思想从事史书编写工作，尽管他们在对人类社会的认识、对历史发展变化的原因的探讨等方面还存在这样或那样的不足，但毕竟建立起了中国史学思想的基本体系。

第四，如果笔者所提出的历史编纂学和史学思想是衡量中国史学起源的标准、历史编纂学和史学思想体系的基本形成是中国史学起源的标志这一观点能够成立，那么上文的论述足以说明中国史学起源于春秋末期至战国初期，其标志是《春秋》和《左传》的完成。

考据学成立于魏晋南北朝时期

何谓考据学？顾颉刚先生曾说过："'考据学'是一门中国土生土长的学问，它的工作范围有广、狭二义：广义的包括音韵、文字、训诂、版本、校勘诸学；狭义的是专指考订历史事实的然否和书籍记载的真伪和时代。"①长期以来，学术界对宋、清两代的考据学颇多论列，而魏晋南北朝时期的考据学却无人问津。台湾学者李宗侗主张："唐以前，史学多注意书法而疏于考证，至刘知幾《史通》始讨论及此。"②顾颉刚指出：自唐疑古者刘知幾、啖助至宋欧阳修、程颐、朱熹、程大昌、王应麟等人，随着"每一问题因讨论之多而理由日益充足，考据学就渐渐地成立了起来"③。李宗侗认为，明朝李时珍、宋应星等"开考据风气于先"，到清初"考据学才正式成立"④。来新夏亦云："直到清代，考据成为一种专门之学。"⑤凡此种种，都值得切磋。我认为，魏晋南北朝时期，随着史学的兴盛与发达，考据学经历了一个由产生到成立的过程。它既开古代史考专著之先河，又奠后世考据学之基，在古代史学发展史上占有重要的地位。探讨它，对于促进魏晋南北朝史学乃至后世考据学的纵深研究大有裨益。

---

① 顾颉刚：《古籍考辨丛刊序》，中华书局1955年版，第1页。
② 李宗侗：《中国史学史》，中国友谊出版公司1984年版，第133页。
③ 顾颉刚：《古籍考辨丛刊序》，中华书局1955年版，第4页。
④ 李宗侗：《中国历史要籍介绍》，上海古籍出版社1982年版，第463页。
⑤ 来新夏：《清代考据学述论》，《南开学报》1983年第3期。

一、考史著作

在我国，考据学的渊源可以追溯到两千年以前。早在春秋时期，子贡曾就人们贬斥殷纣王的历史记载指出："纣之不善不如是之甚也，是以君子恶居下流，天下之恶皆归焉。"①战国时期的孟子亦云："尽信《书》不如无《书》，吾于《武成》取二三策而已矣！"②西汉司马迁撰《史记·五帝本纪》，亦博考古文，择其言尤雅者。③ 东汉张衡曾上疏欲求补缀《汉纪》，"条上司马迁、班固所叙与典籍不合者十余事"④。由此不难看出，自春秋至两汉，人们已经意识到古书记载有失实的问题，但子贡、孟子所言"只是考据学尚未成立时的一种直觉，并没有经过深刻的查考"⑤。司马迁、张衡虽然对某些历史事实做过订正，但由于历史条件的限制，他们没有也不可能运用一套比较严密的考据方法来从事这一工作。因此，这一时期，既无考据史实的专门著作，又不曾真正具备魏晋南北朝时期的五种考据方法（详下），考据学作为一门完整的学科，尚处于萌芽阶段。进入魏晋以后，情况发生了巨大的变化。首先，三国蜀史学家谯周以司马迁《史记》所记周秦以前史事，多有错谬，"周于是作《古史考》二十五篇，皆凭旧典，以纠迁之谬误"⑥。《古史考》二十五卷，于《史记》一百三十篇皆有考证，并仿效孔子《春秋》笔法，对历史事件、人物多阐己见。唐初尚"与《史记》并行于代焉"⑦。原书在宋、元之际散佚。清黄奭、章宗源各辑一卷，分别收入《黄氏遗书考》和《平津馆丛书》。虽则原书久佚，不可

---

① 《论语·子张》。
② 《孟子·尽心下》。
③ 《史记·五帝本纪》。
④ 《后汉书·张衡传》。
⑤ 顾颉刚：《古籍考辨丛刊序》，中华书局1955年版，第2页。
⑥ 《晋书·司马彪传》。
⑦ 《史通·古今正史》。

详知,但顾名思义,应是一部考订史实的专门著作。征之黄、章辑本亦然,黄、章两本所辑完全一致,皆为九十一条,订正内容涉及文字、氏族姓氏、人物、史事等。就历代文献资料和近年来考古发现之典籍而言,在谯周以前,不曾有考据史实的专门著作。因此,可以说,谯周《古史考》开我国史考专著之先河。特别是其稽弹《史记》这样的宏富巨著,更显示出作者的胆略卓识。

实际上,《古史考》已兼及后汉史事,并非全纠《史记》之失,对后人研究秦汉和秦以前的社会历史有一定帮助。但其考证也有疏略失误之处。因此,西晋司马彪又据《汲冢纪年》条《古史考》中百二十二事为不当,重订《史记》之是,在当时颇具影响,与《古史考》并行于世。①

继《古史考》之后的另一考史专著是东晋史学家孙盛的《异同评》。《异同评》虽已散佚,但就《三国志》裴松之注所引来看,它无疑是一部考史之作。该注共有六处述及孙氏《异同评》,皆为考辨纠谬之文。其中两条分别以本证法(以本书证本书)订正史事年代和事件发生时间的先后,其余四条皆以理证法(推理考证法)纠弹史载之误。据裴松之《三国志注》和刘孝标《世说新语注》,孙盛还著有《异同杂语》《异同记》《杂记》。清吴士鉴认为它们与《异同评》同属一书②,未言所据。检裴注,转引《异同杂语》三条,《杂记》二条,《异同记》一条。又据刘注引《异同杂语》一条。就内容而言,全是对于史事的记述,并无考辨之迹象。因此,不大可能与《异同评》同属一书。说《异同杂语》《异同记》《杂记》皆为一书,似比较可信。

除《古史考》和《异同评》之外,在史实考证方面的力作当推晋常璩《华阳国志》、宋裴松之《三国志注》、梁刘孝标《世说新语注》和北魏郦道元《水经注》。它们虽则并非史考专著,但在史实考证方面用力匪浅,贡献颇大。常璩曾自称其《华阳国志》"抑绌虚妄,纠正缪言,显善惩恶,

---

① 《晋书·司马彪传》。
② 吴士鉴:《孙盛传》,见《晋书斠注》卷八二。

以杜未然"①。遍阅该著,纠谬订误之处比比皆是。试举一例:《史记·西南夷列传》载庄𫏋伐滇之事云:"始楚威王时,使将军庄𫏋将兵循江上,略巴、蜀、黔中以西。庄𫏋者,故楚庄王苗裔也。𫏋至滇池,地方三百里,旁平地,肥饶数千里,以兵威定属楚。"《汉书·西南夷传》同。而《华阳国志》记此事,较之《史记》《汉书》,有三点不同:一改楚威王为楚顷襄王;二改溯江伐滇为溯沅水伐夜郎;三改庄𫏋在滇称王为在夜郎称王。②唐杜佑撰《通典》,对此曾予考证,认为常璩的记载是正确的。后《通志》《文献通考》和《太平寰宇记》皆采其说。《三国志注》和《世说新语注》亦擅长纠纰攻缪。裴松之在《上三国志注表》中说:"若乃纰缪显然,言不附理,则随违矫正以惩其妄。其时事当否及寿之小失,颇以愚意有所论辩。"《四库全书总目》亦云:裴注"一曰引诸家之论,以辨是非;一曰参诸书之说,以核讹异"。可见,纠纰攻缪、考订史实是裴注的一个主要方面,据笔者统计,注中考辨条文达一百九十六条。胡应麟曾赞誉裴注"综核精严,缴驳平允,允哉史之忠臣,古之益友也"③。关于《世说新语注》,唐刘知幾说:"孝标善于攻缪,博而且精。"④《四库全书总目》亦指出:"孝标所注,特为典赡……其纠正义庆之纰缪,尤为精核。"诚如斯言,刘孝标注《世说新语》,于其虚谬抵牾,详加考据订正,通检全注,总计达五十七处,"故与裴松之《三国志注》、郦道元《水经注》、李善《文选注》同为考证家所引据焉"⑤。

郦道元注《水经》,博采群籍,大量征引前人和当代的著作。但他从不迷信古人,所征引的都做过一番考订辨伪的工作。如《水经注》共引郑玄的注解十八条,郦道元并不因为郑玄是汉代颇负盛名的经学大师而盲目适从,同样指出其中四条为错谬乖舛,且详加论证。除依赖文献资料以

---

① 《华阳国志·序志》。
② 《华阳国志·南中志》。
③ 胡应麟:《少室山房笔丛》卷一三。
④ 《史通·补注》。
⑤ 《四库全书总目》。

外，郦道元还特别重视社会实践的知识。他曾长期跋山涉水，往返于长城以南和秦岭淮河以北的广大地区，亲历了许多河流山川和名胜古迹，所到之处，亲自考察，"访渎搜渠"①，用从实践中得到的知识来证实文献记载的正确与否。如《水经·获水》云，睢水于萧县南北流注入获水。郦道元注曰："余尝径萧邑，城右惟是水（睢水）北注获水，更无别水。"又如，春秋战国之际的智伯曾说过，汾水可以浸安邑，绛水可以浸平阳。孔子对此信以为真。但郦道元却不以为然，他经过实际地形的考察，指出："余睹智氏之谈矣，汾水灌安邑，或亦有之；绛水灌平阳，未识所由也。"②郦道元把自己的订正工作建筑于社会实践的可靠基础上，丰富了考据学的内容，解决了许多书本上无法解决的问题。这种方法是极其可贵的，它为后世的学者所继承。清代考据学先驱顾炎武在其考据过程中，便十分重视社会实践的知识。

另外，魏晋南北朝时期，还有许多史家如袁宏、干宝等，亦间或在其史著之中对一些可疑的史载攻驳诘难，加以订正，在此无须一一论列。

上所述列，主要是一些考证史实方面的著作。魏晋南北朝时期，还有一些学者从事于文字的校勘与辨正，北齐颜之推《颜氏家训·书证》篇是这方面的代表作。黄叔琳曾经指出："此篇纯是考据之学。"通篇旁征博引，主要从字义的训释方面，间以他证（以他书证本书）、对证（以同书之祖本或别本对证）的方法，对上起《诗》《书》《易》《礼》，下迄刘宋何法盛《晋中兴书》等十七种典籍中的一些文字做了订正，提出了许多独到的见解，给后人的研究工作提供了不少方便。特别值得注意的是，颜氏在以文献资料互考互证的同时，还能以地下出土的实物来订正文献记载的讹谬乖舛，尤属难能可贵。

---

① 《北史·郦道元传》。
② 《水经·浍水注》。

二、考据方法与考据内容

综观魏晋南北朝时期的史考之作，其考据方法主要有下列六种：

（一）本证法

本证法即今人陈垣所谓之"本校法"，它以本书前后互证，而抉摘其异同，以明其中之谬误。东晋孙盛撰《异同评》，曾采用此法。如关于魏将蒲忠、胡质与吴将朱然作战之年代，《三国志·朱然传》记载在赤乌五年。孙盛对此持有异议，在《异同评》中考证说："《吴志》说赤乌五年（242），于魏为正始三年（242），魏将蒲忠与朱然战，忠不利，质等皆退。按《魏少帝纪》及《孙权传》，是岁并无事，当是陈寿误以吴嘉禾六年（237）为赤乌五年（242）耳。"①这是以《魏少帝纪》和《孙权传》来证本书《朱然传》之误。又如，《三国志·武帝纪》载孙权先为刘备攻合肥，后曹操至赤壁与备作战。孙盛在《异同评》中以本书《吴志》证《魏纪》之失曰："按《吴志》，刘备先破公军，然后权攻合肥，而此记云权先攻合肥，后有赤壁之事。二者不同，《吴志》为是。"②继孙盛之后，裴松之注《三国志》，亦采用过本证法。如《三国志·张郃传》云，曹操与袁绍相拒于官渡，绍军溃。然后张郃惧郭图之谮，归曹操。裴松之曰："案《武纪》及《袁绍传》并云袁绍使张郃、高览攻太祖营，郃等闻淳于琼破，遂来降，绍众于是大溃。是则缘郃等降而后绍军坏也。至如此传，为绍军先溃，惧郭图之谮，然后归太祖，为参错不同矣。"

（二）对证法

对证法即以同书之祖本或别本对证，以辨是非。如《世说新语·文

---

① 《三国志·朱然传》注引。
② 《三国志·武帝纪》注引。

学》:"僧意在瓦官寺中,王苟子(王修)来,与共语,便使其唱理。意谓王曰:'圣人有情不?'王曰:'无。'重问曰:'圣人如柱邪?'王曰:'如筹算,虽无情,运之者有情。'僧意云:'谁运圣人邪?'苟子不得答而去。"刘孝标曰:"诸本无僧意最后一句,意疑其缺,广校众本皆然。唯一书有之,故取以成其义。然王修善言理,如此论,特不近人情,犹疑斯文为谬也。"①又如《颜氏家训·书证》:"《诗》云:'有杕之杜。'江南本并木傍施大,《传》曰:'杕,独貌也。'徐仙民音徒计反。《说文》曰:'杕,树貌也。'在《木部》。《韵集》音次第之第,而河北本皆为夷狄之狄,谈亦如字,此大误也。"魏晋南北朝时期,由于雕版印刷术尚未发明,书籍皆为手抄本,流传不易,史家从事考据,同一书籍之祖本或别本便甚难得。因此,这一时期,对证法尚不多用。

(三)他证法

他证法即以他书证本书。这是魏晋南北朝时期史家习用的一种考据方法。谯周《古史考》即多用此法。如《史记·燕世家》载北燕与子颓伐周惠王。谯周曰:"按《春秋传》,燕与子颓逐周惠王者,乃南燕姞姓也。世家以为北燕,失之。"②《三国志注》和《世说新语注》亦每每采用他证法来订正史实。如《三国志·陈群传》载青龙中,营治宫室,百姓失农时,陈群上疏云:"禹承唐、虞之盛,犹卑宫室而恶衣服,况今丧乱之后,人民至少,比汉文、景之时,不过一大郡。"裴松之曰:"案《汉书·地理志》云:'元始二年,天下户口最盛,汝南郡为大郡,有三十余万户。'则文、景之时不能如是多也。案《晋太康三年地记》,晋户有三百七十七万,吴、蜀户不能居半。以此言之,魏虽始承丧乱,方晋亦当无乃大殊。长文(陈群字)之言,于是为过。"再如《世说新语·识鉴》:"曹公(曹操)少时见乔玄,玄谓曰:'天下方乱,群雄虎争,拨而理之,非君乎?然

---

① 《世说新语·文学》注。
② 《史记·燕世家》索引。

君实乱世之英雄，治世之奸贼。'"刘孝标曰："按《世语》曰：'玄谓太祖："君未有名，可交许子将。"太祖乃造子将，子将纳焉。'孙盛《杂语》曰：'太祖曾问许子将："我何如人？"固问，然后子将答曰："治世之能臣，乱世之奸雄。"太祖大笑。'《世说》所言谬矣。"在运用他证法时，如果借以推翻本书记载的论据仅一条，往往难免给人以孤证之感。鉴于此，一些史家采用他证法时，常常将两种以上记载相同的史料用以考辨，富有说服力。如《三国志·孙破虏讨逆传》云孙坚以初平三年（192）卒。裴松之曰："张璠《汉纪》及《吴历》并以坚初平二年死，此为是而本传误也。"又如《世说新语·捷悟》载王敦率军将至大桁，晋明帝命温峤断桁以截击，峤未断桁，以致明帝大怒。注曰："按《晋阳秋》、邓《纪》①皆云，敦将至，峤烧朱雀桥以阻其兵，而云'未断大桁，致帝怒'，大为讹谬。一本云'帝自劝峤入'，一本作'啖饮，帝怒'，此则近也。"尤为突出的是，一些史家在使用他证法时，不只囿于文献资料，而且能够以具体事实订正是非。如《史记·楚世家》云："吴回生陆终。陆终生子六人，坼剖而产焉。"先儒学士及谯周皆疑"坼剖而产"一事，以为作者妄记，废而不论。干宝曰："余亦尤其生之异也。然按六子之世，子孙有国，升降六代，数千年间，迭至霸王，天将兴之，必有尤物乎？若夫前志所传，修己背坼而生禹，简狄胸剖而生契，历代久远，莫足相证。近魏黄初五年，汝南屈雍妻王氏生男儿从右胳下水腹上出，而平和自若，数月创合，母子无恙，斯盖近事之信也。以今况古，固知注记者之不妄也。天地云为，阴阳变化，安可守之一端，概以常理乎？《诗》云'不坼不副，无灾无害'。原诗人之旨，明古之妇人尝有坼副而产者矣。"②足以服人。

（四）物证法

物证法即以地下出土的书籍或青铜器等实物来考订古代传说之谬与古

---

① 邓粲：《晋纪》。
② 《史记·楚世家》索引。

史记载之误。上文所举司马彪以《汲冢纪年》纠《古史考》之谬,就是以古代的简策从事考据的例证。关于青铜器,如梁刘杳曾据魏鲁郡地和晋永嘉中青州地出土的牺樽指出汉郑玄所言之非:"刘杳少好学,博综遗书,沈约、任昉以下,每有遗忘,皆访问焉。尝于约坐,语及宗庙牺樽,约云:'郑玄答张逸,谓为画凤凰尾娑娑然,今无复此器,则不依古。'杳曰:'此言未必可按。古者樽彝,皆刻木为鸟兽,凿顶及背,以出内酒。顷魏世鲁郡地中得齐大夫子尾送女器,有牺樽作牺牛形,晋永嘉贼曹嶷于青州发齐景公冢,又得此二樽,形亦为牛象。二处皆古之遗器,知非虚也。'约大以为然。"①又如《颜氏家训·书证》云:"《史记·始皇本纪》:'二十八年,丞相隗林、丞相王绾等,议于海上。'诸本皆作山林之'林'。开皇二年五月,长安民掘得秦时铁称权,旁有铜涂镌铭二所。其一所曰:'廿六年,皇帝尽并兼天下诸侯,黔首大安,立号为皇帝,乃诏丞相状、绾,法度量则不壹歉疑者,皆明壹之。'凡四十字⋯⋯了了分明。其书兼为古隶。余被敕写读之,与内史令李德林对,见此称权,今在官库;其'丞相状'字,乃为状貌之'状',爿旁作犬;则知俗作'隗林',非也,当为'隗状'耳。"颜之推以铜器刻词为据,订正了《史记》的讹体误字。这充分显示了出土古器物对考据古文献的作用和价值。

(五)理证法

理证法即推理考证法。魏晋南北朝时期,史家从事考据,于本证、对证、他证之外,亦多用推理考证法。如《三国志·孙破虏讨逆传》及《江表传》《九州春秋》皆云孙策阴欲袭许,迎汉献帝于吴、越未果,反为吴郡太守许贡客所杀。孙盛《异同评》曰:"凡此数书,各有所失。孙策虽威行江外,略有六郡,然黄祖乘其上流,陈登间其心腹,且深险强宗,未尽归复,曹、袁虎争,势倾山海,策岂暇远师汝、颍,而迁帝于吴、越哉?斯

---

① 《梁书·文学传》。

盖庸人之所鉴见,况策达于事势者乎?"①又如《三国志·武帝纪》载建安五年(200)八月,曹操军官渡,时兵不满万,伤者十二三。裴松之曰:"魏武初起兵,已有众五千,自后百战百胜,败者十二三而已矣。但一破黄巾,受降卒三十余万,余所吞并,不可悉纪,虽征战损伤,未应如此之少也。夫结营相守,异于摧锋决战。本纪云:'绍众十余万,屯营东西数十里。'魏太祖虽机变无方,略不世出,安有以数千之兵,而得逾时相抗者哉?以理而言,窃谓不然。绍为屯数十里,公能分营与相当,此兵不得甚少,一也。绍若有十倍之众,理应当悉力围守,使出入断绝,而公使徐晃等击其运车,公又自出击淳于琼等,扬旌往还,会无抵阂,明绍力不能制,是不得甚少,二也。诸书皆云公坑绍众八万,或云七万。夫八万人奔散,非八千人所能缚,而绍之大众皆拱手就戮,何缘力能制之?是不得甚少,三也。将记述者欲以少见奇,非其实录也。"推理精密,令人叹服。再如《世说新语·文学》载郑玄师马融,业成辞归,融"恐玄擅名而心忌焉。玄亦疑有追,乃坐桥下,在水上据屐。融果转式逐之,告左右曰:'玄在土下水上而据木,此必死矣。'遂罢追,玄竟以得免"。刘孝标曰:"马融海内大儒,被服仁义。郑玄名列门人,亲传其业,何猜忌而行鸩毒乎?委巷之言,贼夫人之子。"对此,王鸣盛曾亦称:"融欲害郑,未必有其事。"②余嘉锡亦称:"孝标斥为委巷之言,不亦宜乎?"③刘氏理证之精确,于此可见一斑。尤为值得一提的是,裴松之、刘孝标在祛谬取信的过程中,能够把考据和明理统一起来,既详考其事,又注重据事理辩驳,以推论历史事件的真实性。如《世说新语·贤媛》载孙秀欲立威权,逼李重自裁。刘孝标注曰:"按诸书皆云,重知赵王伦作乱,有疾不治,遂以致卒,而此书乃言自裁,甚乖谬,且伦、秀凶虐,动加诛夷,欲立威权,自当显戮,何为逼令自裁?"使人折服。

---

① 《三国志·孙破虏讨逆传》注引。
② 王鸣盛:《蛾术编》卷五八。
③ 余嘉锡:《世说新语笺疏》,中华书局1983年版,第192页。

(六)存疑法

《古史考》和《异同评》久佚,其考史态度如何,仅凭后人所辑或所引之残篇断句,不可遽作结论。但就《三国志注》《世说新语注》和《水经注》来看,魏晋南北朝时期,史家的考史态度是十分审慎的。裴松之在史事考辨过程中,若"同说一事而辞有乖杂,或出事本异疑不能判",便"并皆抄内,以备异闻"①。概不率尔诋呵前人。如《三国志·袁术传》载曹操与袁绍合败袁术于陈留,术以余众奔九江,杀扬州刺史陈温,领其州。而《英雄记》曰:"陈温字元悌,汝南人。先为扬州刺史,自病死。袁绍遣袁遗领州,败散,奔沛国,为兵所杀。袁术更用陈瑀为扬州。瑀字公玮,下邳人。瑀既领州,而术败于封丘,南向寿春,瑀拒术不纳。术退保阴陵,更合军攻瑀,瑀惧走归下邳。"二者所言不同,对此,裴氏没有轻下论断,引之并指出:"如此,则温不为术所杀,与本传不同。"以示后人注意。刘孝标注《世说新语》,于同一史事,若情节有别,或文字相异,不管是迥别,还是微异,在无确凿证据可以定其是非的情况下,亦同样条其异说。如《世说新语·文学》载袁宏始作《东征赋》,全不言陶范之事,陶以武力相威胁。注引《晋阳秋》曰:"宏为大司马记室参军,后为《东征赋》,悉称过江诸名望。时桓温在南州,宏语众云:'我决不及桓宣城(桓温)。'"于是孰是孰非,疑不能判之处,刘氏只言"二说不同,故详载焉"。又如《世说新语·言语》说,桓玄篡位后,将改置直馆,以问左右,有一无名氏引潘岳《秋兴赋叙》以对,玄咨嗟称善。而刘谦之《晋纪》云:"玄欲复虎贲中郎将,疑应直与不,访之僚佐,咸莫能定,参军刘简之对曰:'昔潘岳《秋兴赋叙》云,余兼虎贲中郎将,寓直于散骑之省。以此言之,是应直也。'玄欢然从之。"与《世说新语》所言有别。对此,刘氏引之并注明:"此语微异,又答者未知姓名,故详载之。"郦道元注《水经》,在是非难决之时,既不盲从典籍,又不主观臆断,而书以"未知

---

① 裴松之:《上三国志注表》。

所是"，或云"未知所从"，或云"未所详也"。由此可见，有关歧异史载，在未弄清疑窦时，裴、刘、郦均并存其说，概不轻下论断。这种谨严审慎的考史方法对当时和后世都有深刻影响，对于抨击那种主观武断的不良学风，产生了一定的积极作用。就是对于今天的史学工作者来说，仍可资直接的借鉴和参考。更值得注意的是，对于那些确有纰漏，但又持之有故，不易推翻的论断，刘孝标采取一方面提供线索，一方面疑以传疑的态度。如《世说新语·任诞》："张骥酒后，挽歌甚凄苦。桓车骑（桓冲）曰：'卿非田横门人，何乃顿尔至致？'"为说明问题起见，无妨原注照录。注曰："谯子《法训》云：'有丧而歌者。或曰：彼为乐丧也，有不可乎？'谯子曰：'《书》云：四海遏密八音。何乐丧之有？'曰：'今丧有挽歌者，何以哉？'谯子曰：'周闻之：盖高帝召齐田横至于尸乡亭，自刎奉首，从者挽至于宫，不敢哭，而不胜哀，故为歌以寄哀音。彼则一时之为矣。邻有丧，舂不相引，挽人衔枚，孰乐丧者邪？'按《庄子》曰：'绋讴所生，必于斥苦。'司马彪注曰：'绋，引柩索也。斥，疏缓也。苦，用力也。引绋所以有讴歌者，为人有用力不齐，故促急之也。'《春秋左氏传》曰：'鲁哀公会吴伐齐，其将公孙夏命歌《虞殡》。'杜预曰：'《虞殡》，送葬歌，示必死也。'《史记·绛侯世家》曰：'周勃以吹箫乐丧。'然则挽歌之来久矣，非始起于田横也。然谯氏引礼之文，颇有明据，非固陋者所能详闻，疑以传疑，以俟通博。"在一千五百年前，刘孝标能够做到这一点，值得我们称道。

与人类社会历史的发展一样，任何学科的发展都具有一定的连续性与继承性，在前一阶段中萌发有后一阶段的因素，而后一阶段中又保留有前一阶段的原始遗痕。上述六个方面，是魏晋南北朝时期史家从事历史考据的基本方法。无可否认，在这些考据方法中，有的是在前代史家考史的基础上发展起来的，如汉代刘向、刘歆、马融等在校勘、辨伪时所使用的方法已具有他证、理证、存疑的因素，但他们的论证极其简单，严格说来，只能是这些考据方法的萌芽。他证法、理证法和存疑法的成熟与广泛运用乃在魏晋南北朝时期。理证法是一般人不大敢用的一种考据方法，而在这一时期,史家却大胆地以它来指瑕祛谬,订正史实。固然,他们的论证并非全属正确无误,但毕竟第一次在我国考据学史上确立了理证法的地位,并给后人以启迪。宋司马光、清王鸣盛即多用此法。存疑法是一种严肃的科学态度,也是我国史学发展史上的好传统。司马光作《通鉴考异》,对许多史实的订正,即采取这种态度。至于本证法、对证法和物证法确系发凡起例,为这一时期的史家所首创。关于本证法,清代考据大家钱大昕说:"本证之名昉于陈季立(陈第字)《诗古音》,然吴廷珍(吴缜字)《新唐书纠谬》已开其例矣。欧、宋负一时盛名,自谓事增文简,既粗且博,廷珍特取《纪》《志》《表》《传》之文彼此互勘,而罅漏已不能掩。"①其实本证法并不始于吴缜《新唐书纠谬》,早在东晋孙盛撰《异同评》时已首创其例。自孙盛之后,历代史家沿用不废,唐刘知幾《史通》、宋司马光《通鉴考异》、吴缜《新唐书纠谬》、明陈第《毛诗古音考》、清汪辉祖《元史本证》、赵翼《廿二史札记》即屡用此法。钱大昕说:"考史之家,每好搜录传记小说,矜衒奥博,然群言淆乱,可信者十不二三。就令采择允当,而文士护前,或转谓正史之有据。兹专以本史参证,不更旁引,则以子之矛刺子之盾,虽好为议论者,亦无所置其喙。"②陈垣先生更认为校书未得祖本或别本之前,本证法"最宜用之"③。可见本证法在考据工作中具有极其重要的作用。再如物证法,虽然早在西汉宣帝时,张敞已开始解释铜器铭文。④东汉明帝时符节令宋元亦上言发秦昭王与吕不韦冢,视未烧诗书。⑤但他们均尚未以地下出土的实物作为考证古文献的依据而开始这一工作。只有到西晋时,地下出土的实物才真正受到人们的重视而被纳入考据学的轨道,为后世考证古书的人们启示了新的方法和途径。宋、清乃至近、现代的考据学家,正是凭借地下出土的古籍和古器物来不断地恢复历

---

① 钱大昕:《元史本证序》。
② 钱大昕:《元史本证序》。
③ 陈垣:《元典章校补释例》卷六。
④ 《汉书·郊祀志》。
⑤ 《太平御览》卷五六〇引《皇览·冢墓记》。

史事实的本来面貌。总而言之,魏晋南北朝时期的史家在考据方法上为后世考据学的发展做出了开创性的贡献,其功绩不能抹杀,应给予充分肯定。

就考证对象而言,魏晋南北朝时期的考史著作,重点在于史实订正(包括人名、舆地、年代、官制、氏族、典章等,限于篇幅,例证从略),并且涉及文字、史书编纂体例、材料取舍等,同时亦间或诠解蒙滞,评论历史人物与历史事件,内容丰富。

三、考据学的产生及影响

考据作为史学研究的一种方法,与史学发展互为表里。魏晋南北朝时期,一方面,除西晋的短暂统一以外,我国处于长期分裂割据的混乱状态,朝代更替频繁,国亡史作,随着社会历史的急剧发展变化,出现了一个前所未有的史学发展的新局面,史学范围扩大,史书体裁增加,史籍数量众多,"一代之史,至数十家"①。但我们知道,史书记事,有个是否合理与真实的问题,史书越多,这一问题便愈显得明显,也必然引起史家的注意。而欲求其史事真相,即须从事历史考据。另一方面,这一时期,以人物为中心的纪传体史书特别发达,相应地,褒贬人物的"春秋笔法"在史学思想中占据了主导地位。有些史家舞词弄札,文过饰非,不惜歪曲历史事实地阿意顺从,持谄媚以取私惠。因此,尽管这一时期史籍繁复,可向声背实、舍真存伪者却不在少数,"其失之者,则有苟出异端,虚益新事,至如禹生启石,伊产空桑,海客乘槎以登汉,姮娥窃药以奔月"②。特别是由于自魏晋开始,史家蜂起,私家修史之风甚盛,以致著述多门,诸如《语林》《笑林》《世说》《俗语》皆纷然问世。而这些野史稗乘,"皆喜载调谑小辩,嗤鄙异闻"③。这样一来,"斯风一扇,国史多同"④,一些史家随

---

① 《隋书·经籍志》。
② 《史通·采撰》。
③ 《史通·书事》。
④ 《史通·书事》。

波逐流，于国史之中以流言俗语载荒诞不经之事。史书记载失实的现象越发严重。当时的裴松之即愤然指出："轻弄笔墨，妄生异端，以行其书。如此之类，正足以诬罔视听，疑误后生矣。实史籍之罪人，达学之所不取者也。"①这种特殊的历史条件是史家从事历史考据的一个很重要的原因。据此可见，魏晋南北朝时期，考据风气的出现，是史学兴盛、学术活跃的必然结果。史家使用的考据方法，也正是为了进一步促进学术的发展，为史学的目的而服务，考据本身并不是目的，只不过是达到目的的手段。就此而言，它与清乾嘉时期的考据学有着很大的区别。乾嘉考据学是清朝统治者屡兴文字狱，实行文化专制统治的产物，它不是学术发展的正常表现。鲁迅先生曾经指出："到乾隆年间，人民大众便更不敢用文章来说话了。所谓读书人，便只好躲起来读经，校勘古书，做些古时的文章，和当时毫无关系的文章。有些新意，也还是不行的；不是学韩，便是学苏。"②在这种学术气氛沉闷的情况下，史家从事考据，逃避现实，离今言古，整日埋头于故纸堆中，为考据而考据，把考据本身当成了目的。这便是他们的不足之处。

魏晋南北朝时期，由于史家从事考据，旨在促进学术发展，为史学服务，因而，他们的辛勤耕耘，为后人研究这一时期的社会历史提供了更为翔实、更为可靠的资料。特别是他们借以辨疑祛伪的书籍后世大多亡佚无存，更有其特殊的历史地位。同时，他们的证误、纠谬之作对当时和后世史家著史起到一定的警诫与监督作用。南宋周密说过："著书之难尚矣！近世诸公多作考异、证误、纠谬等书，以雌黄前辈，该赡可喜而互有得失，亦安知无议其后者！"③的确，我国史学日益发达，史事日明，史家著史秉笔直书、不敢掉以轻心者，与前朝或当代史家的考订辨伪工作有着密切的关系。

---

① 《三国志·袁绍传》注。
② 鲁迅：《伪自由书·再谈保留》，见《鲁迅全集》第5卷，人民文学出版社1957年版，第115页。
③ 周密：《齐东野语》卷一九。

综上所述，我认为，作为一门完整的学科，它的产生和成立必须具备一定的条件。就考据学而言，考史著作的形式、考据方法和考据内容是我们借以衡量的标尺。魏晋南北朝时期，既有考据史实的专门著作，又有贯穿于史著中的考辨条文。谯周《古史考》是我国第一部考史专著，它的出现，在考据学史上具有划时代的意义，标志着我国考据学的产生，经孙盛《异同评》、裴松之《三国志注》、刘孝标《世说新语注》，至郦道元《水经注》，随着考据内容的不断丰富，考证方法的日臻完善与确立，考据学亦告成立。固然，这一时期，考史专著不多，但众多的史家都在各自的论著中不同程度地订正文献记载的谬戾乖杂，考据风气还是很普遍的。它为后世考据学的发展开辟了门径，打下了基础。就考据方法和考据内容而言，后世的考据学和魏晋南北朝相比，没有质的区别，不过是考证更趋细微而已。总之，魏晋南北朝时期，上承春秋、西汉的疑古思想，下启宋、清考据学之大盛，起了一座桥梁的作用，在我国考据学史上写下了光辉的一页。

对魏晋南北朝史学评论的新认知

史学评论是伴随着史学的产生、发展而出现的。魏晋南北朝时期，随着史学的进一步发展，特别是由于史学著作的大量涌现和史籍注释、历史考据、史事评论的深入推进，史学评论在内容和形式上均有重大突破和创新，取得空前的成就，对后世产生了深远的影响。可是，长期以来，史学界对此多所忽视或评价失当。一说起魏晋南北朝时期的史学评论，学界同仁除对南朝梁刘勰《文心雕龙·史传》多有研究论评之外，其余很少论及。因此，对这一时期的史学评论进行认真的研究，并给予应有的估价，无论是对我们进一步开展史学评论工作，还是对研究魏晋南北朝史学，促进我国史学发展，都有着十分重要的意义和作用。

一

春秋末期孔子所著《春秋》问世以后，孟子曾就《春秋》的内容及作用进行评论，指出："《春秋》，天子之事也。"又云："孔子成《春秋》而乱臣贼子惧。"①我认为，这是我国史学评论的开始。后西汉司马迁对孔子所撰《春秋》推崇备至。他在《史记·太史公自序》中评论说："夫《春秋》，上明三王之道，下辨人事之纪，别嫌疑，明是非，定犹豫，善善恶恶，贤贤贱不肖，存亡国。继绝世，补弊起废，王道之大者也。……《春秋》辨是非，故长于治人。……《春秋》以道义。拨乱世反之正，莫近于

---

① 《孟子·滕文公下》。

《春秋》。《春秋》文成数万,其指数千。万物之散聚皆在《春秋》……故《春秋》者,礼义之大宗也。"他又在《史记·十二诸侯年表·序》中说:"(《春秋》)上记隐,下至哀之获麟,约其(鲁《春秋》)辞文,去其烦重,以制义法,王道备,人事浃。"这些都是对《春秋》的作用和孔子编撰《春秋》的手法等方面的评论。自司马迁以后,每当一部史学名著呈现于世,学者多纷纷论评,有正面的赞誉,亦有反面的批评。比如,《史记》问世不久,刘向、扬雄即评论说,司马迁有良史之才,"服其善序事理,辨而不华,质而不俚。其文直,其事核,不虚美,不隐恶,故谓之实录"①。与之相反,班固则批评《史记》"是非颇谬于圣人:论大道,则先黄老而后六经;序游侠,则退处士而进奸雄;述货殖,则崇势利而羞贫贱,此其所蔽矣"②。同样,班固《汉书》成书后,仲长统亦在《昌言》中评论其为"宗经矩圣之典",盛赞《汉书》"端绪丰赡之功",但亦谴责其有"遗亲攘美之罪,征贿鬻笔之愆"③。除上述对史书的一般评论外,班彪还"斟酌前史而讥正得失",作《史记后传》论述传说中的唐虞和夏商周三代到楚汉之际的史学源流,并着重评论了司马迁的《史记》。④

二

魏晋南北朝时期,伴随着史学实践的发展,史学评论作为一种比较广泛的学术活动进入一个新的历史时期,取得了远超前代的重要成就。主要表现在两个方面:一是出现了独立成篇的史学评论专论;二是史学评论形式多样,内容丰富,评论深刻。

有学者认为,东汉班彪作《史记后传》开我国史评之先河。我不敢苟同。一则如上文所说,孟子评论孔子《春秋》已开我国史评之先河。二则

---

① 《汉书·司马迁传·赞》。
② 《汉书·司马迁传·赞》。
③ 《文心雕龙·史传》。
④ 《后汉书·班彪传》。

班彪《史记后传》实际上是为接续司马迁《史记》而撰写的史书,而并非史学评论方面的专著或专论,班固在其父《史记后传》的基础上撰写成《汉书》就充分说明这一点。又有不少学者认为,刘勰《文心雕龙·史传》篇是评论我国史学的第一篇专论,更有人提出它开我国史评之先河。事实上此说亦难成立,应予澄清。因为远在刘勰之前约二百年,东晋史学家干宝曾作《史议》,原书虽已佚,但从刘知幾《史通》等引文的内容可知,《史议》才是我国史学评论史上第一篇专论。干宝在《史议》中把他以前的各家史书作为研究对象,并评论其长短得失,其"历诋诸家,而独归美《左传》"①。他认为编年史文简事约,且能括囊无遗,"丘明(左丘明《左传》)能以三十卷之约,括囊二百四十年之事,靡有孑遗",并视其为"立言之高标,著作之良模"②。因此,干宝"议撰《晋史》,以为宜准丘明"③。他"盛誉丘明而深抑子长"④,极力主张修史采用编年体。在肯定编年体优长的同时,他又客观地指出其不足之处在于不易记载百官僚佐之事,对于人物事迹多所遗漏。鉴于此,他主张"其臣下委曲,仍为谱注"⑤,即用谱注的形式记载人物的所作所为。在干宝之前,尚无人对纪传与编年两大史书体裁做出这样的评论。从这一点来看,干宝发前人所未发,撰史学评论专篇,在中国史学史上写下了新的一页。此外,干宝在其《晋纪·叙例》中指出:"体国经野之言则书之,用兵征伐之权则书之,忠臣、烈士、孝子、贞妇之节则书之,文诰专对之辞则书之,才力技艺殊异则书之。"⑥在这里,干宝从政治、经济、军事、文化诸方面对史书的记事范围做出明确规定,诚如刘知幾所云:"盖记言之所网罗,书事之所总括,粗

---

① 《史通·烦省》。
② 《史通·烦省》。
③ 《史通·载言》。
④ 《史通·二体》。
⑤ 《史通·载言》。
⑥ 《史通·烦省》。

得于兹矣。"①虽然荀悦在《汉纪·高祖纪序》中提出立典有五志:"达道义,彰法式,通古今,著功勋,表贤能。"但前三点只是说明史书编纂的态度和方针,只有后两点才是关乎史书内容的。② 总之,对干宝在史学评论方面的成就应有充分的认识和肯定,不能因为《史议》散佚,就无视它的存在、价值和意义。

继干宝《史议》之后,梁刘勰撰《文心雕龙·史传》篇,从史官建置、史书体裁、修史宗旨、撰写方法等方面对南北朝以前的史学发展进行了概括性的总结评价,提出不少难能可贵的见解,不仅为唐刘知幾《史通》所继承、发展,而且对我国古代历史编纂学的发展产生了深远影响。 学术界对《史传》的评价主要有两种倾向:一是高估其价值和意义,认为它是评论我国史学的第一篇专论,开我国史学评论之先河。 对此,上文已做辩证,兹不赘述。 二是贬低《史传》的价值。 如清人纪昀认为:史事非刘勰当行,该篇"文句特烦,而约略依稀,无甚高论,特敷衍以足数耳。 学者欲析源流,有刘子玄之书在"③。 我们知道,唐刘知幾《史通》作为我国历史上第一部史学评论专著,条举细目,内容丰富,是我国史学发展中一座光辉的里程碑。 不过需要指出的是,《史传》早于《史通》约二百年,不能因为刘知幾后来居上,就否定刘勰的历史贡献。

就史学评论著作的内容而言,魏晋南北朝时期,除干宝《史议》和刘勰《文心雕龙·史传》这两种进行综合史学评论的专论外,尚有专门评论一书的,如东晋徐众的《三国志评》,三卷,已佚;何琦的《论三国志》,九卷,已佚;王涛的《三国志序评》,三卷,已佚。 另外,还有对两书进行比较评论的,如西晋张辅撰《班马优劣论》,通过对《史记》和《汉书》的比较,评判其优长得失,指出:"迁之著述,辞约而事举,叙三千年事,唯五十万言;班固叙二百年事,乃八十万言,烦省不同,不如迁一也。 良史

---

① 《史通·书事》。
② [日]尾崎康:《干宝·晋纪考》,载《斯道文库论集》第8辑,斯道文库1970年版,第12页。
③ 纪昀:《文心雕龙评》。

述事,善足以奖劝,恶足以鉴诫,人道之常。 中流小事,亦无取焉,而班皆书之,不如二也。 毁贬晁错,伤忠臣之道,不如三也。 迁既造创,固又因循,难易益不同矣。 又迁为苏秦、张仪、范雎、蔡泽作传,逞辞流离,亦足以明其大才。 故述辩士则辞藻华靡,叙实录则隐核名检,此所以迁称良史也。"①张辅所论,不敢全然苟同,仅就以字数多少评判《史记》《汉书》之得失,便有片面之嫌,刘知幾即对此断然否定:"夫论史之烦省者,但当要其事有妄载,苦于榛芜,言有阙书,伤于简略,斯则可矣。 限篇策以多少,理则不然。"②不过,在我国古代史学史上,运用比较研究法评论史书,张辅实为第一人。

魏晋南北朝时期,就史学评论内容来看,范围不断扩大,涉及史学发展的方方面面。 兹就其主要者论列如下:

1.评论史官建置

我国历代史家都很注重史官建置。 刘勰在《文心雕龙·史传》中对上起轩辕黄帝、下至两晋这一漫长历史时期的史官建置做了纵向考察与评论:"轩辕之世,史有仓颉,主文之职,其来久矣。"自西周开始,王室和各诸侯国均设置史官,"诸侯建邦,各有国史"。 降及战国,"史职犹存,秦并七王而战国有策"。 西汉初期,"史职为盛,郡国之计,先集太史之府"。 太史司马谈"世惟执简",其子司马迁继父职志"甄序帝绩"。 延宕至晋,史书之作,"系乎著作"。 在这里,刘勰提出仓颉是我国最早设置的史官,并以史官的出现为标志,把我国史学起源上推至传说中的黄帝时代,难以令人折服。③ 不过,值得注意的是,刘勰所论亦有合理因素,这就是,一方面,我国史官建置较早、地位较高,受到历代统治阶级的高度重视;另一方面,史学起源与史官建置、文字记录相联系。

在评论史官建置的同时,刘勰指出,古史官的职责在于执笔以侍人君左

---

① 《晋书·张辅传》。
② 《史通·烦省》。
③ 关于中国史学的起源,笔者另有专文论述,见本书"历史文化研究篇"《中国史学起源于春秋末期至战国初期》。

右而做记录,"左史记事者,右史记言者。言经则《尚书》,事经则《春秋》"。显而易见,这种将记言与记事截然分开的观点未免牵强附会,因为在史书编写中,事件要用言语来表述,而言语只有用来表述事件才能落在实处。换言之,史书中的记言与记事很难截然分开,正如章学诚所说:"夫《春秋》不能舍《传》而空存其目,则左氏之言不啻千万矣。《尚书》典谟之篇记事,而言已具焉;训诰之篇记言,而事已见焉。古人见事于言,言以为事,未尝分事与言为二也。"①不过,仅就《尚书》与《春秋》的主要表述形式而论,左史与右史,记言与记事,各有侧重,亦未尝不可。

2.评论史书体裁

纪传体和编年体是我国古代史家修史所采用的最为主要的史书体裁。魏晋南北朝时期,史学评论多涉及这两种体裁的优劣得失。干宝在对《左传》和《史记》进行比较研究的基础上,盛赞编年体而贬抑纪传体,主张修史采用编年体。同时,他又指出编年体存在的不足。对此,上已论及。这里需要特别强调的是:第一,干宝是我国历史上第一位对编年与纪传这两大史书体裁进行比较评论的史学家,在干宝之前,尽管已有许多史家就史书编写的优劣得失做过评论,但只是就事论事地就某一部史书进行评论,或两部史书做比较评论,尚未涉及史书体裁的比较研究。第二,干宝虽则对编年体情有独钟,但他并不爱屋及乌,而是理性地指出其存在的缺陷与不足,表现出一个史学家谨严审慎的治学态度。

继干宝之后,刘勰评论指出:"纪传为式,编年缀事",给纪传体与编年体以不同的地位,颇有见地。他进而就纪传体与编年体的长短得失进行了深入的分析研究。我们知道,纪传体包括以时间为纲的纪、表,以人物为纲的世家、列传,以事类为纲的书、志,具有较广泛的兼容性,善于分门别类表述历史。刘勰在肯定纪传体优长的同时,敏锐地指出纪传体在编写上的困难之处:其"同归一事,而数人分功。两记则失于复重,偏举则病

---

① 《文史通义·书教》。

于不周,此又铨配之未易也"①。评论深刻剀切,可谓史家之知音。关于编年体,刘勰认为:"岁远则同异难密,事积则起讫易疏,斯固总会之为难也。"②金毓黻云:"此乃编年史之难作也。"③编年体以时间为经,以史事为纬,易于表述同一时期的历史事件,但就同一事件来说,往往前后分割,首尾难贯,以致"事积则起讫易疏",这是编年史不能克服的缺点,刘勰所论一语破的。唐刘知幾继承干宝《史议》、刘勰《文心雕龙·史传》的观点,撰《史通·二体》,进一步就纪传体与编年体的优缺点做了比较系统的评论。

在评论史书体裁的同时,有些史家还就"史书"的编写体例进行了探讨。如西晋杜预在《春秋左氏传序》中对《春秋》经传的体例做出评论。再如裴松之对《三国志》的编写体例提出批评:"列传之体,以事类相从。张子房青云之士,诚非陈平之伦。然汉之谋臣,良、平而已。若不共列,则余无所附,故前史合之,盖其宜也。魏氏如(贾)诩之俦,其比幸多。诩不编程(昱)、郭(嘉)之篇,而与二荀(荀彧、荀攸)并列,失其类矣。"④这些都是对一书体例的评论。

3.评论修史宗旨

孔子作《春秋》时第一次明确提出"上明三王之道,下辨人事之纪,别嫌疑,明是非,定犹豫,善善恶恶,贤贤贱不肖"⑤的修史宗旨。司马迁撰《史记》更是要求达到"究天人之际,通古今之变,成一家之言"的目的。刘勰在继承和发展的基础上指出:史书要"表征盛衰,殷鉴兴废。使一代之制,共日月而长存;王霸之迹,并天地而久大"⑥。他从维护封建统治阶级的利益出发,明确提出"表征盛衰,殷鉴兴废"的修史宗旨,

---

① 《文心雕龙·史传》。
② 《文心雕龙·史传》。
③ 金毓黻:《文心雕龙·史传》疏证,《中华文史论丛》1979年第1期。
④ 《三国志·贾诩传注》。
⑤ 《史记·孔子世家》。
⑥ 《文心雕龙·史传》。

在我国史学发展史上具有进步意义。因为，表一代之盛，能从正面激励时人吸取经验，奋发进取；述一代之衰，能从反面告诫时人汲取教训，以免重蹈覆辙。这种"鉴往知来""通古启今"的史学功用论对后世产生着积极而深远的影响。

4.评论修史方法

魏晋以前，编年体史书《春秋》《左传》《汉纪》和纪传体史书《史记》《汉书》的相继完成，标志着我国历史编纂学的成熟与发展。尽管随着每一部史学名著的出现，不断有史家对其加以研究评论，但只有到刘勰撰《文心雕龙·史传》，才对我国历史编纂学中蕴含的修史方法做出初步总结："寻烦领杂之术，务信弃奇之要，明白头讫之序，品酌事例之条。"①在这里，刘勰第一次从史料搜集、整理、鉴别和编写断限、条例、要领等方面，比较全面系统地对修史方法做出评论，实属难能可贵。应该说，这既是魏晋南北朝史学评论所取得的重要成就，同时也标志着我国古代史学评论的发展进入一个新的历史阶段。刘知幾继承了刘勰的这一认识观点，其所撰《史通》即全面吸收了刘勰的思想理论，正如范文澜先生在其《文心雕龙注》一书中所说，《史通》全书，皆在按照"寻烦领杂之术，务信弃奇之要，明白头讫之序，品酌事例之条"四句阐释评论史书写作。

5.评论史学作用

魏晋南北朝时期，著史以供鉴戒成为一种普遍的史学现象。相应地，史学家大多都在纷纷评论史学的社会作用。西晋司马彪以为："先王立史官，以书时事，载善恶以为沮劝，撮教世之要也。"②陈寿作《三国志》，时人盛推其"辞多劝诫，明乎得失，有益风化"③。袁宏把史学的功用归结为"通古今""笃名教"，他在《后汉纪·自序》中说："夫史传之兴，所以通古今而笃名教也。"王隐指出："盖古人遭时，则以功达其道；不遇，则

---

① 《文心雕龙·史传》。
② 《晋书·司马彪传》。
③ 《晋书·陈寿传》。

以言达其才，故否泰不穷也。当今晋未有书，天下大乱，旧事荡灭，非凡才所能立。君少长五都，游宦四方，华夷成败皆在耳目。何不述而裁之！应仲远作《风俗通》，崔子真作《政论》，蔡伯喈作《劝学篇》，史游作《急就章》，犹行于世，便为没而不朽。当其同时，人岂少哉？而了无闻，皆由无所述作也。故君子疾没世而无闻，《易》称自强不息，况国史明乎得失之迹。"①王导认为："帝王之迹，莫不必书，著为令典，垂之无穷。"他要求国家设置史官，"撰集帝纪，上敷祖宗之烈，下纪佐命之勋，务以实录，为后代之准，厌率土之望，悦人神之心"②。如此强调史学的社会作用，在古代历史上是空前的。

除以上评论内容外，魏晋南北朝时期，史学评论还涉及修史态度、史书得失、史学中的不良倾向等方面，兹不一一罗列。

三

史学评论是对以往史学实践的总结、提炼与升华，其中形成的富有见地的史学观点和比较系统的史学理论，必将有效地指导新的史学实践取得发展和成就，同时，也必将对后世史学评论的发展产生积极、深远的影响和作用。

首先，魏晋南北朝时期，史学评论有力地推动了这一时期历史学的新发展。魏晋南北朝史学评论中形成的一系列史学观点、理论从多方面促进了史学的发展。比如，干宝力诋纪传、盛誉编年的史学理论，不仅在主观上具有巩固王权、维护国家统一的积极意义，而且在客观上推动了东晋以后编年史的巨大发展。编年体本是我国最古老的一种史书体裁。自《左传》以后，至司马迁《史记》以前，编年史却是寥若晨星。特别是自《史记》问世到荀悦《汉纪》三百年间，编年史竟绝而无传。纵观我国史学发展

---

① 《晋书·王隐传》。
② 《晋书·干宝传》。

史，不难看出，编年史的蓬勃发展乃在东晋时期。按《隋书·经籍志》和两《唐志》，东汉时有三部编年体史书，魏、蜀、吴三朝竟无一部编年史。延宕至西晋，也只有四部编年之作，仅及纪传史之半。可是，自东晋开始，情况发生了巨大变化，编年史骤然增至十二部，为纪传史两倍余。经南朝宋迄隋，依然遥遥领先，就是到隋，也是与纪传史并驾齐驱。唐初，私家撰史，更喜用编年。至唐中期，甚至有人认为"纪传烦漫，不如编年"，反指责司马迁更编年为纪传是"率私意，荡古法"。① 编年史的兴盛，于此可见一斑。编年史何以在东晋得到空前发展，并一直在中唐时期始终保持迅猛发展势头？当然，原因是多方面的，但有一点无可否认，即与干宝力诋纪传、盛誉编年的史学理论是分不开的。因为史学理论是用来指导史学实践的，它一经产生，就会直接作用于史学实践，以推动史学的发展。干宝当时极力主张修史采用编年体时，"于时议者，莫不宗之"②。其号召力和产生的强大影响不言自明。

其次，魏晋南北朝史学评论对后世产生了积极而深远的影响。

总体上来看，魏晋南北朝时期，史学评论著作与以前相比，形式多样，内容丰富，论述深刻。特别是干宝《史议》和刘勰《文心雕龙·史传》，承前启后，在史学评论发展史上形成了较为系统的理论和方法，不仅把我国古代史学评论推上了一个新的高度，而且对后世的史书编写和史学评论的发展产生了十分重要的影响和作用。

上已述及，《史议》《史传》对刘知幾《史通》及后世史家有着广泛而深远的影响。比如，刘勰有关修史方法的理论总结，不仅为刘知幾所继承和发扬，而且为后世史家修史所遵循。《史议》早于《文心雕龙·史传》约二百年，《文心雕龙·史传》早于《史通》亦约二百年，如果将《史议》《文心雕龙·史传》和《史通》乃至清章学诚《文史通义》连缀起来做纵向考察，明显可见其因袭、继承、创新、发展的脉络。

---

① 王鸣盛：《十七史商榷》卷九九。
② 《史通·载言》。

孙盛史学初探

孙盛是东晋时期著名的历史学家,论著丰硕,特别是他的《晋阳秋》一书,"词直而理正,咸称良史"①,在当时史坛影响颇大。但由于孙氏所著大多亡佚,现仅存清人辑本,以致长期以来,其史学成就湮没无闻,迄今尚无专文研究。

一

孙盛(302—373),字安国,太原中都(今山西平遥县)人,世为名门。祖父楚,晋佐著作郎。父恂,颍川太守。盛初仕佐著作郎,尔后因家贫亲老,"求为小邑,出补浏阳令"②。庾亮代陶侃为参军时,引孙盛为征西主簿,后转参军。咸康六年(340),庾翼代亮,又"以盛为安西谘议参军"③,不久"转廷尉,著作如故"④。永和二年(346),与桓温俱伐蜀,有功,"赐爵安怀县侯,累迁温从事中郎"⑤。永和十二年(356),又从桓温入关北平洛阳,以功晋封吴昌县侯,出补长沙太守。后"历散骑常侍、秘书监,常领著作"⑥,且加给事中。享年七十二岁。

---

① 《晋书·孙盛传》。
② 《晋书·孙盛传》。
③ 《晋书·孙盛传》。
④ 《初学记》一二引《晋中兴书》。
⑤ 《晋书·孙盛传》。
⑥ 《太平御览》卷二三四引《晋中兴书》。

孙盛自幼聪敏好学,"涉坟、索,而以史籍为怀"①,对史学畅感兴味。"及长,博学",又"善言名理"②。且性格耿介,为人正直,不媚事权贵,敢于揭露黑暗现实,极力痛诋玄虚放诞之风。能与当时擅名一时的玄学家殷浩"剧谈相抗者,唯盛而已"③。

孙盛一生"笃学不倦,自少至老,手不释卷"④,著有《魏氏春秋》二十卷、《晋阳秋》三十二卷,皆亡佚,前者有古今说部丛书本、说郛本、增定汉魏六朝别解·史部及严可均辑本,后者有严可均、汤球、黄奭及王仁俊辑本。其次是《与罗君章书》《易象妙于见形论》《老聃非大贤论》《老子疑问反讯》,分别保存在《弘明集》和《广弘明集》中。另外还有《异同评》《魏世谱》《蜀世谱》等,皆失传,现仅有后人的零星引文。

二

如上所言,孙盛所著佚失惨重,因此,不可能对其在历史编纂学上的成就做全面、系统、深入的探讨,但仍能从后人的辑本和引文觅见其梗概。

(一)秉笔直书,反对褒贬

自孔子《春秋》开任情褒贬之例以来,在古代封建社会,"唯闻以直笔见诛,不闻以曲词获罪"⑤。史家据事直书,是要冒风险的,其后果不是"身膏斧钺,取笑当时",便是"书填坑窖,无闻后代"⑥。尽管也有像南史、董狐、司马迁那样秉笔直书的史学家,但毕竟是少数。一般的史家则是慑于统治阶级的淫威,不惜颠倒是非,篡改史实,以获取功名利禄。

---

① 《广弘明集》卷五。
② 《晋书·孙盛传》。
③ 《世说新语·文学》注引《续晋阳秋》。
④ 《晋书·孙盛传》。
⑤ 《史通·曲笔》。
⑥ 《史通·直书》。

特别是魏晋以来,"为尊者讳""为亲者讳"的恶劣作风更为普遍,作者往往"用舍由乎臆说,威福行乎笔端……事每凭虚,词多乌有:或假人之美,借为私惠;或诬人之恶,持报己仇"①。显然,在这种历史条件下,欲求实录,实非易事,"孙盛实录,取嫉权门"②。但孙盛宁为兰摧玉折,不为瓦砾长存,他不畏强暴,不贪个人名利,更不苟且偷生,敢于据事直书,揭露历史真相。特别是他的《晋阳秋》一书,起于宣帝,终于哀帝,一直写到当时事件。这是除司马迁外,以往其他史家视为禁区所不触及的。例如,太和四年(369),桓温率兵伐,至枋头(河南浚县)为前燕和前秦军所败,桓温自陆路奔还,此伐以失败告终。孙盛在著《晋阳秋》时,不因为桓温在当时是掌握内外大权、左右朝政的皇朝显贵而对其枋头之败虚加讳饰,照样据实记载。桓温看了《晋阳秋》后,"怒谓盛子曰:'枋头诚为失利,何至乃如尊君所说?若此史遂行,自是关君门户事。'其子遽拜谢,谓请删改之。时盛年老还家,性方严有轨宪,虽子孙班白,而庭训愈峻。至此,诸子乃共号泣稽颡,请为百口切计。盛大怒。诸子遂窃改之。盛写两定本,寄于慕容俊。太元中,孝武帝博求异闻,始于辽东得之,以相考校,多有不同,书遂两存"③。这种不避强御,忠实地记载历史事实的精神,在古代历史上是少见的,特别是在魏晋南北朝时期更是超群绝伦,不同凡响。它对针砭当时泛滥史坛的褒贬之风,促进实录、直书思想的发展起了很大的作用。后世许多著名的历史学家如刘知幾、司马光等都特别强调史家要据事直书。

(二)亲身调查,考订史料

魏晋南北朝时期,随着以人物为中心的纪传体史书的兴盛与发达,褒贬人物的"春秋笔法"在史学思想中占据了主导地位。有些史学家舞词弄札,文过饰非,不惜歪曲历史事实地阿意顺从,持谄媚以取私惠。因此,

---

① 《史通·曲笔》。
② 《史通·忤时》。
③ 《晋书·孙盛传》。

尽管这一时期史学范围扩大，史书体裁增加，史籍数量众多，"一代之史，至数十家"①，可向声背实、舍真存伪者却不在少数。特别是由于自魏晋开始，史家蜂起，私家修史之风甚盛，以致著述多门，诸如《语林》《笑林》之类皆纷然问世。而这些杂撰，"皆喜载调谑小辩，嗤鄙异闻"②。这样一来，"斯风一扇，国史多同"③。一些史家随波逐流，于国史之中以流言俗语载荒诞不经之事。孙盛就是在这种历史条件下撰写《魏氏春秋》《晋阳秋》及其他史著的。但他不为世风时俗所囿，更不随声应和，主张严肃地忠实于信实的史料。鉴于载笔有失，他就亲自游历各地，向年长有识者求教，搜罗材料，以亲身见闻补史料之不足，正载籍之乖违。在等级森严、门第观念浓厚、正宗史学居于独尊的东晋，口头资料被视为"旁门左道"而不登大雅之堂。但孙盛却在搜剔文献资料的同时，在史书编撰中大胆地应用可靠的口头资料。如他撰《魏氏春秋》时，就是依靠实地采访所得的材料对魏明帝做评价的，"闻之长老，魏明帝天姿秀出，立发垂地，口吃少言，而沉毅好断"④。同样，《晋阳秋》于"梁、益旧事"，亦"访诸故老"⑤。更值得一提的是，孙盛往往把自己的亲身经历写入史书中，如《晋阳秋》中记载："盛以永和初从安西将军平蜀，见诸故老，及姜维既降之后密与刘禅表疏，说欲伪服事钟会，因杀之以复蜀土，会事不捷，遂至泯灭。"⑥由此可知，孙盛虽然出身封建名门，但他能够摆脱正统思想的钳制，不持门第观念的狭隘偏见，注重民间的实地采访，把口头资料和有形的文字记载摆在同等地位，一样看作是人类文化的组成部分。就此而言，可与司马迁相媲美。对于一个史家来说，口头资料是很重要的，其价值有时还超过有形的文字记载。早在司马迁撰《史记》时，对此就躬行有得。尔

---

① 《隋书·经籍志》。
② 《史通·书事》。
③ 《史通·书事》。
④ 《三国志·明帝纪》注引《魏氏春秋》。
⑤ 《史通·采撰》。
⑥ 《三国志·姜维传》注引。

后，历代史家，著述如林，而知此意者却是寥若晨星。孙盛却能够做到这一点，无怪乎整个魏晋南北朝时期，很少有史学家可以和他相比拟。就是唐代的刘知幾比起他来，亦尚为逊色。和孙盛一样，刘知幾也出身名门望族，但他拘囿于正统思想的窠臼，具有浓厚的门第观念，轻视劳动人民的作用，反映在史料学上，则是对口头资料的否定。他以"作者恶道听途说之违理，街谈巷议之损实"①来立论，指责孙盛"以刍荛鄙说，刊为竹帛正言，而辄欲与《五经》方驾，《三志》竞爽"②。相形之下，更可见孙盛在史料学上的进步性：他敢于把口头资料和儒家经典、皇朝正史等同视之，一样肯定它们的应有价值，表现出超越前人的胆略卓识。

　　孙盛在修史的过程中，还有一个很大的特点，即对史料的鉴别与取舍采取审慎的态度。他首先扩大史料的范围，广搜博采，然后汇集异同，考辨真伪。孙盛曾撰《异同评》，此书久佚，不得其详，但就《三国志注》所引来看，它无疑是一部考订史实的专门著作。因为该注共有六处述及孙氏《异同评》，引文皆为考辨之语。如关于魏将蒲忠、胡质和吴将朱然作战之年代，《三国志》记载在赤乌五年（242）。孙盛对此持有异议，在《异同评》中考证说："《魏志》（《魏书》）及《江表传》云然以景初元年（237）、正始二年（241）再出为寇，所破胡质、蒲忠在景初元年。《魏志》承《魏书》，依违不说质等为然所破，而直云然退耳。《吴志》说赤乌五年，于魏为正始三年（242），魏将蒲忠与朱然战，忠不利，质等皆退。按《魏少帝纪》及《孙权传》，是岁并无事，当是陈寿误以吴嘉禾六年（237）为赤乌五年（242）耳。"③显而易见，孙盛的考史态度是十分谨慎的，他不凭单一的孤证否定成说，而是综合有关资料，详加考据订正。按《三国志注》，不在《异同评》之列，有关孙盛考史的例子也有一些，兹不赘述。在魏晋以来时无良史、记述繁杂的情况下，孙盛继谯周《古史考》之后再度重视史实考订，其承前启后之功不可没。特别是孙盛在考订选择

---

① 《史通·采撰》。
② 《史通·采撰》。
③ 《三国志·朱然传》注引。

史料的过程中,态度详审、谨严,概不信口妄断,在是非难决之时,就按史料原貌将其并载。如对曹魏时隐者焦先的评价,《魏氏春秋》就把世人的两种看法同时载入:"故梁州刺史耿黼以先为'仙人也',北地傅玄谓之'性同禽兽',并为之传,而莫能测之。"①这种实事求是、严肃中正的治学态度是十分可贵的。

(三)工于文笔,叙事简约

自《左传》始端,经《史记》发展,文史结合就成为古代历史编纂学中的一个优良传统,同时也是古代史书的一大特色。著名的史学评论家刘知幾和章学诚都很重视这一点。"史之为务,必借于文"②,一个史家,要尽据事直书之职,如实地再现历史的本来面目,就必须使语言的表达务求恰当与准确,如果"言之不文",势必"行之不远"③,因此,"良史莫不工文"④。孙盛就很注重历史文笔,能够把文学的特点运用到具体的史书编写中去。世人称"楚及盛、绰(盛之从父弟)并有文藻"⑤。《文心雕龙·才略》亦云:"孙盛、干宝,文胜为史。"览《魏氏春秋》和《晋阳秋》辑文,给人一种斥暴政则语气激烈,砭时弊则文辞尖刻,记暴行则残忍横前,陈败亡则凄凉可悯的感觉。但孙盛并非单纯地追求辞藻的花哨,不像那些才艺之士舞文弄墨,溺于文辞以为观美之具,而是把艺术加工和历史事实巧妙地结合与统一起来,使史文屈曲适如其人其事。如吴之末帝孙皓本是一个滥施淫刑、草菅人命的独夫民贼,晋武帝咸宁四年(278)却封其为归命侯。孙盛对此予以强烈谴责,指出:"皓罪为逋寇,虐过辛、癸,枭首素旗,犹不足以谢冤魂,洿室荐社,未足以纪暴迹,而乃优以显命,宠锡仍

---

① 《三国志·管宁传》注引。
② 《史通·叙事》。
③ 《史通·言语》。
④ 《文史通义·史德》。
⑤ 《三国志·刘放传》注引《孙氏谱》。

加,岂恭行天罚,伐罪吊民之义乎?"①寥寥数语,不仅文字洗练,文笔畅达,而且忠实、尖锐而深刻地活现出一副暴酷骄恣的罪恶嘴脸,是对孙皓的一个真实刻画,没有丝毫的夸张与虚构。孙盛在工求文笔的同时,坚决反对魏晋以来那种"弥漫重沓,不知所裁"②之恶习,力求叙事简要。《魏氏春秋》和《晋阳秋》于此尤为出色,"孙盛《阳秋》,以约举为能"③。他善于用简练的文字写出丰富的内容,且文直事核,辩而不华,质而不俚。这种言简意深、文约事丰的写作技巧对后世许多历史学家都产生了良好的影响。

(四)承前启后,发展史论

史论是史家于叙述历史事实之后所抒发的自己的看法,其作用在于"辩疑惑,释凝滞"④,它往往从不同角度和不同程度上反映着史家的观点和思想倾向,提供给历史研究以直接的借鉴和参考。古代的史论,自"司马迁始,限于篇终,各书一论"⑤,而且大都是简单数语的对历史的直接评论。这些都反映了史论的原始性和不成熟性。孙盛撰《晋阳秋》时,在继承前代史论的基础上,又有新的发展,不限于篇末,可以随时在篇中一历史事件或历史人物之后着墨落笔,加以评论。如《晋阳秋》载:"泰始二年春帝正月,有司奏宜一用前代正朔服色,奏可。"孙盛论道:"孔子修《春秋》列三纪为后王法,今仍旧,非也。且晋为金行,而服色尚赤,考之古道,其乖违甚矣。"⑥综览清人汤球所辑之《晋阳秋》,是属之例,不胜枚举。这种夹长短史论于具体史实叙述之中的写法,比起那种限以篇终、以数语囊撮全篇旨意的史论形式,无疑是一种进步的表现,它更能给人一种

---

① 《三国志·三嗣主传》注引。
② 《史通·叙事》。
③ 《文心雕龙·才略》。
④ 《史通·论赞》。
⑤ 《史通·论赞》。
⑥ 《通典》五五。

直接、具体、深刻的感觉。正因如此，才被司马光撰《资治通鉴》时吸收。

三

魏晋南北朝时期，除西晋的短暂统一外，我国处于长期分裂割据的混乱状态。在政治上，统治集团内部的矛盾、阶级矛盾和民族矛盾交织在一起，使政局显得特别动荡不安。在思想上，"主爱雕虫，家弃章句"①，长期以来占统治地位的儒家思想退居次要地位，继之而起的是老庄哲学和佛、道两教的兴盛，玄虚放诞之风和宗教瘴气笼罩了整个思想界。孙盛生活在这种"蜜蜂以兼采为味"的纷繁杂沓的历史环境之中，错综复杂的历史情况使其史学思想极其丰富，综核其要，析条如下：

（一）进化论的历史观

孙盛继承和发展了《左传》《史记》关于历史进化的思想，承认社会历史是不断发展变化的。他说："洞鉴虽同，有无之教异，陈圣致虽一而称谓之名殊。自唐虞不希结绳，汤武不拟揖让，夫岂异哉？时运故也。"②在孙盛看来，唐尧、虞舜不仰慕、希求远古时代那种结绳记事的方法，商汤、周武王不模仿三皇五帝时期的禅让制，是历史发展的必然结果，随着时代的前进，一切社会制度都在继承中不断发展变化着。因此，他既反对那些脱离现实、墨守成规的削足适履之徒，又反对那些是今非古、否定古今相因的主观臆想之辈。他说："伯阳以执古之道以御今之有；逸民欲执今之有以绝古之风，吾故以为彼二子者不达圆化之道，各矜其一方者耳。"③这种要求人们既不能泥古不变，又不能以今摈古的朴素辩证的历史观，实在是难能可贵的。用我们今天的观点来看，"圆化"与"一方"的关系，亦

---

① 《宋书·臧焘传论》。
② 《广弘明集》卷五。
③ 《广弘明集》卷五。

即全面与片面的关系、联系与孤立的关系。不难看出,生活在一千五百多年前的孙盛,不仅是一个历史进化论者,而且具有唯物辩证思想的因素。

从进化论的历史观出发,孙盛进一步认为,随着时代的发展变化,人们的思想和各项社会制度也要随之做出适当的改变。他说:"道之为物,唯恍与惚,因应无方,唯变所适。"①为了达乎适变,他主张随时设教,"随时设教,所以道通百代;一其所尚,不得不滞于适变"②。这种反对保守教条,强调进行适合时宜的变革,以新制度代替早已过时的旧制度的思想,有利于社会政治、经济和文化的发展,具有积极意义。

尤为可贵的是,孙盛能够把上述历史进化的观点直接运用到史书编撰中。首先,对一些重大的政治制度,能够从历史进化的观点给予比较合理的分析,如关于分封制这个历代史家和政论家聚讼纷纭的问题就是如此。他对曹魏实行分封制深表不然,他说:"异哉,魏氏之封建也!不度先王之典,不思藩屏之术,违敦睦之风,背维城之义。汉初之封,或权侔人主,虽云不度,时势然也。"③在他看来,汉初实行分封制,虽然酿成了诸侯僭越、权侔人主的严重恶果,但这是历史发展的客观形势促成的,因此,魏氏王朝就要根据新的历史形势,以前朝为鉴,实行新的政治制度,而不能步人后尘,再行分封制。这是一种精辟独到之见,显然超过了那种对于封建制要么全盘肯定、要么全盘否定的不科学的观点,在当时具有现实意义。其次,对于历史上那些适时应变的人物,他都给予一定的赞扬和肯定。如曹魏时和洽曾论选用不宜过于崇尚俭节,孙盛对此评价说:"昔先王御世,观民设教,虽质文因时,损益代用,至于车服礼秩,贵贱等差,其归一揆。魏承汉乱,风俗侈泰,诚宜仰思古制,训以约简,使奢不陵肆,俭足中礼……如此则治道隆而颂声作矣。夫矫枉过正则巧伪滋生,以克训下则民志险隘,非圣王所以陶化民物,闲邪存诚之道。和洽之言,于是允矣。"④

---

① 《广弘明集》卷五。
② 孙盛:《老子疑问反讯》。
③ 《三国志·陈思王植传》注引。
④ 《三国志·和洽传》注引。

相反，对于那些"一其所尚"，墨守成规的人物则予以批评与谴责。如孙盛对萧何在楚汉争雄、相互残戮，生灵涂炭之际大兴土木、营建宫室之举就加以强烈的抨击，指出："《周礼》，天子之宫，有斫砻之制。然质文之饰，与时推移。汉承周秦之弊，宜敦简约之化，而何崇饰宫室，示侈后嗣。……使百代之君，眩于奢侈之中，何之由矣。"①总之，孙盛能够把是否顺应时代潮流而变革古制旧俗作为评价历史人物的一个标尺，这确是进步的、正确的。

(二)朴素唯物论的因素

魏晋以来，宗教迷雾充斥整个社会，神灭论与神不灭论展开了激烈的斗争，反映在史学领域内则是唯物主义历史观与唯心主义历史观的交锋。孙盛站在唯物主义立场上，和神不灭论者展开了针锋相对的论战，他指出："形既粉散，知（神）亦如之，纷错混淆，化为异物，他物各失其旧，非复往日。"②明确认为神（知）随形灭，即使人的形神消散之后变成另外一种物体，它也和原来的形体迥然有别。这就从根本上否定了原来的形神能够离而再合的观点。这是一种杰出的朴素的唯物主义观点，在封建神学、宗教迷信甚嚣尘上的东晋，可谓是难能可贵的真知灼见。在孙盛以前，无论是史学家，还是思想家，都未曾提出过这样闪耀着唯物主义火花的异常明确的无神论观点。孙盛不仅是中国古代史学史上，而且是思想史上反佛教思想的先驱。他的无神论思想虽未形成系统化的理论，但对中国古代史学史和思想史的发展产生了强大的推动作用。南朝范缜著名的《神灭论》无疑受到孙盛无神论思想的直接影响。

由于孙盛站在无神论的立场上，因之，在史学中就贯彻了一些唯物主义观点。他从形散神灭的思想出发，否定符瑞祯祥与报应论，反对人们求助于神，把设符弄鬼看成是将亡的征兆，他说："伪设符令，求福妖邪，将亡

---

① 《三国志·陈群传》注引。
② 孙盛：《与罗君章书》，见《弘明集》卷五。

之兆，不亦显乎！"①他认为国家的兴亡盛衰不在于天命鬼神，是由人的行为所决定的。如他在论述汉王朝的灭亡时指出："风泽既微，六合未一，而雕剪枝干，委权异族，势同瘣木，危若巢幕，不嗣忽诸，非天丧也。"②在孙盛看来，由于汉王朝人为地造成了地方割据势力的强大和外戚、异族的专权，这样，国家危亡的惨局也就成为不可改变和无法挽救的了。既然如此，那么"魏之代汉"，亦就"非积德之由"③，是历史的发展使然。这种从主观人谋和客观形势的结合上探寻国家兴亡的观点，在一定程度上冲破了唯心主义的藩篱，对宿命论和天命观是一个有力的批判。至于对历史人物的评价，孙盛也能够从朴素的唯物辩证的历史观出发，认真进行分析，不做简单的肯定或否定。例如，曹操的父亲曹嵩为陶谦所害，后来曹操伐谦，拔襄贲，所过多所残戮。孙盛对此评价说："夫伐罪吊民，古之令轨；罪谦之由，而残其属部，过矣。"④既肯定了曹操讨伐无道、安抚百姓的功绩，又指出其持报私仇、加害无辜之不足。这是比较科学的评价方法。不过，任何一个历史学家，总要受时代的制约，他们的思想总会从不同方面和不同程度上或多或少地反映出该时代的特点和状况。孙盛毕竟是生活在佛教思想占统治地位的历史条件下，鬼神、符瑞、因果报应等封建迷信不能不使他受到丝毫的侵袭以致在其思想上有所体现。因之，孙盛虽然具有唯物主义思想因素，否定因果报应论，可是有时又用自然现象来附会社会现象，用一些自然之气的出没解释人世上历史的变化，如《晋阳秋》载："咸宁八年八月丁酉，大风折大社树，有青气出焉。"孙盛据此认为："中兴之表，晋室之乱，武帝子孙无孑遗，社树折之应，又常风之罚也。"⑤这说明孙盛的思想在有些方面是存在着矛盾的。但他的思想主流是反对神不灭和命定论观点的。

---

① 《三国志·吴主传》注引。
② 《三国志·陈思王植传》注引。
③ 《三国志·陈思王植传》注引。
④ 《三国志·武帝纪》注引。
⑤ 孙盛撰、汤球辑：《晋阳秋》，广雅书局丛书本。

(三)济世的"君臣之义"

上已述及,东晋时期,玄学和老庄哲学风靡思想界,儒家学说已不占统治地位。但孙盛却独树一帜,高唱"君臣之义",提倡儒家"忠义孝节"的伦理道德,并把它贯穿于著述之中,以是否礼贤崇德和忍辱从君命作为臧否国君和人臣的重要衡量尺度。在我国封建社会,君臣关系是一种重要的关系,只有处理、维护好这种关系,才能避免上陵下替的现象,国家方可长治久安。但我们知道封建社会的"君臣之义",主要是强调人臣忠君,至于人君是否胡作非为,就不在此之列了。可孙盛却不然,他把"君"与"臣"置于一个统一体中,同时强调两个方面。他认为,如果"君使臣以礼,臣事君以忠",就能够"上下休嘉,道光化洽"①。因此,他坚决反对人君和臣下作威作福,"作威作福,则凶于而家,害于而国……人君且犹不可,况将相乎!"②在他看来,"世主若能远览先王闲邪之至道,近鉴狡肆徇利之凶心,胜之以解网之仁,致之以来苏之惠,耀之以雷霆之威,润之以时雨之施,则不恭可敛衽于一朝,咆哮可屈膝于象魏矣"③。因而,他大声疾呼,人君要礼贤崇德,施行仁义,"夫礼贤崇德,为邦之要道,封墓式闾,先王之令轨,故必以体行英邈,高义盖世,然后可以延视四海,振服群黎"④。与此同时,他要求臣下秉直仗义,"夫仗道扶义,体存信顺,然后能匡主济功,终定大业"⑤。尤其强调臣下要奉持臣节,不能二三其德,要像古代的箕子、柳下、萧何、周勃等贤士忠良那样委身国事,忍辱从君命。⑥孙盛认为,孙权之所以"不能克昌厥后,卒见吞于大国",就在于他

---

① 《三国志·何夔传》注引。
② 《三国志·朱桓传》注引。
③ 《三国志·高柔传》注引。
④ 《三国志·法正传》注引。
⑤ 《三国志·赵俨传》注引。
⑥ 《三国志·何夔传》注引。

不持臣节,"向使权从群臣之议,终身称汉将,岂不义悲六合,仁感百世哉"。① 故对于历史上那些既已"食人之禄",而不能"死人之事"的动摇变节之臣,他都予以无情的鞭笞。② 孙盛这样强调儒家的"君臣之义",在当时来说,确是一种进步的表现。因为"在分析任何一个社会问题时,马克思主义理论的绝对要求,就是要把问题提到一定的历史范围之内"③。任何一种思想意识都必须和它并存的社会政治、经济诸因素放在一起来分析。在当时宰辅执政,僭越无常,东晋王朝面临分裂割据的风雨飘摇的紧要关头,巩固王权,就成为众望所归的事,它在一定程度上反映了劳动人民的利益和愿望。因为王权是国家统一的象征,而统一的王朝总是比分裂割据局面更有利于社会生产的发展。孙盛着眼于巩固王权,提倡儒家的"君臣之义",在当时历史条件下,不失为一种进步的思想。不过,孙盛在强调"君臣之义"的同时,极力主张"正本定名",恪守儒家的"忠义孝节",并严格地以此来是非历史人物,不免陷入儒家"君君臣臣"观念的泥潭之中。这也是时代和阶级的局限所致,我们不能也不应苛求古人。

(四)可贵的民本思想

自春秋开始,民本思想就成为古代史学的一个优良传统,统治集团中一些有政治远见的人物,往往把人民的支持与否看成是决定国家盛衰的主要因素。到汉代,司马迁更强调人谋对历史发展所起的重要作用。孙盛在继承前辈史家民本思想的同时,又有进一步的发展。他说:"观古燕、齐、荆、越之败,或国覆主灭,或鱼悬鸟窜,终能建功立事,康复社稷,岂曰天助,抑亦人谋也。"④在孙盛看来,历史进程的逆转前行,是由人的主观能动作用所决定的,从而打击了天帝、鬼神决定人类命运的社会历史观点。更值得注意的是,孙盛在强调人谋的同时,把人民看成是国家的主体,认为

---

① 《三国志·吴主传》注引。
② 《三国志·苏则传》注引。
③ [俄]列宁:《列宁选集》第4卷,人民出版社1972年版,第290页。
④ 《三国志·谯周传》注引。

国君必须"仰协乾坤,覆焘万物"①,服从民意,听从民言,"若乃淫虐是纵,酷被群生",那么"天人殄之,剿绝其祚,夺其南面之尊,加其独夫之戮"②。这种极为珍贵的见解,不仅对自古以来君主独断独行、无视民众的统治制度是一个有力的批判,而且较之以前的历史学家仅仅肯定人谋的观点又前进了一大步。

综上所述,在史学界图谶、符瑞、术数、禁忌等封建迷信猖獗,任情褒贬、记载徒繁、弃实务虚之风盛行的东晋时期,孙盛能够摆脱世俗的羁绊,在艰难的历史条件下继承和发扬了古代史学的优良传统,并有其新的发展和不少独到的见解。正因为如此,其代表作《晋阳秋》一书不仅在当时十八家晋史中成绩显著,影响甚广,享有良史之誉,而且还在高丽国广为流传,为人所重,是儿童、青年的应读书籍,那些"衡门厮养之家,各于街衢造大屋,谓之扃堂,子弟未婚之前,昼夜于此读书习射。其书有《五经》及《史记》、《汉书》、范晔《后汉书》、《三国志》、孙盛《晋春秋》(即《晋阳秋》,以避讳晋简文帝太后名阿春)……"③可见,当时高丽人是把《晋阳秋》和儒家经典及前四史一样看待的,其价值之高、成就之大亦不言自明。总之,孙盛是活跃在东晋史坛上的一位优秀的历史学家,他的一生对史学的贡献是很大的,在中国史学史上应给予他比较重要的地位。

---

① 孙盛撰、汤球辑:《晋阳秋》,广雅书局丛书本。
② 孙盛撰、汤球辑:《晋阳秋》,广雅书局丛书本。
③ 《旧唐书·高丽传》卷一九九。

干宝在历史编纂学上的贡献

干宝,字令升,河南新蔡人,东晋著名的历史学家。著述宏富,达24种之多,其编年体的西晋史《晋纪》,在当时即信誉卓著,"咸称良史",备受学者推崇。但由于干氏所著,荡然无存,以致长期以来,其史学成就言之者甚少,知之者甚微,迄今在古代史学史上尚无其一席之地。

一、力诋纪传,盛誉编年

晋元帝建武元年(317),干宝领国史,始撰前朝史《晋纪》。当时,在史书体裁的选择上争议颇大。史家们各抒己见。干宝"议撰《晋史》,以为宜准丘明"①,他"盛誉丘明而深抑子长"②,极力主张修史采编年体。终于以干宝"重立凡例,勒成《晋纪》"③。纪传与编年作为两种不同的史书体裁,各具短长,互有得失,"殆未易以优劣论"④。像干宝这样单纯地誉编年而抑纪传的言辞未免给人以偏激之感,刘知幾即对此愤而不平:"异夫令升之言,唯守一家而已。"⑤其实,这只是一种表面的直观,若置其于当时历史条件下加以考察,则不尽然。人所共知,东晋王朝自建立起就承受着地方豪强相对独立的沉重压力,特别是江东世家大族的武装势

---

① 《史通·载言》。
② 《史通·二体》。
③ 《史通·申左》。
④ 《郡斋读书志》卷二。
⑤ 《史通·二体》。

力对中央皇权造成严重威胁。同时,作为历史学本身,发展到这一时期,以人物传记为中心的纪传体史书特别发达,而纪传体广为立传,突出个人,似有喧宾夺主之嫌,不利于皇朝的专制集权。相反,编年体以皇帝一人为主,以一家正朔,既能申明正统之意,又可正君臣上下之分,贵贱主次,礼秩差等,彪炳可观。同时,"编年所载,于一国治乱之事为详"①。总之,较之纪传体,编年体具有巩固王权和易睹王朝兴衰治乱之迹的特点。东晋初关于史书体裁的争论,就包含巩固王权和削弱王权的新含义。由此可见,干宝并非无的放矢地强调编年体。他立足于巩固王权的基本点,把史书体裁和政治斗争紧密结合起来,在史书编写过程中,刻意模拟《春秋》,吸收其"大一统"的思想。我们知道,春秋末年,我国由奴隶制向封建制过渡。孔子从维护奴隶制的保守立场出发,哀叹当时那种群雄割据、逐鹿中原、周王室名存实亡的社会现状,其修《春秋》,就是要通过对鲁国历史的记述达到维护周王朝一统天下的最终目的,因而在书法上体现出"据鲁""亲周"的一面,"当春秋之世,列国甚多,每书他邦,皆显其号,至于鲁国,直云我而已"②。干宝《晋纪》仿效《春秋》书法,称晋室为"我",诸如"至天子之葬,必云'葬我某皇帝'"③"王经正直,不忠于我"④之类,皆其例证。有人也许会指出,这种巩固封建王权的思想是消极落后的,无可称道。其实不然。因为"在分析任何一个社会问题时,马克思主义理论的绝对要求,就是要把问题提到一定的历史范围之内"⑤。任何一种思想意识都必须和它并存的社会政治、经济诸因素放在一起来分析。干宝撰《晋纪》之时,适值地方割据政权拥兵自重、觊觎神器之秋,任何一场小小的政治风暴,都可能导致江左偏安王朝的四分五裂。在这种风雨飘摇的紧要关头,巩固王权就成为众望所归的事情,它在一定

---

① 《郡斋读书志》卷二。
② 《史通·模拟》。
③ 《史通·模拟》。
④ 《世说新语·贤媛》注引《晋纪》。
⑤ [俄]列宁:《列宁选集》第4卷,人民出版社1972年版,第290页。

程度上反映了广大劳动人民的利益和希望。因为王权是国家统一的象征，而统一的王朝总会比分裂割据局面更有利于社会生产的发展。干宝从维护国家统一的立场出发，通过编纂史书来体现巩固王权的精神，在当时的历史条件下，不失为一种积极、进步的思想。

干宝力诋纪传、盛誉编年的史学理论，不仅在主观上具有巩固王权、维护国家统一的积极意义，而且在客观上推动了东晋以后编年史的巨大发展。编年体本是我国最古老的一种史书体裁，春秋时期之晋《乘》、郑《志》、鲁《春秋》，都是编年体史书。后孔子对鲁《春秋》约其辞文，去其烦冗，修成《春秋》。不过，这些编年史还带有很大的原始性，记事简单，有纲无目。《左传》是在《春秋》基础上完成的一部记事详细、内容丰富的编年史，它使编年体达到基本成熟的程度。但是，自《左传》以后，至司马迁《史记》以前，编年史却是寥若晨星，今天所能见到的亦不过《竹书纪年》和秦简《编年记》等数种而已。特别是自《史记》问世到荀悦《汉纪》三百年间，编年史竟绝而无传。直至荀悦著《汉纪》，才把编年体重新恢复，从而推动了编年史的发展。不过，纵观我国史学发展史，不难看出，编年史的蓬勃发展，乃在东晋时期，并不始于荀悦。为说明问题起见，兹据《隋书·经籍志》和《旧唐书·经籍志》《新唐书·艺文志》，将东汉至隋这一时期编年与纪传两类史著列表如下：

时代	东汉	魏	蜀	吴	西晋	东晋	宋	齐	梁	陈	北魏	北齐	北周	隋
编年体	3	无	无	无	4	12	7	2	13	2	1	1	1	4
纪传体	2	1	2	2	8	5	5	3	10	4	无	1	无	4

可见，虽然荀悦恢复了编年体，但由于他只是对《汉书》删繁存要，改变体裁，并没有在理论上对编年体加以强调，因而在当时尚未产生较大影响，亦未能引起史家的普遍重视，以致踵之者寥寥无几，仅侯瑾和刘艾分别撰成《汉皇德纪》和《汉灵献二帝纪》。尔后，历魏、蜀、吴三朝，竟无一部编年史。延宕至西晋，也只有四部编年之作，仅及纪传史之半。可是，自东晋开始，情况发生了巨大变化，编年史骤增至十二部，为纪传史两

倍余。经宋迄梁，依然遥遥领先，就是到隋，也是与纪传史并驾齐驱。唐初，私家撰史，更喜用编年，如张太素、吴兢、韦述等人皆有编年之作。至唐中期，甚至有人认为"纪传烦漫，不如编年"，反指责司马迁更编年为纪传是"率私意，荡古法"①。编年史的兴盛，于此可见一斑。编年史何以能在东晋得到空前发展，并一直至中唐时期始终保持其迅猛发展的势头？当然，原因是多方面的，但有一点无可否认，即与干宝诋纪传、誉编年的史学理论是分不开的。因为史学理论是用来指导史学实践的，它一经产生，就会直接作用于史学实践，以推动史学的发展。干宝当时强调编年体时，"于时议者，莫不宗之"②。其号召力和产生的强大影响不言自明。这正说明干宝对促进我国编年史发展的巨大贡献。

二、首创凡例，以启后学

所谓史书凡例，是指史家自立，而后借以笔削的一种著述例则，在古代又名义例、叙例或条例。它是作者行文之初的总方针，亦是统驭全书记言记事的法则。刘知幾曾强调指出："夫史之有例，犹国之有法。国无法，则上下靡定；史无例，则是非莫准。"③宋吴缜亦云："夫史之义例，犹网之有纲而匠之绳墨也。"④我国史书，究竟从何时起始有凡例，迄今一直聚讼纷纭。最早论及史书凡例创始者，当推晋杜预，他认为孔子以前史已有例，《春秋》之"发凡以言例，皆经国之常制，周公之垂法，史书之旧章"⑤。由于杜氏所言之"垂法""旧章"在今已无由详考，其是否确当，姑且不论。继杜预之后，梁代刘勰认为《春秋》首创凡例，"按《春秋》经

---

① 王鸣盛：《十七史商榷》卷九九。
② 《史通·序例》。
③ 《史通·序例》。
④ 吴缜：《新唐书纠谬序》。
⑤ 杜预：《春秋左传序》。

传,举例发凡"①。 刘知幾亦趋其说:"昔夫子修经,始发凡例。"②而宋代朱熹对此却深为訾议,他说:"孔子当时只是要备二三百年之事,故取史文写在这里,何尝云,某事用某法,某事用某例。"又云:"《春秋传》例,多不可信。 圣人记事,安有许多义例?"③今人刘节指出:"两位刘氏,都说孔子作《春秋》,先有条例,这是一种错觉。"④实际上,这两种截然对立的观点皆难以令人信服。 我们知道,属辞比事是《春秋》在编纂方法上的一大特点,作者为了表达自己的政治意图,在遣词用字上有一些义例和原则。 如同是描写战争,就有侵、伐、战等用字的不同;同是记杀人,又有杀、诛、弑的区别。 诚如清代徐经所云:"《春秋》因鲁史旧文,史家之法当有一定之例。"⑤那种绝对否定《春秋》有凡例的说法未能称是。 不过,《春秋》的凡例并非孔子本人事先所立,而后借以纂述,只是在具体的编写过程中因事而发,随时而立。 何以见得? 若孔子在行文之前已作有凡例,则于同类事项,《春秋》前后将一定遵用同一体例,不会出现书法弥漫、此彼抵牾的现象。 但事实并非如此。 且以讳书而言,《春秋》尚无一定规则,在记同类事时,有时讳,有时不讳;有的前面讳,后面不讳,很不统一。 即以"为中国讳"("中国"指中原诸国)为例,便可清楚地看出这一点。 如《春秋》在记中原诸国与所谓夷狄之国的关系时,有时讳去中原诸国被夷狄之国打败,诸侯、大夫被执这一类败亡受辱的史实。 但有时却据实以书,如信公二十二年(前638):"冬十有一月己巳朔,宋公及楚人战于泓,宋师败绩。"再举一例,由于孔子不承认吴、楚等所谓南蛮之国诸侯国的地位,因而在写法上对这些国家就有所贬低,如不称吴、楚等国国君为"吴子""楚子"等。《春秋》中此类例证比比皆是。 但细检该书,便可发现,僖公五年(前655)以前不称"楚子",而以后却称,襄公二十五年

---

① 《文心雕龙·史传》。
② 《史通·序例》。
③ 《朱子语类》卷八三。
④ 刘节:《中国史学史稿》,中州书画社1982年版,第126页。
⑤ 《春秋礼经》,见《雅歌堂全集·雅歌堂外集》卷三。

（前548）以前不称"吴子"，以后也称。显然，关于讳书，《春秋》在前后写法上是有变化的，并无一成不变的例则。杜预早就指出："掩恶扬善，义存君亲，故通有讳例，省当时臣子率意而隐，故无深浅常准。圣人从之以通人理，有时而听之可也。"①可见，《春秋》并不存在像刘勰、刘知幾所说的那种孔子本人事先所立的凡例，正如张舜徽先生所说："大抵古之作《春秋》者，但记大事，何尝先立若干条例，然后从事笔削。"②至于公羊、穀梁、左氏三家相继探赜阐发的所谓《春秋》凡例，悉由钩稽比合而得，其中不乏主观臆测、妄加古人之成分。试举一例，《左传》曰："凡师，有钟鼓曰伐，无曰侵。"征之《春秋》，则成公三年（前588）郑伐许、七年（前584）吴伐郯当为有钟鼓之师。但是，定公四年（前506）："三月，公会刘子、晋侯、宋公、蔡侯、陈子、郑伯、许男、曹伯、莒子、邾子、顿子、胡子、滕子、薛伯、杞伯、小邾子、齐国夏于召陵侵楚。"以一国之兵讨伐别国尚具钟鼓，安有举十七国之师而不备钟鼓之理？显而易见，《左传》的解释难以圆通。

在我国，史家自定凡例，究竟始于何时？《史通·序例》云：自孔子发凡起例，"降及战国，迄于有晋，年逾五百，史不乏才，虽其体屡变，而斯文终绝。唯令升先觉，远述丘明，重立凡例，勒成《晋纪》"。若上述结论不错，则干宝为我国历史上第一位自立凡例的史学家。可是，刘勰《文心雕龙·史传》云："按《春秋》经传，举例发凡；自史汉以下，莫有准的。至邓粲《晋纪》，始立条例。"则史例之作，始于邓粲。实则不然。邓粲，东晋史学家。按《晋书》本传，其《晋纪》名《元明纪》，记东晋元、明两帝时事。而据唐许嵩《建康实录》，干宝《晋纪》始作于晋元帝建武元年（317），较邓粲《晋纪》为早，当属定论。干宝以前的史书，举其荦荦大者，诸如《史记》《汉书》《汉纪》《三国志》，俱无凡例。有人认为《史记》和《汉书》所作的各篇序赞就是凡例。③笔者不敢苟同，因为无

---

① 杜预：《春秋左传集解》。
② 张舜徽：《史学三书评议》，中华书局1983年版，第45页。
③ 刘节：《中国史学史稿》，中州书画社1982年版，第126页。

论从形式还是从内容而言，它们皆与凡例风马牛不相及。另外，又有人主张"唐以前无先定义例而后从事纂述者"①，这一结论则同样难以使人信服。

干宝《晋纪》已佚，据《史通》知其凡例名曰《叙例》，"体国经野之言则书之，用兵征伐之权则书之，忠臣、烈士、孝子、贞妇之节则书之，文诰专对之辞则书之，才力技艺殊异则书之"，为其《叙例》之仅存者。虽则据此片鳞只爪，莫由窥其全貌，考其得失，但仍可推知一二。在《春秋》《左传》中，遣词用字之例俯拾即是，干宝《叙例》是否如此，不可率尔评议，但有一点值得注意，即干宝在《叙例》中，第一次从政治、经济、军事、外交诸方面对史书的记事范围做出明确规定，诚如刘知幾所说："盖记言之所网罗，书事之所总括，粗得于兹矣。"②干宝以前，不曾有人这样具体而全面地论述过这一问题。虽然荀悦在《汉纪·高祖纪序》中已提出立典有五志："达道义，彰法式，通古今，著功勋，表贤能"，但其前三点只是说明史书编纂的态度和方针，只有后两方面才是关乎史书内容的。③因此，尽管干宝《晋纪·叙例》已佚，但其在我国史学史上"理切而多功"④的成就是不可否定的。

继干宝《晋纪·叙例》之后，历代史家多仿此而为，范晔《后汉书》、沈约《宋书》、魏收《魏书》、唐修《晋书》皆自定其例。书前立一凡例，已相沿成习，至今依然如故。干宝发凡起例，以启后学之功实不可没。

三、承前启后，发展史论

史论是史家于叙述历史事实之后所抒发的自己的看法，是记人记事的

---

① 张舜徽：《史学三书评议》，中华书局1983年版，第45页。
② 《史通·书事》。
③ ［日］尾崎康：《干宝·晋纪考》，载《斯道文库论集》第8辑，斯道文库1970年版，第12页。
④ 《史通·序例》。

点睛之笔,其作用在于"辩疑惑,释凝滞"①。古代的史论,自司马迁始,限于篇终,各书一论,而且都是简单数语的对历史的直接评论。这些都反映了史论的原始性和不成熟性。自荀悦《汉纪》开始,史论不再限于篇终,而是因事随时而立,这就避免了像《史记》《汉书》那样因各书一论而造成的"理有非要,则强生其文"②冗词赘句的不良现象。这是史论成熟与发展的表现。但就内容而言,《汉纪》的史论失之繁芜。史书是用来记载历史事实的,其根本作用在于如实地反映历史面貌,理所当然应以记事为主,也应以记事取胜。但间或于叙夹议,表明作者对某人某事的态度,一则有裨于后人的研究工作,二来亦便于读者吸取经验教训。不过,史论冗长,势必冲淡史事记述,导致不良后果。《汉纪》共有38则"荀悦曰",一般都在数百字以上,有的竟长达一千多字,使人难以卒读。无怪乎刘知幾责其"失在繁富"。就史论形式而言,一方面,干宝继承了荀悦进步的一面,随时在篇中一历史事件或历史人物之后着墨落笔,阐发议论。如《晋纪·文帝纪》载:"蜀诸葛瞻与邓艾战,败,及其子尚死之。"干宝论曰:"瞻虽智不足以扶危,勇不足以拒敌,而能外不负国,内不改父之志,忠孝存焉。"③综览《晋纪》辑文,是属之例,不胜枚举。这种夹长短史论于具体史实叙述之中的写法,比起那种限于篇终,"结言于四字之句,盘桓乎数韵之辞""促而不广"④的史论形式,无疑是一种进步的表现,它更能给人一种直接、具体、深刻的感觉。正因如此,司马光撰《资治通鉴》时便采取了这种史论形式。另一方面,干宝在继承前贤的基础上,又有所创新。《晋纪》末立有《总论》,为干宝首创。就现有史书而言,在干宝以前的各类史体中,尚无一部史书作有总论。单以写作而论,总论要比那种限于篇末或置乎篇中的一般史论难写得多。一部史书,有无总论,正

---

① 《史通·论赞》。
② 《史通·论赞》。
③ 《三国志·诸葛亮传》注引。
④ 《文心雕龙·颂赞》。

从一个侧面反映出史家史才之高下。《晋纪》有总论,这与干宝"有良史之才"①是密不可分的。这种总论的史论形式对后世史家深有影响,明代李贽《藏书》即作有《世纪总论》《大臣总论》等,明末清初查继佐《罪惟录》的帝纪和各志、传也有总论。

就史论内容而言,干宝《晋纪》的史论简要、切中。首先,它既不像《史记》《汉书》那样"本无疑事,辄设论以裁之"②,又不同于《汉纪》"荀悦曰"的冗长拖沓、繁杂无谓。而是发所当发,论所宜论,且持论简洁。史论宜从简洁,这是古代史家特别强调的一点,刘知幾、郑樵、章学诚即分别在其《史通·论赞》《通志总序》和《答甄秀才论修志第二书》中大倡此说,特别是刘知幾对那些"私徇笔端,苟衒文彩",以虚文敷论寄诸史册的史家多所非议,谴责他们不知"史书之大体,载削之指归"。与此同时,他甚为推崇干宝,指出:"必择其善者,则干宝、范晔、裴子野是其最也,沈约、臧荣绪、萧子显抑其次也,孙安国都无足采,习凿齿时有可观。"诚如斯言,就《晋纪》佚文来看,除《总论》和《论晋武帝革命》外,共有28条史论,基本上都是数十字的短论,《论晋武帝革命》只有140余字,就是全书的《总论》也不过2700余字。这在史家论史,好驾空凌虚、题外生枝的魏晋南北朝时期堪为异军突起,在当时史学界反响甚大。

其次,《晋纪》的史论,深刻、剀切。《左传》的"君子曰"虽有100多则,但都是有关人物言行和历史事件合"礼"与否的评论,显得空洞、迂腐。同样,《史记》的"太史公曰"、《汉书》的"赞"和《三国志》的"评",亦囿于人物,多为品藻言行之论。而干宝论史,则紧密结合史实,主要讨论为政得失。《晋纪总论》于此表现得尤为突出,它上起宣帝,下迄愍帝,从"得""失"两个方面对西晋一朝53年的历史做了全面而深刻的论述,总结了晋室何以短祚的原因,指出了封建统治者为政的"根本"和封建王朝兴亡盛衰的"关键",其中颇有不少精彩之论。因此,后

---

① 《晋书》卷五二。
② 《史通·论赞》。

人对它的评价很高,何法盛《晋中兴书》云:"宝撰《晋纪》,起宣帝迄愍五十三年。评论切中,咸称善之。"特别是唐、宋时期的书籍还每每收录《晋纪总论》,《文选》卷四九《史论》上即全文载录。《晋书》卷五《晋愍帝纪》卷末的"史臣曰"依然把它作为西晋史的总论。司马光在《资治通鉴》卷八九《晋愍帝纪》建兴四年(316)十一月条终非议世风时政,论述西晋亡国之因时也采用的是《晋纪总论》的观点。据此可知《总论》见切之精,影响之大。

总之,无论从史论形式,还是就史论内容而言,干宝《晋纪》的史论都有其显著的特点,它既远迈前代,又导启后世,可谓是古代史论发展史上的一个里程碑。

四、工求文笔,叙事简约

一部史书,文字表达的优劣,直接关系着史书对历史事实表现的好坏和史书本身广泛、长远的传播与否。在我国,自《左传》始端,经《史记》发展,史家撰史,讲求历史文笔,就成为古代历史编纂学中的一个优良传统,同时也是古代史学名著的一大特色。我国古代著名的史学评论家刘知幾和章学诚都很重视这一点,"史之为务,必借于文"[①]。如果"言之不文",势必"行之不远"[②],因此,"良史莫不工文"[③]。《左传》《史记》《资治通鉴》之所以脍炙人口,流传不朽,一个很大的原因就在于它们文辞优美。干宝撰史,很注重历史文笔,《文心雕龙·才略》云:"孙盛、干宝,文胜为史。"这充分说明干宝富有创作才能。他很注重语言文字的雕琢,能够把文学的特点运用到具体的史书编写中去,览《晋纪》辑文,就给人一种斥暴政则语气激烈,砭时弊则文辞尖刻,记暴行则残忍横前,陈败亡则凄凉可悯的感觉,不仅修饰峻整,叙述生动,而且跌宕不群,纵横自得。但

---

① 《史通·叙事》。
② 《史通·言语》。
③ 《文史通义·史德》。

是，干宝并非单纯地追求辞藻的花哨，不像那些才艺之士，一味地舞文弄墨，溺于文辞以为观美之具，而是把艺术加工和历史事实巧妙地结合与统一起来，使史文屈曲适如其人其事。如干宝在痛斥西晋朝政时指出："朝廷宽宏，豪右放恣，郡县从容，寇贼充斥，交相请托，朝野溷浊。"①寥寥数语，不仅文字洗练，文笔畅达，而且切中时弊，尖锐而深刻地活现出一幅朝政腐败、政治混乱的社会图案，是对西晋社会黑暗面的真实刻画。干宝在工求文笔的同时，还力求叙事简约。史书编撰，宜从简要，刘知幾曾强调指出："夫国史之美者，以叙事为工，而叙事之工者，以简要为主。简之时义大矣哉！"②他认为"文约而事丰，此述作之尤美者也"③。《四库全书总目》亦云："史之为道，撰述欲其简。"的确，一部好的历史著作，总是以精练的语言，表达出丰富的内容。干宝撰《晋纪》，一方面，取材审慎，不铺陈堆砌。同是西晋史，王隐《晋书》93卷，而干宝《晋纪》只有23卷，这除编年体本身具有记事简约的特点外，当与干宝对材料的取舍有一定关系。另一方面，讲求叙述技巧，用词简洁、引语精练，凡引用当时人物的语言，既简练而又能客观、全面地表达出事情的原貌。如《晋纪·武帝纪》："咸宁四年，何曾卒，下礼官议谥，博士秦秀议曰：'曾资性骄奢，不修轨则，奕世以来，宰臣辅相未有受诟辱之声，被有司之劾，父子尘累而蒙恩贷，若曾者也。谨按谥法，名与实爽曰缪，怙威肆行曰丑。曾宜谥为缪丑。'"④仅此数语，便把何曾那种骄奢淫逸、放荡不羁的卑劣本性暴露得淋漓尽致。总之，《晋纪》通体简约爽洁，无烦冗芜杂之弊。可是，长期以来，一提起史书叙事简洁，人们往往交口称赞《三国志》，而干宝《晋纪》却不为人所知。其实，就叙事简约而言，《晋纪》是可以和《三国志》相媲美的，刘知幾早就指出："陈寿、干宝，颇从简约。"⑤此论深中

---

① 《北堂书钞》引《晋纪》。
② 《史通·叙事》。
③ 《史通·叙事》。
④ 《太平御览》卷五六二引《晋纪》。
⑤ 《史通·载文》。

肯綮。干文简练，向来有口皆碑，《晋书》《建康实录》《群书考索》皆盛赞《晋纪》"辞简理要""世称良史"。鉴于《三国志》过于简略，裴松之为之作注。无独有偶，南朝宋刘肜亦"集众家《晋书》，注干宝《晋纪》为四十卷"①。马克思主义认为，"任何一个人在文学上的价值都不是由他自己决定的，而只是同整体的比较当中决定的"②。评论一个史学家亦然。干宝在史书撰述方面的成就，也只有把他放在东晋史家群中加以比较，才能得出正确的结论。众所周知，魏晋以来，时无良史，记述繁杂，国史之文，日伤繁复，"作者芜音累句，云蒸泉涌。其为文也，大抵编字不只，捶句皆双，修短取均，奇偶相配。故应以一言蔽之者，辄足为二言；应以三句成文者，必分为四句。弥漫重沓，不知所裁"③。若寻其冗句，摘其繁

《人大复印报刊资料·历史学》1987年第11期全文转载李颖科3篇学术论文书影

---

① 《南史·文学传》。
② [德]恩格斯：《评亚历山大·荣克的〈德国现代文学讲义〉》，见《马克思恩格斯全集》第1卷，人民文学出版社1965年版，第524页。
③ 《史通·叙事》。

词,则"一行之间,必谬增数字;尺纸之内,恒虚费数行"①。在这种历史条件下,《晋纪》的出现,宛如奇葩独放,以其鲜明的色彩和独特的风格,猛烈地冲击着史学界那种彩丽竞繁、板涩藻饰之恶习,为史坛注入了新的血液,有力地推动着史学的健康发展。

综上所论,干宝在历史编纂学上做出了重要的贡献,远远超过与他同时或相距不远的很多史家,把我国封建时代的史学推进到了一个新的更高阶段,在中国史学史上占有相当重要的地位,应当引起史学界的足够重视。

---

① 《史通·叙事》。

论裴松之的史学思想

裴松之（372—451），字世期，南朝宋河东闻喜（今山西闻喜县）人，我国古代杰出的史学家之一。其所撰《三国志注》，内容宏富，独具特色，具有十分重要的史学价值。长期以来，人们相继围绕该注从史籍注释、史学考证、史学评论等方面对裴松之的史学成就做了深入的研究，并已发表了诸多论著。然而关于裴松之的史学思想，迄今尚无人探讨，这直接影响到对裴松之这位史学大家的史学成就的全面总结与评价。

裴松之一生的著作，除《三国志注》外，尚有《晋纪》《宋元嘉起居注》《裴氏家传》《集注丧服经传》《裴松之集》五种。但这五种著作均早已亡佚。故此，笔者的论述主要依靠《三国志注》。就这部著名史注来看，裴松之具有比较丰富的史学思想，综核其要，条析如下：

一、进步的社会历史观

裴松之继承和发展了《左传》《史记》关于历史进化的思想，承认社会历史是不断发展变化的。他说："淳薄异时，质文殊用，或当时则荣，没则已焉，是以遗风所被，实有深浅。"①而且他认为任何事物的发展变化总是后来居上。他很赞同孔子的学生宰我所作的"以予观夫子，贤于尧舜远矣""生民以来，未有盛于孔子者也"的评论。他说："周监二代，斯文为盛。然于六经之道，未能及其精致。加以圣贤不兴，旷年五百，道化陵

---

① 《三国志·崔林传》。

夷,宪章殆灭,若使时无孔门,则周典几乎息矣。夫能光明先王之道,以成万世之功,齐天地之无穷,等日月之久照,岂不有逾于群圣哉?"①在裴松之看来,尽管唐尧、虞舜是中国上古之世的圣贤之君,但孔子还是远远地超过了他们。

基于上述发展变化的思想,对一些重大的政治制度,裴松之能够从历史进化的观点给予比较合理的分析。如关于分封制这个历代史家和政论家聚讼纷纭的问题就是如此。他对曹魏实行分封制深表不然,他借孙盛之口指出:"异哉,魏氏之封建也!不度先王之典,不思藩屏之术,违敦睦之风,背维城之义。汉初之封,或权侔人主,虽云不度,时势然也。"②在他看来,汉初实行分封制,虽然酿成了诸侯僭越、权侔人主的严重后果,但这是历史发展的客观形势促成的。因此,魏氏王朝就要根据新的历史形势,以前朝为鉴,实行新的政治制度,而不能步人后尘,再行分封制。这种精辟独到之见,显然超过了那种对于分封制要么全盘肯定、要么全盘否定的不科学的观点,在当时具有现实意义。

由于裴松之具有一定的历史进化的思想,因而在他的史学中就贯彻了一些唯物主义观点。我们知道,魏晋以来,由于时代的大动乱、统治阶级内部的自相残杀和人民生活的极度痛苦,导致佛教急速传播。统治阶级以佛教作为麻醉人民的思想工具,以达到维护其统治的目的,而劳苦大众由于生活的困苦不堪,亦往往在佛教中寻求精神寄托。因之,上自帝室,下至平民百姓,皆信奉浮屠之学,"事佛者十室而九"③,遁世超俗、出家为僧的现象非常普遍,宗教迷雾充斥整个社会,神不灭的唯心主义思潮甚嚣尘上。史学作为社会意识形态的组成部分,深受这种社会思潮的影响。许多著名的史学家都在其论著中或多或少地表露出一些唯心主义的倾向,在不同程度上充当着神学史观和天命思想的渲染者。比如,陈寿《三国志》通过对三国历史的叙述,运用阴阳五行学说大肆宣扬"天人感应"的天命

---

① 《三国志·崔林传》。
② 《三国志·陈思王植传》注引。
③ 《晋书·姚兴载记》。

思想和皇权神授的神学史观。范晔《后汉书》每每表现出对图谶、符瑞、术数、禁忌等封建迷信的肯定。然而，裴松之却独树一帜，与这种史学思潮相对立，在事物成败和国家兴亡问题的探讨上表现出一种难能可贵的唯物主义历史观。例如，他坚决反对神仙方术之学，认为它迷惑人心，不足为信。他说："神仙之术，讵可测量，臣之臆断，以为惑众，所谓夏虫不知冷冰耳。"①由此出发，裴松之否定符瑞祯祥与报应论，反对人们求助于神，把设符弄鬼看成是将亡的征兆，他引用孙盛之语指出："国将兴，听于民；国将亡，听于神。……伪设符令，求福妖邪，将亡之兆，不亦显乎！"②裴松之认为，客观形势和人为的作用是事情成败、国家兴亡的主要根由。例如，他在论述曹操在赤壁之战中惨败的原因时指出："赤壁之败，盖有运数。实由疾疫大兴，以损凌厉之锋，凯风自南，用成焚如之势。"③这就是说，疾疫大兴、南风助燃是曹操惨败的重要原因。再比如，对吴国败亡之因的探讨，裴松之说："孙权横废无罪之子，虽为兆乱，然国之倾覆，自由暴皓。若权不废和，皓为世适，终至灭亡，有何异哉？此则丧国由于昏虐，不在于废黜也。设使亮保国祚，休不早死，则皓不得立。皓不得立，则吴不亡矣。"④固然裴松之把吴国的灭亡完全归咎于吴之末帝孙皓的暴虐无道，并进而得出"皓不得立，则吴不亡矣"的结论，未免有把问题绝对化的痕迹，但他完全抛弃"天命""鬼神"一类荒诞不经的说教而着重从"人事"方面来分析吴国灭亡的原因，却是十分正确而有价值的做法。尤其需要指出的是，裴松之非常注重人的才能对社会发展、王朝兴衰的影响。他认为，在统治阶层中，品行端正、才华出众的人将对人类社会的逆转前行产生直接的影响。相反，那些才能低下的统治者将不会发挥多大的作用。例如，他评价刘禅、费祎对蜀国的兴衰所起的作用时指出：

---

① 《三国志·吴范刘惇赵达传评》注。
② 《三国志·吴主传》注引。
③ 《三国志·贾诩传》注。
④ 《三国志·吴主传评》注。

"刘禅凡下之主,费祎中才之相,二人存亡,固无关于兴衰。"①所有这些,都说明裴松之具有一种进步的社会历史观。

二、反对空谈浮虚,主张求实致用

魏晋南北朝时期,伴随着民族矛盾、阶级矛盾和统治集团内部矛盾的日益激化,思想界也经历着一场前所未有的剧烈变动,儒学、玄学、佛教、道教竞相驳难,展开了激烈的斗争,其结果是"儒术不振,玄风犹章"②。长期以来作为中国封建思想体系基础和大纲的儒家思想失去了它至高无上的统治地位而迅速衰微,学者"竟以儒家为迂阔"③,"以儒术清俭为群俗"④,公开痛斥"六经为芜秽"⑤,"自黄初至晋末……儒教尽矣"⑥。崇尚"自然""无为"的老庄思想和佛、道两教垄断了当时的精神世界,虚无放诞之论盈于朝野。那些玄学家,表面上主张"无为",效法"自然",实际上是要达到君主无为,门阀专政,百姓无知无欲、听凭宰割的政治目的。也正是在这种旗帜的遮护下,那些豪门士族一方面放浪形骸,纵情淫乐,过着"熏衣剃面,傅粉施朱"⑦的腐朽糜烂的寄生生活;另一方面,恣意肆虐,毒焰漫天,有的割据一方,拥兵自重,有的挟朋树党,致以贿成,有的凌辱朝廷,幽摈宰辅。致使"庶政陵迟,风俗大坏"⑧,茫茫禹域,几无宁日。面对这种内祸滋漫、生灵涂炭,极易造成外敌入侵的悲惨局面,那些清谈名士只是发表一些无关国计民生的空洞言论,这样的例证在《世说新语》中屡见不鲜。这充分反映了当时士大夫腐朽堕落的生活情趣

---

① 《三国志·三少帝纪》注。
② 刘汝霖:《东晋南北朝学术编年·自序》,中华书局1987年版,第1页。
③ 《三国志·杜畿附子恕传》。
④ 《文选·晋纪总论》注引刘谦之《晋纪》。
⑤ 嵇康:《难自然为学论》。
⑥ 《宋书·臧焘传论》。
⑦ 《颜氏家训·勉学》。
⑧ 吕东莱:《晋论》。

和空虚无聊的精神状态。而裴松之不同,他虽然生活在如此污浊腐败的社会环境里,却有着强烈的政治抱负,他立足现实,坚决反对那种清谈玄虚、不务实学的社会风气,极力提倡经世致用学。他说:"辨章事理,贵得当时之宜,无为虚唱大言而终归无用。浮诞之论,不切于实,犹若画魑魅之象,而题于犬马之形也。……空论刑措之美,无闻当不之实哉?其为迂阔,亦已甚矣。"①为此,他借孙盛之口,再次强调指出:"若乃浮虚是崇,偷薄斯荣,则秉直仗义之士,将何以礼之?"②尤为可贵的是,裴松之能够把这种摒弃浮虚、力求致用的思想直接运用到对于历史人物的评价上。凡是那些反对浮诞、崇尚实学的历史人物,他都给予一定的赞扬和肯定。如西晋裴頠平时深患时俗放荡,不尊儒术,遂著《崇有论》,批评何晏、阮籍"口谈浮虚,不遵礼法",并谴责王衍等人"不以物务自婴"。裴松之对此大加赞赏,他盛誉裴頠"理具渊博,赡于论难,著《崇有》《贵无》二论,以矫虚诞之弊,文辞精当,为世名论"③。

毫无疑问,裴松之反对浮虚、讲求务实致用的史学思想既不像唐代杜佑、宋代郑樵那样完整深刻,又不如清代顾炎武、章学诚那样形成系统的理论体系,但在当时那种空谈浮虚、不务实学的社会风气占据主导地位的时代环境里,堪称异军突起,给学界以振聋发聩的影响,对于扭转不良的治学倾向和医治社会弊端起到了很大的积极作用。

三、反对暴虐无道,提倡忠孝节义

在我国古代社会发展史上,魏晋南北朝是社会矛盾重重、危机四伏、战争频仍的动荡年代。在政治上,统治集团内部矛盾、阶级矛盾和民族矛盾相互交错,政局显得特别动荡不安;在经济上,士族地主椎埋攻剽,多畜奴婢,田宅无限,而广大劳动人民啼饥号寒,濒于死亡之绝境。在这种历史

---

① 《三国志·高柔传》注。
② 《三国志·法正传》注引。
③ 《三国志·裴潜传》注。

条件下自然形成"宰辅执政,政出多门"的门阀专政的政治格局,僭越无常、上下无章、暴酷骄态、昏虐无道成为一种普遍的社会现象。这直接影响到国家的统一与社会的安定。素以"立身简素""勤恤百姓"[①]著称的裴松之慨然有感于此。他切齿痛恨统治阶级暴虐无道的治国之道,他采用纵向回溯的手法愤然指出:"桀、纣无道,秦、莽纵虐,皆多历年所,然后众恶乃著。董卓自窃权柄,至于陨毙,计其日月,未盈三周,而祸崇山岳,毒流四海。其残贼之性,实豺狼不若。……袁术无毫芒之功,纤介之善,而猖狂于时,安自尊立,固义夫之所扼腕,人鬼之所同疾。"[②]尤其是他还借孙盛之口大声疾呼:"古之立君,所以司牧群黎,覆焘万物;若乃淫虐是纵,酷被群生,则天人殛之,剿绝其祚,夺其南面之尊,加其独夫之戮。"[③]凡是昏虐无道之人,无论其权势大小,也无论其政治地位高低与否,都受到裴松之的大力挞伐,如其谴责曹魏于禁"肆其好杀之心,以戾众人之议"[④],痛斥孙权"不爱其民,昏虐之甚"[⑤]。

历史学作为一门以阐明人类社会发展过程,研究社会现象及其规律为对象的科学,具有"通古启今""鉴往知来"这一为其他学科所不具备的特殊社会功能。而立足现实,对历史进行剖析、反思与评论,便是一种很好的以史为鉴的治学途径,因为它直接为规切时弊、刷新政治提供了强有力的历史依据。裴松之借为《三国志》作注之机,对以往昏虐无道之人进行无情的揭露与批判,目的在于给当时的统治者敲响警钟,以免重蹈前人覆辙。

出于同样的目的,在反对昏虐无道的同时,裴松之高唱"君臣之义",提倡儒家"忠孝节义"的伦理道德。他一方面分别借孙盛、干宝之论指

---

① 《宋书·裴松之传》。
② 《三国志·董卓传评》注。
③ 《三国志·三嗣主传评》注引。
④ 《三国志·于禁传》注。
⑤ 《三国志·吴主传》注。

出:"夫士虽百行,操业万殊,至于忠孝义节,百行之冠冕也"①,"古之烈士,见危授命,投节如归,非不爱死也,固知命之不长而惧不得其所也"②。另一方面,直接表白自己的看法:"古之舍生取义者,必有理存焉,或感恩怀德,投命无悔;或利害有机,奋发以应会。"③并且以"忠"为例做具体说明:"忠至之道,以亡己为理。是以匡救其恶,不为身计。"④在裴松之看来,作为臣子,为了效忠君主,可以献出自己的身家性命,而决不能做"食人之禄"而不能"死人之事"的动摇变节之臣。他之所以对曹魏郭修颇多微词,就在于"郭修在魏,西州之男子耳,始获于蜀,既不能抗节不辱,于魏又无食禄之责,不为时主所使,而无故规规然糜身于非所,义无所加,功无所立"⑤。

也许会有人指出,这种"忠孝节义"的思想是消极落后的,无可称道。我们的回答是否定的。因为"在分析任何一个社会问题时,马克思主义理论的绝对要求,就是要把问题提到一定的历史范围之内"⑥。任何一种思想意识都必须和它并存的社会政治、经济诸因素放在一起来分析。在当时宰辅执政,僭越无常,国家处于分裂割据的风雨飘摇的紧要关头,裴松之以国计民生为怀,宣扬儒家"忠孝节义"的伦理道德,企图通过对作古之人的褒扬或批评,来纠正士人风气,缓和社会矛盾,改变那种上下失次、纪纲大弛的历史现状,以求封建统治的长治久安。因此,我们说,在当时历史条件下,裴松之提倡儒家"忠孝节义",相对于发表空洞言论的士大夫阶层,就其主观愿望来说要高出一筹,而且在客观上也起到了一定的积极作用。

---

① 《三国志·姜维传》注引。
② 《三国志·姜维传评》注引。
③ 《三国志·三少帝纪》注。
④ 《三国志·杨阜传》注。
⑤ 《三国志·三少帝纪》注。
⑥ [俄]列宁:《列宁选集》第4卷,人民出版社1972年版,第290页。

四、反对任情褒贬,力主据事直书

如果说直书与曲笔是我国古代社会普遍存在的一种史学现象,那么这一现象在魏晋南北朝时期就显得更为突出。因为这一时期的"朝代更迭频繁,政治斗争激烈,写史是一件在政治上相当尖锐的工作"①。这对每个史家都是严峻的考验,要么直书受讥,要么曲笔求全,直书与曲笔的斗争表现得甚为激烈。而任情褒贬的曲笔之风一时尤盛。这又是由于自曹魏以来,各朝相继实行"九品中正制"的选举制度,该制度的重点在于品评人物。既然对所选拔的士人都要进行一番评论,那么相应地也就离不开褒贬,由此促使褒贬人物的史学思想进一步发展,"为尊者讳""为亲者讳"的恶劣作风比较普遍。一些史家在关系到自己切身利害关系的问题上很难据事直书,往往是"用舍由乎臆说,威福行乎笔端……事每凭虚,词多乌有:或假人之美,借为私惠;或诬人之恶,持报己仇"②。王沈《魏书》,"多为时讳,殊非实录"③。陈寿《三国志》,曲笔颇多,回护过甚,每每替魏晋统治者隐恶溢美。沈约撰《宋书》,"舞词弄札,饰非文过"④,使许多历史事实乖违颠倒,混淆不清。魏收修《魏书》,更不乏恣意曲笔、褒贬不当之处。他"性憎胜己,喜念旧恶,甲门盛德与之有怨者,莫不被以丑言,没其善事。迁怒所至,毁及高、曾……由是世薄其书,号为'秽史'"⑤。

不过,仍有一些中正不倚的史家敢于与那种任情褒贬的史学思潮相对立,坚持秉笔直书的原则。裴松之就是其中之一。他曾因官僚地主之家"世立私碑,有乖事实",上表朝廷,建议严加限制。他说:"碑铭之作,

---

① 白寿彝:《中国史学史》第一册,上海人民出版社1986年版,第61页。
② 《史通·曲笔》。
③ 《史通·古今正史》。
④ 《史通·曲笔》。
⑤ 《史通·古今正史》。

以明示后昆，自非殊功异德，无以允应兹典，大者道勋光远，世所宗推；其次节行高妙，遗烈可纪。若乃亮采登庸，绩用显著，敷化所莅，惠训融远，述咏所寄，有赖镌勒。非斯族也，则几乎僭黩矣。俗敝伪兴，华烦已久。是以孔悝之铭，行是人非；蔡邕制文，每有愧色。而自时厥后，其流弥多。预有臣吏，必为建立。勒铭寡取信之实，刊石成虚伪之常，真假相蒙，殆使合美者不贵。但论其功费，又不可称，不加禁裁，其敝无已。以为诸欲立碑者，宜悉令言上，为朝议所许，然后听之。庶可以防遏无征，显彰茂实，使百世之下知其不虚，则义信于仰上，道孚于来叶。"①这充分说明，裴松之尽管出身世代官僚家庭，但却能识破自东汉以来官僚地主虚自标榜的恶习，并大胆地予以揭露，表现出一位历史学家坚定正直、峻节凛然的精神风貌。

在史官修史方面，他认为："史之记言，既多润色，故前载所述有非实者矣，后之作者又生意改之，于失实也，不亦弥远乎！"②所以，他尖刻地指斥那些"未能识别然否，而轻弄翰墨，妄生异端"之人，"实史籍之罪人"③。正因为裴松之反对任情褒贬，力求秉笔直书，所以在《三国志注》中，对陈寿和其他所引史家任情褒贬、文过饰非之处多加考辨订正。比如，高贵乡公曹髦本为司马昭之党羽成济所杀，但陈寿慑于司马氏的赫赫权势，在《三国志·高贵乡公纪》中只云："高贵乡公卒，年二十。"不见被杀之迹，反载太后之令，言高贵乡公悖逆不道，自陷大祸。历史事实遭到严重歪曲。裴松之在为《高贵乡公纪》作注时，引习凿齿《汉晋春秋》、干宝《晋纪》、孙盛《魏氏春秋》等文献典籍，比较详细地写出高贵乡公被杀的前后经过，使历史真相昭然。

综上所论，在魏晋南北朝那种社会动乱、民生凋敝、思想空虚、学风日衰的年代，裴松之不像隐逸之士那样不屑世事，也不像佛门弟子那样无虑无营，更不像清谈玄学家那样狂诞悖戾，而是在史学思想上另辟蹊径，走着

---

① 《宋书·裴松之传》。
② 《三国志·武帝纪》注。
③ 《三国志·袁绍传》注。

自己独特的道路,取得了多方面的成就,从而对丰富我国古代史学思想体系做出了一定的贡献。

《世说新语注》新论

南朝宋刘义庆撰《世说新语》，南朝梁刘孝标为之作注，用力甚勤，征引繁博，保存了大量已佚之史料，于辑佚和校勘旧籍颇多贡献。特别是精于纠谬补阙，考订史实，较之原著，更具有史料价值，"故与裴松之《三国志注》、郦道元《水经注》、李善《文选注》同为考证家所引据焉"[①]。但令人遗憾的是，该注历来不为学术界所重视，目下所见已出版的古代史学史、史料学以及史籍举要之类的专著，有的对其只字不提，有的寥寥数语，至于专文研究，迄今不曾问世，究其因，概由《世说新语》是一部文学作品所致。实际上这是很不公允的。

一

《世说新语注》完成于史学发达、史注之风盛行的魏晋南北朝时期，因之颇具特点。现条其荦荦大端，论列如下：

（一）征引繁博

征引繁博是《世说新语注》优于魏晋南北朝时期其他史注的一大特点。检"一家名学"的《国语韦注》，虽则引文三百余条，但引书仅十八种。就是搜罗甚富、备受学者推崇的《三国志注》，所引书目也只有二百余种。而《世说新语注》征引之书，经部三十五家、史部二百八十八家、子部三十

[①]《四库全书总目》卷一四〇子部小说家类一。

九家、集部四十二家、释氏十家,共四百十四家。① 广征博引虽不为《世说新语注》开其端,但其引书之多、掘发之广,却是前人难以达到的,后人亦很少可以与之相比拟(著名的《水经注》引书三百七十五种)。它一方面反映了注者功力之深,泛览之勤;另一方面亦为学术研究保存了丰富的资料。这一点是应予以肯定的。

(二)条列异同

同记一事,若情节有别,或文字相异,不管是迥别,还是微异,在无确凿证据可以定其是非的情况下,刘孝标则条其异说,并皆抄内,以备异闻。如《世说新语·文学》载袁宏始作《东征赋》,全不言陶范之事,陶以武力相威胁。注引《续晋阳秋》曰:"宏为大司马记室参军,后为《东征赋》,悉称过江诸名望。时桓温在南州,宏语众云:'我决不及桓宣城(桓温)。'"于此孰是孰非,疑不能判之处,刘注只言"二说不同,故详载焉"。又如《世说新语·言语》中说,桓玄篡位后,将改置直馆,以问左右,有一无名氏引潘岳《秋兴赋叙》以对,玄咨嗟称善。而刘谦之《晋纪》云:"玄欲复虎贲、中郎将,疑应直与不,访之僚佐,咸莫能定。参军刘简之对曰:'昔潘岳《秋兴赋叙》云,余兼虎贲中郎将,寓直于散骑之省。以此言之,是应直也。'玄欢然从之。"与《世说新语》所言有别。对此,刘氏引之并注明:"此语微异,又答者未知姓名,故详载之。"是属之例,不胜枚举。由此可见,有关歧异史载,在未弄清疑窦时,刘氏并存其说,概不轻下论断。这种实事求是的注书方法对当时和后世都有深刻影响,对于抨击那种主观武断的不良学风,产生了一定的积极作用。就是对于今天的史学工作者来说,仍然具有直接的指导意义。同时,由于刘注所引古书大多亡佚,通过条列异同所保存的各类资料就显得特别珍贵,它为后人再加考核,以正订讹谬,澄清某些历史事实提供了充分条件,为历史研究做出了贡献。

---

① 沈家本:《世说注所引书目序》。

(三）纠纰攻缪

《世说新语注》擅长纠纰攻缪，前人早已指出，唐刘知幾说："孝标善于攻缪，博而且精。"①《四库全书总目》亦云："孝标所注，特为典赡……其纠正义庆之纰缪，尤为精核。"凡义庆原文纰缪显然者，刘氏则引援事实随违矫正，以惩其妄。如《世说新语·文学》："殷中军（殷浩）为庾公（庾亮）长史"条下，注曰："按《庾亮僚属名》及《中兴书》，浩为亮司马，非为长史也。"又如《世说新语·捷悟》载王敦率军将至大桁，晋明帝命温峤断桁以截击，峤未断桁，以致明帝大怒。注曰："按《晋阳秋》、邓《纪》（邓粲《晋纪》）皆云，敦将至，峤烧朱雀桥以阻其兵，而云'未断大桁，致帝怒'，大为讹谬。一本云'帝自劝峤入'，一本作'啖饮，帝怒'，此则近也。"对于诸如此类的谬误现象，刘氏基本上都以两种以上记载相同的史料用以考辨，富有说服力。另外，对于那些讹舛不甚明了的记载，刘氏更是细心考究，一一辨明正误。如《世说新语·方正》载梅颐曾有惠于陶侃云云。而邓粲《晋纪》云，王敦曾陈兵欲加害陶侃，经其咨议参军梅陶劝谏，乃止。王隐《晋书》所记亦同。刘孝标以此两条资料为主，又据《晋诸公赞》和《永嘉流人名》，知梅陶为梅颐之弟，颐字仲真，陶字叔真，"叔真""仲真"，一字之差，二人相误，实有可能。从而得出论断："按二书（《晋纪》《晋书》）所叙，则有惠于陶，是梅陶，非颐也。"令人信服。尤为值得一提的是，刘氏于祛谬取信的过程中，能够把考据和明理统一起来，既详考其事，又注重据事理辨析，以推论历史事件的真实性。如《世说新语·贤媛》载孙秀欲立威权，逼李重自裁。注曰："按诸书皆云，重知赵王伦作乱，有疾不治，遂以致卒，而此书乃言自裁，甚乖谬。且伦、秀凶虐，动加诛夷，欲立威权，自当显戮，何为逼令自裁？"使人心服口服。总之，刘孝标注《世说新语》，对其错谬之处，详加考据订正，据笔者粗略统计，达五十七处之多。这在很大程度上提高了

---

① 《史通》卷五。

《世说新语》的史料价值,其贡献之大,"不啻为临川之功臣,并足以规《晋书》矣"[1]。

(四)增补事实

《世说新语》文字精练,词义隽永,但叙事简单,致使有些重要历史人物的主要生平事迹每每阙如,一些历史事件发生的原因、经过亦多有不明。鉴于此,刘孝标作注,重视增补事实。凡《世说新语》原文过于粗疏、简略之处,则引举事实,详加补充。如《世说新语·政事》:"陶公(陶侃)性检厉,勤于事。"注引《晋阳秋》予以补充:侃练核庶事,勤务稼穑,虽戎陈武士,皆劝厉之。有奉馈者,皆问其所由。若力役所致,欢喜慰赐,若他所得,则呵辱还之。是以军民勤于农稼,家给人足。性纤密好问,颇类赵广汉。……侃勤而整,自强不息,又好督劝于人,常云:"民生在勤,大禹圣人,犹惜寸阴,至于凡俗,当惜分阴,岂可游逸,生无益于时,死无闻于后,是自弃也。"陶侃是东晋时期重要历史人物之一,王鸣盛赞誉其为"东晋第一纯臣",他扶正济危,屡建功勋,对巩固中央王权、稳定东晋统治起了重要作用。据刘注所引《晋阳秋》一段,可见其德才之卓尔不群,尤其是在黑暗腐败的东晋一代,更为难得。这是总论陶侃之为人的重要史料。特别是《晋阳秋》已佚,更显得可贵。又如《世说新语·仇隙》:"孙秀既恨石崇不与绿珠。"事情的来龙去脉不明,令人费解。注引干宝《晋纪》曰:"石崇有妓人绿珠,美而工笛,孙秀使人求之……崇竟不许。"着墨不多,而整个事件显得清晰、完整。刘注在增事实的同时,还补其缺漏。如《世说新语·文学》:"袁彦伯(袁宏)作《名士传》,成。"注曰:"宏以夏侯太初(夏侯玄)、何平叔(何晏)、王辅嗣(王弼)为正始名士;阮嗣宗(阮籍)、嵇叔夜(嵇康)、山巨源(山涛)、向子期(向秀)、刘伯伦(刘伶)、阮仲容(阮咸)、王濬仲(王戎)为竹林名士;裴叔则(裴楷)、乐彦辅(乐广)、王夷甫(王衍)、庾子嵩(庾敳)、王安

---

[1] 唐修《晋书》,多采《世说》。

期(王承)、阮千里(阮瞻)、卫叔宝(卫玠)、谢幼舆(谢鲲)为中朝名士。"《名士传》久佚,不得其详,但据此注,一方面能够了解此书内容编排之大概,《中国历史大辞典·史学史》、刘节先生《中国史学史稿》等史学史专著所言《名士传》,皆以此注为本;另一方面,亦可看出袁宏对于历史人物的评价非常重视,表明当时品评历史人物的社会风气十分兴隆,这也从一个侧面反映出魏晋时期的史家,很重视个人对于历史发展所起的作用。

总之,刘注于《世说新语》缺略之处,着力增补,不啻使之记述更为完整,而且为后世保存了大量难得的史料,颇有裨于史学研究,其功绩不能抹杀。

(五)态度谨严

刘孝标治学详审,态度谨严,遍阅其注,未有主观臆测之感。凡是《世说新语》所记之人或事,查其他诸书而无以资证者,皆注"未详"二字。如《世说新语·言语》:"董仲舒放孝子符起"条下,即注"未详"。又如《世说新语·政事》:"陈元方年十一时,候袁公。……袁公曰:'孤往者曾为邺令,正行此事。不知卿家君法孤,孤法卿父?'"刘氏为了搞清哪位袁氏在汉代做过邺令,不辞艰辛,"检众《汉书》",对有关文献资料钩稽爬梳,认真考察,而结果是"袁氏诸公,未知谁为邺令"。即便如此,他也不否定原著所载,而注曰:"故缺其文,以待通识者。"反归责自己浅识寡闻。谦虚、谨慎之至。更值得注意的是,对于那些确有纰漏,但又持之有故,不易推翻的论断,刘氏采取一方面提供线索,一方面疑以传疑的态度。如《世说新语·任诞》:"张骥酒后,挽歌甚凄苦。桓车骑(桓冲)曰:'卿非田横门人,何乃顿尔至致?'"为说明问题,无妨原注照录。注曰:谯子《法训》云:"有丧而歌者。或曰:彼为乐丧也,有不可乎?谯子曰:'《书》云:四海遏密八音。何乐丧之有?'曰:'今丧有挽歌者,何以哉?'谯子曰:'周闻之:盖高帝召齐田横至于户乡亭,自刎奉首,从者挽至于宫,不敢哭,而不胜哀,故为歌以寄哀音。彼则一时之为矣。邻有丧,春不相引,挽人衔枚,孰乐丧者邪?'按《庄子》曰:'绋讴所生,必于斥苦。'司马彪注曰:'绋,引枢索也。斥,疏缓也。苦,用力也。引绋所以有讴歌者,为人有用力不齐,故促急之也。'《春秋左氏传》曰:'鲁哀公会吴伐齐,其将公孙夏命歌《虞殡》。'杜预曰:'《虞殡》,送葬歌,示必死也。'《史记·绛侯世家》曰:'周勃以吹箫乐丧。'然则挽歌之来久矣,非始起于田横也。然谯氏引礼之文,颇有明据,非固陋者所能详闻,疑以传疑,以俟通博。"这种尊重史实、严肃中正的治学态度是难能可贵的,对后世甚至今天从事古书注释的工作者都很有裨益和启发,值得称道和发扬。

二

与魏晋南北朝时期其他史注一样,《世说新语注》不仅有其特点,而且具有重要的价值。

(一)对辑佚古史的贡献

如上所述,《世说新语注》搜罗宏富,补充了大量史料,所用之书达四百余种。虽则所引诸书,十佚其九,但由于刘孝标作注时引以各家原文,且一一注明出处,使后人得以窥其一斑。因而,该注在辑佚古史方面具有很高的资料价值。例如,据有史可查的晋史著作有二十三家。虽然诸书全书已亡,但王隐《晋书》、虞预《晋书》、朱凤《晋书》、何法盛《晋中兴书》、沈约《晋书》、干宝《晋纪》、傅畅《晋诸公赞》、孙盛《晋阳秋》、习凿齿《汉晋春秋》、邓粲《晋纪》、徐广《晋纪》、曹嘉之《晋纪》、刘谦之《晋纪》、王诏之《晋安帝纪》、荀绰《晋后略》、桓道鸾《续晋阳秋》等皆在《世说新语注》中有部分引文,这就为后人辑佚诸家晋史提供了方便。清人汤球所辑之二十三家晋史①,采《世说新语注》者甚多。以《晋

---

① 收入《广雅书局丛书》。

阳秋》为例，辑本中就有九十余处引自该注。又如陈溶运所辑之邓粲《晋纪》，取材于《世说新语注》《太平御览》《北堂书钞》和《初学记》，共收录四十五条，其中二十四条引录自《世说新语注》，占辑本二分之一还多。至于王仁俊《玉函山房辑佚书补编》、黄奭《汉学堂丛书》等清人辑佚丛书中所辑之晋史，也都依据了《世说新语注》，兹不赘述。《世说新语注》不只是对前人辑佚古史有巨大的贡献，并且对我们今天钩稽佚文，恢复古籍的本来面目，进一步搞好古籍整理工作，亦有着一定的作用。试举一例，《世说新语注》引录有很多汉至梁朝的不同种类的人物传记，如历代人物传（如魏明帝《海内先贤传》）、地方人物传（如周斐《汝南先贤传》）、时代人物传（如袁宏《正始名士传》）、妇女人物传（如刘向《列女传》）、隐逸人物传（如皇甫谧《高士传》）、僧道人物传（如释慧皎《高僧传》）、氏族家传（如裴松之《裴氏家传》）等。特别是别传甚多（如《桓温别传》），共六十九部。这些人物传记，都从不同角度反映了当时的社会现实，有其史料上的价值和作用，它既可正正史、别史之乖违，又能补正史、别史之不足，诚如欧阳修所云："古者史官其书有法，大事书于策，小事载之简牍。至于风俗之旧，耆老所传，遗言逸行，更不及书，则传记之说，或有取焉。然六经之文，诸家异学，说或不同；况于幽人处士，闻见各异，或详一时之所得，或发史官之所讳，参求考质，可以备多闻焉。"①可惜的是，上举各传很多都已散佚，现又很少有辑本。更令人遗憾的是，《隋书·经籍志》于杂传之列未载别传，《新唐书·艺文志》仅录二十部。如果我们依靠《世说新语注》和《三国志注》《续汉志补注》《文选注》《艺文类聚》《太平御览》《初学记》《北堂书钞》等书（诸书皆引录有传记之作），将各类人物传记汇为一辑，这样，既可以使散失湮没了的古代史籍史实恢复旧观，汉魏古籍得以更趋完整系统，又能在更为广泛的程度上为我们研究当时的社会政治、经济乃至思想、文化诸方面提供丰富的史料。同时亦能促使魏晋南北朝史学研究的深入发展。因为人物传记的发达是这一时期史学发展的一个特

---

① 欧阳修：《崇文总目》。

点,又是史学兴盛的一种表现。

(二)对校勘旧籍的功用

《世说新语注》除引录原文、注明出处外,尚具有"引援详确"、"记载特详"①、剪裁得当等特点,于重要史事,往往首尾完具,史实连贯。这就为后人校勘旧籍提供了佐证。如《世说新语·方正》:"高贵乡公薨,内外喧哗。"注引《汉晋春秋》和《魏氏春秋》皆云高贵乡公曹髦因司马昭专权独断而率兵予以讨伐,反为太子舍人成济(司马昭之党羽)所杀。在详叙事情原委之后,又引干宝《晋纪》曰:"高贵乡公之杀,司马文王召朝臣谋其故"云云。征此三说,高贵乡公为成济所杀实属信史。这不仅说明《世说新语》所记有误,更重要的是纠正了《三国志》中一大载笔之失。众所共知,陈寿撰史,曲笔颇多,回护过甚,每每替魏晋统治者隐恶溢美。关于高贵乡公之死,《三国志·高贵乡公纪》只云:"高贵乡公卒,年二十。"且载一司马昭之奏议。这样,在陈寿笔下,司马昭这一弑君之罪魁祸首俨然成为一讨贼之功臣。依据刘注,则可以辨明真伪,恢复这一历史事实的真相。又如,晋张勃撰《吴录》,三十卷。已佚。《通志·艺文略》列其为编年类。但《世说新语·赏誉》曰:"吴四姓旧目云:'张文、朱武、陆忠、顾厚。'"注引《吴录·士林》曰:"吴郡有顾、陆、朱、张为四姓,三国之间,四姓盛焉。"可知其书有传。又《初学记》《太平寰宇记》诸书所引称《吴录·地理志》,则其书有志,当属纪传体,殆无疑义。据此可校正《通志·艺文略》之误。除利用《世说新语注》纠正正史或其他史书记载上的错谬以外,还可以把该注和别的史注及类书相参照,以校勘所引史籍本身。如《世说新语·文学》"殷中军见佛经,云理亦应阿堵上"条下,注引《魏略·西戎传》一段记载了汉哀帝元寿元年(前2),博士弟子景卢受大月氏使者口授《浮屠经》一事,是研究佛教开始流传我国的重要史料,在《三国志注》中亦有引录,但二者文字有异,个别人名亦有出

---

① 高似孙:《纬略》。

入,如同一人物,刘注云"复豆",《三国志注》云"复立"。《魏略》已佚,若就二者进行校勘、考证,方可辨订是非,以纠正谬戾、乖杂之处。

(三)对《世说》《晋书》的贡献

《世说新语注》于纠谬补缺两项所下功夫甚深,这就从不同角度和不同程度上为后人研究汉至东晋时期的历史提供了更为翔实、可靠的资料,相应地,就进一步提高了《世说新语》的史料价值。这一点,上文已约略述及,无须再赘。除此之外,更为重要的是,刘注于《世说新语》所记之正确者,皆引其他史籍以资佐证。这又从另一方面增强了《世说新语》的史料性,足以为治史者之一助。如《世说新语·方正》:"王含作庐江郡,贪浊狼藉。王敦护其兄,故于众坐称:'家兄在郡定佳,庐江人士咸称之。'时何充为敦主簿,在坐,正色曰:'充即庐江人,所闻异于此!'敦默然。旁人为之反侧,充晏然,神意自若。"此语充分反映了何充不避强御、无所阿容的精神,是研究何充的一条重要材料。但其可靠性如何,是否能够作为信实的史料,参考刘注,问题便不难解决。注引《中兴书》曰:"王敦以震主之威,收罗贤俊,辟充为主簿。充知敦有异志,逡巡疏外。及敦称含有惠政,一坐畏敦,击节而已,充独抗之。其时众人为之失色。由是忤敦,出为东海王文学。"与《世说新语》所载一致。综览全注,是属之例,比比皆是。

唐初修《晋书》,除依据其他诸史外,亦大量采用《世说新语》和《世说新语注》,《四库全书总目》说:《晋书》"取刘义庆《世说新语》与刘孝标所注,一一互勘,几乎全部收入。"例如,《世说新语·排调》:"干宝向刘真长"条下,注曰:"《中兴书》曰:'宝字令升,新蔡人。祖正,吴奋武将军。父莹,丹阳丞。宝少以博学才器著称,历散骑常侍。'""叙其《搜神记》"条下,注曰:"《孔氏志怪》曰:'宝父有嬖人,宝母至妒,葬宝父时,因推著藏中。经十年而母丧,开墓,其婢伏棺上,就视犹暖,渐有气息。与还家,终日而苏。说宝父常致饮食,与之接寝,恩情如生。家中吉凶,辄语之,校之悉验。平复数年后方卒。宝因作《搜神记》,中云'有所感起'是也。"刘曰:"卿可谓鬼之董狐"条下,注引"《春秋传》曰"云云。且看《晋书·干宝传》中的两段记载:"干宝字令升,新蔡人。祖统,吴奋武将军、都亭侯。父莹,丹阳丞。宝少勤学,博览书记,以才器召为著作郎。"又"宝父先有所宠侍婢,母甚妒忌,及父亡,母乃生推婢于墓中。宝兄弟年小,不之审也。后十余年,母丧,开墓,而婢伏棺如生,载还,经日乃苏。言其父常取饮食与之,恩情如生。在家中吉凶辄语之,考校悉验。……宝以此遂撰集古今神祇灵异人物变化。名为《搜神记》,凡三十卷。以示刘惔,惔曰:'卿可谓鬼之董狐。'"。两相对照,别无二致。诸如此类的例证,不一而足,由此可见,《世说新语注》对于丰富和充实《晋书》的史料具有不可忽视的作用。

总之,刘注在增强史料价值和提供资料方面分别对《世说新语》和《晋书》做出了一定贡献,其价值不应低估。

(四)对史注研究的作用

史注作为史学的组成部分,与史学的发展互为表里。魏晋南北朝时期,史学发达,史注之风亦随之盛行。以《汉书》为例,据颜师古《汉书叙例》可知,自汉末至陈,为之作注的就有二十三家。但是,这一时期的史注,大都是对于字音字义、名物制度等的解释。如延笃《史记音义》、应劭《汉书集解》、韦昭《国语注》、晋灼《汉书集注》、徐广《史记音义》、裴骃《史记集解》等即是。到南朝宋裴松之注《三国志》,虽则主要是补充史实,但对字音、字义、名物、地理、典故等方面的注释,亦有相当多的数量。[①]《四库全书总目》云:裴氏"初意似亦欲如应劭之注《汉书》,考究训诂,引证故实"。可见,裴注尚未彻底摆脱史汉旧注所恪遵、沿袭的音韵训诂的传统习俗。而《世说新语注》则不然,它条列异同,对原著进行大量补缺、拾遗,并根据所引资料考辨真伪,指明是非。对字音的解释,通注仅有两处,有关名物、典故的注释,也是寥寥无几。更为重

---

① 杨翼骧:《裴松之与〈三国志注〉》,《历史教学》1963年第2期。

要的是,《世说新语注》对于历史事件和历史人物的注释特为精详。这一点也是裴注所不可及的。如《世说新语·德行》:"邓攸始避难于道中,弃己子,全弟子。"首先,注引《晋阳秋》介绍了邓攸"清慎平简"的性格,与事件相吻合。然后,引邓粲《晋纪》、王隐《晋书》《晋中兴书》说明了事件发生的原因、发展进程和最后结果,线条清晰,脉络分明。关于历史人物,凡《世说新语》原文中所出现的,都引各家原文以注释。如《世说新语·言语》:"王中郎令伏玄度、习凿齿"条下,注引《王中郎传》和《中兴书》分别对此三人的性格、为人及仕历等方面做了概括介绍。同一人物,前面已注释过,后面又出现时,便注"已见"二字;若在后面注释,前面即注以"别见"。由此不难看出,《世说新语注》不仅与史汉旧注迥然有别,不可同日语,而且较之裴注,亦有优长之处。因此,《世说新语注》对于我们探求汉魏六朝史注的源流、演变及发展趋势,有着很重要的作用。若把史汉旧注、《三国志注》和《世说新语注》连缀起来做一纵观,无疑,将会使史注的研究更加深入一步。

三

究竟怎样评价《世说新语注》?笔者认为,应该把《世说新语》的史学价值和《世说新语注》的特点、价值结合起来做一客观的考察。

第一,诚然,《世说新语》是一部文学作品,在古代文学史上占有一定地位。时至今日,《世说新语》仍然被认定为中国文学的高峰。鲁迅称之为"名士教科书";傅雷给儿子的信说"《世说新语》大可一读。是中国文化的一个高峰"。季羡林、钱钟书、朱光潜把它列为"一辈子最爱书之一"。教育部更是把《世说新语》列入中学生必读书目,有十几篇课文都来自《世说新语》。但我们知道,《世说新语》是一部笔记小说集,而古代的笔记小说和近、现代所谓之小说有着本质的区别,如众所知,汉魏六朝时期,人们称杂记为小说,其内容主要是记述所闻所见,相当于唐宋人的笔记,其中保存有大量十分珍贵的史料。《世说新语》正是如此,全书记载了汉至东晋年间士族阶层人物的言谈逸事,反映了魏晋时期士族地主阶级放荡不羁的生活方式和颓废空虚的精神面貌,如实再现了当时的学风和社会风尚。因此,从反映社会现实来说,它不失为一部研究当时社会历史,特别是文化学术史的有价值的史学著作,并且随着历史研究的不断深入,这一点已为越来越多的学者所重视。也正是因为这些,许多人说,不读《世说新语》,不知道中国人的精神家底从何而来。我们不能因为《世说新语》是一部艺术成就很高的文学作品,而忽视或不重视其史学价值,更不应因此而有所"株连",以致对其注的史学成就亦不屑一顾。

第二,刘孝标为《世说新语》作注,是把它当成一部史学著作来看待的,整个注释工作始终根基于其史学价值之上,对于那些"诸书无闻,唯见《世说》"的记载,皆以"自未可信"①的态度给予否定。刘知幾《史通·杂说》云:刘义庆著《世说新语》,"刘峻(孝标名)注释,摘其瑕疵,伪迹昭然,理难文饰。而皇家撰《晋史》,多取此书。遂采康王之妄言,违孝标之正说"。固然,唐修《晋书》并未全然从义庆之非,弃孝标之是,刘知幾所言,实欠确当,但其视刘注为"正说",却是颇有见地的。就刘注的特点而言,无论是网罗群籍、罗列异同,还是纠谬补缺,都深得史家注书之法。即以近人甚至今天的注书标准来衡量,仍不失为史注中之精选佳作。尤其是刘氏详审、谨严的治学态度,更值得赞许和效法。就刘注的价值来说,不管是对辑佚古史或校勘旧籍的功用,还是对《世说》《晋书》和史注研究的作用,归根到底,都是对史学研究的贡献。

基于上述理由,可以得出结论:《世说新语注》是一部地道的史注。宋高似孙《纬略》曾经指出:刘孝标注《世说新语》"引援详确,有不言之妙,如引汉魏吴诸史及子传地理之书,皆不必言,只如晋氏一朝史及晋诸公别传谱录文章凡一百六十六家,皆出于正史之外,记载特详,闻见未接,实为注书之法"。胡应麟亦称《世说新语注》"综核精严,缴驳平允,允哉史

---

① 《世说新语·纰漏》。

之忠臣、古之益友也"①。这些评价是比较公允的。当然,任何事物都不是至善至美的,《世说新语注》亦有其不足之处,如有些地方繁芜无谓等,但这毕竟是少数,瑕不掩瑜。

综上所论,《世说新语注》是魏晋南北朝时期很具特点、富有价值的著名史注,在古代史学史上占有比较重要的地位,应当引起史学界,特别是史学史研究工作者的重视。

---

① 胡应麟:《少室山房笔丛》卷一三。

魏晋南北朝史学发达原因新探

魏晋南北朝是我国史学发展史上辉煌灿烂的历史阶段,梁启超曾经指出:"两晋六朝,百学芜秽,而治史者独盛。"①相对于以前各朝,这一时期,史家辈出,史学范围扩大,史书体裁增加,史籍数量剧增,"一代之史,至数十家"②。无论是在史书编纂,还是在史学思想方面,都取得了空前的成就。关于这一时期史学发达的原因,长期以来,学界同仁总是囿于"乱世多史"的传统观念寻找答案,很少从当时的社会客观条件入手进行深入的探讨,更没有结合史学本身的特点进行切实的论证。因此所得结论未免刻板、肤浅。笔者认为,魏晋南北朝时期史学的发达,既与当时的社会客观条件有关(如选举制度的直接影响),又与史学自身的特点(如史学本身鉴戒功用的直接刺激)密不可分。

一、史学本身所具有的鉴戒功用直接刺激了史学的发达

史学是以阐明人类社会发展过程、研究社会现象及其规律性为对象的科学。史学所肩负的这一繁重的历史任务便决定了它具有"通古启今""鉴往知来"这一为其他学科所不具备的特殊的社会功能。这也正是史学的一大特点。在我国,尽管远在上古时期,人们即对此躬行有得,但直到魏晋南北朝时期,著史以供鉴戒才成为一种普遍的史学现象。众多的史学

---

① 梁启超:《中国历史研究法》,商务印书馆 1933 年版,第 25 页。
② 《隋书·经籍志》。

家正是鉴于史学本身所具有的鉴戒功用，纷纷通过编写史书来总结经验教训，以为当朝统治者提供治国安民的借鉴。西晋司马彪以"先王立史官，以书时事，载善恶以为沮劝，撮教世之要也"①为由，撰《续汉书》八十卷。陈寿作《三国志》，时人盛推其"辞多劝诫，明乎得失，有益风化"②。常璩《华阳国志·序志》云："博考行故，总厥旧闻。班序州部，区别山川。宪章成败，旌昭仁贤。抑绌虚妄，纠正缪言。显善惩恶，以杜未然。"直截了当地告诉人们，撰写《华阳国志》的目的，就是要总结历代治乱成败的经验教训，供人们效法或惩戒。东晋袁宏把史学的功用归结为"通古今""笃名教"，他在《后汉纪·自序》中说："夫史传之兴，所以通古今而笃名教也。丘明之作，广大悉备。史迁剖判六家，建立十书，非徒记事而已，信足以扶明义教，网罗治体，然未尽之。班固源流周赡，近乎通人之作，然因籍史迁，无所甄明。荀悦才智经纶，足为嘉史，所述当世，大得治功已矣。然名教之本，帝王高义，韫而未叙。今因前代遗事，略举义教所归，庶以弘敷王道。"显然，袁宏正是基于史书"笃名教""弘敷王道"的现实功用而撰写《后汉纪》一书的。东晋史家干宝面对当时朝政腐败、纲纪大弛、社会混乱的严酷现实，深为羽翼未丰的东晋政权而担忧，痛感历史的经验教训对当朝社会的直接资治作用，他力图把历史特别是前朝的西晋史作为医世之病的一剂良方。于是，他寄诸史籍，形诸笔墨，撰《晋纪》二十三卷，并在该书的《总论》中对西晋一朝治乱成败的经验教训做了全面而深刻的总结。南朝宋范晔撰《后汉书》公开声称，旨在"正一代之得失"③，就是要通过记载历史事实，以总结经验教训，为现实政治服务。基于此，《后汉书》在翔实记载东汉一代历史事实的过程中，以"论""赞"的形式，总结出许多有益于巩固封建统治的经验与教训。如光武帝的用人之术对巩固中央集权是一条很重要的经验，范晔在《马武传·论》中指出：故光武鉴前事之违，存矫枉之志，虽邓、寇之高

---

① 《晋书·司马彪传》。
② 《晋书·陈寿传》。
③ 范晔：《狱中与诸甥侄书》。

勋,耿、贾之鸿烈,分土不过大县数四,所加特进、朝请而已。 观其治平临政,课职责咎,将所谓"导之以政,齐之以刑者乎!"陈何之元以为梁朝的"兴亡之运,盛衰之迹,足以垂鉴戒,定褒贬",遂"究其始终,作《梁典》三十卷"。①

在上述史家之外,魏晋南北朝时期,尚有许多史家立足于史学的鉴戒功用而竞相编写史书,兹不一一罗列。

这些事实表明,魏晋南北朝时期,在史学本身所具有的鉴戒功用的直接刺激之下,众多的史家撰写出大量的历史著作,比如,就断代史来说,同一种史书每每多达二三十家。 如这一时期编写的东汉历史有十二家,三国历史二十余家,晋史二十三家,十六国史三十家,南北朝史十九家。 这在整个中国古代历史上是空前绝后的。 而史书数量的剧增正是魏晋南北朝时期史学发达的重要表现。 因此,我们说,史学本身的鉴戒功用是促使这一时期史学发达的重要原因之一。

二、九品中正制所诱发的品评人物的社会风气

直接推动了史学的发达的魏晋南北朝时期,不但史著数量大增,而且史著门类也在不断扩大,有通史,有断代,有纪传,有编年,还有传记、史注和方志等,而其中尤以人物为中心的纪传体史书和脱离纪传体而独立成书的人物传记为最多、最发达。 这一方面固然由于《史记》《汉书》的影响,但另一方面更重要的还在于九品中正制的实行所引发的品评人物的社会风气的直接刺激。 我们知道,继两汉"察举""征辟"的选举制度以后,曹魏以来各朝相继实行"九品中正制"。 该制度的主要内容是在政府官员中选择所谓"贤有识鉴"的人物,按其籍贯兼任本州郡的大小中正,负责评定散处在各地的本州郡人物,依德行、才能分为九等,亦即九品,作为吏部选官的依据。 这种制度有一个很大的特点,即对被选拔的士人都要进行一

---

① 《陈书·文学传》。

番评论。要评论,势必对人物进行褒贬。这种政治上评论人物的要求,反映在史学领域里则是褒贬人物的史学思想风靡史坛。

而这一史学思想直接促使编写人物传记之风的盛行。当时社会上评价史家长短得失,也大都立足于人物传记。特别是朝廷还以撰述人物传记来课试史官之才识,"著作郎始到职,必撰名臣传一人"①。因此,人物传记在魏晋南北朝时期得到空前发展。许多史家一意致力于人物传记的写作,对于表和志往往不甚重视。陈寿的《三国志》就是一部典型的代表作。再就纪传体史书的数量来看,据《隋书·经籍志》《旧唐书·经籍志》和《新唐书·艺文志》著录,两汉时仅为三部,而西晋一代增至八部,迄梁则更是多达十部。尤其是魏晋南北朝时期,摆脱其他内容,叙述人物始末的人物传记得到飞速发展。据姚振宗补《续汉书》艺文志,汉代人物传记有六门五十八部,如刘向《列女传》、赵岐《三辅录》等。其中别传一类达四十一部,各地耆旧传十二部。进入魏晋以后,人物传记大量涌现,据《隋书·经籍志》所载,魏晋南北朝时期的人物传记有二百一十九种,一千五百〇三卷。清章宗源据各书所记,补出别传一百九十四种,家传十九种,其他人物传记二十九种,姚振宗又补出三十五种,总凡四百九十六种。若以年代、地区及人物性质划分,这些人物传记可分为历代人物传、时代人物传、地方人物传、隐逸人物传、忠孝人物传、列女人物传、烈士人物传、释氏人物传、列仙人物传、家传、别传共十一类。不难看出魏晋南北朝时期,人物传记数量宏富,种类繁多,远为两汉所不及,同时也是隋唐以降各朝无法比拟的。遍阅隋唐以后各朝史书之艺文志,所记载的人物传记屈指可数。特别值得一提的是,这一时期,一些帝王也非常重视编写人物传记,如魏文帝撰《列异传》,魏明帝撰《海内先贤传》,特别是梁元帝撰《孝德传》《忠臣传》《显忠录》《丹阳尹传》《怀旧志》《全德志》《同姓名录》,达七部之多。

从上可见,魏晋南北朝时期人物传记的大量涌现作为不同于其他各朝

---

① 《晋书·职官志》。

的一种独特的史学现象,是这一时期史学发达的重要表现,或者说是史学繁盛的百花园中一枝美丽的奇葩。而九品中正制的选举制度的实施正好是形成这种史学现象的直接原因。

三、史学社会地位的提高直接促使了史学的发达

魏晋南北朝时期史学的发达,在很大程度上直接得益于史学社会地位的提高。这主要表现在政府对史学的重视和整个社会对史学的关注两个方面。

首先,就政府对史学的重视而言,魏晋南北朝时期,国家不仅设置史官,储备史料,而且建立了传授历史知识的学馆——"史学"。史官之职,古已有之。然魏晋以前的史官,并非以著史为专职,如司马迁在当时即非著史之官,撰写《史记》仅是个人爱好。在我国史学史上,设官著史,始自曹魏。正如《晋书·职官志》所说:"著作郎,周左史之任也,汉东京图籍在东观,故使名儒著作东观,有其名,尚未有官。魏明帝太和中,诏置著作郎,于此始有其官,隶中书省。"自晋代开始,史官改属秘书省,号大著作郎,专掌史任。后直至北周,在整个南北朝时期,唯南朝宋不设著作郎,其余各朝均设专掌史任的史官。尤其是有时还指派朝廷高级官员监修国史,如北齐时设立史馆,以宰相兼领,职掌监修国史。在设置史官的同时,政府又委派专人负责史料的搜集与储备工作,如晋武帝泰始六年(270)曾下诏说:"自泰始以来,大事皆撰录秘书,写付。后有其事,辄宜缀集以为常。"①魏晋南北朝时期所编写的大量起居注,正是政府重视史料储备工作的具体表现。这些起居注为史家撰史提供了丰富的官方资料:"夫起居注者,编次甲子之书,至于策命、章奏、封拜、薨免,莫不随事记录,言惟详审。凡欲撰帝纪者,皆称之以成功。"②魏晋南北朝时

---

① 《晋书·武帝纪》。
② 《史通·史官建置》。

期，政府重视史学的另一个表现是建立了传授历史知识的学馆——"史学"。如后赵君主石勒在建国之初即建立了史学，以任播、崔濬为史学祭酒①。再如南朝宋文帝亦设立史学，由何承天主持。

其次，魏晋南北朝时期，整个社会对史学甚为关注。这主要表现在两个方面：第一，研治史学名著的人越来越多，例如《汉书》问世后，自汉末至陈，"为其注解者凡二十五家。至于专门受业，遂与《五经》相亚"②。第二，人们纷纷慕史家之名，以名列史家为荣。为达此目的，有人甚至不惜窃取他人之作以为己著。如虞预窃取王隐《晋书》③、何法盛窃取郗绍《晋中兴书》④即属此类。

总之，魏晋南北朝时期，政府和社会对史学表现出空前重视与关注，其结果是大大地提高了史学的社会地位。晋初目录学家荀勖撰《中经新簿》，把所有图书分为甲、乙、丙、丁四部，依次为经、子、史、集。后东晋李充"因荀勖旧簿四部之法，而换其乙、丙之书"⑤，遂成为经、史、子、集的次序。这一变动正是史学社会地位的不断提高在图书目录分类中的反映。而史学社会地位的提高又直接促使了史学的发达。很难设想，没有魏晋南北朝时期政府和社会对史学的重视与关注，而能有这一时期史学的兴盛与发达。

综上所论，魏晋南北朝时期史学的发达作为中国史学发展史上一种重要的史学现象，是由史学自身的鉴戒功用和九品中正制的选举制度及史学社会地位的提高诸方面交相作用的结果。当然，与这一时期科学技术的发展亦不无关系，比如造纸术的改进和推广，即为史书的编写和流传在物质上提供了前所未有的有利条件。绝不能以"乱世多史"盖棺论定。

---

① 《晋书·石勒载记》。
② 《史通·古今正史》。
③ 《晋书·王隐传》。
④ 《南史·徐广传》。
⑤ 阮孝绪：《七录序》。

对中西方史学比较研究的理性反思

如果以史家的社会历史观为标准对中西方史学试作分期,人们将会看到两种截然不同的史学现象:中国史学难以划分阶段,在整个古代和近代前期,几乎所有的史家都徜徉在由"人事"与"天神"两种相互对立的史学观点交织融汇的精神氛围之中,几千年来,史学思想的主旋律上总是跳动着这两种史学观点的音符。而西方史学具有明显的阶段性,这就是公元13世纪以前(古代和中世纪)的神权时代、14世纪到17世纪初叶(文艺复兴时期)的人文时代和17世纪以后的理性时代。同一时期的中西方史学为什么会走着两种不同的发展道路?对此,需要每一个史学工作者做出深沉的反思。

一

在我国西周以前,人们具有一种原始的历史观念,即宗教的或神意的历史观念。这是由于当时生产力低下,人们缺乏征服自然的力量,因而"都是用想象和借助想象以征服自然力,支配自然力,把自然力加以形象化"①。于是人间的力量采取非人间力量的形式出现了。所以,人们总是崇奉鬼神,以神意看待历史的发展变化。如《礼记·表记》说:"殷人尊神,率民以事神,先鬼而后礼。"大量的卜辞表明,殷王对风雨阴晴、年成

---

① 见马克思经济学手稿《导言》,《马克思恩格斯全集》第46卷,人民出版社1979年版,第48—49页。

丰歉、战争成败以及各种日常活动，都要通过占卜以测知神意。

西周社会仍旧表现出神意史观，统治阶级在灭亡殷商取得政权以后，还继续依靠天神巩固其统治。但是，周人已不像殷人那样完全徘徊于神意史观之中，把社会上的一切发展变化都归之于虚无缥缈的天神，而是对鬼神采取敬而远之的态度，并且提出了"天命靡常"的观点。在人类历史上，我们时常可以发现：一次重大的历史变故，往往会使人们奋力冲破传统观念的藩篱，而清醒地正视现实，而每每在这个时刻，人们提出的观点会具有更多真理的成分。不可一世的殷王朝的迅速覆灭，使当时的周人面对现实做出深沉的反思：殷王朝不是有上天、鬼神在保护它的宝位吗？为什么到头来却国覆族灭、香火不继呢？这使他们深深地感到，天命、鬼神并不完全可靠。

和周代一样，春秋时期，人们对神意的崇拜在历史观念中仍占有统治地位，"天"或者"神"在人们心目中仍然是个有意志的主宰者。但是，一方面，随着社会生产力的发展和自然科学的进步，人们的认识水平也在不断地提高。另一方面，随着时间的推移，用天命或神意无法解释的历史现象越来越多。正是这两方面的原因，促使人们奋力摆脱传统观念的羁绊，一些人开始认识到人间的吉凶祸福与"天神"并没有直接的关系，他们已经不再从神意出发而是立足于"人事"来解释和说明问题。春秋时期正是我国古代史学萌芽起步的重要时刻，意识形态领域里"人事"与"天神"的激烈争议给正在孕育成长的古代史学打上了深深的印记。一些保守的史官固守"天道"，依然逗留在神意决定一切的传统观念的牢笼之中，采取牵强附会或偶然巧合的手法验证天道的威力与灵验。相反，一些开明、激进的史官却把"天道"束之高阁，着力从历史上的"人事"出发来说明人间的吉凶祸福和阐述人类历史的发展变化。就这样，"人事"与"天神"这两种截然对立的史学观点开始在春秋时代的史学园地里拉开了它们长达几千年激烈争议的历史序幕。

由战国到秦汉，我国古代史学进入了它的成长时期，先秦两种对立的天人关系观在新的历史条件下从各自不同的方向上得到延伸和发展，不同史家之间展开了"人事"与"天神"的激烈争议。这里无须一一列举,仅就司马迁和班固这两位著名史家略加阐释。在司马迁时代,西汉大儒董仲舒提出"天人感应""君权神授"的主张,极力鼓吹"王者必受命而后王……通以己受之于天也"①的神权思想,把一切归之于天的意旨。另外,还有邹衍的五德终始说和方士的神仙术也在宣扬"君权神授"的思想。在这天神迷信的精神氛围之中,司马迁以神学异端而崛起,和神学说教进行针锋相对的斗争。他公开声称自己编撰《史记》就是要"究天人之际,通古今之变"。他认为天是天,人是人,天属自然现象,和人事没有必然联系。尽管人们必须按照自然规律办事,但人的祸福却与天毫无关系,并不存在所谓预兆和吉凶祸福的问题。正因此,司马迁在《史记》许多篇目中明确否定天命和神意,强调人事的重大作用。他认为决定人类命运的不是天和鬼神,而是人类自己。与司马迁相对应,班固撰《汉书》,多方宣扬"天人感应"的神秘观点和阴阳五行灾异学说,并把它们看作社会现象的永恒规律,天意直接支配王朝兴衰存亡的思想即散见《汉书》各篇。在班固的心目中,一切社会现象都是神意的安排,如《汉书》的《律历志》《天文志》和《五行志》,均把历代王朝的兴替说成上天规定的历史秩序,均把自然界的灾异现象说成是同政治得失有必然的联系。

魏晋南北朝时期是我国古代史学蓬勃发展的时代。这一时期,宗教迷雾充斥整个社会,神灭论与神不灭论展开了激烈的斗争,反映在史学领域内则是唯物主义历史观与唯心主义历史观,亦即"人事"与"天神"的交锋。许多著名的史学家都各自在其论著中或多或少地表露出一些唯心主义的渣滓,在不同程度上充当着神学史观和天命思想的渲染者,陈寿《三国志》通过对三国历史的叙述,运用阴阳五行学说大肆宣扬"天人感应"的天命思想和皇权神授的神学史观。范晔的《后汉书》每每表现出对图谶、符瑞、术数、禁忌等封建迷信的肯定。沈约更是一个有神论者,不仅整部《宋书》充满了神秘主义的色彩,而且还以《天文》《符瑞》《五行》三志十

---

① 《春秋繁露·符瑞》。

二卷的篇幅，集中宣扬天命思想。萧子显的《南齐书》也大力宣扬因果报应和天命思想，认为王朝的更替完全是天意的安排，人只能顺从天意，而不能违背天意。不过，尽管如此，但并不是说这一时期的所有史家都徘徊于天命论的泥淖之中，都把一切诿之于虚无缥缈的"天神""上帝"。一些进步的史家力图从天命、鬼神的支配下解放出来，他们大胆地向祥瑞符命和阴阳灾异的迷信思想挑战，都各自从不同的角度努力探索决定人类历史的是人还是神这一长期以来人们不断阐释的古老而又极其现实的历史命题。两晋史家陆机、干宝和孙盛在这方面做出了很重要的贡献。如干宝认为西晋王朝迅速崩溃的一个很重要的原因在于"树立失权，托付非才，四维不张，而苟且之政多也"①。孙盛坚决反对人们求助于神，把设符弄鬼看成是将亡的征兆，他说："伪设符令，求福妖祥，将亡之兆，不亦显乎！"②

唐宋元时期是我国史学继魏晋南北朝之后继续发展的历史时代。随着史学的继续发展，"人事"与"天神"两种对立的史学观点又在新的历史条件下开始了它们攻驳诘难的斗争历程。唐代著名史家刘知幾不信天命，坚决反对命定论的历史观，主张历史进程是由人的行为所决定的。《史通》一书中随处闪烁着人事决定一切的唯物主义历史观点的熠光。他说："夫论成败者，固当以人事为主，必推命而言，则其理悖矣。"北宋史家司马光反对灾异、符瑞、图谶、占卜一类神鬼怪诞之说，《资治通鉴》对这些东西不加采录。虽然也记载了一些天文星象，如日食、彗星、地震等，但司马光决不以它们来附会人事，而是把天象和人事分开，去除其迷信的色彩。元代史家胡三省认为历史盛衰变化是"理"的表现，"物盛而衰，固其理也"③。他认识到一个朝代的存亡关键在于人心的向背，如他论评前秦苻坚政权灭亡的原因时说："以苻坚之明，王孟之略，简召六州英俊以补守

---

① 《文选·晋纪总论》。
② 《三国志·吴主传》注引。
③ 《资治通鉴》卷一四九。

令，然鲜卑乘乱一呼，翕然为燕，以此知天下之势，但观人心向背何如耳。"①如果说刘知幾、司马光、胡三省庶可分别作为唐、宋、元时期人事派的代表而相继举起人事观的思想旗帜，那么唐代李百药、李延寿，宋代薛居正，元代欧阳玄、揭傒斯等人则是与他们唱对台戏的角色。这些史家每每用天命论、运数论及报应论等来解释社会的发展和历史的变迁。如李百药把国家寿命的长短看作是上天在冥冥之中所决定，"祚之长短，必在于天时"②。薛居正撰《旧五代史》，多次提到天命是五代各朝兴亡的原因之一，如他认为后唐明宗李嗣源夺权称帝是——

"谅由天赞，匪出人谋。"③

明清以来，一方面，由于社会矛盾日益尖锐复杂，加之农民战争和民族战争的双重袭击，中世纪某些被视作金科玉律的制度、原则和学说发生了动摇；另一方面，由于社会生产力的发展、自然科学的进步和西洋近代文明的输入，人们的认识水平和观察客观世界的能力得到了前所未有的提高。正是在这两方面的交互作用之下，强调"人事"的社会历史观较前有了很大发展，众多的史家相继对历史上的蒙昧主义、神秘主义采取怀疑和批判的态度，将历史现象诉诸理性的评议，他们不断地按照理性来思考，由信仰走向知识，由主观的冥想走向客观的实证。相应地，自春秋开始弥漫史学领域的神学唯心论的浓雾日渐消散，天命论的神学史观已不再像从前那样在思想界占有相当大的比重。但是，尽管如此，自古以来，一直根植于史学领域的"人事"与"天神"两种史学观点的斗争仍然没有结束。只要人们读一下清代史学大家章学诚的《文史通义》和赵翼的《廿二史札记》，斗争的激烈场面就会清晰地映现在读者面前。

---

① 《资治通鉴注》卷一〇三。
② 《贞观政要》卷三。
③ 《旧五代史·明宗纪》。

不同史家之间"人事"与"天神"的激烈争议并没有随着最后一个封建王朝的覆灭而平息,直到近代前期,也就是1919年五四运动以前,史学领域内仍然不时地荡漾起这一争议的余波。尽管由于时代的发展、社会的进步,众多的历史学家如魏源、章太炎、梁启超、王国维等,都在不断地立足于"人事"之点来探讨历史发展的根由,但是,信奉"天神""命运"的迷信思想并未彻底消沉,个别历史学家仍旧以它来解释国家的兴亡、历史的变迁,甚至企图以它作为拯救国家危难的灵丹妙药。民国八年(1919)开始撰修的《清史稿》还把清之得天下看成是"顺天应人"。尤其令人惊讶的是,在1900年八国联军进犯北京,国家处于风雨飘摇的关键时刻,一位叫萧荣爵的翰林编修官竟然上言:"夷狄无君父二千余年,天将假手义民尽灭之,机不可失。"[①]据史料记载,当时,"上书言神怪者以百数"[②],其中既有昏庸、卑劣、顽固的上层权贵和国粹派士大夫,也有苦难深重的一般群众,都认为崇信神术便可以驱除洋人。这也从一个侧面反映出封建迷信的盛行与嚣张。

通过上述对我国古代和近代前期史学的匆匆巡礼,清晰可见,不同史家之间"人事"与"天神"两种史学观点的争议始终伴随着史学发展而存在,人们都在一种矛盾的内心世界之中递相探索决定人类历史命运的是人还是神这一古老而又现实的历史命题。直到近代前期,这一史学现象才成为历史的陈迹。因此,如果以史家的社会历史观为标准,对我国古代和近代前期史学试做分期,那么是很难划分出阶段来的,充其量只能得出这样的结论:随着社会的发展和人的认识水平的提高,注重"人事"的历史观在整个史学思想体系中占有越来越大的比重,而信奉"天神"的历史观不断地走着下坡路。但无论如何,是显示不出明显的阶段性来的。

---

① 《庚子国变记》第7、8页。
② 《庚子国变记》第7、8页。

二

如果仍旧以史家的社会历史观为标准,对西方史学做以分期,那么人们将会清楚地看到三个界限分明的历史阶段:神权时代、人文时代和理性时代。

古代西方各国的历史学家,都具有程度不等的迷信思想,他们总以为有一个超自然力量在主宰着人类的命运,错误地认为人的活动受神和超自然力量的支配。古代希腊和罗马著名的历史学家希罗多德、塔西佗、李维等都是这样。希罗多德具有浓厚的宗教迷信和天命思想,他往往以超自然的力量来解释历史,他所撰的《历史》一书中,总是把历史事件的发展归之于神意、天命。塔西佗也相信天命、预兆和灾异等宗教迷信,在他的《历史》和《编年史》两书中就有不少这类迷信思想的记载。特别是李维竟公然说,罗马人之所以能在历次战争中转危为安,以至最后战胜敌人,乃是"神"的旨意。尽管也有个别史家如修昔底德、波里比阿等,相对来说能够在一定程度上看到"人事"在历史发展中的作用,但是,古代西方各国史学思想的主流却是神意的历史观,注重"人事"的历史观始终没有发展到足以与之"抗衡"的地步。

从公元3世纪起,西方各国的基督教徒开始用神学观点来解释历史和编写历史,于是产生了基督教史学。那些基督教史学家认为,历史只不过是"上帝"所写的一个剧本,人类的一切都是由"上帝"预先安排好的,人世间所发生的种种事件都是由预先确定着它们的行程的神意所决定的,在历史上每一个关键性的时代,都有"上帝"在主宰着一切。而写历史,就是要证明"上帝"的存在,体现"上帝"的意志,赞美"上帝"的全知全能。随着时间的推移,以神为中心的基督教史学日盛一日。在这以后约有1000年之久,欧洲都沉溺在宗教愚昧之中。

正由于基督教神学的影响,中世纪整个欧洲各国的史学都带有浓厚的神秘主义、经院哲学和僧侣主义的色彩。基督教僧侣们始终把历史学作为神学的奴仆，用它来宣扬宗教迷信。古代希腊、罗马史学中所仅有的一点注重"人事"的唯物主义思想因素被扼杀殆尽，伟大的历史学家修昔底德、波里比阿等人的翘楚之作也都因带有"世俗"的气息而受到非难鄙薄，束之高阁，甚至被弄得残破不全，而那些荒谬绝伦的《圣经》传说却被奉若圭臬，盛行于世。这就是神权时代的西方史学。

继神权时代之后，西方进入人文主义史学时代。在西欧，从14世纪到17世纪初叶这300年间，被称为"文艺复兴"时期。我们知道，文艺复兴运动的最大特色，就在于把人们的思想、感情和智慧从神学迷信的束缚中解放出来，以人为中心，提倡人权，否定神权。在当时涌现出许多人文主义者，他们否定基督教上帝至高无上以及人无足轻重的说教，相信"人"是世界的主人和社会财富的创造者，要求用"人权"观念代替"神权"观念，用以"人"为本的新文化代替中世纪那种以"神"为本位的旧文化。在这种强大的人文主义思潮影响下，西方各国相继产生了人文主义史学，出现了大批人文主义史学家。他们冲破基督教神学的牢笼，摆脱宗教史观的羁绊，着眼于"人"和"人的事业"。他们认为历史学家应当摒弃那种虚妄的、禁锢人心的宗教史观，着重探讨"人事"在历史发展中的强大作用。例如，意大利著名的人文主义史学家布鲁尼就认为历史应当记载"人事"，他坚决反对宗教的历史观，主张在人类的全部历史发展过程中排除上帝的作用，强调人性和人的心理在历史发展中的重大影响。尽管在整个文艺复兴时期，也有极个别的史家一时迷信"上帝"，轻视"人事"，但是不可否认，13世纪以前那种神权时代的历史学已经一去不复返，汹涌澎湃、滚滚向前的毕竟是拨开基督教神学迷雾，立足于现实世界，着眼于"人事"的人文时代的历史学。众多的人文主义史学家将人置于史学思想的中心地位，为先天的决定历史的普遍计划而提供基础的神学和哲学的伟大体系已不再被人们所赞同。

文艺复兴的末期，已经是17世纪中期英国资产阶级革命的前夜。在这以后，西方史学又开始了一个新的历史阶段，这就是人文史学之后的理性史学。

17世纪以来，在西方各国，随着自然科学的发展，人们认识到宇宙间的万事万物都是有客观规律可循的，于是逐渐用一种理性主义的态度来解释自然现象和社会现象。尤其是17世纪上半期，法国哲学家笛卡尔极力倡导"唯理主义"，要求人们相信理智的力量，用理智的分析来代替盲目的信仰，用"怀疑"的精神破除那些错误的观念，以探求颠扑不破的真理。在这种治学精神影响下，17世纪中期以后，西方各国的历史学家相继揭橥"理性主义"，开始和不断地用一种理智的态度来研究历史，"理性"成为衡量一切的标准，一切都要在"理性"这个圣坛上受到检验。他们反对传统和权威，反对教条和信仰。他们认识到历史上的一切都是有来龙去脉的，历史正是由一系列因果关系造成的。他们相信社会是不断进步的，人类只会愈来愈聪明，愈来愈成熟。在众多的唯理主义史学家的共同努力之下，西方史学由文艺复兴时期的人文史学迈进到理性主义的近代史学。

三

同一时期的中国和西方各国，为什么会呈现出两种截然不同的史学现象？笔者认为，这主要是由以下三个方面的原因造成的。

（一）儒家"天人合一"思想的影响

在我国封建社会和半殖民地半封建社会史上，被称为圣人之教的儒家思想始终以其居于统治地位的官方之学的身份把持着整个社会的各个领域，渗透到整个社会的各个阶层，浸润着千百万民众的心灵。这是众所熟知的历史事实。但在西方各国则不然，从来没有任何一个国家自始至终是一种思想占统治地位。而我们又知道，"天人合一"的神学原理是儒家思想的重要组成部分，同时也是中国中世纪唯心主义哲学的一个核心。"天人合一"即强调"天道"和"人道"的合而为一。战国时期的子思、孟子最先提出这种理论。后西汉董仲舒接着指出:"天人之际,合而为一。"①到宋代朱熹又对此做了进一步的阐释,他说:"动静无端,阴阳无始,天道也;始于阳,成于阴,本于静,流于动,人道也;然阳复本于阴,静复根于动,其动静亦无端,其阴阳亦无始,则人盖未始离乎天,而天亦未始离乎人也。"②这就明白地揭示出"天道"和"人道"之间的对应与合一关系:"天道"和"人道"不但属同一范畴,而且有对称的节奏。

与这种"天人合一"学说相对立的是力图把"天道"和"人事"截然分开的"天人之辨"思想。如西汉司马迁就极力主张天是天,人是人;天属自然现象,和"人事"没有必然联系。不过,由于自然科学水平和人的认识能力的限制,再加上"天人合一"这种神秘学说的深深影响,我国古代甚至包括近代前期的所有史家,对天人关系这一问题的认识基本上都是含混不清的。因此,在不同史家之间,一会儿把社会发展、历史变迁的原因归结为"人事"的作用,一会儿又看成是"天意"的安排。尤其是当史家遇到一些迷惑不解的问题的时候,每每乞求于神秘的"天命",表现出更多的迷信思想。清朝末年问世的《革天》一篇论文曾经指出:"中国数千年来之学子,莫不以天为最大之指归,以便为其遁词之地。凡遇有不可思议、无可解说之事,辄曰:'天也!天也!'"此论在一定程度上道出了历史的真实。

(二)朝代更迭与封建专制统治的影响

在我国古代,朝代更迭频繁,每一个封建王朝的统治阶级都不同程度地从前朝覆灭的历史过程中看到"人事"在国家兴亡之中的强大威力。因而在政权建立之初,他们都非常重视人为的力量,十分强调人才的选拔与重用,以维持根基未固的封建统治。可是,当封建政治、经济和思想文化不断发展,国势日益强盛的时候,统治阶级为了维护和巩固他们的统治地位

---

① 《春秋繁露·深察名号》。
② 《周子全书》卷一《集说》。

和既得利益，一方面通过许多强权统治措施，干涉和控制不利于他们的思想意识，以避免"犯上作乱"现象的发生。另一方面，又以他们专制统治的威力打出"天命思想"的旗号，大肆宣扬他们建立国家、统治百姓是受天神的旨意，有皇天护佑他们的统治。正是封建统治阶级在政权建立之初和国势强大之后所采取的两种截然不同的治国方法，在一定程度上加深了不同史家之间"人事"与"天神"两种史学观点的斗争，并拖延了这种斗争的历程。另外，还需要指出的是，与西方各国相比，我国古代是一个封建专制统治很强的国家，封建专制主义国家法权举世罕见。无论在哪个历史时期，各个阶层都要受到强权统治的压制。人们在愤怒绝望之余只有用封建迷信来慰藉自己备受压抑和摧残的心灵。这也是"天命"思想始终退不出我国古代甚至近代史坛的一个不容忽视的原因。

（三）小农经济的局限性

西欧各国封建社会经济结构是在封建大土地所有制下，形成以庄园为社会基本生产单位的生产结构，而不是农奴的小农经济。与此不同，我国封建社会经济结构的特点是，在地主土地所有制下，形成以个体小农经济为基本生产单位的社会生产结构。在这种经济结构之下，由于我国多子继承制与按地块沃瘠平均分配等种种原因，土地所有权大多呈现出高度分散与零碎分割的状态。因此，尽管我国封建专制主义具有诸如水利交通、公共防御等一些世界其他国家所不可比拟的公共职能，但也不能很好地发挥其作用。同时小农，无论是佃农还是自耕农，一般都使用着简陋的工具和依靠家庭的人力、物力来从事耕作，他们无力抗拒天灾与人祸。因此，他们在很好地掌握农时、按时播种收割、勤奋劳作的同时，总是把丰收的希望寄托在冥冥之中的"上天"身上，在灾年临头的时候，都自觉或不自觉地祈求上天的保佑。这种小农思想意识反映到史学领域，则是助长了"天命"思想的蔓延。

儒学是形成中国传统直觉思维的内在根源

一

直觉思维是一种非逻辑的思维方式。它不是运用逻辑形式来把握和认识事物的本质,而是在特殊的、具体的直观领悟中去把握事物和认识事物。这种直觉思维广泛体现在中国人的哲学和科学思维中,从而成为中国人思维的主要方式。

回溯中西文明发展史,不难发现这样一个基本事实:西方人重演绎、抽象和分析的逻辑推理,保有一种善于分析、区别和偏向于抽象化、条理化、层次化的思维方式。与西方人不同,中国人的思维方式是非逻辑的,亦即非抽象的,它具有重直观、直觉和顿悟等特征,因而善于在特殊的、具体的直观领悟中去把握真理。由于缺乏抽象思辨的能力和兴趣,他们不要求思维离开眼下的经验去做超越的反思或思辨的抽象以更深地探求事物的本质。比如老子认为,要把握"视之不见,听之不闻,搏之不得"的"道",就必须依靠直观,必须使心处于"守雌""贵柔""致虚极,守静笃"的状态。他说:"五色令人目盲,五音令人耳聋,五味令人口爽,驰骋畋猎令人心发狂,难得之货令人行妨。"[1]为什么中国人和西方人在思维方式上表现出直觉与抽象的差异? 我认为,孔子创立的儒家学说是造成这种差异的内在根源。

---

[1] 《老子·十二章》。

二

　　大约在古希腊人的遥远记忆里，由于受海湾、贫瘠的多石山地这样一些驳杂地形的制约与影响，人们对大自然总是具有一种恐惧与崇拜、愤怒与反抗的心理。① 这就使人与大自然处于绝对对立的地位。当时的古希腊人为了在恶劣的自然环境中繁衍生息，就不得不与大自然进行残酷无情的斗争。为此首先必须冷静地观察和机敏地、倔强地辨认客观物质世界。后来，在观察辨认自然界的过程中，人们认为作为客观实在的自然界是永恒的，没有时空的定位，人们把它称为"共相"或"理念"，并认为它规定着借指具体的、个别的事物的"殊相"，而一切具体的、个别的事物永远是"共相"的不完全摹本，共相是事物的本质。而思维又必须借助于语言来进行，如概念、范畴等。于是古希腊人发展起概念理论。在他们看来，既然发现了事物的"共相"，就可以用一个概念来代表这个共相，而"共相"是永恒的、固定不变的，这就要求概念也必须是固定不变的，同时还必须具有精确性和普遍性。大家知道，概念的唯一本性就是抽象，形成概念的过程也是一个抽象的过程。而概念一旦由抽象性获得了普遍性和绝对性反过来就会成为规范具体事物的有力工具。这一规范过程，在思维程序上又表现为演绎推理。不难看出，正是概念的出现又为西方逻辑推理及重分析、重演绎的思维方式的形成提供了动力。在尔后希腊、罗马发达的奴隶制社会，人们又进一步发展了这种思维方式。因此，尽管后来希腊、罗马文化与基督教文化相结合，但西方人仍然保持着逻辑推理的抽象思维方式。

　　如果说西方人是站在自然界的对立面来认识客观外界的话，那么恰恰相反，中国人却是处于自然之中，人与自然是和谐的统一，而不是不可调和的对立。这种差异的形成主要是由于受儒家学说中"天人合一"思想的影响。我们知道，"天人合一"的神学原理是儒家思想的重要组成部分，同

---

① 见黑格尔：《历史哲学》。

时也是中国中世纪唯心主义哲学的一个核心。孔子、孟子都从不同角度提出过这种观点。西汉董仲舒说:"天人之际,合而为一。"①到宋代,朱熹对此做了进一步的阐释,他说:"人盖未始离乎天,而天亦未始离乎人也。"②这就清楚地揭示出"天道"和"人道"之间的对应与合一关系。无论是孔子、孟子,还是董仲舒、朱熹,尽管他们阐述"天人合一"观点时的角度和侧重有所不同,但他们所主张的"天人合一"的本质内容却是相同的。他们都强调的是"天""人"之间的协调、和谐与统一,亦即"自然的人化"和"人的自然化"。这样一来,中国人在认识客观外界的时候,就不像西方民族那样把人与自然、人与社会、精神与物质对立起来进行思考,而是极力强调人与自然的和谐与统一。这种思维倾向表现在中国哲学上就是强调"道"与"器"的统一。"道"是包含规律意味的复杂的范畴,相当于西方民族所强调的作为事物本质的"共相";"器"是具体事物,相当于西方所谓具体的、个别的事物的"殊相"。在中国哲学史上,有关"道""器"统一的论述是举不胜举的:

"道之外无物,物之外无道。"③

"器亦道,道亦器。"④

既然在作为规律、本质性的"道"与作为具体、个别事物的"器"之间存在着"体用一源,显微无间"⑤的关系,那么在中国人看来,自然就可以通过"器"来认识"道",即由具体的、个别的事物来把握规律性、本质性的东西。由此,中国人发展了意象理论。请看《周易·系辞》关于意象的记

---

① 《春秋繁露·深察名号》。
② 《周子全书》卷一《集说》。
③ 程明道:《语录》四。
④ 程明道:《语录》四。
⑤ 朱熹:《答汪尚书》。

载:"子曰:'书不尽言,言不尽意。然则圣人之意其不可见乎?'子曰:'圣人立象以尽意,设卦以尽情伪,系辞焉以尽其言。'"王弼也说:"夫象者,出意者也……象生于意,故可寻象以观意。"①所谓意象,实质上是一种"取象"或者说是一种象征,它不是对客观事物的抽象,而是直接运用具体的、个体的形象去把握普遍的一般。如果说在西方人那里的概念是抽象的,具有普遍性和精确性的话,那么中国人这里的意象就是具体的,它总是与作为主体的人的独特感受联系在一起,且灵活多变,往往随具体情况的不同而不同。这种灵活多变、自由生动的意象最终决定了中国人对事物的本质或规律的把握不可能像西方人那样采取严格定义的抽象概念和运用严格的逻辑思辨形式,而总是从具体的、个别的事物出发,通过直观、直觉和顿悟以达此目的的。

三

在中国历史上,几乎所有的儒家代表人物都是"天人合一"思想的倡导者与忠实信奉者,并且几乎所有的儒家代表人物在思维方式上又都是直觉思维的身体力行者。

儒学创始人孔子及后来的荀子、董仲舒等,对儒家的"仁"和"礼"等最重要的概念,从来都没有做过明确的规定。到了宋明时期的理学家,更形成一系列直觉顿悟的理论。比如朱熹指出:"致知在格物者,言欲致吾之知,在即物而穷其理也。盖人心之灵,莫不有知,而天下之物,莫不有理。惟于理有未穷,故其知有不尽也。是以大学始教,必使学者即凡天下之物,莫不因其已知之理而益穷之,以求至乎其极。至于用力之久,而一旦豁然贯通焉,则众物之表里精粗无不到,而吾心之全体大用无不明矣。"②在朱熹看来,一方面,人心具有一种领悟事物本质的认知能力。人

---

① 《周易略例》。
② 《大学章句·补格物传》。

们对于封建伦理道德的"天理"的真正体认,完全依赖的是心,而心的作用是一种单纯的直觉式的顿悟。它既不是理性的思维,也不是在演绎归纳基础上的综合。另一方面,人心的这种认知能力一旦通过以往的经验阅历激发出来而获得真知,便是豁然贯通的顿悟。王阳明也说:"人心天理浑然,圣贤笔之书如写真传神,不过示人以形状大略,使之因此而讨求其真耳。其精神意气,言笑动止,固有所不能传也。"① 显而易见,无论是程朱学派,还是陆王学派,都强调的是一种既非在经验材料基础上的归纳,也非依据某一公理或前提的演绎的直觉思维方式。因此,他们的哲学范畴、概念大多缺乏严格的定义,也不如一般科学术语有人为的约定,而是具有多义性,往往根据上下文以及不同的应用呈现出不同的意义。比如"仁"这个理学范畴,既被看作是"性""理"或"道心",同时又被认为具有自然生长发展等感性因素或内容。又如"天""心"等范畴,一会儿是感性的,一会儿又是理性的;一会儿是自然的,一会儿又是超自然的;一会儿是现实经验的,一会儿又是先验理性的;一会儿是宇宙秩序,一会儿又是封建道德。其内涵与外延宽泛而多变。

千百年来,一代复一代的中国人,就是这样在这些只重直观体验而不重概念的明确定义和逻辑推理的儒学大师的影响下,没有充分发展起以概念元素的精密分解与综合为特点的抽象思维,而相因祖述一种直觉思维方式。人们总是不重视甚至排斥逻辑推理,总是通过凭借"近取诸身,远取诸物"的意象而进行的直觉思维来把握那更带普遍性的一般。因此,对于中国人来说,再简单、再特殊的事物,也能经由他们的直观、直觉与顿悟而得出复杂、一般的结论。唐人一句"嫩绿枝头红一点,动人春色不须多"的诗,通过宋人的联想,便成为"于危亭缥缈隐映处,画一美妇人凭栏而立"②的艺术形象;唐代画马名家韩干"画走马,绢坏,损其一足",然而欣赏者却能从残存的画面上看出"走自若也"的全马③。正如画家汤贻汾

---

① 王阳明:《传习录》上。
② 《扪虱新语》卷一。
③ 《后山集》卷一九《谈丛》。

所说:"善悟者观庭中一树,便可想见千林,对盆里一拳,亦即度知五岳。"①这些正是中国人直觉思维方式在文学和绘画艺术中的体现。今天,中国人仍然没有彻底摆脱这种直觉思维方式的羁绊,忽视概念、判断、推理等逻辑形式而注重直观、直觉体验仍然是大多数中国人的秉性。不正是这样吗?在现实生活中,人们总是善于从对具体事物的直观形象的感受中,来把握高妙深奥的哲理,然后又借用比喻也就是形象说明的手段来直接表达自己对这种哲理的体验。人们常说,中国人善于比喻,原因也正在这里。

四

通过上面的论述,可以看到,中国儒学大师的哲学概念、范畴的内涵与外延具有明显的非确指性或模糊性,也就是说缺乏逻辑意义上的确指性或规定性。相应地,人们不能通过抽象思维的方法,而只能通过对该概念、范畴的上下文加以直观地领悟的方法,来潜移默化地把握该概念、范畴的实际含义。这就不可避免地在人们的认识上带来很大程度的意会性,因而同一概念、范畴可以任人解释。例如,对孔子思想中的"仁",《礼记·中庸》说:"仁者,人也。"《说文》曰:"仁,亲也,从人。从二。"又如中国传统哲学中"气"这一重要概念,孟子认为,"气"是指人内心中潜养的且能给人以智慧和聪明的道德力量;荀子认为,"气"是构成物质性的天地万物的原材料;董仲舒认为,"气"是神秘的天的意志的表现;朱熹认为,"气"与"理"结合,能产生宇宙万物。如此一来,就造成一种不只是在外国人,甚至在后来的中国人也看来是颇为奇特而且不可思议的思想现象。这就是,在中国,自古以来的思想家、政论家、学者都可以在不同场合、不同意义上凭借自己的主观意会而毫无顾忌地使用"仁""礼""阴阳""气""道""理""性""心""命""体用""格物致知"等一些基本的

---

① 汤贻汾:《画筌析览》。

哲学范畴，他们完全不必担心前人或同时代的其他人是在什么场合和什么条件下使用上述概念的，张冠李戴、错用概念之类对他们来说是丝毫不必顾忌的，因为他们在使用这些范畴的时候，完全可以根据自己的意会赋予它们以新的内涵与外延，而使自己的论证能够自圆其说。更有趣的是，同时代的人或后人读完他们的论著，也能够从上下文中意会到经过他们意会过的一些概念的基本意义。中国人常说"只可意会，不可言传"，正是这个意思。

一般来说，一定程度的"意会"必然导致不可避免的"附会"。中国人直觉思维方式中的意会性带来的严重后果必然是强制性附会。内涵与外延的非确指性或模糊性加上直觉思维中的意会性，就使得传统的中国人在认识某一种新的思想学说、新异事物或表达自己的某一新的思想观念的时候，不是通过建构新的概念来完成这一任务，而每每是在过去储存的概念、范畴之中寻找相近的术语，以近似地体认新的思想学说、新异事物和近似地表达自己新的思想观念。表面看来，这是很自然、很合情理的，进行这番工作的人主观上丝毫不会感到有什么不自然的地方。然而，这实际上是一种十足的强制性附会。因为它是袭用内涵与外延模糊不清的概念，用"旧瓶装新药"的方法再加上意会性很强的手段把新鲜的事物纳入陈旧的框架之内，那么这不是附会又是什么？

也许人们会回忆起，在中国近代史上，当西方近代科学和资本主义工业技术日益显示出其巨大威力的时候，各个领域、各个阶层的大多数中国士大夫总是以意会附会的手法来实现他们对西方文化的认识与理解。诸如天文、数学、物理学、化学、光学、矿物学、地质学、医学等西方近代科学都被中国士大夫附会到"术数"这一在中国用来表征星占、阴阳、灾异、八卦、隐语、谶书、相术、望气、符命、巫卜、天文历算等方术之学的概念之中。与此相应，西方大炮、战舰、火器、钟表等资本主义工业技术，也被士大夫附会到在中国用以表征城郭都邑营建和车服器械制造的工匠之学的"机巧""技艺""杂技"等传统概念里面。更令人啼笑皆非的是，甚至连"鸦片战争"这场中国与西方列强之间的国际战争也被士大夫通过附会的手法归属于远古华夏族与夷狄之间的战争类型之中,在当时喧嚣于朝野上下的"剿夷""讨夷"的叫喊声,不正清楚地说明这一点吗? 如果人们有兴趣浏览一下近代中国文人学士撰写的奏疏、书信与杂著,不难发现,凡是谈到西方科学技术和中国与西方交流等问题时,几乎无一例外地都在用中国传统的概念、范畴来直接表征西方异质事物,也几乎无一例外地都把西学看成是中国所固有的。 我们不妨看一下同治、光绪时代正统派士大夫屠仁守关于西学的一段奏疏:"西学之擅长者,亦精于天算格致。 其学固中国所有,而尤得其统宗。 即如算在六艺,古者次于德行。……汉多治历之士,唐有明算之科……周程张邵朱子数大儒继起,根极理要,尤莫不以格物致知为先务。 是则中土伊古教法,使用赅贯,初无遗阙。 且凡西土递创西法,动谓中土所未闻者,如地圆、地动、地转之说,《大戴礼》、《尚书考》、张子《正蒙》皆言之凿凿。 光学则《墨子》经上经下篇奥指可寻。且在西人未悟其理以前。 初非取资西法。 若加以测验,又何物不能格,何事不能精。 ……不患无师,患不学也。"①这是何等荒唐的附会!

如果说人们已经从上面的论述中体察到附会性认知方法的消极后果,那么我们说,这还是次要的,它还有更为严重的消极后果,这就是,它容易使人作茧自缚、不求进取,以致导致一个民族的历史悲剧。 笔者这样说,并非危言耸听。 因为一旦采用附会性的认知方法,那么造成的结果必然是作为认识主体的人在面对诸如新异事物、新的思想学说、新的科研成果等凡是带有"新"字的东西时,尚未认知体验其客观性状和本质属性之前,就不假思索地把对象归类于传统的概念、范畴之中,从而使自己失去了辨识其性状、特征、属性并深入领会理解的可能性。 这样就不可避免地使人们的意念、内在心态永远束缚在陈旧的概念、范畴的网络体系之中,使人们作茧自缚,丧失最起码的进取心。 试想,这不是一个民族的悲剧又是什么呢? 从某种程度上来说,导致中华民族近代悲剧的,不正是当该民族处于迅猛变化的国际交往时代和当西方科学技术日益显示出其巨大威力的时

---

① 屠仁守:《屠光禄疏稿》卷四《奏陈变通书院章程疏》。

候，那些忧国忧民的士大夫，不是面对现实，另谋图新自强之法，而依然采用强制性附会的认知手法，把西方近代科学技术、工业制度、政治体制等，盲目轻率地附会到中国传统哲学的概念范畴之中，造成观念与现实的严重背离的结果吗？今天是我们对此进行反思的时候了。

文化遗产
保护篇

文化遗产保护篇 ◆

1997年6月,我调离学习、工作长达18年的西北大学,到西安市文物园林局从事文物保护管理工作。众所周知,西安作为世界四大古都之一和世界著名历史文化名城,有着3100年建城史、1100年建都史,拥有极其丰厚的文化遗产,是名副其实的"文物大市"。西安的文化遗产种类多、数量大、价值高,这也是西安人引以为豪的优势所在。不过,需要指出的是,西安的文化遗产保护工作任务重、难度大,特别是像周丰镐、秦阿房宫、汉长安城、唐大明宫"四大遗址",占地108平方千米,保护难度极大。在20世纪末,经常有西安古遗址、古墓葬遭到破坏的新闻见诸电视、报端。比如,就大明宫遗址来说,部分残留宫墙坐落在农家后院里,农民养猪时常挖掉宫墙用以垫衬猪圈,或者建造房屋时用宫墙回填夯筑庄基,使遗址遭到严重破坏,曾一度成为社会和舆论关注的焦点。我清楚地记得,2002年下半年的一天,西安市文物园林局专门从北京邀请了两位文物保护专家来西安研究商讨保护对策。两位专家到大明宫遗址现场查看后开出的"药方"是:文物价值很高,必须原封不动保护好。我当时陪同考察,暗自思忖:宫墙位于农家院落,文物保护工作者前脚离开,农民为了生存可随即挖掉它。另外,究竟是保护文物重要,还是农民的生存生计重要?这不禁使人联想到汉长安城遗址区内的老百姓为什么把"汉城"叫作"害城"。汉长安城遗址占地36平方千米,一方面,由于保护范围内受建筑高度限制,居民不能修建厂房从事工业或作坊生产;另一方面,出于地下遗址保护的需求,居民又无法在地上种植经济作物或进行渔业养殖等,致使遗址保护区内城镇居民的生活状况得不到有效改善,有些人甚至对文物保护产生抵触、怨恨情绪。再比如,位于西安市雁塔区的汉杜陵遗址,在2001年以前,由于受文物保护理念固有思维定式的制约,遗址不断遭到损毁,周边环境恶化,区内基础设施和生活服务设施得不到改善,遗址地居民生活长期停留在较低水准,人民群众保护遗址的积极性受到打击,整个遗址区形成了西安版图上的"洼地"和"塌陷区",严重制约了核心区与周边经济社会的发展。2001年这里的土地亩产仅有200元,农民人均可支配收入2800元,低于雁塔区平均水平,农民收入与城镇居民收入相差甚远。可以肯定地说,这种情况尽管发生在西安,但在当时却是全国的一种普遍现象。

在亲身经历了文化遗产保护之"难",切身体悟城镇居民生存发展需求的过程中,我反复思考一个问题:究竟怎样才能既有效保护好文化遗产,又能满足遗产地居民的生存发展需求?在工作实践中,通过不断学习与探索,我深刻认识到,文化遗产遭受损害,保护效果不佳,遗产地居民的生存发展需求得不到满足,这固然与政府投入保护的人力、物力、财力不足和人民群众对保护文化遗产的重要性认识不到位有关,但从深层根源来说,主要是文化遗产保护理念出了问题。自20世纪80年代中期以来,由于受西方文化遗产保护理念的影响和制约,我国文化遗产界流行着一种"保存现状""原封不动"的文化遗产保护观念。这种观念既不符合中国文化遗产特性,又有悖于中国传统的审美崇尚与价值取向,套之于中国文化遗产保护,严重地"水土不服"。为此,我从对这种文化遗产保护观念的质疑开始,通过理论上对文化遗产保护理念、思路的不断思考和实践层面对保护路径、举措及成效的探索与追问,切身感受到,符合文化遗产特性和文化发展规律是文化遗产保护发展的前提和基础,发挥人的主观能动作用是文化遗产保护发展的动力和支撑,遵从传统审美崇尚与价值取向是文化遗产保护发展的立场和原则,传承民族文化和促进经济社会发展是文化遗产保护发展的宗旨和目标。我的整体思路与研究理路是:回首过往—直面问题—构建理念—确立原则—提出对策—明确目标—谋划发展。贯穿其中的一条主线是保护传承与发展创新。

首先,我打破传统的按朝代顺序划分历史阶段的做法,遵循文化遗产保护思想发展演变的轨迹,将中国文化遗产保护历程划分为三个历史阶段,即"重道轻器"的古物保护(先秦至唐以前)、注重象征意义与精神传承的文物保护(唐至20世纪80年代中期)和恪守"原真性"原则的文化遗产保护

(20世纪80年代中期至今)。在前两个阶段,人们在"重道轻器"观念①和"抒情言志"审美情趣②的影响下,无论其外在形式如何,传承文化遗产所蕴含的思想内涵、精神特质,始终是中国人保护文化遗产的重要目的。为达到此目的,一代复一代,人们用"重修殿宇,再塑金身"的方法,不断维修、重建受损或被毁的文物古迹,像大雁塔、黄鹤楼、岳阳楼等名塔名楼,正是在被持续修复、重建中不断传承发展着中华民族的工匠精神、创造创新精神。到后一阶段,文化遗产界学人,特别是一些深受西方文化影响的专家,置中华文化特性、文化传统于不顾,一味移植照搬西方"原真性"保护原则,给中国文化遗产保护事业带来不必要的影响和损害,尤其是从保护人类文化多样性的角度来说,削弱了中国文化遗产保护在思想观念、方法手段上的特色与优势。

其次,我坚持以解决问题为导向,运用历史的、发展的观点,以文化遗产保护的实际成效和文化遗产资源促进经济社会发展的作用为标准,对中国文化遗产保护存在的主要问题及成因做出与学界完全不同的研究并得出不同的认知③,提出当前中国文化遗产保护存在的主要问题是文化遗产受损严重、文化遗产保护与文化发展严重脱节、文化遗产价值没有得到充分彰显、文化

---

① 《周易·系辞》云:"形而上者谓之道,形而下者谓之器。"这一哲学命题塑造了中国传统文化"重道轻器"的思维定式。古人认为,"道"是客观物质世界中始终存在的规律,任何事物都要遵循"道"的模式发展。"器"是"道"在各种形态下的表现载体,可以随着外界的影响而发生改变。在这种观念中,人们更加关心历史的内在信息,而非其承载的模式。具体到古物保护中,决定了古人对精神性遗产的重视超过了对物质性遗产的重视。

② "抒情言志"是中国传统的重要审美情趣,主要体现在文学艺术和绘画艺术之中。受此影响,中国艺术不像西方艺术那样重在"再现",而是重在"表现",对于文艺作品,人们不满足于追求客观物质的外在模拟与形似,而是要尽力表现出内心的情感志向,即注重写意传神,而不重视形似逼真。体现在文物保护中,人们更多关注和用心用力的是文化遗产的象征意义和蕴含其中的精神的传承。

③ 长期以来,学界对中国文化遗产保护存在的问题多有研究,主要集中在保护意识薄弱、法律法规不够健全完善、保护管理体制不健全、专业人才匮乏、保护经费短缺、宣传教育工作不到位等。时至今日,讨论中国文化遗产保护存在的问题依然在这些方面打转转。事实上,无论是用历史的、发展的观点来看,还是就新的历史时期对文化遗产事业的功能定位来说,以上这些已不是当前中国文化遗产保护存在的主要问题。

遗产保护以人为本未能落到实处,并从缺乏中国特色文化遗产保护发展理念、注重保护传承轻视发展创新、忽视文化遗产的时代价值、忽略人在文化遗产保护中的地位与作用等方面剖析其原因所在。

再次,我立足中国文化遗产特性和中国传统审美崇尚与价值取向,遵循文化发展的客观规律和文化遗产的时代价值属性,按照新时代中国特色社会主义建设的实际需要,结合文化遗产保护存在的主要问题,运用创新发展思维考量文化遗产保护发展,研究提出中国特色文化遗产保护发展理念——保护与传承为主,发展与创新为要;保护与发展并重,传承与创新并举。[1] 进而围绕这一理念,从保护、传承、发展、创新四个方面重构当代中国文化遗产保护发展原则,提出真实保护、有效保护、全面保护的保护原则;传承遗产智慧、传承遗产精神、传承遗产力量的传承原则;促进遗产发展、促进文化发展、促进经济发展的发展原则;创新遗产表现形式、创新遗产内容构成、创新遗产价值追求的创新原则[2],力图真正走出一条新时代中国特色文化遗产保护发展新路子。

最后,按照上述文化遗产保护发展理念、原则,一方面,针对我国文化遗产界在对文化遗产保护的目的和任务的认知上存在的窄化或笼统化倾向,我依托文化遗产在经济、社会现代性发展过程中的价值和意义,研究提出文化遗产保护具有传承发展民族文化、服务国家战略需要、促进经济社会发展、铸牢民族共同体意识、增强国民创新能力、提升人民幸福指数的鲜明目的,并从整体保护、内涵挖掘、精神传承、功能重构、价值实现、制度再造六个方面比较系统全面地论述了实现这些目的需要完成的具体任务。另一方面,循此目的和任务,对新时代中国文化遗产保护发展做出提升品位、突显内涵、强化特色的总体定位和彰显优势、加强弱项、补齐短板的路径选择,努力实现构建体系、增强实力、惠泽民生的目标和愿景。

---

[1] 见拙文《中西方文化遗产保护理念辨析——兼论中国特色文化遗产保护发展理念的理论建构》,《中国文化遗产》2020年第1期。

[2] 见拙文《中国文化遗产保护发展原则的当代重构》,《碑林集刊》(二十六),三秦出版社2021年版,第295—302页。

以上创新性研究成果,有的以论文形式在《光明日报》《中国文物报》《中华读书报》《中国文化遗产》《西北大学学报》《陕西师范大学学报》《碑林集刊》等报刊上发表,有的以论著形式出版,见拙著《中国文化遗产保护新论》[①]《中国文化遗产保护发展体系概论》[②]。

[①] 《中国文化遗产保护新论》,科学出版社2023年版。
[②] 《中国文化遗产保护发展体系概论》,西北工业大学出版社2021年版。

对当代文物保护观念的质疑

中国作为一个有五千年文明史的国家,地上地下保存着极其丰厚的文物古迹。保护好这些文物古迹是当代国人义不容辞的责任和神圣使命。正因如此,从中央到地方先后制定了一系列有关法律、法规和措施,文物保护工作取得了令人瞩目的成就。然而,令人遗憾的是,在当今文物界流行一种"保存现状""原封不动"的文物保护观念,尤其是这一观念成为古建筑、古遗址等文物古迹维修保护的"紧箍咒",在很大程度上制约着我国文物保护事业的发展,使一些不应损毁的文物古迹遭到破坏甚至消亡,给文物保护工作造成不必要的损失。笔者不揣浅陋,拟对上述文物保护观念提出疑问,就教于方家同仁。

一、"保存现状""原封不动"的文物保护观念有悖于中国文物的特性

"保存现状""原封不动"的文物保护观念,在很大程度上是受国外特别是西方国家的影响。我们知道,西方国家的古建筑基本上是石质结构,不易破损,保存时间长,如古希腊、古罗马时期的一些神庙、宫殿,虽经数千年风雨剥蚀,但其主体结构、基本轮廓依然保存至今。所以,西方国家的一些专家学者自然而然地提出"保存现状""原封不动"的保护观念。中国则不然,大部分古建筑都是土木结构,易破损,保存时间短,如果一味教条地按照"保存现状""原封不动"的观念来进行保护,必然违背中国文物古迹的特性,势必造成一个严重的后果,即一些完全可以保存下来的文

物古迹不是遭到人为或者自然破坏，就是彻底消亡。例如，位于今西安市西北郊的汉长安城遗址，是全国重点文物保护单位，经过近两千年自然和人为的破坏，今天只留下来部分城墙的残垣断壁和一些宫殿建筑的夯土台基。可想而知，如果继续按照"保存现状""原封不动"的观念和原则对汉长安城遗址实施保护，那么在不久的将来，汉长安城遗址将荡然无存。

二、"保存现状""原封不动"的文物保护观念违背了文化发展的客观规律

文化的发展是一个扬弃和创新的过程，每一个时代的文化总是在继承前一时代文化的精华并剔除其糟粕的基础上，同时再融入本时代新的文化成分而不断加以创新发展起来的。没有对以前文化的继承，文化的发展就没有根基。与之相应，只是一味地继承，而不融入新时代的文化因素，不加以创新，文化的发展只能是一种毫无生机、毫无价值的僵死的重复。文物作为文化的物化表现，其发展也必然是一个扬弃和创新的过程。比如就可移动文物本身的形制而言，无论是青铜器、瓷器、陶器，还是金银器、玉器等，一个时代的器物形制总是在继承前一时代优点特长的同时不断加以创新而发展的；就不可移动文物来说，一幢古建筑或是一座古塔，其外在形式和风格也是在继承和创新的过程中发展变化的。

文物古迹本身的发展是如此，相应地对文物古迹的保护也应如此。换言之，对任何一种文物古迹的维修保护，应根据其本身的特性及现存的实际情况，采取局部和整体加固措施，特别情况下，为了使其更好、更长久地留存于世，也可改变其原有结构或材质而加以维修保护，不能教条地恪守"保存现状""原封不动"的所谓维修保护原则，否则，不是能够留存下来的文物古迹将灭绝于世，就是能够较长久留存于世的文物古迹将在较短的时间荡然无存。这绝非无病呻吟或危言耸听，前人保护文物古迹的举措早已证明了这一点。众所周知，唐代大雁塔之所以能够饱经1300多年的风风雨雨至今仍旧巍然耸立在古城西安，就在于明代维修保护时在其外围加固

了一层砖。不难想象，如果明人维修保护大雁塔时完全采用我们今天"保存现状""原封不动"的做法，那么我们后人将无缘看到大雁塔这一古塔杰作。再比如，20世纪80年代初，如果没有西安市委、市政府和广大市民齐心协力对西安明城墙的大规模维修保护，那么保存至今的明城墙的残破景象将是不言而喻的。事实上，在我国历史上，前人在维修保护许许多多文物古迹时，都程度不等地根据文物古迹本身的特性和当时的实际情况，采取了积极有益的创新措施实施保护，从而使许多重要的文物古迹得以保存至今，而且还将继续保存下去。

三、"保存现状""原封不动"的文物保护观念割裂了主体与客体的联系，是一种消极、被动的做法

从主体和客体的联系，尤其是主体对客体的能动性角度来说，"保存现状""原封不动"的文物保护观念只强调作为客体的文物古迹的自然属性，而忽略了作为主体的文物保护者的主观能动性，严重割裂了客体与主体的联系，使文物古迹与文物保护者处于相互隔绝、彼此孤立的状态，文物保护者只能眼巴巴地看着文物古迹一天天地遭受风吹雨淋、自然风化和人为的破坏而垂手而立，无所作为，始终处于消极被动的地位，就如同父母眼看着心爱的孩子被人痛打而不能解救一样，人为地延误或丧失了制止恶果出现的有利时机，这不能不说是一种极其消极、被动的做法。

综上所述，无论从中国文物的特性，还是中国文化发展的规律，或者就哲学角度上主体与客体的关系方面来看，"保存现状""原封不动"的文物保护观念是一种消极、被动的思想观念，严重地讲，是一种不负责任的态度，它已经且正在而且还将继续给我国的文物保护事业造成不良影响和危害。笔者呼请各级文物管理部门和有关文物考古专家及广大文物保护工作者，彻底改变这种有害无益的思想观念，根据我国文物的特性和现存实际情况，采取灵活多样的保护措施，真正肩负起继承和弘扬我国优秀历史文化遗产的神圣使命和历史责任。

对中国文化遗产保护历程的审视与批判

与中华民族悠久的文明史一样，中国文化遗产保护也有着久远的历史。早在商周时期就有保护文化遗物的理念意识和行为习惯，当时皇室、贵族宗庙内"多名器重宝"，已保存着为数不少的青铜器、玉器等前朝遗物。商周以降，伴随着经济社会的发展和文明的进步，文化遗产保护经历了一个由古物保护到文物保护再到文化遗产保护的发展历程。对中国文化遗产保护所经历的漫长的历史过程，学界总是按照朝代顺序划分历史阶段并进行相关研究。实事求是地讲，这与文化遗产保护的实际历史状况相去甚远。与此不同，我以文化遗产保护思想的发展演变为标准，将中国文化遗产保护历程划分为三个特色鲜明的历史阶段，即"重道轻器"的古物保护（先秦至唐以前）、注重象征意义与精神传承的文物保护（唐至20世纪80年代中期）和恪守"原真性"原则的文化遗产保护（20世纪80年代中期至今），并对这一历程予以审视与批判，以期对当代中国文化遗产发展做出正确的路径选择。

一、"重道轻器"的古物保护

（一）传统文化中的"道""器"思想

"道"与"器"是中国传统文化中的重要哲学范畴。"道"最早是由老子提出来的,他说:"道可道,非常道;名可名,非常名。"[1]又说:"道生一,一生二,二生三,三生万物。"[2]在老子看来,"道"是宇宙的本源,是先天地之生的万物本原,或一切事物永恒规律的代表,是一种无形的、抽象的、本质的精神观念与思想存在,没有任何事物可以先于"道"而存在,"道"也不会因万物的影响而发生丝毫变化。与"道"相对的是"器",是指有形的存在,各种派生的、有形的或具体的事物,是"道"之载体。"器"也可以理解为器物,是有形的、具象的、感性的物或者事物。纵观老子的学说理论,与"道"相关的论述颇多,而对于"器"的范畴尚未明确,《老子》一书中的几处列举也只是借"器"论"道"。尽管老子并未明确提出"道"与"器"之间的关系,但从整体而言,其学说体系奠定了我国古代"道器观"的基础。[3]

"道"和"器"之间的关系最早见于《周易·系辞上》:"形而上者谓之道,形而下者谓之器。"[4]这一朴素的道器观体现了古人对器物与人、器物与自然之间关系的认真思考。此后,关于道器问题的讨论都是在《周易·系辞》的基础上展开的。儒家学派关于道器关系的讨论,涉及道器体用关系、道器形上形下之分以及与此相关的问题,其中既有事物及其规律的内容,亦有与此相通的一般与个别的关系问题,而最具代表性的是明末清初思想家王夫之对道器关系的认知。他认为,"形而上"与"形而下"之别是彰显之别,形统上下的观念,批判了程朱的"道离乎形器"的观点,提出"天下惟器""无其器则无道"以及道与器"统乎一形"的思想,无疑是中国古代哲学对这一问题认识的总结。

(二)"重道轻器"思想与古物保护

在对道器关系讨论认知的过程中,以儒家、道家学派为代表,主张

---

[1] 《老子》,饶尚宽译注,中华书局2006年版,第2页。
[2] 《老子》,饶尚宽译注,中华书局2006年版,第105页。
[3] 孟程程:《传统"道器观"及其当代启示》,《长春师范学院学报》2013年第5期。
[4] 周振甫:《周易译注》,中华书局1991年版,第250页。

"重道轻器",至春秋战国时期形成"重道轻器"的思想观念,并长期积淀渗透于中国传统文化的各个方面。在这里,"道"是一种无形的、抽象的、本质的精神观念与思想存在;"器"则是一种有形的、具象的、感性的人为事物。所谓"重道轻器",就是注重人伦道德,轻视科技发明和创造。①

在儒家看来,"道"是万物与人性之本原,是治国理政之本,要"以道御器",让器服从于道,服务于道。孔子明确主张"君子谋道不谋食"②,讲究"安贫乐道",即使处在"一箪食,一瓢饮,在陋巷,人不知"③的境地,也不改其志,甚至强调求道是生命的意义与价值所在,"朝闻道,夕死可矣"④。循此,孔子的一贯思想是"君子不器",表达了其心目中对"君子"的核心定位。⑤如果将《论语》中共出现六次的"器"的含义相联系,就会发现将这句话理解为"君子不谋器"更符合孔子的本意。⑥《论语》一书没有直接论述道与器的关系,只是通过列举来阐述孔子"重道轻器"的思想。比如,孔子的学生樊迟向他请教"学稼""学圃"不仅没有得到答复,反而被孔子说成"小人哉,樊须也!"这是说作为"器"的稼圃之术不在君子所学之列,此可见孔子"重道轻器"思想之一斑。再说道家,在《庄子·天道》《庄子·知北游》《庄子·达生》中分别记载了斫轮⑦、铸剑⑧、操舟⑨三个历史故事,其中列举的工匠,在实际工作中均未突出"器"的作用,斫轮、铸剑、操舟显然都需要工具,但工匠们的注意力并

---

① 薛学共:《中国传统文化与马克思主义中国化》,湖南师范大学出版社2010年版,第141页。
② 杨伯峻:《论语译注》,中华书局2006年版,第190页。
③ 杨伯峻:《论语译注》,中华书局2006年版,第65页。
④ 杨伯峻:《论语译注》,中华书局2006年版,第40页。
⑤ 谌洪果:《所谓"君子不器"》,《民主与科学》2010年第5期。
⑥ 孟程程:《传统"道器观"及其当代启示》,《长春师范学院学报》2013年第5期。
⑦ 郭象注、成玄英疏:《庄子注疏》,中华书局2011年版,第265—266页。
⑧ 郭象注、成玄英疏:《庄子注疏》,中华书局2011年版,第404—405页。
⑨ 郭象注、成玄英疏:《庄子注疏》,中华书局2011年版,第346—348页。

不在器上,而是在自身技能所能达到之境界,亦即更关注"道"的修炼。这种"重道轻器"思想在《老子》中表现得更为突出,老子认为"人多利器,国家滋昏;人多技巧,奇物滋起"①,甚至提倡"使民复结绳而用之"②。当然这里并不是狭隘地提倡不使用工具,而是重在提倡"重道轻器"思想。

在"重道轻器"思想的影响下,传承古物中所包含的思想内涵成为中国人保护古物的主要目的,在这种"目的"的引导下,中国在古物保护上的态度呈现出与西方截然不同的一面。在西方,古希腊人出于对古代伟人的崇拜,有意收集、保存前人的遗物,他们甚至会打开墓穴收集那些被他们相信是古代英雄的遗物。在古埃及,人们认为诸神是在时间开始的时候以一种完美的方式创造了文明,而古器物与古建筑被认为是可以更接近神圣文明原型的模式受到保护与重视。在古罗马,人们看重古器物的艺术价值,并设法购买原作或精美的复制品。与此不同,中国传统文化所理解的"器"非止于器,而是思想与知识的载体,保护古物,不能只满足于对器物形制特点的描述与欣赏,而要透过"器"观人睹事,正所谓目见以器,心怀以道,对精神性遗产的重视远超过对物质性遗产的重视。《左传·襄公二十四年》云:"太上有立德,其次有立功,其次有立言。"③这说明在先秦时期就已形成比较完整的"三不朽"思想。因为古人认为再好的古物、古建筑也会在岁月流逝中衰败,他们退而求其次,即通过保存历史信息来延续文化传统。④这也是为什么在中国古代,建筑物本身并不能体现不朽之精神,只有通过文字描述才能使其成为值得被保护的文化遗产。⑤据《论语·为政》记载,有一次,孔子弟子子张问孔子:"十世可知也?"孔子回

---

① 《老子》,饶尚宽译注,中华书局2006年版,第138页。
② 《老子》,饶尚宽译注,中华书局2006年版,第190页。
③ 杨伯峻:《春秋左传注(修订版)》,中华书局1990年版,第1088页。
④ 喻学才:《中国古代遗产保护传统的七大特征》,《旅游学研究(第二辑)》,东南大学出版社2007年版,第231—234页。
⑤ 李伟、杨豪中:《论景观设计学与文化遗产保护》,《文博》2005年第4期。

答:"殷因于夏礼,所损益可知也。周因于殷礼,所损益可知也。"①从这段话中可以看出孔子对遗产方面的思考,最明显的是对精神性遗产的重视超过了对物质性遗产的重视。孔子认为,礼仪制度的发展可以继承和创新,其外在形式可能变革,但其内在的精神实质不会改变,正所谓"立权度量、考文章、改正朔、易服色、殊徽号、异器械、别衣服,此其所得与民变革者也。其不可变革者则有矣,亲亲也,尊尊也,长长也,男女有别,此其不可与民变革者"②。这段话是在说,上到国家礼仪制度,下至民众衣食住行,都会随着时代的发展而发生改变,而融入人们日常认知中的长幼尊卑、男女之别等观念则会一直流传下去。"孔子这种对于内在性思想观念继承的观点,经汉代董仲舒的精心囊括,对于文化遗产保护观念在中国社会的产生和发展起到了潜移默化的影响。"③的确,从先秦到唐以前,"重道轻器"思想始终影响左右着古物保护的理念与实践,对于古物,人们更加关心其承载的历史信息与精神内涵,而非其外在的形式与风格。也正是因为这一点,也就不难理解,汉高祖刘邦在灭掉秦朝后,萧何进入咸阳城的宫殿里并没有抢夺里面的金银珠宝,而是让人把保存文献的屋子封禁,将记载礼仪制度的文献典籍全部藏起来。④

如何看待"重道轻器"思想对中国古代古物保护理念与实践的影响?有学者指出,"重道轻器"思想持久地压抑着社会各阶层民众的积极性与创造性,严重地阻碍了人们对科技知识、自然规律的研究探索。⑤另有学者认为,"重道轻器"思想对古代造物设计造成了三个方面的不利影响:一是影响中国古代设计理论的建立,二是影响器物设计者的社会地位,三是影

---

① 杨伯峻:《论语译注》,中华书局 2006 年版,第 22 页。
② 孙希旦:《礼记集解》卷三四《大传第十六》,沈啸寰、王星贤校,中华书局 1989 年版,第 906—907 页。
③ 刘霄霞:《中国古代遗产观下的文化遗产保护》,《卷宗》2019 年第 4 期。
④ 喻学才:《孔子的遗产观》,《华中建筑》2008 年第 4 期。
⑤ 孟程程:《传统"道器观"及其当代启示》,《长春师范学院学报》2013 年第 5 期。

响造物设计的整体水平,对社会生产力的发展产生阻碍作用。① 笔者认为,回首先秦至唐以前的古物保护历程,应客观理性地看待"重道轻器"思想对古物保护的影响。"重道轻器"作为中国古代一种很重要的哲学思想,影响着中国传统文化内涵特质及其发展走向,亦即形成中华民族特有的文化传统。 在文化多样性的支配下,世界不同民族都有各自的文化传统。 文化传统是一个民族、一个国家或一个地区世代沿袭下来的具有悠久历史的文化特质或文化模式。 在文化传统的运行过程中,一定社会生活共同体中的人们形成相对稳定的心理、艺术、道德、社会组织形式等方面的因素与特征,并渗透在民族思维方式、审美情趣、风俗习惯之中,最终形成与文化传统相契合的价值判断体系。 在"重道轻器"哲学思想的作用下,中国传统文化在总体上呈现出一种伦理本位的特征,以人为本,以礼乐教化为本体的"道德人本主义"深刻影响着政治社会的方方面面,在对义与利、身与名、社会与自然的关系上表现为重义轻利、重名轻身、重人伦轻自然的价值取向。 很显然,"重道轻器"的古物保护理念与实践正是这种文化传统的折射,是中国传统文化内在特质的本真反映,因此,就不能用简单的贴标签的方法予以正确与否的评判。 更何况,"重道轻器"的古物保护理念在今天仍然有着积极的借鉴意义。 在当下的文化遗产保护中,人们越来越强调传承弘扬遗产蕴含的内在精神,亦即"道",可是在许多地方、许多方面却表现出"轻道重器"现象,比如,我国在评审和宣布第一批国家级非物质文化遗产名录时,把非遗分为十大门类,包括民间文学、传统戏剧、传统手工技艺、传统医药、民俗等。 这种分类基于现有的学科分类,便于操作,在非遗保护初期具有一定的现实意义,但容易束缚人们的视野,使许多人单纯地从现有学科的视角认识非遗,重视非遗之"器",即实践工具、技术与实践形式、产品,忽略了非遗之"道",即实践工具、技术与实践形

---

① 江建龙、蒋炜:《论"重道轻器"思想对中国古代造物设计的影响》,《美术教育研究》2010 年第 4 期。

式、产品背后的精神因素。① 就此,我们可以这样认为,古代"重道轻器"的古物保护思想对当代的文化遗产保护,至少在精神传承上具有积极的借鉴意义。

二、注重象征意义与精神传承的文物保护

在历史文献中,"文物"一词最早见于战国时期成书的《左传》。

《左传·桓公二年》曾有记载:"夫德,俭而有度,登降有数,文物以纪之,声明以发之。"②此处的"文"是指礼仪制度规定的各种纹饰图案,"物"则是礼仪活动中使用的各种器具。此后,多以"文物"指代礼乐典章制度和与典章制度相关的礼器、乐器,并进一步引申为前代的遗物。例如,《后汉书·南匈奴传》记载"制衣裳,备文物"③,唐代刘禹锡《为裴相公进东封图状》一文中的"开元十三年,玄宗皇帝以天下太平,登封东岳,声明文物,振耀古今"④、宋代邵雍《五帝》诗中的"五帝之时似日中,声明文物正融融"⑤,等等,其中的"文物"都是指礼乐典章制度。而唐代骆宾王《夕次旧吴》诗中的"文物俄迁谢,英灵有盛衰"⑥、杜牧《题宣州开元寺水阁》诗中的"六朝文物草连空,天淡云闲古今同"⑦,以及韩愈《题杜工部坟》诗中的"有唐文物盛复全,名书史册俱才贤"⑧等,

---

① 宋俊华:《警惕非遗保护中重"器"轻"道"的倾向》,《决策探索(下半月)》2013年第3期。
② 杨伯峻:《春秋左传注(修订版)》,中华书局1990年版,第89页。
③ 《后汉书》卷八九《南匈奴列传》,中华书局1965年版,第2967页。
④ 刘禹锡:《为裴相公进东封图状》,《全唐文》卷六〇三。
⑤ 邵雍:《伊川击壤集》卷一三《五帝》,陈明校,学林出版社2003年版,第170页。
⑥ 骆宾王:《夕次旧吴》,《全唐诗》卷七九。
⑦ 杜牧:《题宣州开元寺水阁》,《全唐诗》卷五二二。
⑧ 韩愈:《韩愈集》,《唐宋八大家全集》,启功等编,国际文化出版公司1997年版,第725页。

其中的"文物"已是指具有历史、艺术价值的前代遗物,其含义已接近现代所认识文物的概念。也正是在这个意义上,笔者认为,从唐代开始,中国进入了文物保护新的历史时期。

(一)注重"写意"的艺术观念

每一个民族的文化艺术都必然要受到本民族哲学思想的引导和影响。在先秦诸子百家中,儒家的思想核心是以尊崇社会的道德精神为根本,其基于入世的仁学体系,关注人生,崇尚伦理,更注重艺术的教化功能。道家学说基于出世的哲学思想,主张使人的精神从一切实用的因果关系的束缚中超脱出来,追求理想的人格与精神上的自由,崇尚自然,更重视艺术的自由创造精神。魏晋时期,玄学作为老庄哲学的新形式,以追求内在的精神本体为时尚,在纵情山水中感受自然的愉悦与人格的超逸,求得在自然界中的真正感悟。在儒、道之外,禅宗强调"冥思顿悟",通过静坐思维的方法以期彻悟自己的心性。庄禅哲学在归化自然理想上的一致性,为艺术创作主体的超越自然提供了理论上的依据。不难看出,正是基于儒、道、释特别是庄禅哲学思想,中国古代文学家、画家、书法家在认识世界时,一开始就排除了时空序列性的制约,使他们对客观物象的认知与把握,成为一种经过心理综合带有超然的主动性、宏观的辩证性、极强的类相性综合描述。也正是在此基础上形成中国特有的写意性艺术观念。

"写意"是中国艺术的传统,是中国艺术的精神、核心和灵魂,不仅造型艺术,所有的中国艺术都是写意的,音乐、戏曲、诗词莫不如是。孔子早就有"圣人立象以尽意"[1]的说法;《庄子·外物篇》也有"言者所以在意,得意而忘言"[2]之说;卫夫人在《笔阵图》中亦云:"意后笔前者败"

---

[1] 周振甫:《周易译注》,中华书局1991年版,第250页。
[2] 郭象注、成玄英疏:《庄子注疏》,中华书局2011年版,第493页。

"意前笔后者胜"①；王羲之也说过："须得书意转深，点画之间皆有意。"②中国的艺术观轻"实"重"意"，留下许多诸如"意境""意象""意态""意趣""意绪"等精辟的语汇。还有"意在笔先""意在言外"等，都是表达中国人对"意"的追求付诸语言和思维的结晶。

中国传统的诗歌、绘画"意存笔先"的"写意"艺术观开始于先秦时期，后经秦汉至西晋形成系统理论，到唐朝则趋于成熟并在其后得到进一步发展。"写意"的艺术观注重主观与客观的相互融合，强调借物抒情，表达意象，不刻意追求客观物象的外观相似性，而追求形象和作品意境与客观物象"神似"的艺术效果。

（二）"抒情言志"的审美情趣与文物保护

在"写意"性艺术观念的影响下，中国传统文化表现出强烈的"抒情言志"审美特征。在古代中国，大凡优秀的文学作品、绘画、戏曲等，基本上都是抒情言志的典范。就文学作品来说，无论是楚辞、汉乐府，还是唐诗、宋词和一些明清小说，都有一个基本核心，即"抒情言志"。这里仅就诗歌略做说明。中国素有"诗国"的美称。在古代文艺史上，诗歌始终享有至尊的地位。远在先秦时期，即已是"不学诗，无以言"，诗歌成为人们在进行社交和外交等政治活动时不可缺少的辞令。后到唐代，诗歌更被作为科举考试的基本内容，成为士大夫走向官场的必由阶梯，文人学士一时趋之若鹜。诗歌在中国文学艺术中所占的独特地位决定了它最明显地体现出中国人的审美情趣。自古以来的中国诗论都一致认为诗歌是人的思想情感的表现，《诗大序》说："诗者，志之所之也，在心为志，发言为诗。情动于中而形于言，言之不足故嗟叹之，嗟叹之不足故咏歌之，咏歌

---

① 卫夫人：《笔阵图》，《法书要录》卷一，张彦远编，人民美术出版社1964年版，第7页。
② 王羲之：《题卫夫人〈笔阵图〉后》，《法书要录》卷一，张彦远编，人民美术出版社1964年版，第8页。

之不足，不知手之舞之，足之蹈之。"①以后的诗论，都是沿着这种"诗言志"的路子发展的。例如，朱熹说："诗者，人心之感物而形于言之余也。"②严羽说："诗者，吟咏情性也。"③袁枚也说："诗者，性情也。"④朱自清更认为"言志"是中国诗的"开山"的纲领。这些都从本质上阐明了中国诗歌"抒情言志"的审美特征。别林斯基曾经说过："如果说任何人性的（不是兽性的）感情，由于本身是人性之故，已经是美的，那么……任何感情，作为艺术的感情，是尤其美的。"⑤中国传统诗论强调的正是这种艺术的情感美。由于受传统诗论重视诗歌言情特征的影响，"抒情言志"一直是中国诗歌的主潮，可以毫不夸张地说，数千年五光十色的社会生活，正是通过诗人的情志抒发出来的。相反，在中国像古希腊赫拉克利特、苏格拉底、德谟克利特、亚里士多德等哲学家主张的"艺术模仿自然"论那样，以描述客观事物见长的叙事诗总是成为众矢之的，始终不占主导地位。大诗人屈原那些光耀千古的不朽诗篇，不论是《离骚》《九歌》，还是《天问》《九章》，无不渗透着诗人炽烈的思想感情。东汉著名赋家张衡在其《归田赋》中，用清新的语言描绘出春日自然景物的美妙，借以抒发自己在当时宦官擅权、朝政腐败的情况下不愿同流合污而退隐田园之后的恬淡安适之情。特别值得一提的是《古诗十九首》，其作者往往先在诗的开头推出客观物象，然后紧接着融情入景，寓景于情，使情、景犹如水乳交融一般紧密结合。唐宋以后，抒情言志更为诗人所孜孜以求。王维的"独在异乡为异客，每逢佳节倍思亲。遥知兄弟登高处，遍插茱

---

① 毛苌、郑玄注，孔颖达疏：《十三经注疏·毛诗正义》卷一《毛诗注疏卷第一》，北京大学出版社1999年版，第6页。

② 朱熹集注：《诗集传·序》，中华书局1958年版，第1页。

③ 严羽：《沧浪诗话校释·诗辩五》，郭绍虞校释，人民文学出版社1961年版，第26页。

④ 袁枚撰：《童二树诗序》，《袁枚散文选集》，李梦生选注，百花文艺出版社2009年版，第163页。

⑤ [俄]别林斯基：《别林斯基论文学》，梁真译，新文艺出版社1958年版，第59页。

萸少一人"①，李白的"故人西辞黄鹤楼，烟花三月下扬州。孤帆远影碧空尽，唯见长江天际流"②，欧阳修的"万树苍烟三峡暗，满川明月一猿哀"③，苏轼的"人生到处知何似，应似飞鸿踏雪泥"④，等等，都是千古传颂的"抒情言志"的杰作。今天，中国人依然保持着这种抒情言志的审美情趣，诗人写诗，读者欣赏，都注重的是思想感情的表现。再平凡的客观现象，通过诗人的描绘，也能表达出深刻的思想感情。

诗是这样，绘画亦然。西方艺术重在"再现"，中国艺术重在"表现"，这种差异在绘画艺术中表现得尤为明显。西方画家注重写生，即注重作为审美客体的自然物象的真实面貌的再现，描绘人所知觉到的活生生的世界是画家挚爱的理想。他们利用透视学、解剖学、光学和一切在当时可资利用的科学方法，以求得直对物象时视觉印象的准确、清晰与细致，在绘画技法上特别强调立体感与准确性。如西方油画的细涂慢刮，正是这种重视"再现"特色的体现。与西方画家不同，中国画家不满足于追求事物的外在模拟与形似，而是要尽力表现出内心的情感志向。因而，同样是面对自然物象，中国画家注重的不是直对物象时的惟妙惟肖的描摹，而是设法撷取物象与情感交融之后在大脑中形成的业已主观化了的意象，以深刻地表达出某种内在的风神。清代画家郑板桥曾经说过这样一段话："江馆清秋，晨起看竹，烟光日影露气，皆浮动于疏枝密叶之间。胸中勃勃，遂有画意。其实，胸中之竹，并不是眼中之竹也。因而磨墨、展纸，落笔倏作变相，手中之竹，又不是胸中之竹也。总之，意在笔先者，定则也；趣在法外者，化机也。"⑤早上起来，放眼看去，那在清风吹拂下的婆娑翠竹

---

① 王维：《九月九日忆山东兄弟》，《全唐诗》卷一二八。
② 李白：《黄鹤楼送孟浩然之广陵》，《全唐诗》卷一七四。
③ 欧阳修：《黄溪夜泊》，《欧阳修诗文集校笺》卷一○，洪本健校笺，上海古籍出版社2009年版，第309页。
④ 苏轼：《和子由渑池怀旧》，《苏轼诗集合注》卷三，黄任轲、朱怀春校，上海古籍出版社2001年版，第90页。
⑤ 郑板桥：《题画·江馆清秋》，《郑板桥全集》，卞孝萱编，齐鲁书社1989年版，第199页。

在画家眼中交织成一幅幅妙趣横生的图画，这图画即是作为"表象"的"眼中之竹"，它来自画家对竹这个客观外物的初步知觉。这是画竹的第一步。紧接着，就是从"表象"到"意象"的飞跃，即从"眼中之竹"到"胸中之竹"的飞跃。作为"意象"的"胸中之竹"是画家的情感、想象和审美理想对知觉表象进行加工改造的结果，换句话说，它经过了画家的模拟想象与概括提炼，并渗入了画家的情感因素。最后就是画家再把熔铸了自己思想感情的"胸中之竹"定型和物化为"表现形象"的"手中之竹"。显而易见，郑板桥画竹的三个阶段或者说三种形象是在依次逐级远离外部实体，而不断趋向和接近于画家内在思想情感的表达。在这里，从"眼中竹"到"胸中竹"，再到"手中竹"，虽则是郑板桥画竹技法的自我表白，但完全可以看作是中国绘画的创作规律。而这正是中国人"抒情言志"审美情趣在绘画艺术中的具体表现。在中国，几乎所有的画家都不以逼真自然、再现物象为满足，而总是在尽力塑造既表现自然景物的生动风貌，同时又蕴含艺术家对自然景物的心理感受的艺术形象，即在尽力表达自己内在的思想感情。比如，唐、宋、元、明、清的绘画，无论是人物画，还是山水画，都有一个共同的特征：注重写意传神，而不重视形似逼真。那些为追求形似而注重细部的描摹与准确的再现的工笔重彩，总是为大多数中国人所鄙弃厌恶。相反，笔法简练、形象草率甚至一挥而就，但能直接表露或抒发情感、理想与愿望的绘画却为人们孜孜以求。唐代写意画家王维，无论是画人，还是画物，都不注重细节的忠实，而致力于追求画家主观情感的色彩与理想。他画人，"远人无目"；画树，"远树无枝"，这正是通过对对象的高度概括，来表现自己的感受和追求的理想境界。五代和宋的大量绘画作品，诸如关仝的《大岭晴云》，范宽的《雪景寒林》《溪山行旅》，董源的《潇湘图》《笼袖骄民图》等[1]，也都是通过描绘客观物象来表达思想感情的佳作。尤其是到元代，画面上的自然物象可以非常

---

[1] 郑春泉：《图像与文本的隐喻——宋元画格之比较》，《南京艺术学院学报》（美术与设计版）2005年第1期。

草率简单，但意兴情趣却很浓厚，这正是前人所说的"愈简愈佳"①"愈简愈入深永"②。众多的画家实际上是借助于近似的自然物象来传达自己的情感志向。到了明清，一些绘画大家如石涛、郑板桥、朱耷以及扬州八怪等，进一步抛弃形似，而一味追求主观意兴心绪的表达。在画家的心目中，所要描摹的"正确"的形象，不是具有透视、光影层次、色彩变换的高度写实形象，而是渗透着自身情感、想象和审美理想的某种焕发着生命的活力、运动或人生目的的东西。

笔者在此之所以不惜花费较多笔墨阐释中国诗歌、绘画创作的艺术观念，旨在让事实证明：中国人基于"抒情言志"的审美情趣而形成的忽视客观物象的再现、注重人的情感心志的表达的艺术创作手法，能够使各类艺术摆脱那些被动地反映客观外界的僵滞的艺术风格，而走上一种与现实人生紧密结合、充分反映人类社会生活的奔放活泼的艺术之道。在这种艺术观念的作用影响下，再加上中国人美即是善、以善为美，重教化、尚伦理的审美倾向和重和谐、包容，主张天人合一、顺应自然，强调曲线和含蓄的价值取向，从唐代开始，直至20世纪80年代初，中国人保护文物古迹，更多地关注整体风格、人文环境与象征意义，或为表达文化传承之精神，或为表现自身的理想与追求，或为再现地方之历史记忆，形成一种重建损毁建筑之传统或者说文化现象。回望历史，清楚可见，中国古代的寺庙或名胜建筑普遍存在多次重建活动。当建筑古旧破败或不能满足当时需求的时候，人们通常是重修再建，使其修葺一新，添建、扩建更是常有之事。正如梁思成所述："以往的重修，其唯一的目标，在将已破敝的庙庭，恢复为富丽堂皇，工坚料实的殿宇，若能拆除旧屋，另建新殿，在当时更是颂为无上的功业或美德"③，并且"古来无数建筑物的重修碑记都以'焕然一新'

---

① 钱杜：《松壶画忆》，赵辉校注，西泠印社出版社2008年版，第20页。
② 沈颢：《画麈》，《说郛三种》之《说郛续》卷三五，〔明〕陶宗仪编，上海古籍出版社1988年版，第1668—1671页。
③ 梁思成：《曲阜孔庙之建筑及其修葺计划》，《梁思成全集》第三卷，中国建筑工业出版社2001年版，第1页。

这样的形容词来描绘重修的效果"①。前人维修保护许多古建筑,并不强调对原有建筑形态的恢复,而是程度不等地根据建筑特性和当时的实际情况,采取积极、有益的创新措施,运用重建时代的营造技术,尊重重建时代的审美崇尚,突出服务于现实的象征意义和精神传承的实用价值,从而使许多文物古迹得以保存至今并将继续保存下去。为说明问题起见,我们不妨以具体案例加以印证。

雷峰塔源于10世纪吴越国王钱弘俶筹建的"黄妃塔",原计划修百丈13层,由于财力有限,只建了七层八角的阁楼式塔。"雷峰夕照"是杭州西湖十景之一,为历代文人所歌咏。北宋宣和年间,塔的木结构部分,包括塔刹、塔顶、塔檐、回廊等毁于方腊战火。南宋乾道年间重建为八面五级之塔,且塔身外围新建了木构搪廊。明以后,雷峰塔外部木檐被毁,仅存残损的砖砌塔身。1924年雷峰塔倒塌。1935年梁思成先生对杭州诸塔进行考察,提出宜对雷峰塔恢复原状。1949年之后,先后又有余森文、陈从周、吴寅、金杰、陈洁行、田野等各界人士屡次提出重修雷峰塔的建议。1983年,国务院批准重建雷峰塔,指出:"恢复西湖十景之一,并为民间流传极广的雷峰塔。"②1999年底,杭州市政府基于展示遗址、完善西湖自然人文景观、再现雷峰夕照美景的思想,在对雷峰塔地宫进行考古发掘的基础上,于原塔遗址之上,采用旧塔被毁前的楼阁式结构,并根据南宋初年重修时的风格、设计和大小重建了今日所见之雷峰塔。③

黄鹤楼始建于东吴黄武二年(223),最初是作为夏口城的瞭望角楼,筑于城之西南城墙之上。唐代,随着江夏城的改建,黄鹤楼成为独立的景

---

① 梁思成:《闲话文物建筑的重修与维护》,《梁思成全集》第五卷,中国建筑工业出版社2001年版,第440页。
② 路秉杰:《雷峰塔的历经》,《同济大学学报》(社会科学版)2000年第4期。
③ 王新文、张沛、孔黎明:《试论"重建"之于中国文化遗产保护的意义》,《东南文化》2016年第6期。

观建筑，改军事哨楼形制而成雄奇壮美的游览楼阁①，成为文人墨客"游必于是，宴必于是"②的绝佳之处。唐代诗人崔颢、李白，宋代张咏、岳飞等曾先后登临黄鹤楼赋诗咏怀。南宋中期，黄鹤楼曾毁废不存，其后又经重建。元末黄鹤楼被毁之后在明初重建。明代《江汉览胜图》显示黄鹤楼形制逐渐由城楼一体的群组建筑演变为与城垣分离的单体塔形楼阁。③在距今1700多年的历史上，黄鹤楼屡建屡毁，仅在明清两代，就被毁7次，重建和维修了10次，形制变化很大。唐代黄鹤楼处于军事楼向观景楼的过渡时期，楼与城相连，四周绕以围墙，又有角楼。宋代黄鹤楼由楼、台、轩、廊组成建筑群体。元代黄鹤楼由纯建筑群改建为园林游憩场所。明代黄鹤楼在宋、元遗意的基础上，更加突显当时的时代特征。到清代重建黄鹤楼时，只剩一座居高临下的孤楼。

岳阳楼始建于210年前后，至今已有1800多年的历史。因天灾人祸，岳阳楼屡废屡建。据考证，岳阳楼至少修葺过51次，重建过24次，其形态也在不断变化。④唐代岳阳楼建筑低矮，为二层、四边形，屋顶为单檐歇山。宋代时，岳阳楼发展为重檐歇山屋顶。明代时，岳阳楼平面由四边形变为六边形。清初康熙时期，岳阳楼平面又变回四边形。乾隆时期，岳阳楼发展为三层，楼顶也由歇山顶变为盔顶，宛如古代武士的头盔，为中国现存古建筑中所罕见。

青龙寺又名石佛寺，其前身是灵感寺，建于隋开皇二年（582）。唐武德四年（621），灵感寺废。景云二年（711），改为青龙寺。唐大历年间（766—779），不空三藏的密宗教徒惠果住持青龙寺，弘宣"真言大教"，

---

① 梅莉：《军事哨楼 游宴场所 城市地标——黄鹤楼历史文化意蕴探寻》，《华中师范大学学报》（人文社会科学版）2014年第6期。

② 胡丹凤：《黄鹄山志》卷六《艺文》，清同治十三年（1874）退补斋刻，第280页。

③ 陈熙远：《人去楼坍水自流：试论坐落在文化史上的黄鹤楼》，《中国的城市生活》，李孝悌编，新星出版社2006年版，第335页。

④ 何林福：《从历代〈岳阳楼图〉看岳阳楼建筑形制的演变》，《岳阳职业技术学院学报》2006年第4期。

并在该寺设立灌顶道场，被尊为"三朝供奉大德"。贞元二十年（804），日本入唐求法学问僧空海在青龙寺拜惠果为师，空海得到密宗嫡传。会昌五年（845），禁佛时青龙寺废。会昌六年（846），又改为护国寺。大中九年（855），又恢复本名青龙寺。北宋元祐元年（1086），青龙寺寺院仍存。明万历年间，青龙寺寺院废毁，地面建筑无存。20世纪20年代，日本僧人和田辩瑞及加地哲定先后来西安瞻礼青龙寺，并题词："所愿法灯再燃，佛日增辉。"①1977年11月，日本香川县知事前川中夫提议在青龙寺遗址修建空海纪念碑。1980年，日本真言宗各派总大本山会、日中友好真言宗代表提议在青龙寺遗址内投资修建纪念堂。1981年，中日双方决定建设空海纪念碑，并恢复重建青龙寺原有寺院格局，对4号遗址殿堂进行复原重建。重建之后的青龙寺成为隋唐长安城遗址重要的文化地标。

从以上案例可以看出，从唐代到20世纪80年代初期，重建已毁的前代建筑是中国历史上较为常见的一种文化现象。一方面，从理论层面上说，基于传统的"抒情言志"的审美崇尚，中国人在保护文化古迹的过程中，并不强调物质本体是否真实，每一次重建都不是基于历史实存的真实再现，而是接受对古建筑本体的重修再建，认可物质可以更新，但意义永存的精神传承，重视对古建筑使用价值和象征意义的维护，希望通过一定的物质本体来负载古迹的内在价值与精神延续性。诚如巫鸿先生所言："虽然中国不乏号称来源于古代的木构建筑，但它们大多被反复修建甚至彻底重建。每一次修复或重建都是为了重现建筑物本来的辉煌，但同时又自由地融合了当时流行的建筑元素和装饰元素。"②文物古迹不是冰冷的、貌似客观的历史物证，它也是人们寄托情感、传承精神的家园。中国传统文化中对古迹的理解重在情感记忆、精神传承。在中国人看来，年代并非界定文物古迹的唯一标准，而是着重于其文化传统的对应与再现。由于古迹在文化发展、精神传承中的特殊性，重建之后的文物古迹作为一种符指、一个载

---

① 畅耀：《青龙寺》，三秦出版社1986年版，第6页。
② ［美］巫鸿：《废墟的故事——中国美术和视觉文化中的在场与缺席》，肖铁译，世纪出版集团、上海人民出版社2012年版，第13页。

体,就成为文化传统和历史记忆的实体再现。由此可见,中国传统的古迹重建活动可以看作是一种不考虑,或不过多考虑建筑真实的历史面貌,而是基于人们的历史记忆和地方文化传承的要求而进行的一种建造活动。重建的建筑往往沿用原历史建筑的名称,这就在一定意义上使原建筑最为人们所重视的象征价值、情感价值得以延续。① 这也正如陈薇教授所说:"对于中国以木结构为主的古建筑,尤其是一些大型宫殿庙宇,'延年益寿'的不是建筑实体(建筑往往更新换代了),而是建筑所追求的思想和意蕴传之久远。"②另一方面,从实践效果层面来看,正是由于在重建作为一种传统、一种文化现象的作用下,通过不同历史时期人们的"建造"活动,许许多多的文物古迹得以保存至今并将继续传之后世。在中国文化背景下,文物古迹并非凝固的标本,而是有生命的机体。很显然,没有对文物古迹的重建,就没有其生命机体的物质循环,更无从奢望其文化意义、精神内涵的绵延不绝。尤其是,若没有前人的持续重建,我们今天的文化遗产事业,还能保什么,又将向后世传什么? 至于让文化遗产"活"起来,把文化遗产"用"起来,更是一种空谈。严重地讲,若果真如此,那我们丢失的就不仅仅是文化遗存,还有比这更为重要的民族文化的精神特质和民族文化的优良传统。

三、恪守"原真性"原则的文化遗产保护

20世纪80年代中期以来,在改革开放大潮的影响下,随着中国文物保护工作与国际遗产保护领域学术交流日益密切,西方文化遗产保护理念从思想到行为强有力地影响着中国文化遗产保护进程,中国文化遗产事业开始进入到恪守"原真性"原则的新阶段。

---

① 王新文、张沛、孔黎明:《试论"重建"之于中国文化遗产保护的意义》,《东南文化》2016年第6期。

② 陈薇:《文物建筑保护与文化学——关于整体的哲学》,《建筑历史与理论研究文集》第五辑,刘先觉、张十庆编,中国建筑工业出版社1997年版,第133—138页。

(一)西方"原真性"原则的传入

在西方文化背景下,出于"艺术模仿自然",注重自然物象的真实面貌的审美崇尚,在文化遗产界,面对数量庞大的耐久性强、易保存的石质建筑遗存,人们认为建筑是凝固的标本,对遗产的物质真实性表现出更为虔诚的崇拜,强调对遗产的原真性保存。1931年制定的《历史性纪念物修复的雅典宪章》和1964年签署的《威尼斯宪章》均强调对文物古迹现存物质遗存的保护以及修复过程中的最小干预理念。其中《威尼斯宪章》在前言中提出对"真实性(Authenticity)"全面保护这一最高原则,并且在关于考古遗址的第15条中指出:"对于所有的物质再造都要预先予以禁止,只允许重修,也就是说,把现存但已解体的部分重新组合。"[①]这一条体现了对古迹现有遗存的纯粹物质性的尊重,不提倡主观臆断的添加、再造。这两部宪章的精神构成了1977年联合国教科文组织第一版《实施〈世界遗产公约〉操作指南》的核心理念。其第9条明确要求:入选世界文化遗产的项目必须满足设计、材料、技艺和环境真实性的检验。基于对遗产物质层面真实性的理解,西方遗产界往往将遗产看作是凝固的标本、物化的史料,因而在实践中形成"原真性"保护原则,并在此基础上发展出最小干预、可识别以及禁止"重建"等修复原则。

1985年,我国加入《保护世界文化和自然遗产公约》。1986年开始申报世界遗产,文化遗产的概念逐渐引起社会广泛关注,并迅速普及,进一步推动文化遗产事业快速发展。1987年,明清皇宫、秦始皇陵、敦煌莫高窟、周口店北京人遗址、长城和泰山被列入《世界遗产名录》。此后,我国积极参与世界遗产申报工作,特别是2003年以来,我国世界遗产申报连续17年获得成功,成为世界遗产领域实行申报限额制以来,唯一一个世界遗产连续申报成功的国家。截至2022年,我国已有56项世界文化和自然

---

① 第二届历史古迹建筑师及技师国际会议:《关于古迹遗址保护与修复的国际宪章(威尼斯宪章)》(1964),《国际文化遗产保护文件选编》,国际古迹遗址理事会等编,文物出版社2007年版,第54页。

遗产列入《世界遗产名录》,位居世界第一。此外,我国还积极申报世界记忆遗产、世界灌溉工程遗产、全球重要农业文化遗产等其他类型的世界遗产。随着我国列入《世界遗产名录》的文化遗产数量不断增多,我国文化遗产保护机构与联合国教科文组织、国际古迹遗址理事会、国际文化财产保护与修复研究中心等国际组织建立了广泛的合作关系。随着彼此之间交流合作的开始与深入,西方"原真性"文化遗产保护原则传入中国,并有力地影响和左右着文化遗产事业的发展方向与进程。

(二)"原真性"原则与中国文化遗产保护

在西方文化背景下形成的"原真性"保护原则,带有根深蒂固的西方文化基因和时代特征,不可能放之四海而皆准,也不可能是一成不变的,但它自20世纪80年代中期传入中国以后却对中国现代文化遗产理念的形成产生了至关重要的影响,尤其是从21世纪初以来,更被奉为"普世价值",深深地影响着中国文化遗产保护进程。2002年修订的《中华人民共和国文物保护法》中明确规定:"不可移动文物已全部毁坏的,应当实施遗址保护,不得在原址重建。"①这是中国在法理上禁止文物保护物质再造的开端。"这一上升到法律层面的强势否定,即便是在欧洲各国的文物保护法律条文中,也是比较罕见的。"②尽管该法律同时指出:"因特殊情况需要在原址重建的,由省、自治区、直辖市人民政府文物行政部门征得国务院文物行政部门同意后,报省、自治区、直辖市人民政府批准;全国重点文物保护单位需要在原址重建的,由省、自治区、直辖市人民政府报国务院批准。"③但事实上,要得到批准是非常困难的。2004年,国际古迹遗址理事会中国

---

① 中华人民共和国主席令(第七十六号):《中华人民共和国文物保护法》(2002年),2002年10月28日。

② 崔金泽:《破题——刍议中国文物古迹的物质性再造问题》,《中国文化遗产》2017年第2期。

③ 中华人民共和国主席令(第七十六号):《中华人民共和国文物保护法》(2002年),2002年10月28日。

委员会与美国盖蒂保护研究所合作,参照《威尼斯宪章》和《巴拉宪章》编订的《中国文物古迹保护准则》(以下简称《准则》)在第一版的基础上修订后正式出版发行。《准则》由国家文物局审定并推荐,作为文物保护实施过程中的"行业规范"。其中关于文物古迹保护重建的内容,可以视为对《文物保护法》条文的补充。这一版的《准则》将重建视为一种"极特殊的""经过特殊批准的""个别"文物保护工程,表现出较强的限制性。此后,《中华人民共和国文物保护法》与《准则》均在不同时期进行修订。前者在2007年的修订中缩小了国家文物局对文物古迹重建、复建的审批权限,将省级以下文保单位的决定权下放到省一级行政部门;后者在2015年做出重大改动,首次提出文化遗产的社会价值和文化价值,并纳入了文化多样性、非物质文化遗产和对传统工艺的传承等概念,重建、复建则被定义为对文物古迹的一种"不建议"采取的展示手段,而非文保工程。①

然而,尽管如此,重建在中国文化遗产保护过程中始终是一件非常艰难的事情,阻力重重。2005年,由33位古建筑保护与修复领域的专家联名签署《关于中国特色的文物古建筑保护维修理论与实践的共识——曲阜宣言》。宣言指出,中国古建筑具有利用木结构而产生的特殊性,修复只要"按照原型制、原材料、原结构、原工艺进行认真修复,科学复原",结果"依然具有科学价值、艺术价值和历史价值",不应被视为"假古董"②。虽则该宣言在文化遗产保护实际操作层面具有较大影响,但并不被国家文物局认可或推荐。例如,在2011年关于广州光孝寺文保规划的意见函中,国家文物局就明确指出:"《曲阜宣言》不宜作为规划编制依据,应予以删除。"③伴随《中华人民共和国文物保护法》与《准则》的修订,

---

① 崔金泽:《破题——刍议中国文物古迹的物质性再造问题》,《中国文化遗产》2017年第2期。

② 《关于中国特色文物古建筑保护维修理论与实践的共识——曲阜宣言》,《古建园林技术》2005年第4期。

③ 国家文物局:《关于光孝寺文物保护规划的意见》(办保函〔2011〕537号),2011年。

从书面条文上看,重建是被允许的,但问题是在实际操作层面往往不被批准。比如北京市文物局的行政审批职能中有一项就是关于文物保护单位的"重建",然而该项目在启用以来直至2015年底的十多年中,审批过的项目是零,①以至有些重建项目不得不以改换名目的方式完成审批,如北京市香山静宜园系列工程中,2012年正式启动的永安寺复建项目,就是以"修缮"的名义完成报批手续。②

不难看出,自20世纪80年代中期西方"原真性"文化遗产保护原则传入中国以来,中国文化遗产保护从理念到行为背离了中国传统的"重道轻器"的思想观念和"抒情言志"、注重象征意义和精神传承的审美崇尚,丢弃了文物古迹被反复重建以留住历史记忆、再现象征价值、延续民族精神的文化传统,中断了中国人自由自在地重建了上千年的文物古迹保护的历史,而一味照搬、套用有着巨大文化差异的西方权威遗产话语强调的"原真性"保护理念与原则,甚至有人还算起老账,对前人的重建行为提出非议。③ 这不能不说是中国文化遗产保护事业的悲哀! 今天,我们在不断强调走中国特色文化遗产保护之路,努力加强中国在世界文化遗产保护领域的话语权和规则制定权,试想,如此将怎么实现我们的理想? 又将怎么在弘扬中华优秀传统文化中接续前行? 文化传统和时代诉求都在吁请我们,在理性审视中国文化遗产保护历程的基础上,对今天的文化遗产保护理念与路径做出正确的抉择。

---

① 崔金泽:《破题——刍议中国文物古迹的物质性再造问题》,《中国文化遗产》2017年第2期。

② 北京市文物局:《关于静宜园香山永安寺修缮工程方案的批复》(京文物〔2011〕1565号),2011年。

③ 阮仪三认为,雷峰塔的复原,其商业行为远远大于文化行为。 如果复原的历史建筑未充分考虑遗产的真实性就等于丢掉了建筑的灵魂。 见张祖群:《基于真实性评判的雷峰塔重建争论》,《江苏师范大学学报》(哲学社会科学版)2013年第3期。

中国文化遗产保护存在问题新辩

中国作为一个拥有五千年文明史的国家,不仅地下地上保存着极其丰厚的文化遗产,而且有着悠久的保护文化遗产的历史传统。[①] 保护传承发展好祖国种类繁多、形式多样、内涵丰富、特色鲜明的文化遗产,是当代国人义不容辞的职责与使命。 长期以来,特别是改革开放 40 多年来,我国文化遗产保护取得举世瞩目的成就,保护意识不断增强,保护法规不断完善,保护体制不断健全,保护方法不断创新,保护技术不断提升,保护研究不断深入,保护队伍不断壮大。 更为重要的是,文化遗产的内涵、外延,以及遗产保护理念也伴随着遗产的价值认知与实践的深入发展而不断变化提升:从保护文物到保护文物的环境;从保护单体的文物古迹,扩大至保护历史地段、历史城市;从保护单一要素的文化遗产,到保护多种要素的综合性文化遗产;从重视古代文化遗产,到重视近现代文化遗产;从保护古建筑遗址,到保护现代还有人继续生活、使用的建筑遗产和历史街区等;从保护宫殿、教堂、寺庙等建筑艺术精品,到保护乡土民居、工业建筑等与普通人生活密切相关的一般建筑;从保护物质文化遗产,到保护非物质文化遗产;从专家保护、政府保护,到民众保护、社会保护。 文化遗产事业的内涵逐渐深化、领域不断扩大,并由此引发了遗产要素、类型、空间、时间、性质、形态等各方面的深刻变革。 特别值得强调的是,随着文化遗产事业的深入

---

① 早在商周时期就有保护古代遗物的理念意识和行为习惯。 商周青铜器上常见铭文"子子孙孙永保用"表明人们妥善保存、永续利用前朝珍贵器物的愿望。 商周时期,保存着为数不少的青铜器、玉器以及前朝其他遗物,并将其视为显示政权合法性的神圣之物。

推进，文化遗产也不断融入地方经济社会发展①，"传承弘扬中华优秀传统文化""强化重要文化和自然遗产、非物质文化遗产系统性保护""建设长城、大运河、长征、黄河等国家文化公园"等内容被写进《中共中央关于制定国民经济和社会发展第十四个五年规划和二〇三五年远景目标纲要的建议》②，遗产的公共文化属性进一步凸显，遗产与人的关系进一步加强。不过，需要指出的是，我们在充分肯定这些成绩的同时，更要清醒地认识到其中存在的主要问题，并认真分析其原因，以便有针对性地提出解决对策，有力促进新时代文化遗产保护事业新发展。

一、文化遗产保护存在的主要问题

多年来，特别是近几年，学界同仁及文化遗产管理者不断从法律法规、体制机制、经费投入、舆论宣传等方面研究梳理、归纳总结中国文化遗产保护发展存在的相关问题，概括起来，主要有保护意识比较薄弱、法律法规不够健全和完善、监管执法力度不强、保护管理体制不健全、专业人才匮乏、保护经费短缺、宣传教育工作不到位等。客观地讲，运用历史的、发展的观点来看，以上这些不是当前中国文化遗产保护存在的主要问题，相反，从纵向对比的角度来说，有些方面反而是今天中国文化遗产保护所取得的成绩与进步。比如，当前国人的文化遗产保护意识、国家和地方文化遗产保护法律规章的制定修订、国家各级财政对文化遗产保护经费的投入等方面，无疑均为历史上的最好时期和最好状态。例如就国人的文化遗产保护意识而言，一方面，随着信息技术的快速发展，传播渠道日益拓展，传播手段愈益多元，主流媒体、自媒体、传统媒体、新媒体，彼此交融互动，对文化遗产的价值、保护文化遗产的法律法规以及保护文化遗产的重要性等内

---

① 《凝心聚力奋进五年——国家文物事业发展"十三五"规划任务如期完成》，2020年12月31日。

② 新华社：《中共中央关于制定国民经济和社会发展第十四个五年规划和二〇三五年远景目标的建议》，2020年11月13日。

容,在力度、广度和深度上不断进行着前所未有的阐释与宣传。另一方面,近些年来,党和政府大力推进文化建设和文艺繁荣发展,扎实开展文化惠民活动,不断健全完善公共文化服务体系,人民群众在享受"文化福利"的过程中不断增强文化自觉,坚定文化自信。在这两方面的交互作用下,当代国人保护文化遗产的意识和积极性、主动性日益增强,在见诸媒体报道的有关文化遗产遭到破坏的典型案例中,有许多即来源于人民群众的反映或举报。再就文化遗产保护经费来看,以财政投入为例,2015年中央财政安排文化遗产保护补助资金多达81.1亿元,"十三五"以来21.68亿元中央财政资金投入西藏文物保护,2021年陕西投入13亿元支持文化遗产保护利用,2022年财政部下达非物质文化遗产保护资金12.7亿元。这些都是以前无法相比甚至不可想象的。另外,我们知道,文化遗产保护是一个由主体(人)到客体(遗产)和由客体到主体的互动过程,人要保护遗产,而遗产又需要为人服务。不难发现,指出上述存在问题的学者只着眼于人保护传承遗产的一面,而忽略了遗产服务于国民个体和经济社会发展的另一面,未免有失全面公允。

笔者认为,探讨中国文化遗产保护存在的主要问题,首先要用历史的、发展的观点来看待,因为"在分析任何一个社会问题时,马克思主义理论的绝对要求,就是要把问题提到一定的历史范围内"[①]。任何一种文化现象都必须和它并存的社会政治、经济诸因素放在一起来分析。其次,要把文化遗产保护的实际成效作为评判的主要标准,因为有问题还是没问题,问题大还是问题小,都应由成效说了算。再次,要看文化遗产资源在促进经济社会发展中的作用发挥得如何,亦即文化遗产的时代价值彰显得怎样。因为从文化遗产的时代价值来说,一个民族的文化遗产作为该民族在生产生活中聪明才智的体现和劳动的结晶,总是为孕育产生它的那个时代和保护传承它的不同历史时期的社会发展、文明进步服务的。换言之,每个时代人们保护文化遗产都在传承弘扬民族优秀传统文化的同时,肩负着

---

① [俄]列宁:《列宁选集》第4卷,人民出版社1972年版,第290页。

推动该时代经济社会发展的历史使命。最后,要坚持以人为本,用以人民为中心的发展思想衡量文化遗产保护的得与失,因为人民群众是文化遗产的创造者、拥有者,理应是文化遗产保护的主要参与者和保护成果的享用者。基于以上四个方面的思考,笔者认为,当前中国文化遗产保护存在以下几个方面的主要问题。①

(一)文化遗产本体环境精神受损

1. 本体丢失

任何一种文化遗产都是由本体及其所处的周边自然和人文环境构成的。由于保护不及时或措施不到位,抑或人为或自然的破坏,许多文化遗产的本体,在整体或局部上遭受损害,没有做到能保则保、应保尽保。比如,始于2007年的第三次全国文物普查结果显示,2011年全国大约有4万处不可移动文物登记消失,年均消失约2000处。②据《第一次全国可移动文物普查数据公报》,2012年至2016年普查全国可移动文物共计超过1.08亿件/套,其中,完整保存占24%,基本完整占60%,残缺占14%,严重残缺占2%。③另外,随着经济全球化和现代化步伐的加快,我国文化生态环境发生了巨大变化,非物质文化遗产保护面临着严峻挑战,诸多依靠口授身传的文化遗产正在不断消失,许多传统技艺濒临灭绝,大量极其珍贵的实物与资料遭到严重破坏。正如冯骥才先生所说:"每一分钟都有一批民间文化消亡。"④

---

① 本节是在拙著《中国文化遗产保护发展体系概论》(西北工业大学出版社,2021年)第三章第一节"中国文化遗产保护发展存在的主要问题"部分研究架构上经过进一步修订完善,并丰富大量内容而成。
② 王佳琳:《全国不可移动文物近77万处,约4.4万处登记消失》,2011年12月30日。
③ 国家文物局:《第一次全国可移动文物普查数据公报》,2017年4月7日。
④ 冯骥才:《守望民间:中国民间文化遗产抢救工程》,西苑出版社2002年版,第7页。

2.环境丧失

文化遗产周边环境与遗产本身唇齿相依,是遗产存在的重要支撑和遗产价值不可分割的重要组成部分,对于保护遗产的真实性和完整性具有重要意义。正因此,文化遗产自诞生之日起就与周边环境密不可分。现存中国古代建筑大多有着特定的环境,如大雁塔坐落在唐代著名的曲江风景区,仙游寺与法王塔修建在依山傍水的秀丽山间,青龙寺则和被唐代诗人李商隐描绘的"向晚意不适,驱车登古原。夕阳无限好,只是近黄昏"的乐游原胜景融汇在一起。对遗产周边环境的理解,目前学界主要有两种观点。一种是依据《世界遗产公约》的有关规定,将文化遗产的周边环境分为两个层次:一是指遗产建筑、遗址或地区的环境,可以是直接的或者扩展的,是遗产本身重要性和独特性的组成部分;二是指文化遗产与自然环境之间的相互作用,包括过去或现在的社会和精神活动、习俗、传统知识、用途或活动,以及其他无形的文化遗产形式、它们创造并形成的环境空间及当下的、动态的文化、社会和经济背景。① 另一种观点认为,遗产周边环境由两部分构成:"一是空间指向,主要是指遗产地的保护范围及建设控制地带;二是内容指向,主要是体现并保持遗产价值的各种物质和非物质的要素资源,如土地、水、植被、矿产以及当地的民风民俗等。"②其实,这两种提法并无本质性区别,都是在说明文化遗产的周边环境由自然环境和社会环境两部分构成。保护好遗产周边环境,不仅有利于保持文化遗产的真实性和完整性,促进文化遗产的可持续发展,还能带动遗产地旅游经济的发展。西方国家对文化遗产周边环境的保护探究,从18世纪末开始逐渐受到重视,在20世纪实现了制度性的发展。此后,随着文化遗产保护实践的深入推进和保护理论的日渐深化,国际社会越来越重视遗产周边环境的保护。2005年10月国际古迹遗址理事会第15届大会在中国西安召开,大

---

① 李成岗:《论世界文化遗产周边环境保护的重要意义》,《中国文化遗产》2016年第2期。

② 赵晓宁、郭东明:《遏制中国世界遗产地周边环境破坏的对策与建议》,《乐山师范学院学报》2008年第9期。

会围绕"文化遗产与周边环境保护"这一主题,从理论上比较完整地讨论阐释了保护遗产周边环境的重要性,大会通过的《西安宣言》明确指出,环境是遗产价值不可分割的重要组成部分,呼吁通过规划手段和实践来保护和管理周边环境、监控和管理对周边环境产生影响的改变,增强保护和管理周边环境的意识。近年来,随着我国对文化遗产相关理念理解的不断深入,对遗产地周边环境的保护力度日益加大,并取得了明显的成效,但是,不可否认,伴随着社会经济的快速发展和城镇化步伐的不断加快,在遗产周边环境当中的各种要素资源转化为具有更高经济产出效益的功能资源的同时,许多文化遗产的周边环境和遗产空间遭到程度不等的破坏。就我国世界文化遗产来说,拉萨布达拉宫、承德避暑山庄、八达岭长城、周口店北京人遗址、都江堰、青城山、庐山等世界文化遗产周边环境都曾遭受不同程度的改变或破坏。特别是在全国范围内轰轰烈烈的旧城改造大潮中,有数不尽的不同等级的文化遗产的周边环境遭到破坏。例如,位于陕西省商洛市的大云寺在当地旧城改造过程中周边环境遭到破坏。2017年3月,住建部给陕西省住建厅下发了《重大违法案件挂牌督办通知书》(建督办〔2017〕3号),《督办通知书》显示,"陕西省商洛市在大云寺文物周边50米一般保护区内建设项目,不符合商洛市城市总体规划、文物保护等要求,导致大云寺文物周边环境遭到破坏,严重违反了《中华人民共和国城乡规划法》的有关规定。现决定对该案进行挂牌督办"。

3.精神遗失

文化遗产是在一个特定的文化场域内形成的具有历史性、文化性、艺术性和审美性的象征性载体,是一个民族或国家精神的高度凝聚。因为任何一种文化遗产都有物质和非物质双重属性,从而也都包括遗产实体及其所蕴含的精神内涵。尤其是相对于物质文化遗产,非物质文化遗产更强调国家或民族特有的精神价值,无论是口头传说、表现形式、表演艺术,还是社会实践、仪式、节庆活动、传统和工艺等,都是人们基于生产生活实践而产生的精神活动的产物。例如,在当今工业化和信息化时代,许多非物质文化遗产技艺的用途大大缩小了,有些物件甚至从生产劳动和人们的日常生活中逐渐退出，但退出的只是外在的"形"，而其内在的"魂"将会一直留存。以"四大发明"之一的雕版印刷技艺为例，传统的雕版印刷术早已让位给铅印技术和激光照排。然而，了解雕版印刷术的发展历史，会从中获取丰厚的、值得让现代人学习借鉴的精神资源。比如，在宋代作为中国三大雕版印刷中心之一的福建建阳，本是木材匮乏的穷乡僻壤，在雕版印刷方面毫无地理位置和自然资源优势。然而，建阳人因地制宜利用嫩竹做纸，除印制大开本书籍外，还开发了大量口袋书，印制通俗小说、蒙学读本、医方等。另外，当地多山，交通不便，当地人开辟了新的运输渠道。正是建阳人因地制宜、与时俱进，奋力求新求变的精神追求，创造了当年建阳雕版印刷业的辉煌成就。因此，文化遗产保护"不能只满足于欣赏它们产生的精美物件，更应该去领略其中包含的人文精神；不能只满足于领略它们对以往人们生活的艺术表现，更应该让其中蕴藏的精神鲜活起来"[1]。从这个意义上说，传承弘扬遗产精神是保护文化遗产的重要任务之一。所谓精神遗失，主要指两个方面的问题。一是伴随许多文化遗产本体丢失和周边环境的破坏或改变，蕴藏其中的精神内涵随之消失；二是多年来，我国文化遗产保护，在很大程度上只注重外在形式与风格，停留在物质层面上"形"的保护，而很少从内在"神"的层面上传承弘扬遗产精神。比如，长城作为中华民族的伟大创造和人类重要的历史文化遗产，最突出、最核心的价值在于它所承载的伟大精神，这种精神包括团结统一、众志成城的爱国精神，坚韧不拔、自强不息的民族精神，守望和平、开放包容的时代精神。这三大精神历经岁月锤炼，已深深融入中华民族的血脉之中，成为实现中华民族伟大复兴的强大精神力量。然而，迄今为止，在对长城的保护中，对长城精神的解读、传播是远远不够的。正因此，在国家颁布的《长城保护总体规划》第三章规划思路与体系的"总体目标"中明确提出要"传承弘扬长城精神"，要求"采取多种手段扩大长城精神在全社会的影响

---

[1] 习近平：《文明因交流而多彩，文明因互鉴而丰富》，《习近平谈治国理政》，外文出版社2014年版，第262页。

力,使长城在实现中华民族伟大复兴中国梦中发挥强大的精神力量"。①

(二)文化遗产保护与文化发展融合不够

1.与文化建设内容脱节

文化遗产承载灿烂文明,传承历史文化,继承民族精神,是加强社会主义文化建设的深厚滋养。当代中国是历史中国的延续和发展,从文明古国迈向文化强国,决不能丢弃历史,凿空而建,必须在充分汲取历史资源、传承文化遗产精神中接续前行,实现文化遗产与当代文化的共生。就我国文化遗产保护与文化建设的关系来说,笔者认为,多年来,二者在很大程度上处于"两张皮"的状态:遗产工作者重在遗产保护,很少关心如何让保护对象有效服务于当下当地的文化建设;而文化建设者亦很少考虑如何从既往的遗产中挖掘文化建设所需要的内容滋养。其结果是,许多内涵丰富并具有重要价值的文化遗产,要么沉睡在广袤的大地上,要么尘封在文物库房里,要么隐匿在文献典籍中,没有或很少成为今天文化建设的重要资源。这既不利于文化遗产保护传承,又有损于当代文化的发展创新。

2.与文化发展质量脱节

历史已经并将不断证明,一个国家、民族的当代文化高度总是与其所根植的历史文化深度成正比的。中华传统文化的精华要素对当代中国文化发展质量的提升具有非同寻常的重要价值与意义。然而,在当今文化遗产实践中,无论是文化遗产工作者还是文化建设者,均未很好地从传承文化基因的角度,以科学的态度、发展的眼光和创新性的举措,把文化遗产蕴含的历史内涵、艺术魅力、精神特质、科学价值与当代文化生活嫁接、融通,并使之成为当代文化和生活的有机组成部分,以增强文化发展活力与生命力,有效提升文化发展的质量与水平。比如,在当今许多地方的传统村落保护和文化特色小镇建设中,存在盲目改建扩建的情况,导致一些具有历史价值的古城镇、老街区、旧建筑等遭到不同程度的破坏,结果是外表光鲜

---

① 文化和旅游部、国家文物局:《长城保护总体规划》,2019年1月23日。

的文化小镇建成了,而遗产地的内涵品质和城乡的历史风貌、文化传统却丢失了,让人们"记得住历史、留得住乡愁"的文化质量受到严重影响。再比如,近些年来,美国电影公司把中国独特的文化符号"花木兰""熊猫"拍成电影《花木兰》《功夫熊猫》,畅销全球,获得了极大的票房收入,推动了美国的文化产业高质量发展。反观国内,业界对文化遗产的利用大多是发展文化旅游、开发文创产品等路径,针对文化遗产独特的"IP"打造,构建文化遗产产业链的创新力度远远不够。

3.与文化发展特色脱节

文化遗产是一个地域的特色符号,是延续具有鲜明特征的地域文化的表达方式,见证着一方水土悠久的历史和深厚底蕴,承载着其所在民族或地区的审美习惯、价值追求,是强化当今文化发展特色的重要资源与支撑。就当前我国文化遗产保护发展的实际状况来看,紧密联系当今当地人民群众文化活动和文化需求,从形式、内容、价值等方面挖掘彰显遗产地域特质,增强文化发展特色不够充分有力。例如,作为革命圣地延安,不仅仅要发挥红色文化遗产特色,更要挖掘陕北丰厚的非物质文化、黄土文化、黄河文化,避免出现"晕轮效应"。再比如,文化遗产作为一个城市的人文生态、历史镜像及时代变迁的见证,一方面,它是一个城市的精神诉求和文化认同,对每一位生活其中的市民来说,带有浓厚的情感温度和认知深度,具有共同认可的精神视域和文化旨归;另一方面,它又是一个城市人文的灵魂亮点和精神高地,是一个城市内涵、品质特色的重要标志。就城市文化发展而言,凡此都是提升城市品位、彰显城市特色的重要渠道、载体和资源,因为城市的发展不能凭空捏造,存在的每一项因素都有文化的身影,每个城市都有自己独具特色的古道街巷、历史建筑等城市文化的重要元素、符号。可是,在如今我国众多城市的文化建设中,所见更多的不只是物质空间形式上的雷同,更是城市文化个性的贫乏,亦步亦趋,千城一面,都像一个模子刻出来的,传统城市特色日渐消亡。

(三)文化遗产的时代价值彰显不力

文化遗产之所以受到保护是因为其价值,价值是文化遗产话语和实践的核心议题之一。① 联合国教科文组织的世界遗产体系就是为了保护具有"突出普遍价值"(Outstanding Universal Value)的遗产。"一部人类文化遗产的保护史,其实也是对遗产价值的认识史。"②16世纪到19世纪,欧洲经历了启蒙时代和法国大革命的洗礼,由传统社会的神学思维发展为现代社会的理性思维,人们开始用多种价值观衡量前人留下来的文化遗产。国际社会对文化遗产价值认知的发展,一定程度上反映在有关遗产保护的宪章、准则和相关文件中。1972年联合国教科文组织颁布的《保护世界文化与自然遗产公约》界定文化遗产具有历史、艺术、科学三大价值,在一定时间内这三大价值成为被国际社会广泛接受的文化遗产价值体系。此后,伴随文化遗产观念、理论的发展与深化,对遗产价值的认知、阐释更趋多样化。1994年《奈良真实性文件》基于文化遗产多样性提出东亚文化遗产价值的诉求;重新修订的《实施〈保护世界遗产公约〉的操作指南》在三大价值的基础上增加了情感、审美、文化和景观价值;《中国文物古迹保护准则》进一步提出社会价值、文化价值和自然要素等价值。与此同时,许多学者就遗产价值也纷纷发表自己的看法,英国学者费尔顿提出价值分为文化价值、情感价值、当代社会——经济价值;澳大利亚学者罗斯比将价值分为文化价值和经济价值;美国学者梅森将价值分为社会文化价值和经济价值;国内学者蔡靖泉认为文化遗产在历史、艺术、科学三大价值之外具有思维价值、经济价值③;等等,不一而足。另外,随着人们对遗产价值阐释的深化,陆续有学者从多个角度提出遗产价值的分类体系,有纪念价值和现今的价值说④;有内在价值和外在价值、基本价值和衍生价值、核心价值

---

① Sophia Labadi. "Representations of the nation and cultural diversity in discourses on World Heritage." Journal of Social Archaeology, 2007, 7(2).
② 刘敏、潘怡辉:《城市文化遗产的价值评估》,《城市问题》2011年第8期。
③ 蔡靖泉:《文化遗产价值论析》,《三峡大学学报》(人文社会科学版)2010年第1期。
④ 李格尔:《对文物的现代崇拜:其特点与起源》,陈平译,中国民族摄影艺术出版社2017年版,第216—273页。

与附加价值说①；有以文化价值为统领，由核心价值和外化衍生价值组成具有包容性的价值体系说②；等等。我认为，文化遗产的价值可分为固有价值和创生价值两类。所谓固有价值是指文化遗产作为文化实体③亦即尚未成为文化遗产之前自身固有的非依赖性价值，学界公认的历史、艺术、科学价值即属此类，如汉长安城选址科学，布局完整，功能完备，其营建过程反映出我国古代建设规划思想和理论的实践与创新，它自建成之日起在世界都城史上就具有极高的科学价值与艺术价值。再比如，被誉为我国国宝建筑的晋祠圣母殿，其建筑构造方法是宋代建筑的典型范例，保存了宋代建筑技术中"柱升起""柱侧脚"和"减柱法"等建筑技法，具有很高的历史价值与艺术价值。所谓创生价值是指文化实体在其原生意义消解而成为文化遗产之后，不同时代的人们为了适应社会变化，满足个体生存发展需要，依托文化遗产的文化实体而衍生出来的新的价值，如建筑遗产的使用价值、文物古迹的旅游价值等。笔者在本节所说的文化遗产的时代价值没有得到充分彰显，主要是就创生价值中的文化、经济、社会价值而言。

1.文化价值弱化

20世纪中期以来，国际遗产界越来越重视文化遗产的文化价值，特别是1979年澳大利亚国际古迹遗址理事会在巴拉会议上通过的《保护具有文化意义地方的宪章》(简称《巴拉宪章》)，突出强调遗产的文化价值。文化价值本身是一个极为综合的概念，1987年颁布的《〈世界文化遗产公约〉实施守则》中文化遗产的文化价值包括文献、历史、考古、古老和珍稀、古人类学和文化人类学、审美、建筑艺术、城市景观、风景和生态学、

---

① 李浈、雷冬霞：《历史建筑价值认识的发展及其保护的经济学因素》，《同济大学学报》(社会科学版) 2009年第5期。

② 王巍、吴葱：《浅析中国文化遗产的价值体系——基于价值的特点、关系和本土语境》，《中国文化遗产》2019年第1期。

③ 文化实体，指人类活动所创造或改造而成的、满足人类生产生活需要的有形的材料、元件的组合体(如宫殿建筑、佛寺古刹等)或无形的符号体系(如文字、信仰等)。

科学十个方面。① 笔者所说的文化价值弱化，主要是指文化遗产作为不同形式、内涵的文化资源在推动文化事业繁荣和文化产业发展中释放潜能不够、发挥作用不足。比如，我国种类繁多、内容丰富的文化遗产，是当代文艺创作的资源宝库，可是在很多地方，文艺工作者既不善于从中挖掘元素、提炼题材、汲取养分、获得灵感，亦未能很好地通过多种形式进行当代化表达，以创作出既具有中国精神、中国风格，又符合当代人民审美需求的各类文学艺术作品，尤其是在运用数字技术和高科技手段开发制作影视、网络游戏、动漫、动画等富有创意创新的文化艺术产品上与世界发达国家相比更有较大差距。众所周知，在我国传统故事中，花木兰是个大义凛然的女英雄。美国人通过创造性转化，在迪士尼电影《花木兰》中将其变成一个可爱的、富有个性的，敢作敢为、有情有义的女孩子，观众更容易接受这种更日常的形象。再比如，每个地区都有独具特色的文化遗产，其价值在现代旅游中日益凸显。文化遗产保护与旅游业相融合，既能使外来游客领略文物古迹、人文风情、地域文化的魅力，又能增强区域文化的吸引力和软实力，而且还能助力美丽乡村建设。然而，令人奇怪的是，在许多文化遗产富集的乡镇街区，利用文化遗产资源因地制宜开发研学旅游、民俗旅游、体验旅游、休闲旅游、精品旅游等，以发展富有生机与活力的文化旅游产业总是步伐缓慢、成效甚微。

2.经济价值淡化

文化遗产是历史上经济形态、经济体制、经济机制的真实见证，具有重要的经济价值。马克斯·韦伯曾指出："如果说我们能从经济发展史中学到什么，那就是文化会使局面几乎完全不一样。我们应从更广泛的经济繁荣的决定因素来理解文化的作用。"②荷兰学者瑞吉格洛克将文化遗产的经

---

① 陈志华：《文物建筑保护文集》，江西教育出版社 2008 年版，第 205 页。
② ［美］戴维·兰德斯：《文化使局面几乎完全不一样》，《文化的重要作用——价值观如何影响人类进步》，［美］塞缪尔·亨廷顿等编，新华出版社 2010 年版，第 47 页。

济价值分为居住舒适价值、娱乐休闲价值和遗赠价值。① 埃及文化遗产保护专家伊斯迈尔·萨瓦格丁将遗产的经济价值划分为使用价值与非使用价值，使用价值包括由遗产之使用而直接产生或间接产生的收益，如居住、商业、旅游、休闲、娱乐等直接收益和社区形象、环境质量、美学质量等间接效益，以及未来的直接或间接收益，非使用价值包括存在价值、遗赠价值等。② 一般而言，文化遗产的经济价值主要指通过遗产的使用而直接产生的经济收益，如商业、旅游、展览等。 在对待遗产经济价值上，我国的实际情况是，遗产专家、学者和遗产工作者与遗产地居民、政府旅游管理部门及相关文化旅游企业处于二元对立状态，前者大多以保护遗产的真实性为由，回避、忌谈文化遗产的经济价值，后者积极谋求通过开发利用遗产资源以获取经济收益。 但由于前者作为"精英阶层"具有权威话语和决策主导权，以致后者的利益诉求很难得到落实。 从某种程度上来说，正是由于这种原因，长期以来，文化遗产保护推动经济社会发展的作用未能得到很好发挥。 比如，山西省是保留中国古建筑最多的省份，据统计共有古建筑文物 28027 处，其中国家级重点文物保护单位 421 处，省级文物保护单位 407 处，合计占比不足 3%。 其余绝大多数为市、县级"低保"，甚至无保护级别的古建筑文物。 而多数"低保"或"无保"古民居都有不同程度的破损。 已定级的古建筑，有损伤也必须先保存现状，不允许自行修缮；有的古建筑因长时间无人居住，早已坍塌殆尽，只剩下残垣断壁。③ 试想，作为文化遗产的古建筑连其自身"生存"都存在问题，还怎么指望通过展示利用或其他手段来发挥其经济价值？ 2018 年 10 月，中共中央办公厅、国务院办公厅印发的《关于加强文物保护利用改革的若干意见》明确指出："文物保护利用不平衡不充分的矛盾依然存在，文物资源促进经济社会发展

---

① E.C.M. Ruijgrok. "The three economic values of cultural heritage: a case study in the Netherlands." Journal of Cultural Heritage, 2006, 7(3).
② 转引自 Georges S. Zouain. Cultural Heritage and Economic Theory.
③ 《山西"低保"古建筑现状如何？ 如何不再消逝风雨中》，《科技日报》2021 年 10 月 21 日。

作用仍需加强。"①尤其是一旦论及文化遗产的经济价值，有些人总是把它和过度开发甚至破坏画等号，文化遗产的经济价值被严重淡化。

3. 社会价值虚化

1979 年，澳大利亚国际古迹遗址理事会通过《巴拉宪章》提出以价值为基础的文化遗产管理框架，并将遗产价值确立为美学价值、历史价值、科技价值和社会价值。其中，社会价值反映了人与地方的情感联系。② 这是社会价值被首次引入文化遗产保护的宪章制定当中。

2008 年，《英国遗产保护准则》将社会价值定义为"文化遗产在历史及社会环境中所承载的地方依恋"③，进一步强调社会价值在遗产可持续管理中的重要性。2015 年，中国国际古迹遗址理事会在重新修订的《中国文物古迹保护准则》中将社会价值纳入遗产价值，同时指出公众参与及记忆、情感等社会因素对遗产保护与传承的重要性。④ 不难看出，与遗产的历史价值、艺术价值、科学价值不同，遗产的社会价值是在遗产保护与管理视角下，基于地方归属、文化认同、集体记忆以及人与遗产之间的日常互动所形成的地方化价值形式，旨在以文化独特性和集体记忆为纽带，建立、强化地方认同感与责任感，并将这种人地纽带作为激发遗产地文化生机的社会动力，通过地方精神的传承以及社会力量的积极参与，使遗产管理能够充分捕捉到历史及社会环境的广度与深度，进而促进文化遗产的有效保护和可持续发展。无可否认，遗产社会价值的提出和运用，对促进文化遗产保护与管理发挥出重要的作用，如澳大利亚亚瑟港历史遗址地充分运用基于社会价值的管理方式，自上而下结合地方社会力量，深化地方群众对遗产的

---

① 中共中央办公厅、国务院办公厅：《关于加强文物保护利用改革的若干意见》，2018 年 10 月 8 日。

② 国际古迹遗址理事会澳大利亚国家委员会：《巴拉宪章》（1999），《国际文化遗产保护文件选编》，国际古迹遗址理事会等编，文物出版社 2007 年版，第 159 页。

③ Conservation Principles, Policies and Guidance, English Heritage, 2008.

④ 国际古迹遗址理事会中国国家委员会：《中国文物古迹保护准则》（2015），文物出版社 2015 年版，第 6 页。

价值认知与理解，从公众参与的层面推动文化遗产地的保护管理进程，取得良好成效。然而，仅从文化遗产保护管理角度认知运用社会价值，未免有窄化文化遗产社会价值之嫌。笔者认为，体现文化遗产的社会价值，更应考虑如何将遗产作为文化资源，释放其在加强社会公共文化服务体系建设中的潜能，和发挥其在社会教育中的作用。笔者在此节所说的文化遗产的社会价值虚化主要就此两方面而言。首先，就社会公共文化服务体系建设来说，公共文化服务供给是提升公共文化服务水平的重要途径，对于缩小城乡差距、均衡区域发展、提高社会成员发展机会具有重要意义，而文化遗产的形式、内涵、元素、符号是扩大和增强公共文化供给的重要资源。可是，直面当前我国公共文化服务体系建设实际，在许多地方未能很好地让文化遗产进入公共文化，本土文化资源在重塑文化空间、促进社会整合、加强文化交流中的作用没有得到有力发挥。其次，再看文化遗产社会教育功能的发挥。我们知道，人类教育的本源，是关乎导引生命价值的实践活动，需要浸润在鲜活而多元的人类文化生态环境之中。文化遗产作为人类生产生活遗留下来的具有历史意义的物质与精神交融的宝贵资产，负载着无处不在的文化特性及其所衍生的独特教育价值，而这种教育价值直观表现为文化遗产是面向全民终身教育的重要资源，是促进和利用文化表达人类多样性的重要载体。文化遗产是每个社会成员终身教育与学习的鲜活生命体验内容，能够使每个人身处其中不断认同自己的民族文化并形成归属感。以此反观我国文化遗产社会教育功能的彰显，不能不说有许多尴尬和无奈。据统计，全国11家央地共建博物馆馆藏文物展出率最高不足5%，最低只有1.2%，平均为2.8%。[①] 这正从一个侧面说明文化遗产的社会价值被严重虚化。

（四）文化遗产保护以人为本落得不实不细

在我国特色社会主义进入新时代的今天，以人民为中心的发展思想越

---

① 曹兵武：《让文物活起来的初步思考》，《析情探路——符合国情的文物保护利用与改革发展》，曹兵武、何流、于冰编，文物出版社2020年版，第266页。

来越深入人心,越来越受到全社会的高度重视,各行业各领域坚持以人为本,统筹做好民生工作的力度愈益加强。相应地,文化领域中的文化遗产保护也步入到一个以人为本的新的历史时期,近年来,不断强调的让文化遗产活起来、使文化遗产亮起来、把文化遗产用起来的社会呼求,在很大程度上都是基于以人为本、改善民生的时代诉求。然而,无论从文化遗产自身的发展,还是就经济社会发展对人所提出的目标要求,抑或人民群众对美好生活的向往来看,当前文化遗产保护以人为本尚存在诸多问题。

1. 文化遗产保护以人为本意涵空泛

文化遗产保护以人为本是一个问题的两个方面,首先是人如何正确对待遗产,包括人从认识论意义上认知遗产、价值论意义上接受遗产到从行为取向上保护传承遗产、发展创造遗产;另一方面是遗产如何为人服务,包括服务人的素养提升、文化需求和精神需要。但事实上,今天的文化遗产保护以人为本只是在口头上、书面上强调文化遗产的社会属性和利用的公益属性,空泛地强调文化遗产保护要为公众服务,为改善民生服务,而没有具体界定人与文化遗产关系的实质性意涵。

2. 文化遗产保护以人为本目的不明

由于没有确切的意涵界定,以致文化遗产保护以人为本未能立足文化遗产的自身属性,紧紧围绕时代发展对人自身发展所提出的目标要求以及人在现实生产生活中的本真诉求,明确提出文化遗产保护以人为本的具体目的,更多的是笼统地呼吁文化遗产对人的价值与意义。

3. 文化遗产保护以人为本路径不实

由于文化遗产保护以人为本意涵空泛、目的不明,遂造成学界和社会各界多在吁求让文化遗产活起来,把文化遗产用起来,至于如何让其活起来、用起来以实现以人为本的目的,却没有一个系统、具体的路径和举措。

二、存在问题的多层原因剖析

出现以上问题的原因,既有思想观念方面的因素,也有行为方式上的缘由,概括起来,主要是由以下几个方面造成的。

(一)缺乏具有中国特色的文化遗产保护发展理念、原则

1.缺乏中国特色保护发展理念

不可否认,文化遗产受损严重有多方面的原因,比如经费保障不足或抢救不及时等,但从根本上来说,缺乏切合实际的保护发展理念应该是主要原因,因为理念决定行为,行为决定成效。为说明问题起见,有必要就新中国成立以来对文物、文化遗产保护的认识做一纵向考察。1949年中华人民共和国成立以后,文物保护作为国家文化事业的重要组成部分取得跨越式发展,多层次文物保护体系逐步建立,文物保护法律法规体系日渐健全完善。改革开放以来,随着经济发展和城乡建设规模扩大,保护和建设之间的矛盾冲突不断加剧,保护工作的艰巨性和复杂性与日俱增。1992年,国务院在西安召开全国文物工作会议,明确提出了"保护为主、抢救第一"的新时期工作方针。时任中共中央政治局常委、中央书记处书记的李瑞环同志还提出"先救命后治病"的观点,要按轻重缓急,抓住重点、急事先办,把有限的力量首先用于抢救那些快"断气"的孤品、珍品上去。1995年,在全国文物工作会议上进一步提出"有效保护,合理利用,加强管理"的文物保护工作原则。直到2002年《中华人民共和国文物保护法》修订时,将以上方针凝练为"保护为主,抢救第一,合理利用,加强管理",成为时至今日文物工作的遵循和指南。2005年,国务院印发《关于加强我国非物质文化遗产保护工作的意见》,提出"保护为主、抢救第一、合理利用、传承发展"的工作方针。同年,又发布《关于加强文化遗产保护的通知》,再次强调物质文化遗产和非物质文化遗产保护的"十六字"工作方针,并将每年6月的第二个星期六确立为国家"文化和自然遗产日"。《关于加强文化遗产保护的通知》的发布,从战略层面加快了我国从"文物保护"走向"文化遗产保护"的发展进程,标志着我国文化遗产保护事业进入新阶段。

笔者认为,上述方针也可看作是我国文化遗产保护总的指导思想和目

标。对文化遗产保护实践而言，需要以此为遵循提出符合我国文化遗产特性及传统审美崇尚、价值取向的保护发展理念，但迄今为止，我们尚无这方面的理念。有学者把以上方针或原真性保护、整体性保护等原则称作保护理念，对此笔者不敢苟同，因为方针、理念、原则三者之间有着本质的区别。一般来说，方针是指引事业前进的方向和目标，理念是人们对某种事物的观点、看法和信念，而原则是言行所依据的准则，彼此不能等同或混用。

2. 缺乏中国特色保护发展原则

目前，我国现有文化遗产保护原则是基于《威尼斯宪章》所提出的"原真性"保护原则而制定的，主要有真实性保护原则、保存现状原则、修旧如旧原则，具体体现在参照《威尼斯宪章》制定的《中国文物古迹保护准则》中，如必须坚持原址保护、尽可能减少干预、定期实施日常保养、保护现实实物原状与历史信息、必须保护文物环境、不应重建已不存在的建筑、考古工作注意保护实物遗存等。笔者认为，这些文化遗产保护原则存在两个方面的问题：一是背离我国文化遗产特性和传统审美崇尚、价值取向，套用西方文化遗产保护理念、原则，在思想观念上表现出较多的崇外性；二是更多地强调约束与强制，没有体现出发展创新内涵，在思想观念上表现出较强的教条性。因此造成中国文化遗产保护在很大程度上处于为保护而保护的被动状态，许多能够保护传承下来的文化遗产消失了，许多能够得到较好保护的文化遗产受到不同程度的损害，没有做到能保则保、应保尽保，尤其是文化遗产事业缺乏生机与活力，更直接影响到文化遗产的发展与创新。

（二）文化遗产保护的目的任务片面单一

文化遗产保护的目的和任务是什么？可能在大多数人看来，这是不言自明的。可是，笔者认为事实并非如此。理由是，长期以来，在我国文化遗产界乃至社会不同层面，专家学者、遗产工作者及有关社会人士，总是认为文化遗产保护的目的是真实、完整地把文化遗产传给后世子孙，其主要任务是保护保存文化遗产的现存样貌状态，目的、任务片面单一。这正是造成文化遗产保护与文化发展脱节、文化遗产的时代价值未能得到充分彰显的主要根源。

（三）注重保护传承，轻视发展创新

长期以来，我国文化遗产工作者的主要任务是保护传承文化遗产的现存样貌状态，其角色职能如同接力赛中的传棒人。记得多年前一位学者曾这样说，我国文物保护实质上就是向别人讲述我们的祖先曾经多么辉煌，给我们留下了多么珍贵、多么有价值的宝贝。此语尽管有些偏颇，不可能为大多数人所接受，但它却从一个侧面道出注重保护传承、轻视发展创新的历史真实。谁也无可否认，多年来，在文化遗产领域，学科建设、课程设置、课题立项、项目资助、技能培训等无一不是围绕保护传承这一价值取向来安排实施，至于如何促进文化遗产在新的历史时期取得从形式到内容的发展创新，始终未能受到高度重视。

（四）忽视文化遗产时代价值的发挥

文化遗产蕴含的文化、经济、社会价值在很大程度上是以服务当代经济社会发展的"时代价值"的形式体现的。随着时代的发展和社会文明的进步，文化遗产的时代价值不断被重构、彰显，文化遗产推动经济社会发展的作用愈益显得尤为重要。然而，现实状况是，我国文化遗产事业的推进，没有很好地把遗产保护与价值彰显相结合，从思想到方法、举措上始终表现出重保护传承轻价值发挥的倾向，文化遗产的时代价值在很大程度上被忽视甚至漠视。

（五）轻视文化遗产对人的价值与意义

从世界文化遗产保护与研究来看，以考古学家、博物馆策展人、建筑师等专家主导的权威遗产话语体系深刻地影响了文化遗产保护的理论与实践。这种话语指的是一种专家和技术话语，源于19世纪西欧建筑学和考古

学关于遗产保护的讨论,在 20 世纪上半叶伴随着欧洲遗产保护运动得以兴起,之后通过国际遗产保护宪章和国际遗产保护组织成为全球性的遗产话语。① 权威遗产话语强调遗产的真实性、物质性及其科学价值,认为遗产是脆弱的、有限的和不可再生的,必须通过专家(考古专家、建筑师等)严格地保护起来,以传承给子孙后代。 这种话语的潜在观念认为,遗产的价值蕴含于遗产的物质本体之中,与人没有关系。 权威遗产话语构建起一种权威化的遗产定义,精英群体作为主导遗产话语的权威,一方面不断地合法化这一话语的知识和观念,另一方面不断地排除不同或者相反的遗产理解方式,社区、游客、普通民众等弱势群体,被排除在遗产话语之外。

自 20 世纪 90 年代以来,伴随着文化遗产利用的形式不断增多,特别是遗产旅游的快速发展,遗产实践的主体日益多元化。 遗产主体的多元性进一步扩展了遗产认知的多元化,不同利益群体逐步介入遗产旅游决策,对遗产价值进行多重阐释,由此推动了批判遗产研究的兴起。 批判遗产研究特别强调遗产的建构性,推崇遗产价值的多元化与遗产的"民主化",主张将社区、普通民众参与遗产的管理、阐释和保护的需求合理化。 比如,有学者以"谁选择与决定遗产""谁展示与为谁阐释"等问题引出对权威话语体系的批判。② 正因此,近年来,"遗产与民主"已经成为国际遗产保护的新话题。 2017 年国际古迹遗址理事会(ICOMOS)第 19 届大会形成的《德里宣言》中提出"促进包容性的民主社区进程——民选、民治、民享"③,强调遗产属于全民的理念。

从上可见,随着批判遗产研究不断推进大众、社区、边缘话语体系对文化遗产的价值认知与实践,人民群众作为"遗产主人"的地位和作用日益显现,但就我国文化遗产保护实践来看,对人的重视程度还远远不够,在很

---

① [澳]劳拉简·史密斯:《遗产本质上都是非物质的:遗产批判研究和博物馆研究》,张煜译,《文化遗产》2018 年第 3 期。
② 张朝枝、李文静:《遗产旅游研究:从遗产地的旅游到遗产旅游》,《旅游科学》2016 年第 1 期。
③ 国际古迹遗址理事会:《德里宣言——遗产与民主》,2018 年 1 月 8 日。

多遗产地或者博物馆，总是把参观者或遗产使用者看成是被动的消费者、简单的被教育对象，而不去考虑如何为他们提供激发情感共鸣和自我反思的资源，激发人民群众对历史的再思考，寻找历史对当下的启示。这正是当代文化遗产保护以人为本意涵空泛、目的不明、路径不实的根本原因。

《中国文化遗产保护：问题与路径》一文被《新华文摘》以封面文章形式全文转载

构建中国特色文化遗产保护发展理念

长期以来，国际文化遗产保护交流与合作所强调的保护理念是以《威尼斯宪章》等一系列文件精神为原则的，而《威尼斯宪章》主要是依托西方石质建筑结构及价值认知理念形成的保护理念与实践规范，这一套关于保护文物建筑及历史遗址、遗迹的国际主流原则，虽有其足够的权威性和广泛的适应性，但正如宪章的前言所说，"每个国家有义务根据自己的文化和传统运用这些原则"，它不是一剂万能的灵丹妙药。中国现代文化遗产保护制度的建立主要借鉴于西方发达国家，近年来文化遗产保护理念和保护方法正在逐步与国际接轨，但在此过程中，无论就人类文化发展的客观规律，还是就不同文化地域、不同民族的文化遗产特性来看，《威尼斯宪章》都在很大程度上存在着"水土不服"。各国纷纷探讨适合本国的遗产保护发展理念，进一步对国际普遍遵循的保护原则展开"本土释义"，提出原真性应该尊重各地区不同建筑背景与民族、文化差异。1972年11月联合国教科文组织通过的《保护世界文化和遗产公约》，1994年12月日本古都奈良会议上通过的《奈良文件》，1999年3月在美国得克萨斯州圣安东尼奥通过的《圣安东尼奥宣言》和2005年10月在中国西安通过的《西安宣言》都是对《威尼斯宪章》的补充和发展。

中国作为一个享誉世界的文明古国，拥有独特而丰厚的历史文化遗产，如何对中国文化遗产进行保护、保存、利用和传承发展是一项重要的时代课题，同时也是做好人类文化遗产保护发展工作的重要组成部分。长期以来，在中国文化遗产保护发展中，由于受西方文化遗产保护理念的影响和制约，至少到目前为止，我们尚未形成符合自身文化遗产特性、文化发展客观规律和遵从中国传统审美崇尚、价值取向的保护发展理念。在相当大的程度上，人们总是用西方的理论、学术观点、原理、概念、标准来对待中国文化遗产保护与发展，往往使遗产保护发展与实际要求产生出入，其结果既使大量理应得到有效保护的文化遗产没有得到很好的保护，又使一些不应损毁的文化遗产遭到破坏甚至消亡，文化遗产的文化、社会和经济价值没有得到充分彰显，可持续发展也受到严重影响。事实证明，文化遗产保护发展面临的最大敌人不是风霜雨雪等不可抗拒的自然力量或战争，也不是完全缺乏相应的保护发展技术，而是各种片面和错误的认识观念。在今天新的时代条件下，我们必须在深入理解中西方文化遗产保护理念差异及深层原因的基础上，建立符合中国文化遗产特性和遵从中国传统审美崇尚、价值取向的保护发展理念。唯有如此，才能切实有效地保护好、传承好、发展好我国种类繁多、特色鲜明、底蕴丰厚的文化遗产，也才能充分发挥好文化遗产推动经济社会发展的现实功用。

一、中西方文化遗产保护理念差异及原因分析

文化遗产作为一种文化符号，是文化表象的外在载体，它应是思想意识、科学技术以及社会生产的集中体现。在中西方两种文化体系下，由于哲学思想、艺术审美差异以及社会文明发展历程的不同，必然引起中西方文化遗产保护不同的理念认知和实践规范。

（一）价值差异及原因分析

文化遗产作为一种具有多重价值的公众资产，既包含了见证历史活动的自身价值和美学价值，亦包含着社会价值以及由此衍生出来的经济价值。对于历史上留存下来的文物古迹，中国人主要是考量它与社会主流价值观的关系，其价值主要体现在与之相关的历史事件、历史人物，以及由此而产生的美学价值和社会价值，因此更多地关注整体风格、人文环境与象征意义；西方则强调科学与理性，以历史信息的准确性作为判定文物古迹

美与否的标准，更为强调遗产自身价值，更多地关注遗产真实性和对遗产实体元素的保留。形成这种表象差异的原因，是中西方不同历史文化背景下的审美崇尚、价值取向之间的巨大差异。

一方面，中西方的审美崇尚是源自不同标准的。中国人的审美倾向在于"美即是善"，核心思想是"尚善"。而西方认为"美是和谐与比例"，核心思想在于"求真"。以善为美的具体内涵是重教化、尚理论；而以真为美的具体内涵是重科学、尚真诚。以建筑遗产为例，中国古建筑无论从宫廷到官府还是民宅、寺庙，基本呈现以"主体居中、轴线对称、序列递进"的水平铺陈排列形态，凸显不偏不倚的中庸之道，这种建筑形态承载着我国古代宗法观念和封建祭祀礼制，建筑集合群是一个内向封闭系统，映衬着规范明确、等级森严的宗法礼制，开间、色彩、装饰囿于严格的礼制等级，受宗法守旧思想的影响，一直沿用木构框架体系；而以古代希腊建筑为代表的西方建筑，突出单体建筑，布局也不刻意追求对称，反而突出差异与不规则性，建筑整体简洁朴素。影响遍及世界的"希腊古典柱式"，堪称古希腊哲学美学思想的集中体现，它是数、比例、人体美的凝集，强调各个部件和谐的组合。再如古希腊的帕特农神庙，其正面的高与宽完全按照黄金分割定律而设计，它是整个西方古建筑重视立面形象的设计构思、重视几何概念和各比例关系和谐的结果。不同的审美崇尚形成了不同的遗产保护理念，中国人更注重意义的传承，西方人则更注重信息的可读。

另一方面，中西方的天人观念侧重不同的哲学思想。中国传统文化重和谐、包容，主张天人合一，顺其自然，强调曲线与含蓄美，尚悟性，表现内向；而西方文化重对立、斗争，主张征服自然，提倡竞争扩张、优胜劣汰，强调规模与平直性，尚理性，表现外向。以园林为例，东方建筑讲求意境，特别重视人居与环境的统一，讲究风水，在小小庭院中融入微缩的山水意境，也融入了崇尚自由、崇尚自然的精神，园林的布局、立意、选景皆强调虚实结合，文质相符，或追求自然景致，或钟情田园山水，或曲意寄情托志。人工的建筑与空间场所常常是意境的点睛之笔，对于建筑与空间场所的重建，就是意境的重现。历史上的重要景观建筑多次损毁后多次重修,即源于对意境和精神境界的不懈追求。例如,网师园是苏州最小的园林,原为南宋史正志的"万卷堂"所在,称"渔隐"。此后屡易其主,数度兴废,园主多为文人雅士。清乾隆年间宋宗元购之并重建,取"渔隐"旧意,定名"网师园"。从"渔隐"到"网师",都含有隐居江湖的意思,既点明是以渔钓精神立意的水园,也向世人昭示园主隐逸闲适、超脱淡泊的精神追求。而西方园林则以平直、匀称和规模宏大、气势雄伟为美,如开阔平坦的大草坪、巨大的露天运动场以及宏伟壮丽的高层建筑等皆强调体现几何图形的分析性,而平直、空阔、外露等无疑都是深蕴其中的重要特点,其几何式园林则体现了天人对立、天人相分的思维与精神理念。每座建筑都是一个独立、封闭的个体,常常有着巨大的体量与超然的尺度,远远超出了实际需要,重在表现一种理念,赋予建筑向上与向四周扩张的性格,在某种意义上,它反映了西方人征服自然的外向、进取的行为模式与价值取向。在这两种哲学思想的引导下,中国人更看重整体的和谐,西方人则更看重个体的精确。

(二)认知差异及原因分析

目前国际奉行的对历史文物建筑的修复原则可以总结为原真性原则,以及由此衍生出的可识别性原则、全面保护原则、可逆性原则、原址保护原则、最有必要和最小干预原则等。其中"原真性原则"(Authenticity)成为西方建筑遗产保护修复的核心思想。由于价值认知和哲学思想差异,在对其具体的技术标准和原真程度的认知上,中西方未尽一致,由此带来对可识别性原则、最有必要和最小干预原则等认知程度上的差异。

原真性原则体现在保护原始环境、修复过程中尊重建筑材料与工艺技术的原真性。尽管各国都以"原真性"作为文化遗产保护原则的核心内容,但是对于保护的不同方面,原真性的具体内容有所不同。我国文物古迹保护准则规定所有的保护措施都必须遵守"不改变文物原状"原则,该原则是对原真性原则的本土传承,国内对何谓"原状"大体有三种理解:一是原状即为初建状态,如1970年在五台山南禅寺大殿大修工程中就以恢复至唐建中三年（782）的原状为目标；二是以该建筑"某个历史时期的建筑形态特征"为原状，如在故宫大修工程中因为康乾时期是历史上最佳的原状，且明永乐创建时期的原状建筑物大部不存或改观，难以以之作为原状来保护，因此提出恢复故宫在"康乾盛世"时的面貌；三是视"原状"为"原真"现状保存，不仅肯定"现状建筑形态特征"，还肯定"现状中所表达出来的所有历史信息、历史的氛围"[1]。如始于2002年北京故宫大修工程中武英殿的修复，面对民国时期加改的"老虎窗，暖风阁，工字廊上的人字梁"菱花窗，由于不是破坏性改动，为尽量保存各历史阶段的历史痕迹，采取了"现状保护"的方式。此三种不同理解中，第三种最为接近国际主流的原真性原则的界定，然而在实际操作中，前两种理解也各有其存在的理由，并为遗产保护界所认可。

可识别原则，指保持文化遗产的历史纯洁性，为修缮和加固所添加的物件需和整体和谐，但又需与原有部分明显区别，让人可以识别并区分真假。意大利在对罗马大角斗场进行修复时，采用了各种方法以实现对历史信息的"时阶式"表达，在加固过程中，为区别于原来的灰白色石灰石，加固砌筑的部分一律用红砖。又如对有些因战争或地震倒塌了的文物建筑进行"复原"修复，需在原来的断壁残垣上沿加一个紫铜带，两侧略略挑出，或有明显区别的材料沿界砌一条虚线，从而强调历史的可读性。这种方法对于砖石建筑比较容易实现，但对于我国木结构建筑体系的某些工艺特征和文化审美，泾渭分明的可识别性受到了挑战。如有人对民居窗木构件的修补部分采取不经油饰或清漆留白的处理方式进行区隔，但在具体措施和最终效果上并未令人满意。有争议者认为彩画的修复只有两种可能：完全不做修复或全部重饰，由于油饰彩画具有保护其所附着的构件的功能，"重新进行油饰彩画"的干预方式本身是古建筑传统的保护方式，尽管难以达到可识别的效果，却是遗产原真性的体现。由此可见，在可识别原

---

[1] 国际古迹遗址理事会中国国家委员会：《中国文物古迹保护准则》（2015），文物出版社2015年版，第9页。

则上，中国人喜欢藏而不露，主张和谐而含蓄的可识别；西方人则喜欢泾渭分明，主张强烈而明显的可识别，二者的认知存在一定差异。

最有必要和最小干预原则指最大限度保存文化遗产原存部分，尽量避免添加和拆除。但其中最大限度的"限度"是难以订立评价标准的。《威尼斯宪章》认为"对任何重建都应事先予以制止，只允许重修，也就是说把现存但已解体的部分重新组合"①。而《中国文物古迹保护准则》第43条规定："原址重建是保护工程中极特殊的个别措施。核准在原址重建时，首先应保护现存遗址不受损伤，重建应有直接的证据，不允许违背形式和原格局的主观设计。"②与西方文物建筑大多独立形制不同，我国建筑多以院落形式存在，如其中某一建筑损毁，势必影响整个建筑集合的完整性。正是在此原则上，中国人重视完整性，习惯干预，倾向重建或恢复原状；而西方人重视真实性，避免干预，反对重建并注重现状。③

产生认知差异的原因有很多，但建筑体系的特点和遗产保护历程之间的差异是其主因。

一方面，二者分属两个完全不同的建筑结构体系。砖木、土木结构是中国古代建筑的主体。由于砖木、土木结构建筑体系具有相当灵活的调节机制，能够在统一的构筑体系中，针对不同地区的自然条件，进行灵活的调节，形成多元的构筑形态和有机的建筑形象。中国古代官式建筑多为木构建筑，民居、城墙、堤坝多为生土建筑，二者相对西方石质建筑结构来说都易受损，在强度和耐久性上差一些。另外，构件的榫卯连接也降低了结点

---

① 第二届历史古迹建筑师及技师国际会议：《关于古迹遗址保护与修复的国际宪章（威尼斯宪章）》（1964），《国际文化遗产保护文件选编》，国际古迹遗址理事会等编，文物出版社2007年版，第54页。

② 国际古迹遗址理事会中国国家委员会：《中国文物古迹保护准则》（2015），文物出版社2015年版，第30页。

③ 郭旭东：《"重建"反映的中西文物保护理念与方法差异的原因探讨——由"东亚地区文物建筑保护理念与实践国际研讨会"〈北京文件〉引发的思考》，《城市发展研究——2009城市发展与规划国际论坛论文集》，中国城市科学研究会，2009年，第157—161页。

处的强度。因此，对砖木、土木结构建筑而言，造成破坏的原因有屋顶渗漏、基础非均匀沉降、长期荷载作用以及地震、虫蛀、风化、水土流失等自然灾害。且由于单体木构建筑框架结构的整体性，可能导致局部受损而残留部分无法再利用，需要推倒后整体重建，因此经常性的维修和对毁损构件的替换是必不可少的。木构古建筑的维修周期为20~50年，不定期的损毁与重建的循环也使民众心理上习惯性接受重建。即便是生土建筑材料损坏后的维护方式也通常是补充新的填充材料，并尽量使新旧材料混成一体以达到坚固的效果。这种方式与现代西方文化遗产保护理念中的可识别性原则互为矛盾。西方国家古建筑基本上是石质结构，其所使用的花岗岩、大理石等材料具有坚固、不易风化和受生物侵蚀的性质，石材防火性能好，即便受破坏垮塌后构件保存完整性高，需重建时尚存的构件可使用率高。如古希腊、古罗马时期的一些神庙、宫殿，虽历经千年，饱经风雨，但其主体轮廓依然保持至今。因为即便建筑几经损毁，但在重建过程中，只需要通过复制补充遗失的构件，即可按照原样重新搭建，其原有构件的使用保证了重建后的原真性，这与木构建筑的重建形成巨大反差。因此，西方人没有形成对采用新材料完全重新建设古建筑的心理习惯。同时，这种原有构件与新增构件混合重建但可区分的方式也促成了现代西方文物保护理念中的可识别性原则。所以中国的建筑遗产保护应当采取有别于西方以石质材料为主要构件的建筑物的保护理念和原则。

另一方面，二者文化遗产保护发展历程各有千秋。西方近现代文物保护和修复观念的形成，始于18世纪90年代的法国大革命期间。[①] 早期对希腊古神庙维修时仅考虑其使用价值，直至文艺复兴时期人们才开始关注古建筑的艺术价值。18世纪后半叶，以国家为主体，由社会精英、知识分子推动的历史文化遗产保护事业逐渐在英国、法国以及意大利等欧洲国家拉开帷幕，强调文物建筑历史价值学派的影响越来越广泛，进入20世纪

---

① 陈薇：《中西方文物建筑保护的比较与反思》，《东南大学学报》1990年第5期。

后，对历史价值的保护已经成为保护工作的主要方向。在历经前后两百年时间之后，西方社会逐渐形成并完善了他们对历史文化遗产的价值认识。与西方相比，我国遗产保护工作起步晚了近百年，古建筑保护中尽管也提到维修与利废，但基本与西方早期认知相似，仅限于功能上的考量，直至20世纪初期，随着营造学社的建立，我国现代文物保护理念始见端倪。20世纪50年代文物建筑保护理论与管理体系开始建立，20世纪80年代才开始迎来文化遗产保护理论与方法的发展。西方国家是在资本主义社会生产力充分发展的前提下，使传统和现代之间保持了较多的历史延续性，各种社会问题、城市化进程使遗产遭到破坏的同时，国民保护意识也逐渐增强。而我国现代化属于外源式现代化，文化遗产在经济和精神领域的重要价值还未得到与之相应的重视和认同。

深刻认识和准确把握中西方文化遗产保护理念的差异及原因，有助于中国特色文化遗产保护发展理念的理论建构。

二、中国特色文化遗产保护发展理念的理论建构

（一）理论依据

从上可见，不同的文化遗产特性和不同的审美崇尚、价值取向决定了中国与西方在文化遗产保护发展上具有不同的理念认知和实践规范，而这正是建立中国特色文化遗产保护发展理念必须考虑的重要因素。笔者认为，从理论依据上来说，建立中国特色文化遗产保护发展理念，首先要坚守文化发展的客观规律，努力发挥人的主观能动性；其次要严格遵循中国文化遗产的固有特性和中国传统的审美崇尚与价值取向；再次要与时俱进，充分体现发展的时代内涵。

1. 文化发展的客观规律

文化发展是一个扬弃和创新的过程，每一个时代的文化总是在继承前一时代的文化精华并剔除其糟粕，同时再融入本时代新的文化成分而不断

加以创新的基础上发展起来的。没有对以前文化的继承，文化的发展就没有根基。相应地，只是一味地继承，而不融入新时代新的文化因素，不加以创新，文化的发展只能是一种毫无生机、毫无价值的僵死的重复。文化遗产作为文化的物化表现，其发展也必然是一个扬弃和创新的过程。例如，就可移动文物而言，无论是青铜器、瓷器、陶器，还是金银器、玉器等，一个时代的器物形制总是在继承前一时代优点特长的同时不断加以创新和发展；就不可移动文物来说，一幢古建筑或一座古塔，其外在形式和风格也是在继承和创新的过程中发展变化的。文化遗产本身的发展如此，相应对其保护也应如此。换言之，对任何一种文物古迹的维修保护，应根据其本身的特性及现存的实际情况，采取局部或整体加固措施，特殊情况下，为了使其更好、更长久地留存于世，也可改变其原有结构或材质加以维修保护，而不能教条地恪守"保存现状""原封不动"的所谓维修保护原则，否则，不是能够留存下来的文化遗产将灭绝于世，就是能够较长久留存于世的文化遗产将在较短的时间荡然无存。这绝非无病呻吟或危言耸听，前人保护文物古迹的举措早已证明了这一点。例如，泉州开元寺内的东西塔，是我国建筑高度最高、年代最古老的一对石塔，历经岁月更替，至今岿然屹立。东塔（镇国塔），始建于公元865年，初为木塔，南宋宝庆年间易为砖塔，嘉熙年间又改为现存的八角五层楼阁式仿木构的花岗岩石塔。西塔（仁寿塔）最初也是木塔，始建于公元916年，南宋庆元年间易为砖塔，绍定年间又改为现存的花岗岩石塔，与东塔形制一致。可以想象，如果没有宋代对两座木塔的改建，现如今将难以见到如此盛景。再比如，20世纪80年代初，如果没有西安市委、市政府和广大市民齐心协力对西安明城墙的大规模维修保护，那么保存至今的明城墙的残破景象将是不言而喻的。事实上，在我国历史上，前人在维修保护许许多多文物古迹时，都程度不等地根据文物古迹本身的特性和当时的实际情况，采取了积极有益的创新措施实施保护，从而使许多重要的文物古迹得以保存至今，而且还将继续保存下去。

2. 主客体有机关系辩证

辩证唯物主义认识论告诉我们：主体与客体之间不仅是反映和被反映的认识关系，更为重要的是改造和被改造的实践关系。主体在改造客体的过程中认识客体。从主体与客体的有机联系，尤其是从主体对客体的能动性和角度来说，我们在保存文化遗产"原真性"的同时，要积极发挥遗产保护工作者的主观能动性，更不能割裂客体与主体的有机联系，使文化遗产与遗产保护者处于相互隔绝、彼此孤立的状态。遗产保护者不应该目睹文物古迹日渐遭受风吹雨淋、自然风化和人为破坏而垂手而立、无所作为，人为地延误或丧失制止遗产损毁、破坏恶果出现的有利时机，而要坚持创新发展理念，切实发挥主动性和创造性，不断增强做好新时代文化遗产保护发展工作的责任感和使命感。

3. 中国文化遗产的固有特性

中国文物以建筑物和大遗址构成为最主要的类型，而砖木、土木结构建筑体系又是中国古代建筑的主体。正如前文所说，由于砖木、土木结构建筑体系具有相当灵活的调节机制，因此能够在统一的构筑体系中，针对不同地区的自然条件，进行灵活的调节，形成多元的构筑形态和有机的建筑形象。这完全不同于西方国家以石质结构为主的古建筑，如古希腊、古罗马时期的一些神庙、宫殿，具有不易破损、保存时间长等特点，虽经数千年风雨剥蚀，但其主体结构、基本轮廓依然保存至今。而中国文物砖木、土木结构建筑材料是极易毁损的材料，它较之石质材料在强度和耐久性上都要差，容易糟朽、变性、风化、流失、受虫蛀。另外，构件的榫卯连接也降低了结点处的强度。因此，对砖木、土木结构建筑而言，造成破坏的原因有屋顶渗漏、基础非均匀沉降、长期荷载作用以及地震、虫蛀、自然风化、水土流失等，经常性的维修和对毁损构件的替换是必不可少的。因此，中国文化遗产保护发展应当采取有别于西方以石质材料为主要建筑构件的保护理念和原则。

4. 中国传统的审美崇尚与价值取向

从文化学、社会学、民俗学的角度来讲，中国文化遗产的表现形式、内容构成、价值特征在很大程度上反映着中华民族的审美崇尚和价值取向。反过来,作为深层文化结构的审美崇尚和价值取向又在很大程度上决定着保护发展文化遗产的理念、方法和趋向。比如,中国人美即是善、以善为美,重教化、尚伦理的审美倾向和重和谐、包容,主张天人合一、顺其自然,强调曲线和含蓄的价值取向,决定了中华民族在文化遗产保护发展中更多地关注整体风格、人文环境与象征意义。而西方以真为美,重科学、尚真诚的审美意向和重对立、斗争,主张征服自然,提倡竞争扩张,强调规模与平直性,尚理性的价值取向,决定了西方在文化遗产保护发展中更多地关注遗产真实性和对遗产实体元素的保留。

今天,建立中国特色文化遗产保护发展理念,应充分遵从我国传统的审美崇尚与价值取向,在理念、思路、方法及成效评估上应更多地关注文化遗产的整体风格、人文环境与象征意义,真正走出一条富有中国特色的文化遗产保护发展新路子。

5.发展的时代内涵

从一定程度上来说,衡量一种文化遗产保护发展理念是否合理、科学、有效,关键是要看该理念是否充分体现出发展的时代内涵,具体讲,就是能否有效保护遗产本体、优化周边环境;能否有效传承遗产历史文化信息、展现教育价值;能否有效承载遗产所在民族或地区的审美习惯、价值追求;能否有效提高遗产区居民的生活质量、增强幸福指数;能否有效促进经济社会发展,惠及全体人民。今天,建立中国特色文化遗产保护发展理念,要不断增强人们在面对新时代社会发展诉求时的能动性和理性认知,紧紧地把发展的时代内涵融入文化遗产保护发展理念、思路和举措之中,切实把文化遗产资源作为新时代文化建设的重要内容和文化建设质量、特色的有力支撑。

(二)理论基础

1.价值论

在西方哲学理论体系中,价值论是与存在论和认识论并列的理论分支,价值观是哲学世界观的重要内容，价值思维是哲学思维的重要方式。将价值论运用于我国文化遗产保护发展理念的构建，集中体现为价值哲学对遗产保护发展理念的目标取向性，它将影响遗产保护发展在理论上的系统性、观念上的认同性、意念上的连续性、情感上的可源性、数理逻辑上的相容性、自然法则上的和谐性和语义逻辑上的一致性。价值普适性和价值多样性决定了我国既应有对西方文化遗产保护理念的兼容吸收，确立人类对待文化遗产态度上的共同追求和理想目标，也应在尊重这些代表人类基本价值共识的公约的同时，充分考虑我国文化的独特性，一方面需要对我国传统儒家思想、农本思想等价值观进行诠释和取舍，另一方面要结合我国国情对文化遗产价值体系和评判制度进行创造性探索。

2.系统论

文化遗产保护是一个系统工程，运用系统论有助于理清文化遗产保护系统内部、系统环境以及系统变化之间的逻辑关系。首先，文化遗产保护涉及建筑、考古、历史、地理等相关学科，是一个由各个子系统构成的整体，包括管理、法律、教育科研等各个亚系统，各子系统间相互影响、相互作用；其次，社会环境、自然环境和人是文化遗产保护系统外部边界的三大要素，社会环境中的政治制度、宗教信仰、经济状况和科技水平都对文化遗产保护发展有着巨大影响，而自然环境的差异可能导致保护手段与方法的区别，作为保护主体的人决定着保护研究、保存制度和民众意识；最后，系统内部之间关系连接，如教育培训对管理队伍的充实，法律体系对预防、治理、修缮的规定等，影响着文化遗产保护发展的实际运行状况。总之，系统内部结构的维护是任何文化遗产保护获得成效并不断发展的基础，结构优化是文化遗产保护发展中的重要内容和根本保障。

3.控制论

控制论是研究系统的状态、功能、行为方式及变动趋势，控制系统的稳定，揭示不同系统的共同的控制规律，使系统按预定目标运行的技术科学。借鉴现代控制论思想对文化遗产保护发展的意义在于，将文化遗产看作是一个控制系统，探讨如何利用最优控制、最优设计和系统辨识使文化遗产保护发展达到最佳状态。尽管控制论发端于自然科学，但它所探讨的关于系统的相关关系、组织结构、运行机制、控制过程等方面，具有重要的方法论意义。从理论上讲，适合于工程的、生物的控制论的理论与方法，也适合于分析和说明文化遗产保护发展管控问题，如新技术在文化遗产保护发展中的应用、分级干预保护中控制方法等。

（三）研究方法

由于遗产研究的跨学科性，遗产研究的方法也是多元的，对遗产现象的研究不仅仅从某一学科领域出发，而应在更宽泛的人文、社会科学范围内研究某一个特别的领域，并且在不同的阶段，由于关注的层面不同，研究者会使用不同方法进行遗产保护发展的相关研究。

1.对比分析法

对比分析法是把客观事物加以比较，以达到认识事物本质和规律并做出正确的评价的目的。在对比分析中，运用时间标准、空间标准、经验或理论标准、计划标准等对所比较的客观事物做出客观的评价。运用对比分析法进行文化遗产保护研究，研究对象包括国内外相同类型遗产、同一地理位置不同类型遗产以及相似遗产发展背景的不同地区等，内容集中于遗产相关理论、发展背景、研究重点、研究方法、发展及保护模式研究等方面。例如，通过中西方文化遗产的特性、材质、空间位置、历史风俗、民族心理特点等不同角度来分析评价中西方文化遗产的保护方法和理论体系。

在遗产保护研究中运用对比分析法的过程中，应根据比较的类型选取比较对象，通过时间标准、空间标准、经验或理论标准、计划标准等不同角度来分析比较内容，在分析的过程中，通过多方面对比梳理双方或多方的资料信息，最终整理汇总做出比较结论。时间对比，如通过对比不同历史时期文化遗产的发展变化、建筑风格、保护策略与研究方向，来总结出文化遗产的动态演进历程，以及今后在文化遗产保护与管理中的研究重点。空间对比，与相似的空间比较，如两个地理条件、空间形态相似的文化遗产目的地进行比较，分析在类似的地理空间环境中，文化遗产在保护及发展方面的异同及变化特点；与先进空间比较，如落后地区的文化遗产与发达地区的文化遗产比较，以及人流量大、可进入性强的文化遗产地与相对较封闭的文化遗产地进行比较；与扩大的空间标准比较，如某个文化遗产地的遗产保护与发展状况与全国乃至全世界遗产保护与管理的整体状况进行比较。经验或理论对比，如在文化遗产的保护方面始终以文化遗产保护法律法规为纲，跟随时代的变化而更新保护与管理理念，坚持保护与传承相辅相成。计划对比，如在文化遗产保护中，将政策规定、市场环境、规划目标等作为计划标准，找到差异，分析原因，提出遗产保护和完善的方法。

2.田野工作法

田野工作法又称为田野调查、现场调查、实地调查，是指经过专门训练的人类学者亲自进入某一社区，通过直接观察、访谈、居住体验等参与方式，获取第一手研究资料的过程，是一种在各个学科里广泛应用的方法。"田野工作"的概念最早出现在考古学和人类学的相关研究中，是对直接调查的进一步发展和实践应用。对于大多数的研究而言，田野工作是以获得最直接资料为目的预先调查阶段，它既不是按照预先拟定的理论框架去收集资料，也不是根据调查材料归纳出一般的结论。它的重点是直观社会本身，力图通过记录一个个鲜活的人、事、物，来反映调查对象的本质。田野工作的过程，其实是"理论"与"经验"两个层面往返交流、相互修正的过程，其优势主要体现在调查的直观性和可靠性。

文化遗产是一个实践性很强的研究领域，最大限度地获取第一手资料就成为科学研究的前提。近年来，田野工作越来越受到遗产研究者的青睐，许多有关的研究都是通过田野工作来开展预研究的。目前，田野工作法在我国主要集中应用于非物质文化遗产的保护。从《保护非物质文化遗产公约》给出的"保护"定义来看，无论是单个的非物质文化遗产项目，还是某一地区非物质文化遗产保护的整体情况，田野调查都应该是诸如确认、立档、研究、保存等一切保护工作的基础，是使保护工作避免成为空中楼阁的最重要、最基础的环节和措施。另外，非物质文化遗产本身就是民众生活的一部分,要想了解非物质文化遗产及其传承规律,就必须深入民间、深入田野。当非物质文化遗产传承问题日益凸显时,田野调查仍然是及时发现、解决问题以抢救、保护非物质文化遗产最基本、最有效的方法。

非物质文化遗产是一个以群落状态存在的有机整体,缺乏整体观、系统观的片面调查,很容易导致"碎片化"的保护,使非物质文化遗产遭受更致命的保护性破坏。在非物质文化遗产保护的田野调查中,要尊重地方文化,注重非物质文化遗产传承人的保护。同时,田野调查的目的是寻找非物质文化遗产的传承规律,从而为随之而来的非物质文化遗产保护提供切实可行的技术支撑。因此,为确保调查结论的真实性,调查者既要注意非遗自身的传承,也要注意人与人、非遗与非遗、非遗与所依存生态环境的关系。

3.个案研究法

个案研究法是指对某一个体、某一群体或某一组织在较长时间里连续进行调查,从而研究其行为发展变化的全过程,这种研究方法也称为案例研究法。个案研究法最显著的特征是描述客观世界的真实故事,而且大多是以纯粹客观的态度,运用归纳的方法,通过解剖"麻雀",从中总结或提取普遍性原理,即把个案一般化。20世纪90年代以来,文化遗产研究取得了长足发展,产生了一系列代表性学术著作,这些著作大都采用个案研究。这是因为"遗产"是一个高度民族主义的话语,因此更易于使用比较和归纳的方法。于是,特殊背景下的遗产案例研究日渐变成一种研究规范。

在大多数情况下,尽管个案研究以某个或某几个个体作为研究的对象,但这并不排除将研究结果推广到一般情况,也不排除于个案之间做比较后在实际中加以应用。对个案研究结果的推广和应用属于判断范畴,而非分析范畴,个案研究的任务就是为这种判断提供经过整理的经验报告,并为判断提供依据。在这一点上,个案研究有点像历史研究,它在判断时常需描述或引证个案的情况。因此,个案研究法亦称"个案历史法"。

个案研究法广泛应用于文化遗产保护和利用的理论研究、应用研究,文化遗产的政策研究和文化遗产法律案例研究等诸多方面。我国文化遗产资源类型丰富且各有特色,运用个案研究法不仅可从纵向深入剖析某一典型遗产资源或地区,而且能够从横向拓展到更为普遍适用的层面去指导遗产保护研究工作。例如,以中西方各国不同时期、不同地域、不同风格,具有典型特征的文化遗产为对象进行个案研究。经过长时期追踪研究,以及与当地居民、工作人员等进行深度访谈,在合理归纳的基础上做出科学公允的评价,从政策管理、规划实施、价值挖掘、传播方式等多方面分析其原因,明晰其态势,总结其规律。

4.文本分析法

文本分析法是指通过对文本本身的文字、符号、语境等来解析、鉴别并做归类整理,于此基础之上挖掘文本的间接的、潜在的动机和效果。从文本的表层深入到文本的深层,从而发现那些不能为普通阅读所把握的深层意义。该方法建立在文献收集的技术上,而文献收集方法是目前文化遗产研究最主要的方法之一,一般而言这种方式花费少、效率高,所获得的信息比口头情报来得真实、准确,但同时需要注意对信息真假的甄别,以及对庞大信息的筛选。而相关报纸、地区志等文献会为研究者提供非常有价值的信息,省去不少时间。随着大数据、人工智能等学科的发展,文本提取正向着数字化、智能化、语义化的方向深入发展,基于网络文本分析的文化遗产研究逐渐成为一种趋势,是文本分析法在文化遗产研究中的重要应用。近年来,越来越多的研究者注重对游客网络游记文本进行分析,研究的主题涉及遗产旅游目的地旅游形象、游客认知、空间分布等方面。

网络文本分析是基于 Web2.0 技术的广泛推广而得以实现的。随着互联网的普及和发展,基于网络文本分析的遗产旅游目的地研究往往会选取相关网站(官方网站、旅游企业网站、新浪微博、携程网、同城网、艺龙网、去哪儿网和大众点评网等)的"分享旅游体验帖"或者是游客点评,通过网络爬虫工具如八爪鱼、火车头等采集器以及 Python 网络爬虫等进行网络数据资料采集。网络文本是从网络上最直接获得的数据样本,有学者会将网络文本数据与传统的问卷调查数据相结合,使研究更具有说服力。

对文本进行采集后,进一步运用内容分析法对采集到的文本进行分析。例如,使用 ROST 软件中的高频词、语义分析、情感分析工具进行分析,使用 UCINET 软件、KHcoder 软件进行社会网络分析,或者结合层次分析法、ASEB、扎根理论等进行其他定性研究。

5. 主客位方法

主位和客位方法伴随着人类学田野调查工作方式以及"参与式"观察而出现,成为人类学田野调查以及民族志撰写中应用较广泛的一对相对应的研究视角或研究立场。主体与客体对于价值观有着不同的视角,称之为主位与客位。主位研究是指从研究对象的视角看待民族或文明现象。也就是说,研究者不凭自己的主观认识,尽可能地从当地人的视角去理解文化,通过听取当地提供情况的人即报道人所反映的当地人对事物的认识和观点进行整理和分析的研究方法。主位研究将报道人放在更重要的位置,把其描述和分析作为最终的判断。同时,主位研究要求研究者对研究对象有深入的了解,熟悉他们的知识体系、分类系统,明了他们的概念、话语及意义,通过深入的参与观察,尽量像本地人那样去思考和行动。客位研究是指从研究者的视角看待民族或文明现象。也就是说,研究者以文化外来观察者的角度来理解文化,以科学家的标准对其行为的原因和结果进行解释,用比较的和历史的观点看待民族志提供的材料。这样在研究理论和方法上,要求研究者具有较为系统的知识,并能够联系研究对象实际材料进行应用。

"主位研究"和"客位研究"是田野调查的两种研究视角,二者各有优缺点,其划分也不是绝对的。在实地调查过程中,很难有完全的"主位研究",也很难有完全的"客位研究"。在调查中获取了本位观念之后,还是会同较基本的理论问题联系起来做进一步的研究并形成客位观念。因而主位方法是观察研究文化的重要出发点和基础,但同时需要客位的分类和资料收集形式,这样可以对观察单位的定义提供意义指导。因此,社会研究者可以使用多种主位和客位相结合的方法来透视各种社会问题,以实现对社会问题更好、更全面的理解。例如,研究者可以用主位方法来收集调查数据，在整理和分析数据时，以受访者的意见和证据为基础，跳出具体的研究情境，用客位视角来审视和解读研究对象，在撰写研究报告时，用研究者口吻而不是受访者口吻来报告研究结果并阐发研究意义。

  非物质文化遗产以活态传承至今，是有着明显的个体或群体传承人的文化现象。对于非物质文化遗产的认知也存在主位和客位的差异，把握好非物质文化遗产的主客位观点，合理地分析与应用主客位方法，将对我国非物质文化遗产的保护与利用起到促进作用。非物质文化遗产的主位观念，代表了社区、群体或个人的文化主体对传承文化的价值认知，这些认知是祖辈传下来的价值观以及思维模式。对于这种主位观念，我们必须保护并予以尊重，这是非遗保护和利用的出发点和基础。在非遗保护工作中，除了社区、群体或个人等传承主体外，还存在着一个以政府为主导的政府、学界、商界、新闻媒体以及公众等组成的非物质文化遗产保护的客位体系，它们虽然与传承无直接的关系，却是对非物质文化遗产传承起着重要推动作用的外部力量，从制度角度参与非物质文化遗产的分类和评定，并从组织机构、财政支持、商业开发以及媒体宣传上保证非物质文化遗产保护和利用工作的可持续发展。政府、学者、商界、新闻媒体以及公众作为非物质文化遗产保护的"客体"或"外来人"，在制定政策、参与决策、实施以及宣传工作中，与非物质文化遗产的传承人一起成为文化遗产保护的主要力量。然而主位与客位因为处在非物质文化遗产的不同角度，因而以政府为代表的"客体"常常与以传承人为主体的"本土人"的观念存在错位。如何在保护中协调好二者的关系，使政府、学者与非物质文化遗产传承人之间保持一种相互尊重、相互理解的关系，是非物质文化遗产保护发展的关键。因此，非物质文化遗产主客位方法必须有机结合，相互补充，只有这样，才能真正发挥非物质文化遗产的主体能动性，同时发挥政府、学界、商界和公众的合力，对非物质文化遗产的保护发展提供意义指导。

（四）研究内容

  我国特色文化遗产保护发展理念研究内容可结合上述理论方法从三个

层面进行探讨。

1. 宏观层面

运用价值论方法,解析我国传统哲学思想对文化遗产保护发展理念的影响,包括各个流派的价值观思想,如儒家的道德哲学对文化遗产真善美价值的释义,道家的自然主义超越价值观与文化遗产意境美学的关系,墨家的公利实用价值观对文化遗产价值的认知及对修复方式的导向,以及宗法礼制、符号象征等民俗观念对建筑制式的影响。同时也应了解西方主流价值观对西方文化遗产保护发展理念的指导意义,相关流派的主要思想及发展历程,以及对世界文化遗产保护发展理念的主要影响。

2. 中观层面

运用系统论的方法,研究文化遗产保护发展与外部边界环境之间,以及文化遗产保护发展内部各子系统间的相互渗透,揭示其通过系统良性运行机制所形成的有机联系性与系统整体性。外部环境研究包括如何将文化遗产保护纳入生态环境建设,以生态环境建设促进文化遗产保护发展,以文化遗产保护发展提升生态环境的文化内涵。内部结构主要研究内容应涵盖如下方面:一是保护管理体系。包括研究如何建立或优化文化遗产登录制度、建筑管理制度、公众参与制度及监督体系等。二是资金保障体系。包括如何构建以国家为主体、市场资金参与运作、民间慈善及文化基金支持相结合的全方位资金保障体系。三是教育科研体系。包括如何发挥文化遗产保护发展的研究机构、教育体制与培训体系的作用。四是法律保障体系。充分掌握我国法律保障体系现状和国家、地方各级法律法规内容,研究如何加强法律法规建设对我国文化遗产保护发展的规范、指导和引导作用。

3. 微观层面

运用控制论的观点,进一步对国际普遍遵循的文化遗产保护修复原则展开"本土释义",开发适合我国文化遗产结构特点的保护、修复技术措施。如对文化遗产资源进行分级干预,针对不同的遗产状况采用维持现状、加固性修复、修补性修复、复原性修复、重建性修复、适应性再利用等手段。研究运用新技术对文化遗产风貌进行维护，对文化遗产进行科学考据和技术处理，对数字博物馆进行信息化建设，等等。

三、中国特色文化遗产保护发展理念及其内涵

结合上面的论述，按照新时代中国文化遗产保护和特色社会主义文化建设的实际需要，紧扣文化遗产的历史内涵和时代价值，笔者研究提出中国特色文化遗产保护发展理念为保护与传承为主，发展与创新为要，保护与发展并重，传承与创新并举。这一理念由四句话构成，包括三层含义：

第一，主要任务。保护与传承为主，是讲在任何时候、任何情况下，文化遗产工作都要以保护传承为主要任务。一要像爱惜自己的生命一样，真实、全面、有效地保护好每一项文化遗产。对遗产保护工作者来说，既要开展抢救性保护，又要注重预防性保护，要利用新科技、新材料、新方法、新工艺，力求以最先进的科学技术实现最高效、最持续的保护。对各级政府而言，从国家到地方，在政策制定、资金投入、人才支撑、舆论宣传等方面要为文化遗产保护提供更多的实质性支持。同时，还要引导鼓励社会各界积极投身到文化遗产保护工作中去，形成全社会齐心协力保护文化遗产的新格局。二要在保护好文化遗产本体及其生存发展所依附的自然、人文环境的基础上，多形式、多渠道主动传承文化遗产蕴含的内在的民族智慧、民族精神和民族力量。这里特别需要指出的是，长期以来，相对文化遗产外在的"形"的保护，对遗产内在精神特质的传承始终是一个薄弱环节，这也是笔者提出"保护与传承为主"的理由之一。事实上，要让文化遗产"活"起来，把文化遗产"用"起来，很大程度上要"激活"文化遗产内在的精神层面的"因子"，而这正需要以传承为纽带。

第二，方法要领。发展与创新为要，是讲发展和创新是实现保护传承这一主要任务的方法和要领。具体讲，一要以发展促保护。要积极回应经济社会发展、民生改善和人民群众对高质量物质、精神文化产品需求的时

代诉求，用发展的思维和手段谋划、实施文化遗产保护，使文化遗产保护项目成为惠民工程，使文化遗产保护事业为经济社会发展贡献力量。始建于1935年的大华纱厂（陕西第十一棉纺织厂），位于西安太华南路，是西北地区建立时间最早、建成规模最大的民族机器纺织企业。2011年，大华纱厂按照"整体保护、合理利用、综合更新、可持续发展"的思路，对这一工业文化遗产进行改造保护。在遵循原有风貌的基础上，对历史建筑重新进行功能和景观设计，使工业生产空间向人文休闲空间转变，从"封闭空间"转换为"社会空间"，形成适应现代生活与公众文化需求的休闲场所和消费空间，实现了物质、精神、文化和社会等多维空间的嬗变。在大华纱厂空间再生产过程中，将传统工业空间改造为纺织工业遗产博物馆，利用生产厂房展示纺织机器、纺织技艺、纺织故事、纺织人物等，满足了大华人对历史的追忆以及市民游客学艺博闻的需求。由厂房、办公用房改造成的小剧场、书场、文化创意中心、新概念书店、文化会展平台等，满足了各类型文化展演、创意活动的需求。项目自运营以来，仅小剧场艺术演出便超过1000场次。另外，随着新植入的产业要素及其结构的改变，空间使用者的行为空间亦随之改变。新的投资运营管理者积极参与，先后引进163家品牌商户，促使要素、业态不断丰富，为老厂房注入新能量，为砖墙和机器赋予了历史温度和时代活力。这种以发展促保护的举措，既很好地保护了工业文化遗产，又有效地适应时代需求，助推时代发展。只有让人民群众得实惠，才能更好地激发遗产地居民保护遗产的激情与热情；也只有使经济社会繁荣发展，才能为遗产保护提供更多的财力和物力保障。事实一再证明，凡是保护得比较好的文化遗产，基本上都在促进人和社会发展上成效比较显著。二要以创新促传承。如果说文化传承是文化延续发展的基础，那么文化创新则是文化传承的关键。因为没有传承，文化的延续发展就没有根基，而一味地传承，不加以创新，文化的延续发展只能是僵硬的重复。正如克罗齐所说，一切历史都是当代史。文化遗产要存活于当代，原封不动地继承是不行的，必须通过创新，找到与现代社会相契合的形式与内容，使其适应于当代、发展于当代。文化遗产都是过去的产物，而我们面对的是一个现代社会。传承文化遗产，要结合今天的生产力状况、科技发展状况、人们的生产生活状况、文化消费状况，通过创新、创作，生产出人民群众喜闻乐见的文艺作品、文化产品。例如，河南的画像石、画像砖和陕西的石碑比较多，但过去人们只是把它们做成拓片，除了文化人，很少有人问津。而现在经过创意设计，使其以符号的形式印在扇子、书签、钱包上，作为文创产品进入大众生活。可以说，只有不断地创新，文化遗产的传承才能更具生生不息的价值与魅力。

第三，思想态度。保护与发展并重，传承与创新并举，是指对待文化遗产保护工作的思想态度。进行文化遗产保护，从总体规划、具体方案到项目实施，每个环节都要始终坚持保护与发展并重、传承与创新并举，将其摆在同等重要的地位，不可偏废，既不能为了保护而忽视甚至排斥发展，置遗产地居民及利益相关者生存发展于不顾；也不能只是呆板、教条的承袭式地传承而毫无创新创造之力，白白地丢弃文化遗产的灵气与生机。

重构中国特色文化遗产保护发展原则

按照保护与传承为主、发展与创新为要、保护与发展并重、传承与创新并举的文化遗产保护发展理念，我从保护、传承、发展、创新四个方面提出中国特色文化遗产保护发展原则。

一、保护原则

（一）真实保护

"真实保护"就是要确保文化遗产现状的真实保留及其承载、传递历史信息的真实性。在具体保护实践中，要通过坚持保护依据的准确性和保护手段的科学性来实现文化遗产真实完整的保护。一要确保文化遗产保护依据的准确性。任何形式的文化遗产保护实践，都要秉承客观、科学、礼敬的态度，要以可靠文献、数据等为依据，在真实准确的历史资料支撑下制订科学求实的保护方案。例如，1973年修复五台山南禅寺大殿时，就是在充分参考敦煌壁画、大雁塔门楣线刻佛殿、陕西乾县懿德太子墓唐代壁画阙楼和唐代鸱尾形制以及宋《营造法式》等多种可靠文献、数据的基础上形成修缮方案的。再比如，1945—1966年，华沙古城重建工程完全以第二次世界大战前的实测图、照片等历史文献及相关古迹保护档案为施工依据。二要确保文化遗产保护手段的科学性。保护手段的科学与否，直接决定着文化遗产的保护成效。保护手段的选择运用要紧紧围绕最大限度保存延续文化遗产现状和保存传承文化遗产真实历史信息两大目标，结合保护对象的实际情况综合研判，有的放矢地科学决策。尤其是在当代科学、信息技术日新月异的时代条件下，要积极采用现代科学技术手段和科学监测方法，提高文化遗产保护与动态管理水平。例如，运用信息技术手段加强文化遗产日常养护巡查与监测保护，注重与原材料、原结构相匹配的可逆性材料应用等，以最大限度增强文化遗产保护手段的科学性。

（二）有效保护

"有效保护"就是要以实事求是的态度，运用务实、管用、对路的保护措施，切实保护好每一项文化遗产，确保文化遗产保护工作的实际效果。一要在宏观上确保保护观念、思路的有效性。观念决定思路，思路决定出路。有效保护文化遗产，至关重要的是要树立符合中国文化遗产特性并遵从中国传统审美崇尚、价值取向的保护理念，并以此为基础，根据文化遗产的实际保存现状，有区别、有针对性地提出、制订切实有效的保护思路、方案，不能在无动于衷或议而不决中错失抢救、保护文化遗产的有利时机，造成不可挽回的损失。二要在微观上确保保护方法、措施的有效性。要在始终坚持保护传承为主的前提下，广泛借鉴汲取古今中外传统的、现代的行之有效的保护方法，并充分运用新科技、新材料、新工艺、新方法，研究制订具有较强针对性、可操作性的保护方案及方法、措施，力求在继承传统、博采众长的基础上，以最先进的科学技术实现文化遗产最有效、最持续的保护，真正做到应保尽保、能保则保。尤其是绝不能将文化遗产保护停留在嘴上、纸面上，而要体现在具体行动中。莫高窟文化遗产保护在这方面起到了很好的示范作用。莫高窟是中国古代文明的一个璀璨的艺术宝库，也是古代丝绸之路上曾经发生过的不同文明之间对话和交流的重要见证。莫高窟文物受到自然和人为两方面的伤害。自然的危害主要来自风沙、水的入渗；人为的危害则主要来自游客的过量参观。针对危害莫高窟文物的因素，敦煌研究院建立了莫高窟监测和风险预控体系，在所有的开放洞窟安装了传感器，通过对窟内温度、相对湿度、二氧化碳含量和进窟参观的游客数量等监测数据的分析，及时采取适当的管理应对措施。工作人员在反复研究数据和模拟实验的基础上发现：洞窟的相对湿度若超过62%，会诱发壁画可溶盐活动，可能导致壁画产生新的病害；二氧化碳含量超过1500ppm，会使窟内空气质量降低，超过人体正常承受能力，可能导致游客产生不适。经过复杂的测算，工作人员得出这样一些结论：开放洞窟不能小于13平方米、每批游客不能超过25人、莫高窟单日游客最大承载量为3000人次等，这样洞窟微环境各项指标才不会超过临界值，才可能既保护文物，又保证游客舒适参观。基于科学的监测和实验数据，莫高窟制定了科学合理的游客管理方案，有效保护了文物安全。[①]

（三）全面保护

"全面保护"就是要实现文化遗产"内涵"和"外延"上由点到面，由"躯体到灵魂"的保护，文化遗产种类上由传统文化遗产到其他类型文化遗产的保护。一要重视文化遗产本体与环境"点""线""面"的全面保护。随着我国文化遗产保护发展理念和实践的不断深入，文化遗产保护的"内涵"有了新的发展和变化，遗产本体保护与遗产所依存的整体环境（包括历史的、文化的、生态的、社会的等因素的综合环境）保护构成当代文化遗产保护的重要内容。与之相应，文化遗产保护也要秉承"点线面、多层次、全覆盖"的工作思路，向"活态遗产""动态遗产"方向发展，从而实现由"躯体到灵魂"的全面保护。二要重视文化遗产保护新领域的拓展与研究。随着人们对文化遗产价值认知的不断深入，文化遗产的"外延"正在不断扩大。新时代不仅要注重历史文化遗产、大型文化遗产、线性文化遗产、非物质文化遗产、民间文化遗产等传统领域遗产保护的纵向深入研究，还要加强对工业文化遗产、红色文化遗产、传媒文化遗产、信息文化遗产等新兴遗产保护的科学研究和技术创新，从种类上实现全面保护。近年来，国家实行的革命文物集中连片保护利用工程为遗产全面保护

---

① 范昕：《樊锦诗：文物有效保护的探索者，首次提出"数字敦煌"》，《文汇报》2015年12月16日第11版。

开了个好头。2018年,中共中央办公厅、国务院办公厅印发《关于实施革命文物保护利用工程(2018—2022年)的意见》,提出要按照集中连片、突出重点、国家统筹、区划完整的原则,建设革命文物保护利用片区,创新革命文物保护利用体制机制,推进革命文物的整体规划、连片保护、统筹展示、示范引领,助力革命老区脱贫攻坚。2019年3月6日,中央宣传部、财政部、文化和旅游部、国家文物局公布了第一批革命文物保护利用片区,包括井冈山、原中央苏区、湘鄂西、海陆丰、鄂豫皖、琼崖、闽浙赣、湘鄂赣、湘赣、左右江、陕甘、川陕、湘鄂川黔、晋冀豫、苏北等15个片区,主要是土地革命战争时期的根据地13个片区和抗日战争时期的根据地2个片区,涉及20个省份的110个市、645个县。2020年6月30日,中央宣传部、财政部、文化和旅游部、国家文物局公布了第二批革命文物保护利用片区分县名单,包括长征、西路军、东北抗日联军、陕甘宁、晋绥、晋察冀、冀热辽、冀鲁豫、山东、苏中、苏南、淮北、淮南、皖中、浙东、广东、琼崖、湘鄂赣、鄂豫皖、河南、西藏、新疆片区,涉及31个省份228个市988个县。两批革命文物保护利用片区涉及31个省份268个市1433个县,覆盖31个省、自治区、直辖市和新疆生产建设兵团,有效保护了我国的革命文物。①

二、传承原则

(一)传承遗产智慧

中国文化遗产作为中华优秀传统文化的物质与非物质载体,蕴含着中华民族独特的思想、艺术、建筑、科技等方方面面的智慧,显示出中华民族高超的造物技艺、艺术水平与创新能力,尤其是中国丝绸、陶器、漆器、青

---

① 见《革命文物保护利用片区分县名单(第一批)》《革命文物保护利用片区分县名单(第二批)》。

铜器等造物文化产品，不仅是那个时代工艺、技术和美学上的引领者，而且许多技艺和创造成就即使在今天也很难被超越。保护发展文化遗产，要在保护好其本体及周边环境的同时，以丰富多样、灵活有效的方式方法，积极传承借鉴、发扬光大遗产智慧，使其更好地服务于当代经济社会发展。比如，在当今"一带一路"倡议下，中国文化遗产智慧对于构建人类命运共同体，回应当代人类面临的一系列全球性问题和困难，都具有鲜明的借鉴意义。再比如，现存许多水利工程类文化遗产，如都江堰，运用了大量当时居于世界领先地位的科学技术，充分展示了古代人民的造物技术智慧。都江堰，位于四川省成都市都江堰市城西，坐落在成都平原西部的岷江上，是由渠首枢纽（鱼嘴、飞沙堰、宝瓶口）、灌区各级引水渠道、各类工程建筑物、大中小型水库和塘堰等所构成的一个庞大的工程系统。李冰主持创建都江堰，正确处理鱼嘴分水堤、飞沙堰溢洪道、宝瓶口引水口等主体工程的关系，使其相互依赖，功能互补，巧妙配合，浑然一体，形成布局合理的系统工程，联合发挥分流分沙、泄洪排沙、引水疏沙的重要作用，使其枯水不缺、洪水不淹。具体地说，利用鱼嘴分水堤从岷江引水灌溉，枯水期自动将岷江60%的水引入内江，40%的水排入外江；洪水时，又自动将60%的水排入外江，40%的水引入内江。都江堰建于岷江弯道处，江水流至都江堰，含沙量少的表层水流向凹岸，含沙量大的底层水流向凸岸，将洪水冲下来的沙石大部分从外江排走。进入内江的小部分沙石，利用伸向江心的虎头岩的支引、宝瓶口的节制和"离堆"的顶托，将大部分沙石从飞沙堰、人字堤排入外江，使宝瓶口引水口和灌区干流免遭泥沙淤塞；利用宝瓶口引水口控制进水量，既保证了灌溉用水，又防止了过量洪水涌入内江灌区，造成灾害。都江堰能自动调节进入灌区的水量，使成都平原"水旱从人"，成为天府粮仓。都江堰是成功运用自然弯道形成的流体引力，自动引水、泄洪、排沙的典范。建堰时，李冰还在江中埋石马作淘滩标志，立"三石人"观察水情消长，开创了中国古代水情测量的先例。总之，都江堰作为当今世界年代久远、唯一留存、以无坝引水为特征的宏大水利工程，不仅是中国水利工程技术的伟大奇迹，也是世界水利工程的璀璨明珠。

它充分利用当地西北高、东南低的地理条件,根据江河出山口处特殊的地形、水脉、水势,乘势利导,无坝引水,自流灌溉,使堤防、分水、泄洪、排沙、控流相互依存,共为体系,保证了防洪、灌溉、水运和社会用水综合效益的充分发挥。它最伟大之处是建堰2250多年来经久不衰,而且发挥着愈来愈大的效益。都江堰的创建,以不破坏自然资源,充分利用自然资源为人类服务为前提,变害为利,使人、地、水三者高度协和统一,是全世界迄今为止仅存的一项伟大生态工程,开创了中国古代水利史上的新纪元,标志着中国水利史进入了一个新阶段,在世界水利史上写下了光辉的一章。都江堰水利工程,是中国古代人民智慧的结晶,是中华文化划时代的杰作。① 今天保护都江堰,要更好地认识古代科学技术,积极汲取并传承弘扬古代科学智慧。

(二)传承遗产精神

文化遗产是一个民族和国家在长期历史发展中逐渐积淀和形成的情感、信仰、文化、身份认同的表达系统。中国文化遗产承载着绵延不绝的中华文明,积淀着民族精神的符号基因。我们所熟知的愚公移山、精卫填海、夸父逐日等传说,西汉史学家司马迁"究天人之际,通古今之变,成一家之言"的史学抱负,唐代诗人李白"长风破浪会有时,直挂云帆济沧海"的刚毅果敢,北宋思想家张载"为天地立心,为生民立命,为往圣继绝学,为万世开太平"的哲学宏愿,特别是诸如井冈山、延安、西柏坡等地印证中国共产党人在近代革命斗争史上敢于"挽狂澜于既倒,扶大厦之将倾"的使命担当的革命史迹,无不是中华民族自信自强精神的充分体现。无论时代如何变化,文化遗产蕴含的中华民族的工匠精神、创新精神和自立自强精神具有永不褪色的价值。新时代保护发展文化遗产,不能只看到其外在形式,停留在物质层面上的保护,还要洞悉其内在光华,把传承弘扬遗产精神作为遗产保护的重要内容,落实在具体行动中,并使之成为当代

---

① 《世界文化遗产——青城山—都江堰》,2006年3月29日。

文化和生活的有机组成部分。世界文化遗产大运河由京杭大运河、隋唐大运河、浙东大运河三部分构成，全长近3200公里，开凿至今已有2500多年，是中国古代创造的一项伟大工程，是世界上距离最长、规模最大的运河。大运河遗产是农业文明时代人工运河的杰出范例，整体性和其中的众多枢纽在规划思想、工程设计和施工技术方面均体现了古代中国在建造水运、水利工程方面的最高成就，也是世界范围内具有代表意义的人类智慧的反映。历史上，大运河服务于漕运的同时，促进了沿岸的村镇乃至城市建设的发展和沿线区域间文化、思想的融合，促成了持续约1400年的中国东中部地区的大沟通和大交流。当前，它的许多河段仍发挥着重要的航运、引洪、输水等功能，对于中国的经济社会发展具有重要意义。① 大运河展现出我国古代劳动人民的伟大智慧和勇气，传承着中华民族的悠久历史和文明，是一部书写在华夏大地上的宏伟诗篇，尤其是，它已成为中华文明的一张名片，凝聚着中华民族生生不息的奋斗进取精神和海纳百川的融合共生精神。今天，让古运河焕发新的生机，我们不仅要保护好、利用好它的物质资源，也要在转化、创新中传承好它的精神内核，正如《大运河文化保护传承利用规划纲要》所要求，要强化精神内涵的挖掘，结合时代条件加以继承和发扬，赋予其新的时代含义和文化价值，让中华文化展现出永久魅力和时代风采。

（三）传承遗产力量

一个民族的文化遗产作为一个民族文化发展的历史见证与实践结果，蕴含着该民族文化发展的凝聚力、创造力、影响力，同时也是该民族物质与精神力量的集合反映。我国不同种类的文化遗产，都积淀着中华民族最深层的精神追求，蕴含着中国精神、中国智慧和中国理念，代表着中华民族独特的精神标识，是中华民族生生不息、永葆魅力的精神力量的体现和象征，是文化自信的底气和文化自强的优势所在，更是实现中华民族伟大复兴路

---

① 见《大运河文化保护传承利用规划纲要》《中国大运河遗产管理规划》。

上最充沛的养分所在、最强大的力量所在。保护发展文化遗产，要多措并举，着力彰显遗产力量，尤其是要把遗产力量作为当代励志图强的精神动力，激发人民群众的民族自豪感和自信心，为民族复兴、国家富强发挥切实有效的支撑作用。

三、发展原则

（一）促进遗产发展

按照文化发展规律，任何时代的文化总是在发展中不断充实、完善和进步的，也总是在发展中不断充满生机、活力与魅力。法国著名思想家布尔迪厄认为，文化是动态的、不断发展变化的，只有通过不断的"再生产"才能维持自身平衡，社会也才得以延续。① 文化遗产作为文化的历史见证和文化发展成果的承载者，必然伴随文化的发展而发展。推进文化遗产事业，要力促文化遗产自身的发展。从事物发展的客观规律来讲，没有任何一种文化遗产能够以其诞生时的"原质""原貌"永久地留存于世，它总是在随着时间的推移而不断地被后人赋予新的时代内涵的过程中演变发展的。比如，岳阳楼始建于东汉时期，历经唐、宋、元、明、清至今，在1800余年的历史中，经过50多次的修葺和20多次的重建，其建筑形制不断演变发展。再比如，开封铁塔原为木塔，始建于公元982年，建成于公元989年。因为木塔位于开宝寺福胜院内，因此又称福胜塔，后宋真宗赐名"灵感塔"。宋仁宗庆历年间，木塔遭雷击被焚毁。考虑到木塔容易遭雷击火焚，而后改用琉璃面砖建造，于北宋皇祐年间重建，重建的灵感塔已不在原来的福胜院，而是移到了夷山之上的开宝寺的上方院。因塔身全部以褐色琉璃砖镶嵌，远看酷似铁铸，从元代起民间称其为"铁塔"。对具

---

① [法]皮埃尔·布尔迪厄：《实践感》，蒋梓桦译，译林出版社2012年版，第78—87页。

有活态传承特征的非物质文化遗产来说，更要通过促进其自身的发展以增强其生机与活力。2017年1月，中共中央办公厅、国务院办公厅颁布的《关于实施中华优秀传统文化传承发展工程的意见》明确提出："深入开展'我们的节日'主题活动，实施中国传统节日振兴工程，丰富春节、元宵节、清明、端午、七夕、中秋、重阳等传统节日时代内涵，形成新的节日习俗。"[①]必须承认，没有文化遗产自身的发展，文化遗产保护事业在很大程度上只能是简单模仿与机械重复。珍视传统，绝不能抱残守缺，言必古人，艺必古典，躺在祖先的功劳簿上坐享其成。新时代中国特色社会主义伟大实践的深入推进，需要大量与之相匹配的具有鲜明时代特点和民族风格的文化创造，需要大量具有核心竞争力的文化精品。如果不能给后代留下诸多光耀千古的文化遗产，那就是当代文化的失职。从实践层面讲，新时代促进文化遗产自身发展，要立足经济社会发展的实际需要，按照文化发展规律，结合时代的新进步、新发展，在传承中华文化基因，弘扬遗产蕴含的思想智慧、精神力量的基础上，创造生产出更多更好的文化精品，不断丰富我国文化遗产的种类和内容。[②]

（二）促进文化发展

我国丰厚的文化遗产资源不仅是中国特色社会主义文化建设的重要内容，而且是提升和强化文化建设质量、特色的有力支撑。需要指出的是，就我国文化遗产保护传承的实际状况来说，长期以来，从专家学者到专业技术人员，更多重视的是对文化遗产原貌、现状的保持，特别是对文化遗址、古建筑等不可移动文化遗产的保护，基本上都是通过维修加固以达到实体元素的保留，而很少从活化遗产的角度对其多重价值进行挖掘展示。比如，在中国乃至世界都城史上具有重要价值、产生过重大影响的汉长安城遗址，由于多年来在维修保护中内涵开发不足、文化载体缺乏、展示形式

---

① 中共中央办公厅、国务院办公厅：《关于实施中华优秀传统文化传承发展工程的意见》，2017年1月25日。
② 见拙文《城市记忆如何融入当代都市生活》，《光明日报》2020年7月19日。

单调等原因，以致其至今仍默默无闻地蜷缩一隅，深藏地下或"稍露头角"，不惟外地游客，就是西安"土著"，亦很少有人了解其价值影响，更遑论以文化遗产为资源促进文化发展。新时代保护发展文化遗产，一定要和文化建设相结合，让文化遗产作为丰富滋养在文化发展中"亮"起来、"活"起来、"用"起来，有效促进当下、当地文化发展。为此，要着力发挥文化遗产资源丰富文化建设内容、提升文化建设质量、强化文化建设特色的价值功用。

(三)促进经济发展

文化遗产既是一种文化资源，又是一种经济资源。新时代我国经济已由高速增长阶段转向高质量发展阶段。保护发展文化遗产，要充分依托其独特的经济价值属性，着力推动经济高质量发展。① 一要依托文化遗产资源，发展现代文化产业。二要依托文化遗产资源，调整产业结构。三要依托文化遗产资源，提升产品质量。

四、创新原则

(一)创新遗产表现形式

每一种文化遗产都有其独特的静态或动态表现形式和风格，而且其形式和风格随着社会的发展变化都在不断地演变创新，以适时体现和展示新时代的发展内涵与特征。前文所列举的中国历史上的古刹名楼的反复重修、重建，印证的正是文化遗产在时代发展中形式、风格的创新与变化，也正是这种外在表现形式的不断创新与变化接续着文化遗产的传承与发展，延续着中华文化的血脉与传统。任何好的文化内容，都需要好的文化形式

---

① 2020年9月22日，习近平总书记在教育文化卫生体育领域专家代表座谈会上的讲话中指出："推动高质量发展，文化是重要支点。"

来承载、来延续。可以肯定地说，没有文化遗产表现形式的创新，就没有文化遗产的传承与发展。每一时代都在继承传统的基础上通过创新不断汲取新的文化创造。比如，位于西安浐灞生态区的长安塔在这方面做出了探索性的努力。该塔由建筑大师张锦秋院士设计，塔高99米，地上部分分为7层明层和6层暗层，加上地下1层，共计14层。所谓明层，就是四面玻璃通透，全自然采光，而暗层被屋檐遮挡，四面是墙壁，需要灯光照明。这样，从外观看，这仍是一座7层"佛塔"。设计上保持了隋唐时期方形古塔的神韵，同时增加了现代元素，既体现了中国建筑文化的内涵，又彰显出时尚现代的都市风貌。塔采用钢结构框架，屋顶和所有挑檐都采用透明的安全玻璃，墙体也采用玻璃幕墙，保留了唐代传统的挑檐结构，构成水晶塔的效果，充满了现代感。远眺长安塔，具有唐代方形古塔的造型特色，每一层挑檐上面都有一层平座，逐层收分，韵律和谐。各层挑檐体现了唐代木结构建筑"出檐深远"之势。但檐下与柱头内却用金属构件组合，抽象地概括了传统建筑檐下斗拱系统。这种创新做法，使长安塔饱蘸唐风唐韵，又不失晶莹剔透的现代感。应该说，长安塔既体现出中国传统的"天人合一"的自然观、宇宙观哲学思想，又符合现代人的审美理念和对环保的追求。保护发展文化遗产，要按照时代特点和要求，从当下文化发展需要出发，将传统带入现代，深切领悟传统精髓与智慧，充分关注当下社会生产、民众生活和审美观念的新变化，对那些至今仍有借鉴价值的陈旧的表现形式加以改造，赋予其新的表达形式与风格，实现传统元素的现代表达。

(二)创新遗产内容构成

从文化发展的客观规律来讲，文化遗产内涵始终处于不断创新扬弃、充实完善的发展过程中。就物质文化遗产中的不可移动文物来说，历史上每一次对其进行的加固性修复、修补性修复、复原性修复、重建性修复、适应性再利用等保护，都在程度不等地赋予其新的时代内涵与特征。尤其是对具有活态传承独特性的非物质文化遗产来说，每一时代对其进行的保护传承，都是对其内涵的吐故纳新、改造提升。保护发展文化遗产，要大胆超越传统与现实融合的阈限,在新时代创新模式变革、创新领域延伸、创新空间拓展的现实面前,以跨界融合、边缘突围、探索未知的创新精神,不断拓展丰富文化遗产内涵。 例如,凤翔彩绘泥塑为陕西省凤翔县①的一种民间美术,当地人称"泥货",2006年列入第一批国家级非物质文化遗产代表性项目名录。 凤翔彩绘泥塑早期主要用于祈子、护生、辟邪、镇宅、纳福,现在则主要作为工艺美术作品成为家中的摆件。 传统的凤翔彩绘泥塑有三大类型,一是泥玩具,以动物造型为主,多塑十二生肖形象;二是挂片,有脸谱、虎头、牛头、狮子头、麒麟送子、八仙过海等;三是立人,主要为民间传说及历史故事中的人物造像。 20世纪80年代末,随着社会发展,泥塑造型逐渐退化,缺乏创新。 而且泥塑易碎,不能长途运输,很难走出去销售。 面对这种困境,凤翔彩绘泥塑的传承人首先在制作工艺上,将传统泥塑中加入的纸筋改成米汤,提高了泥塑的质量;同时,结合社会发展和公众审美需求,不断创新泥塑产品类型,如凤翔泥塑国家级代表性传承人、陕西一级工艺美术大师胡新明创新制作的泥塑羊、泥塑猴、泥塑鸡、泥塑狗、泥塑猪等造型,深受公众喜爱,有的甚至成为特种生肖纪念邮票的主图,或者登上特种邮票集邮册封面或封底,或者作为中国邮政有奖贺年卡或贺年信封,进入了千家万户,在给人们带去了新年祝福的同时,也使凤翔泥塑成为家喻户晓的民俗工艺品和颇具特色的馈赠礼品。 2021年第十四届全国运动会期间,胡新明得到十四运会组委会的授权后,开始创新制作十四运会吉祥物"金金""羚羚""熊熊""朱朱"的泥塑作品,还有刚刚制作好的第十一届残运会暨第八届特奥会吉祥物"安安"的泥塑作品。 凤翔泥塑传统技艺与十四运会吉祥物现代造型的结合,让这些作品既继承了凤翔泥塑的艺术风格,又显得活泼可爱、充满活力,令人爱不释手。 胡新明认为,一个古老艺术的传承离不开创新,有创新才能有市场,市场也可以激励艺术不断传承。 因为以前太传统的东西,现在年轻人看不懂,所以现在要大胆地把传统的造型技艺和卡通造型等大众喜闻乐见的形式相融合,让

---

① 本文写于2020年。 陕西省凤翔县今已为陕西省宝鸡市凤翔区。

更多消费者喜欢上凤翔泥塑这种传统民俗工艺品。因此，凤翔彩绘泥塑也开始制作大量的泥塑衍生品，如笔记本、手机壳、眼罩、靠枕、纸杯、围巾等功能性日常用品，每一个产品上都有凤翔泥塑的图案，传播着凤翔泥塑文化。①

（三）创新遗产价值追求

一个民族的文化遗产体现着该民族共有的价值追求。文化遗产的价值可以区分为两个方面：一是文化遗产自身所具有的历史、艺术、科学价值；二是作为创造和保护文化遗产的主体的人以文化遗产为载体实现自身价值追求所呈现出来的遗产价值，如文化遗产的文化、经济、社会价值。这两种价值即前文所说的固有价值和创生价值。保护发展文化遗产，一方面，要系统梳理、深入挖掘、着力彰显文化遗产自身的多重价值，并及时运用各种平台和手段，全方位、多角度、多层次加以宣传普及，努力增强全国各族人民对中华文化价值的充分肯定和对中华文化生命力的坚定信念，自觉、主动、积极地坚定文化自信。另一方面，要立足新时代中国特色社会主义伟大实践的战略需要，把文化遗产作为坚定文化自信、推动文化繁荣兴盛，以文化人、培育和践行社会主义核心价值观，改善民生、推动经济高质量发展，参与全球治理、构建人类命运共同体的重要源泉和鲜活素材，把跨越时空的思维观念、价值标准、审美崇尚转化为人们的精神追求和行为习惯，不断丰富文化遗产的时代价值，努力创新文化遗产的价值追求。例如，2022年6月22日，由西安市委宣传部、西安市人民政府新闻办公室主办，西安市委外事工作委员会办公室协办，新华社新闻信息中心、大明宫国家遗址公园承办的国际友人"走读西安——发现不一YOUNG古城之美"主题沙龙在西安大明宫丹凤门遗址博物馆举办。来自日本、意大利、比利时、古巴、葡萄牙和埃及等国家的20多位在西安长期工作生活的外籍人士、海外

---

① 潘睿：《凤翔泥塑"百炼成金" 古老艺术在传承中获得"新生"》，中央广电总台国际在线，2020年12月3日。

华人,以及十多位有海外留学经历的西安青年,以线上互动和沙龙座谈的形式相聚大明宫国家遗址公园。他们在唐朝遗址中追寻唐风古韵的历史印记,彼此分享与城市共同成长的创业故事和美好时刻。当晚,他们和唐朝来了一次"亲密接触"。通过3D数字投影技术,大家一眼看尽大明宫的前世今生,并亲身体验"大明宫人的一天";通过AR技术,大家近距离感受盛唐时期诗、书、棋、茶等文化。接下来,大家很快投入沉浸式体验环节,考古大明宫、融入大明宫。在大明宫考古探索中心里,大家拿起手铲发掘"文物"(实为高仿制品)、拼接碎片,沉浸式体验考古学家的日常生活。其后,大家在大明宫遗址骑行,感受不一样的大明宫之夜。千年之前,大明宫丹凤门作为"唐朝国门",展示着大唐盛世的万千气象。千年之后,唐长安城大明宫遗址,化身为这座城市的"迎宾门",散发威严魅力,迎接着来自五湖四海的游客,让更多外籍人士深度领略西安风貌,传递更为真实、开放、包容的西安,使得大明宫遗址成为新时代"国际人文交流对话场"和"流动的城市会客厅"。[①] 创新使大明宫遗址在当代获得新的价值追求。

---

① 闫坤:《"走读西安"主题沙龙走进"千宫之宫":沉浸式体验带领国际友人"穿越"盛唐》,《西安日报》2022年6月23日。

中国文化遗产保护的目的、任务新论

文化遗产承载着一个国家和民族的历史情感和共同记忆，是文化之根、民族之魂。近些年来，随着我国经济社会的快速发展和人民群众文化水平的显著提高，文化遗产保护日益受到全社会的普遍重视，甚至已经将其提高到增强中华民族文化认同、建设社会主义文化强国、铸就中华文化新辉煌、维系国家文化安全的战略高度来加以强调。显然，这些都最终要落脚在文化遗产保护的目的及任务上。那么，文化遗产保护的目的是什么？任务又是什么？从当下人们对文化遗产保护的认知及实践来看，应该说，这些问题的答案都绝非自明的。然而，要真正保护好、传承好、利用好文化遗产，就必须认真回答这些问题。

一、问题的提出

人类之所以要保护文化遗产，就在于文化遗产有着多方面的价值。而从本质上来讲，所有的文化遗产都是人们依据当前的目的需要与价值观对过去/历史的选择性再现。[1] 换言之，文化遗产的价值来自作为主体的人对遗产本体的认知和判定，而这种认知与判定是一个随时空变迁不断更新的过程[2]。由此可知，随着时间的推移和人的价值认知的变化，从最初关注遗产的历史、艺术、科学价值，进而发展到兼顾情感、社会、文化价值等诸

---

[1] Daniel H. Olsen, Dallen J.Timothy. "Contested Religious Heritage: Differing Views of Mormon Heritage." Tourism Recreation Research, 2002, 27 (2).

[2] 见本书"文化遗产保护篇"《中国文化遗产保护存在问题新辩》。

方面。这主要是基于主体的人的主观价值认知而言。若从作为客体的文化遗产的自身来看,文化遗产因其时代性而潜藏着在新的历史时期逐渐走向衰落的可能性,亦即原初功能的丧失,如西安明城墙军事防御功能的消失,但由于文化遗产饱含着丰富的人类历史和智慧,其中许多基因仍有活力,从而又蕴藏着在新的时代被赋予新的社会功能的巨大潜力。①

基于以上认知与事实,可以说,文化遗产保护不是继承意义上的简单机械式的重复与模仿,而是不断发展变化和跃进提升的动态过程。相应地,文化遗产保护的目的与任务亦非恒定的静态定数,而是一个不断满足个体和社会发展需求的活态变量。据此,在新的历史时期,文化遗产保护的目的与任务究竟是什么? 这直接决定着文化遗产事业发展的目标定位和实际成效。关于文化遗产保护的目的,学界迄今尚无比较全面系统的厘定和论述。要么是就某种文化遗产谈其目的,如郝春文认为,保护敦煌文化遗产的目的表现在两个方面:一是可以使公众领略古代中国处于世界领先时期的风采,二是可以获得宝贵的启示和创新灵感。② 要么是就非物质文化遗产论其保护目的,如荣书琴指出,活态存在的非遗丰富着传统文化的形态与内容,群众认同的非遗夯实着传统文化的基本要求与内涵。③ 显而易见,这些仅是零散的阐释。也有学者指出,"保护也不是目的,利用也不是目的,真正的目的是传承"④。笔者认为,把文化遗产保护的目的界定为"传承",显然是一种窄化、浅化的学术认知,因为它只考虑到文化遗产保护的主体——人的职责使命,而忽略了文化遗产自身价值作用的发挥。另有学者认为,"文化遗产保护的目的就是让其在当代社会'活起来',使

---

① 甘代军:《文化遗产与保护:意义消解与价值重构》,《湖北民族学院学报》(哲学社会科学版)2009年第5期。
② 郝春文:《敦煌文化遗产:盛世风采肇复兴》,《光明日报》2017年3月13日。
③ 荣书琴:《论中国非物质文化遗产的当代价值》,《中国非物质文化遗产》2021年第2期。
④ 单霁翔:《文化遗产,保护和利用不是目的,传承才是》,《南方日报》2021年12月3日。

先祖创造的、与人们朝夕相伴的历史遗产,进一步纳入社会的视野,深入人们的心田"[①]。 还有人认为,"造福人民是保护文化遗产的根本目的"[②]。以文化遗产的多重价值来衡量,这些都是对文化遗产保护目的的简单化或笼统化的阐释与界定。 由于对文化遗产保护目的的认知和阐释不够系统、全面和具体,以致对文化遗产保护任务的论述多为泛泛而谈,只是停留在"让文化遗产活起来""把文化遗产用起来"的口号上,至于如何在实践中活起来、用起来,并无多少实质性的举措和办法。 上所胪述是笔者提出和研究文化遗产保护的目的和任务的动因与理由。

二、文化遗产保护的目的

明确文化遗产保护的目的,是为了更好地厘定保护的任务。 新时代文化遗产保护的目的是什么? 笔者以为,要回答这个问题,需要考虑三个方面的因素。 首先是文化遗产的属性。 关于文化遗产的属性,前人多有研究,诸如不可再生性、整体性、民族性、地域性等已得到学界普遍公认。与此不同,我认为,文化遗产最鲜明、最主要的属性表现在三个方面。 一是它的文化性。"文化"是一个民族在长期社会发展过程中所形成的一整套特定的生产生活方式,它既包括诸如知识、信仰、艺术、法律等精神性和制度性文化形态,也包括满足人们生存发展需要的物质产品成果。 而文化遗产正是这两方面内容的集成和承载者,其鲜明的文化性不言而喻。 二是它的聚合性。 千百年来,中华民族之所以能够焕发出强大的凝聚力和向心力,生生不息,不断发展,就在于各民族有着共同的价值追求和精神依归,并由此凝结为一荣俱荣、一损俱损的命运共同体。 从历史传承来看,中华民族共同书写源远流长、举世瞩目的中华历史,共同创造博大精深、璀璨光华的中华文化,共同培育自强不息、历久弥新的中华民族精神,而这些都凝

---

① 郭旃:《让文化遗产"活起来"》,《人民日报》2016 年 6 月 10 日。
② 龙世明:《造福人民是保护文化遗产的根本目的》,《人民日报》2011 年 2 月 15日。

结积累为具象的文化遗产。尽管每一项文化遗产都有其独特的精神意识、思想内涵，但它们作为中华民族最为独特的文化标识和精神标识，始终处于交融复合的共享状态，是一种集体人格的表征，都集中表现在中华民族共有的精神特质与价值追求中。对于隶属于特定文化体系下的每一个体而言，文化遗产蕴含的文化传统对个体的身份认同、文化归属感和文化凝聚力具有重要作用，其价值和力量能够达成区域、民族、国家发展上的共识，这就是文化遗产的聚合性。三是它的创新性。每一种文化遗产的诞生，都是特定时代人们在思想上和实践上创新的结果，而每一种文化遗产的传承，也都是以创新为支撑的。比如，六和塔始建于宋开宝三年（970），塔基原址系吴越王钱弘俶的南果园，钱弘俶舍园建九级高塔以镇江潮，并取佛教六种规约，将塔命名为"六和塔"。六和塔建成后虽不断被毁，但因人们相信它可以制镇钱塘江潮而屡屡得到再建和修葺。南宋绍兴年间，改九层塔为七层塔。隆兴年间，重建七层宝塔。明清时期，六和塔也经过多次大规模整修，主要是外部木构部分的重建。直到光绪年间，不仅重建了十三层木檐廊，还给塔心外建造了一个全新的"保护罩"，形成外二层为内一层，六层封闭，七层与塔外相通的"明七暗三"独特构造，这才使得六和塔历经长年的风雨侵蚀仍能挺立在钱塘江北岸。可以说，文化遗产的生命力集中体现于创新力，创新性是文化遗产的重要属性。上述文化遗产的三种属性是明确文化遗产保护目的的重要依据和依托。

其次是中国特色社会主义伟大实践的战略需要对人所提出的目标要求。按照国家"五位一体"总体布局和"四个全面"战略布局，不断深入推进的全面建成小康社会、实现中华民族伟大复兴、构建人类命运共同体的伟大历史进程，对每一位国民个体提出了新的更高的目标和要求，其中最为重要的当属坚定文化自信、铸牢共同体意识、增强创新能力三个方面。这主要是因为，第一，文化自信能够以无形的意识、观念，深深影响有形的存在、现实，是激励人们攻坚克难、勇往直前的精神动力和支撑。一个国家、一个民族要实现振兴强盛，都需要以文化自信、文化繁荣为支撑，"没有高度的文化自信,就没有文化的繁荣兴盛,就没有中华民族伟大复兴"①。 第二,民族共同体意识是国家统一之基、民族团结之本、精神力量之魂。 党的十八大以来,以习近平同志为核心的党中央,创造性提出"铸牢中华民族共同体意识"这一重大论断,开辟了马克思主义民族理论中国化的新境界。 在2021年中央民族工作会议上,习近平总书记强调指出:"铸牢中华民族共同体意识,就是要引导各族人民牢固树立休戚与共、荣辱与共、生死与共、命运与共的共同体理念。"②只有铸牢中华民族共同体意识,才能有效抵御各种极端、分裂思想的渗透颠覆,才能有效应对实现中华民族伟大复兴过程中民族地域可能发生的风险挑战,才能为党和国家兴旺发达、长治久安提供重要思想保证,才能增进各民族对中华民族的自觉认同,夯实我国民族关系发展的思想基础,推动中华民族成为认同度更高、凝聚力更强的命运共同体。 第三,创新是民族进步的灵魂,是一个国家兴旺发达的不竭动力,也是中华民族最深沉的民族禀赋。"纵观人类发展历史,创新始终是推动一个国家、一个民族向前发展的重要力量,也是推动整个人类社会向前发展的重要力量。"③时代发展呼唤创新。 在当前激烈的国际竞争中,创新已经成为世界主要国家发展战略的重心。 在我国特色社会主义伟大实践中,创新是引领发展的第一动力,是建设现代化经济体系的战略支撑。

再次是人民群众对美好生活的向往。 人民群众对切身利益的追求、对美好生活的向往,推动着社会历史的发展和进步。 党的十九大报告明确指出:"必须始终把人民利益摆在至高无上的地位,让改革发展成果更多更公

---

① 习近平:《决胜全面建成小康社会 夺取新时代中国特色社会主义伟大胜利》,《人民日报》2017年10月28日。
② 习近平:《以铸牢中华民族共同体意识为主线,推动新时代党的民族工作高质量发展》,2021年8月28日。
③ 习近平:《加快实施创新驱动发展战略,加快推动经济发展方式转变》,2014年8月18日。

平惠及全体人民，朝着实现全体人民共同富裕不断迈进。"①当前，以人民为中心的发展思想越来越深入人心，越来越受到全社会的高度重视，各行业各领域都在坚持以人为本，把实现好、维护好、发展好最广大人民的根本利益放在首位，努力增强民生福祉，提升幸福指数。

基于上述思考和认知，笔者认为，新时代文化遗产保护的目的可厘定为以下六个方面。

一是传承发展民族文化。文化遗产是人类极其珍贵不可再生的文化财富，是一个国家、民族历史与文化传承的重要载体和实证，是国家、民族发展的重要历史见证和社会文明进步的重要标志。文化遗产的特质与地位决定了传承民族文化是文化遗产保护的目的之一。从历史层面看，通过文化遗产保护，对中华文化根源和文化脉络进行完整和真实的记录、保存、传承，延续民族文化血脉，不断彰显中华优秀传统文化的魅力；从社会发展层面看，通过文化遗产保护，为爱国主义和革命传统教育提供基本素材，继往开来为弘扬民族文化和实现民族复兴提供有力支撑；从经济层面看，通过文化遗产保护，把文化遗产内涵融入生产生活各方面并加以活态利用，使其文化价值深入嵌入百姓生活，推动文化旅游、休闲产业成为民族文化传承体系的重要手段和环节。总之，文化遗产保护，要多措并举，经由我们的手，把祖先创造的灿烂文化真实、完整地传给我们的后代子孙，在现代生活中承续中华优秀传统文化，延续我们祖祖辈辈创造的优秀生活方式和生活智慧。与此同时，文化遗产保护还要发展民族文化。文化遗产既包含思想、文化、哲学等精神领域的内容，也包括承载历史文化信息的典籍、器物、建筑等物质形态的载体，其物质与非物质属性互为依托，相辅相成。每一种文化遗产在不同时代被传承弘扬，并不断衍生出新的文化形态，有力推动着民族文化的发展。例如，从甲骨、金石、简牍、帛书、纸书到现代出版等记录文字的物质载体的革新，从《诗经》、楚辞、汉赋、唐诗、宋

---

① 习近平：《决胜全面建成小康社会　夺取新时代中国特色社会主义伟大胜利》，《人民日报》2017年10月28日。

词、明清小说到近代文学等革命①,无不彰显着文化遗产推动民族文化创新发展的力量。所以,文化遗产保护,要立足实践,强化遗产物质载体与传统文化间的血脉关联,把遗产中的思想文化内涵与当代文化建设相结合,让遗产中的基本价值与中心观念在现代化的要求之下实现调整与转化,滋养出具有鲜明时代特色的新思想、新理论、新文化,促进中华民族文化新发展。

二是服务国家战略需要。文化遗产作为中华文明绵延传承的生动见证,是各民族共享的中华文化符号和中华民族形象,是联结民族情感、增进文化认同、维系国家统一的重要基础,对引导各族人民树立和坚持正确的历史观、民族观、国家观、文化观,不断增强中华民族的归属感、认同感、尊严感、荣誉感具有重要的价值与意义。国际上,很多国家都将文化遗产保护提升到维系本土文化独立性的国家战略高度予以系统部署,将其作为维系民族团结、国家统一、文化自信、文化认同的重要举措。尤其是许多国家为抢占未来的制高点和话语权,相继将文化遗产保护纳入本国和本地区的科技规划或单独设立科技行动计划,如欧盟的"地平线2020计划"、法国的"国家级文化遗产研究计划"、意大利的"文化遗产安全计划"和美国的"拯救美国财富计划"等。这充分说明,文化遗产在服务国家战略上具有不可替代的独特作用,融入、服务国家战略是文化遗产保护的重要目的之一。例如,将文化遗产保护主动融入共同富裕战略部署,积极对接乡村振兴、区域协调发展、粤港澳大湾区等国家重大战略,积极推动长城、大运河、长征、黄河国家文化公园建设,推动考古发掘、大遗址保护展示、历史文化名城名镇名村保护,通过建立区域保护协同机制、加强专题研究、举办品牌活动等,生动呈现中华文化独特创造、价值理念和鲜明特色,在保护文化传统、守住文化根脉中服务国家战略的有力实施。

三是促进经济社会发展。在国际视野中,文化遗产与经济社会可持续发展之间的关系近年来受到极大关注和重视。在欧洲,文化遗产专家小组

---

① 王福州:《让文化遗产活起来》,《人民日报》2018年5月30日。

2020愿景报告提出"推动文化遗产服务于欧洲"项目,旨在通过对文化遗产的创新利用,实现经济、社会、环境等方面目标,推动创新融资、投资、监管、管理和商业模式,提高将文化遗产作为生产要素的有效性;促进社会整合,提升社会包容力、凝聚力和民族参与度;促进景观与环境可持续发展。 2016年,联合国教科文组织发布《非洲世界遗产与可持续发展报告》,从环境、社会、经济三方面探索世界遗产保护与可持续发展之间的关系。 我国在这方面的探索也取得了令人欣慰的成绩。 例如,从2016年开始,广东省对拥有古驿道、古码头、古桥、古驿亭等200余处历史遗存的南粤古驿道实行活化保护。 省政府集合住建、文化、旅游、农业、体育、工商等部门的力量,按照以文化遗产保护推动区域发展、民生改善的思路,将南粤古驿道保护与文化传承、乡村振兴、精准扶贫和区域发展紧密结合起来①,通过挖掘沿线历史文化内涵,设计古驿道主题线路,复兴传统墟市,举办非遗文化展、摄影展,建设文化广场、博物馆、户外运动营地,加强绿化提升改造等策略手段,在遗产保护与经济社会发展融合上取得了新的探索与成绩,既获取了良好社会效益与经济效益,又扩大了文化遗产的对外影响。 由此不难看出,促进经济社会发展是文化遗产保护的重要目的。

四是铸牢民族共同体意识。 要站在加强中华民族大团结的战略高度,紧扣文化遗产的聚合性,在建设各民族共有精神家园中增进文化认同,进而强化各民族的中华民族共同体意识,厚植对中华民族的认同感。 文化认同是最深层次的认同,是增进各民族对祖国、对中华民族、对中国特色社会主义认同的支撑。 习近平总书记强调:"加强中华民族大团结,长远和根本是增强文化认同。"②基于文化遗产的聚合性,它是增进文化认同、铸牢民族共同体意识的有效载体和鲜活素材。 比如,像传说、史诗等非物质文化遗产,大多是中华民族共享的文化内容与文化符号,在培育中华民族族

---

① 许瑞生:《线性遗产空间的再利用——以中国大运河京津冀段和南粤古驿道为例》,《中国文化遗产》2016年第5期。

② 《中共中央民族工作会议暨国务院第六次全国民族团结进步表彰大会在北京举行》,《人民日报》2014年9月20日。

源意识、历史观、价值观、思维方式、审美崇尚上,具有特别的精神聚合作用。因此,保护文化遗产,一方面要以文化遗产为内容,加强对中华民族共同体历史、中华民族多元一体格局的研究和阐释,引导各族人民把爱国之情、强国之志和报国之行自觉植入到坚持和发展中国特色社会主义事业,实现中华民族伟大复兴的奋斗中。另一方面,要把文化遗产融入人民群众的生产生活之中,融入国民教育体系的各方面、各环节,赋能各族人民思想共识培育,树立和突出各民族共享的中华文化符号和中华民族形象,使各民族在文化上相互尊重、相互欣赏、相互学习、相互借鉴,不断增强中华民族共同体意识,推动各民族形成包容性更大、凝聚力更强的命运共同体。

五是增强国民创新能力。对文化遗产最好的保护,是让其成为现实生活所需。历史文化的滋养,既在思接千载、视通万里的历史回眸里,更在可感、可知、可参与的现实生活中。在今天创新已经成为时代潮流、时代特征的环境氛围中,要着力挖掘、传承文化遗产中的创新基因,把其蕴含的丰富的创新智慧、创新精神、创新力量深度融入特色社会主义伟大实践中,融入人民群众日常生产生活中,让传统的创造、创新的思想火花和精神力量唤起国民个体内在的创新动力、创新激情,为当代培育创新思维、强化创新意识、提升创新能力释放能量、发挥作用,通过提升国民个体创新能力,不断增强国家创新能力、区域创新能力、企业创新能力。

六是提升人民幸福指数。从文化创生的意义上讲,文化遗产作为历史上人民群众用智慧与勤劳创造的产品与成果,"不是远离百姓、没有生命的化石,而是直接关系民生幸福指数的文化大餐"[①],它应该也必然反哺当代人民群众的生产生活,其所具有的重要的文化、经济、社会等价值,决定了它是当代优化人民群众生活品质,提升幸福指数的重要资源。要注重面向空间中的人及其生活,把文化遗产的深厚内涵和多维价值与人民群众对美

---

① 习近平:《建设社会主义文化强国,着力提高国家文化软实力》,《人民日报》2014年1月1日。

好生活的追求相对接,让文化遗产的价值与魅力抵达现代生活,服务于现代文化产业的发展,服务于公共文化体系建设,服务于城乡居民生活条件的改善,让文化遗产的保护过程、保护成果惠及全体人民,不断提高人民群众的生活质量,增强幸福指数。

三、文化遗产保护的任务

厘定文化遗产保护的任务,是为了实现文化遗产保护的目的。立足文化遗产的丰富内涵和多样属性,依照当代社会发展的实际需要,笔者认为,实现文化遗产保护的目的,需要从以下六个方面加以努力。

(一)文化遗产整体保护

对文化遗产的整体保护是传承发展民族文化的前提和基础。近年来,文化遗产界不断强调整体保护,但就整体保护的实际状况来看,主要体现在对非物质文化遗产和物质文化遗产中的历史文化遗产的保护。在非物质文化遗产中倡导非遗本体与非遗存续相关的自然环境、文化生态的保护[①];在历史文化遗产中强调从单体纪念性建筑物为主的点状保存到以传统村落和历史街区为中心的历史环境整体的面状保护[②]。从一定程度上来说,文化遗产整体保护在当下尚处于概念推广阶段,并无系统的内容举措相支撑。笔者以为,实施文化遗产整体保护,要做到三个结合。

一是本体保护与环境保护相结合。任何一种文化遗产都是由本体及其周边自然和人文环境构成的。对文化遗产进行整体保护,既要保护好遗产本体,又要保护好遗产环境。从我国文化遗产特性和保存现状来说,保护文化遗产本体,要努力做好抢救性保护和预防性保护。首先是抢救性保

---

① 陈华文:《非遗保护可持续的重要理念》,《中国文化报》2021年7月23日。
② 张松、吴黎梅:《历史环境的整体保护,既存资源的合理开发——重庆磁器口古镇的保护整治规划》,《理想空间:历史城镇保护规划与设计实践》,张松编,同济大学出版社2006年版,第39—44页。

护。我国文物以建筑物和大遗址构成为主要类型，而砖木、土木结构建筑体系又是中国古代建筑的主体。其优势是具有相当灵活的调节机制，但不足是容易糟朽、变性、风化，再加上人为和自然的破坏，其本体更易受损。比如，在2021年夏季，山西遭遇罕见的持续降雨，全省共有1783处文物建筑不同程度出现屋顶漏雨、墙体开裂坍塌等险情。再就非物质文化遗产来看，随着现代化的迅猛发展和城镇化的快速推进，传统民间文化的生存环境正在丧失或改变，许多非物质文化遗产的传承和发展面临着严重困境，尤其是一些口头民间文化遗产，诸如口头传说、民间故事、史诗、歌谣、谚语等，没有文字记载，只有依靠传承人的口传心授以及世代流传。如今，掌握这些绝技绝艺的传承人大多年逾古稀，若不及时采录和收集，必将人亡艺绝。例如，河南灵宝的道情皮影是清代中叶由当地艺人将宣传道教经文的道情戏与皮影相结合而形成的艺术形式，曾流传于陕、晋、豫一带。中华人民共和国成立后直至20世纪80年代，道情艺人经常到全国各地演出交流。但20世纪80年代中期开始，一批老艺人相继离世，造成传统艺术自然遗失严重。[①] 所以，要以积极有为的态度，运用新科技、新材料、新方法、新工艺，力求以最先进的科学技术和手段实现文化遗产本体的抢救性保护。其次是预防性保护。预防性保护是指通过有效的质量管理、监测、评估、调控干预，抑制各种环境因素对文化遗产的危害。这一概念是1930年在罗马召开的第一届艺术品保护科学方法研究国际会议上提出的，当时主要指对博物馆藏品的预防性保护。[②] 20世纪90年代开始，考古遗址领域开始提倡预防性保护，21世纪初建筑遗产领域也开始使用。近年来，我国在国家政策层面逐渐重视文化遗产预防性保护。例如，《国家文物事业发展"十三五"规划》要求"实现由抢救性保护向抢救性与预防性保护并

[①] 王艳：《灵宝道情皮影戏的艺术价值与文化传承》，《戏剧文学》2016年第2期。

[②] 吴美萍：《关于开展不可移动文物预防性保护研究工作的几点想法》，《中国文化遗产》2020年第3期。

重转变,保障文物安全"①。 另外,在 2018 年修订的《国家文物保护专项资金管理办法》中明确设立了"预防性保护"专项。 这些都将进一步为开展预防性保护研究和实践提供有力的支撑。 在新的历史时期,要结合我国不可移动文物砖木、土木结构特性和馆藏文物腐蚀损害严重等实际情况,建立完善预防性保护体系,通过对文化遗产保存环境监测和调控,抑制各种不利环境因素对文化遗产的损害。 特别要利用物联网、大数据等关键技术,进行关联因素分析,掌握并预测遗产的变化,以便及时实施干预。 在保护好文化遗产本体的同时,要保护好遗产的周边环境。 文化遗产周边的区域文化体现、延续和发展了遗产本身的传统历史文化,遗产周边的各种物质与非物质资源,都能在一定意义上完整有效地烘托和解读文化遗产的内涵与价值。 法国的文化遗产保护,重视本体与周边环境的同等性。 英国将文化遗产个体或区域与周边环境视为一个整体,更注重外观特色与周边环境的协调性。 从文化遗产保护的真实性原则与完整性原则相结合的角度来说,对于任何一种文化遗产的保护,不仅要遗产本身真实,而且要遗产周边环境真实。 总之,文化遗产的保护对象要从文化遗产本体扩展到对其环境及环境所包含的一切历史的、社会的、精神的、习俗的、经济的和文化的活动,实现"从躯体到灵魂的保护"。 然而,客观地讲,就文化遗产保护的实际过程看,出于经济社会的快速发展和遗产地居民生存发展需要,在很多时候、很多情况下,保护好遗产周边环境远比保护好遗产本体困难得多。 笔者在 2006 年曾撰写过《当前文物保护工作的难点和关键》②一文指出,在目前甚至将来相当长一段时期内,文物周边环境风貌的保护,将是解决好文物保护工作问题的关键和难点。 很显然,在今天,以牺牲遗产地周边环境为代价换取一地一时经济效益的事件常有发生,文化遗产周边环境保护工作的难度和艰巨性依然存在。 这就要求我们,第一,要通过大力宣

---

① 国家文物局:《国家文物事业发展"十三五"规划》,2017 年 2 月 27 日。
② 见拙文《当前文物保护工作的难点和关键》,《论西安城市特色》,田自立编,陕西人民出版社 2006 年版,第 151—156 页。

传,营造一种全社会重视文化遗产周边环境保护的思想舆论氛围,鼓励引导当代国人以神圣的使命感和高度的责任感投身到文化遗产周边环境保护的具体行动中。 第二,要加大编制和完善文化遗产保护规划力度。 制定相应的管理控制要求,通过控制范围和对用地指标、用地性质的种种限制,加强对遗产地周边环境的管理。 例如,北京市政府专门针对文化遗产故宫周边——皇城历史文化保护区,编制了《北京皇城保护规划》①,从土地使用功能、文物保护利用、建筑高度控制、市政设施规划等方面提出具体的保护方式和环境整治措施,已取得一定成效。 尤其是在当今信息社会,编制文化遗产保护规划,要加强科技支撑,发挥科技创新的引领作用,探索云计算、大数据等现代信息技术的运用,如加强空间信息技术在规划编制过程中的运用,加强数字信息管理平台在规划实施管理中的运用。 第三,要建立健全遗产地周边环境保护法规体系。 近年来,我国已经初步确立了文化遗产保护的法律法规体系,但是既有的体系尚不完善,专项法规、技术规范、管理制度空缺较多。 既缺乏针对不同类型文化遗产的专项法律,也缺乏考虑遗产应对各种产权问题的法律条款。② 尤其是涉及文化遗产周边环境保护的相关法规更是少之又少。 2005 年《西安宣言》已从国际法的角度对文化遗产周边环境保护做出法律规定。 可借鉴遗产发达国家的成功经验,结合我国具体实际,颁布相关法规,从宪法、法律、行政法规、部门规章到地方性法规,建立健全相关法规体系,对文化遗产周边环境保护、资源开发进行有效监管。 另外,对主管机构应规定必要的法律义务,若失职失责或处置不当,应承担相应的法律责任。 第四,要建立完善环境质量管理和公众监督机制。 遗产地的环境质量管理是遗产地可持续发展的重要内容。 要以环境科学的理论为基础,运用技术、经济、法律以及教育和行政等手段,按照资源利用与环境保护地协调发展原则,建立遗产环境质量管

---

① 北京市规划委员会:《北京历史文化名城北京皇城保护规划》,中国建筑工业出版社 2004 年版,第 94—156 页。

② 梁伟:《文物保护规划的现状与发展研究》,《遗产与保护研究》2018 年第 7 期。

理机制,以有效协调遗产地的经济开发与遗产保护之间的关系,使遗产产业发展在满足人们的物质和文化生活需要的同时,防止环境破坏,维持生态平衡。① 与此同时,要建立完善公众监督机制。 一方面将文化遗产周边环境保护和利用置于社会大众的广泛监督之中;另一方面,使处于弱势地位的利益相关者拥有一定的话语权,尽量避免遗产地周边开发过程中弱势人群利益旁落。

二是把"物"的保护与"人"的保护相结合。 对文化遗产保护而言,"物"是指传统的物质空间构成,"人"指的是与物质空间相适应的社会阶层以及生活模式。 文化遗产不是一个独立存在的"实心"对象,它是与人的行为和活动合一的。 没有人的主观意志和行为,文化遗产就失去了其存在、传承和发展的土壤与环境。 做好文化遗产整体保护,不仅要保护好遗产的本体和环境,更重要的是要保护好遗产地居民以及特有的生活状态。 意大利博洛尼亚是世界上第一个提出"把人和房子一起保护"的城市,即在历史文化遗产保护的领域内,既要保护有价值的历史建筑,更要保护原生居民及其特有的生活状态,强调居住功能对文化遗产保护的重要性。 与此相比,我们却有较大的差距。 多年来,全国一些地方在保护名城古镇、文化遗址时,常见的做法是将遗产地居民以货币或实物补偿的办法易地搬迁。 另外,还有不少遗产地的居民为生计纷纷外迁。 比如,在丽江古城旅游业迅猛发展的今天,随着大规模外来人员和资本的流入,古城原住民陆续将住房出租或出售,迁至新城区居住,与遗产"核心区"产生隔离,陷入"边缘化"。② 世代居住于此的居民无疑是这座古城的灵魂和当地民族文化的传承者,他们的不断外迁与边缘化,使古城原有的历史风貌和文化底蕴被破坏,历史价值受到严重影响。 新时代文化遗产保护要在保护好遗产物质实体、环境的同时,将遗产保护转向一种历史保护的美学取向,

---

① 赵晓宁、郭东明:《遏制中国世界遗产地周边环境破坏的对策与建议》,《乐山师范学院学报》2008 年第 9 期。

② 张国超:《丽江古城空心化现象治理研究》,《中国文物科学研究》2014 年第 2 期。

从历史文化传统的角度,以一种活的保护、一种文化保护的理念和策略,保护好世代生活于其中的社会各阶层的人们,使文化遗产与人相互依存、和谐共生于一个充满古韵、环境优美、文化内涵丰富的自然人文环境中。

三是把单一保护与多样保护相结合。长期以来,我国遗产界多注重对具有代表性的单体文化遗产和历史文化遗产的保护,而对聚落型文化遗产(如传统村落、传统建筑群)和其他内容文化遗产(如工业遗产、信息传媒文化遗产)重视不够。近年来,在世界范围内,文化遗产保护呈现出两个趋向。一是文化遗产保护的类型逐渐丰富,文化遗产价值理论体系不断扩充,体现文化遗产区域性、关联性与群体性的专业词汇越来越频繁出现,国际遗产保护组织的有关宪章法规对文化遗产的区域保护概念(如历史地区、考古地区、历史城镇与城区等)给予高度重视。二是文化遗产保护内容不断从历史文化遗产向工业文化遗产、农业文化遗产、红色文化遗产、信息传媒文化遗产等其他类型文化遗产延展。这些都是时代发展对文化遗产保护提出的新要求,也是新时期对文化遗产进行整体保护的重要内容。只有把单一保护与多样保护同步推进,形成从形式上的点线面结合到内涵上的多元共融的立体、联动新格局,才能有效保护传承好不同历史时期、不同类型内涵的文化遗产。

(二)文化遗产内涵挖掘

丰厚的文化内涵和厚重的民族积淀是文化遗产的生命和灵魂,也是其价值之所在。文化遗产内涵挖掘,是增强遗产生命力、彰显遗产价值、扩大遗产影响力的重要手段,从而也是遗产保护的重要任务。对遗产内涵挖掘得越多,研究得越深,遗产价值也就越高,其生命力也就越强,也就越能为当今社会所利用。例如,我国作为一个文明古国和礼仪之邦,五千年文明的核心价值观的一个重要方面就是"礼"。可以说,"礼"是中华文明的基础。孔子说,"不学《礼》,无以立"①。荀子亦云,"人无礼则不生,

---

① 杨伯峻:《论语译注》,中华书局1986年版,第287页。

事无礼则不成,国无礼则不守"①。 我国古代社会的礼以及礼仪的表现形式,在物质文化遗产中随处可见,礼器的数量种类、建筑物的尺寸大小、衣服上的装饰、使用的器具等,体现的不仅是那个时代的历史、艺术和科学价值,更在内涵上反映出那个时代的礼和礼仪。 挖掘、凝练文化遗产的丰富内涵,有助于进一步拓宽和深化对中国历史的视野与洞察力,思考和探究中国文化的构成与特质、发展与演变、价值与力量等重大理论问题,又能在实践层面对提高国民文化素养、提升民族自豪感、彰显国家软实力、增强人民幸福感和促进经济社会发展发挥重要作用。

挖掘遗产内涵,首先要厘清阐释文化遗产内涵。 一要研究遗产内涵的构成和所指。 现在有一种现象,有些遗产工作者对其所保护的对象的内涵不甚了了,至于遗产地的居民更是不知其详,这无疑直接影响到遗产作用的发挥和人民群众保护遗产的积极性、主动性。 在研究遗产内涵上,要充分发挥遗产研究者和遗产工作者的学术优势和研究潜能,并带动和引导全社会广大遗产爱好者,针对不同历史时期、不同种类、不同形式风格的文化遗产,确定研究方向、研究课题,运用科学求实的研究方法,通过实地考证和社会调研,明确任务,落实到人,多出成果,快出成果,出好成果。 通过深入研究文化遗产内涵,能够进一步增强保护举措和方式方法的针对性,提升保护成效。 二要阐释遗产内涵的价值与意义。 遗产的内涵与价值唇齿相依。 要通过阐释遗产内涵的价值与意义,在透过物质与非物质遗存去发现和凝练属于那个特定历史发展时期的遗产价值的基础上,以新理念、新思路反思、理解和激活文化遗产在当代更加深层次上的思想价值和动力价值,让文化遗产的价值活在当下、用在眼前。 比如,地处黄河之畔、农耕交错带的陕西神木石峁遗址,系公元前两千纪前后中国所见规模最大的城址,形制完备、结构清晰、保存良好,被誉为 21 世纪中国非常重要的史前考古发现之一。 其所出土的陶、玉、石器等数以万计的文物和城

---

① 王先谦:《荀子集解》(修订本),沈啸寰、王星贤校,中华书局 1988 年版,第 23 页。

址、房址等大量遗存,是史前社会形态、聚落形态和社会风貌、人地关系等多方面文化的综合载体,映衬出中国文明起源的多元性及发展历程,其价值正如牛津大学中国艺术考古学教授杰西卡·罗森所言:"石峁和其他许多遗址一起,表明中国文明有许多根基,并不只限于黄河中游的中原地区。"①石峁遗址见证了4300多年前中国先民所开创的辉煌文明和璀璨历史,其在当代的重要价值,是实现中华民族文化自觉和坚定文化自信的最大底气和基础。 今天,保护石峁遗址,保护其他文化遗产,要充分阐释其丰富内涵在历史上和当代社会的价值与意义,这不仅是文化遗产保护的重要任务,而且也是增强全社会保护意识、激发保护热情的有效方法和举措。三要扩大遗产内涵的覆盖面。 要广泛借助现代科技和媒体融合的鲜活力量,让遗产内涵走出专家学者的小书斋,跳出遗产工作者的小圈子,冲出遗产地的小界面,走向社会各层面,飞入寻常百姓家,与人民群众的生产生活相融相通。 尤其是要遵循故事性、趣味性、知识性、学术性的传播逻辑,把遗产内涵从比较学术的专业性表述转化为一般人能够理解接受的文化性表达,上升为所有人都喜闻乐见的社会性共鸣,在使人民群众对文化遗产产生感知力、共情点、黏合性和美誉度的过程中不断提升自身的文化认知、文化情操和文化修养。

其次,要活化文化遗产内涵。 从一定程度上来说,活化遗产内涵是文化遗产保护的重要前提。 只有让文化遗产活起来,才能做到让遗产服务于人,服务于经济社会的发展。 我国文化遗产数量大、种类多,这是优势,但同时也应看到,在众多的文化遗产中,许多大遗址、古陵墓等隐性遗产资源,可视性差,还有数不尽的珍贵文物,堆积在文物库房之中,尤其是许许多多隐匿在典籍里的文化遗产更不为人所知。 面对这种情况,活化文化遗产内涵,关键是要从三个方面发力。 一是转变思想观念。 要从被动保护转向主动展示,从文化遗产"看门人"转变为文化遗产"推介者",避免无视社会发展和人民需要而出现类似于文化保护原教旨主义。 考古人、文物工

---

① 《史前最大古城石峁遗址》,《川观新闻》2021年11月25日。

作者、文化遗产从业者都应该走出相对封闭的小圈子，借助一切可能的平台、渠道和方式，让文化遗产走向社会、走向大众，融入人民群众的日常生活之中，成为民众新的生活方式和行为方式的有机组成部分，而非简单意义上的收藏在博物馆或立个牌子式的保护，这是让文化遗产活起来的根本和保障。二是加强文化创意。文化创意是以文化观念挖掘开拓文化资源多重价值，并为产品和服务注入鲜活文化元素，以使其成为一种文化符号与标识的过程，而文化遗产作为一种具有多元价值的公众资产，是实施支撑这一过程的资源宝库，有着巨大的开发与利用空间。这些年来，从《我在故宫修文物》《如果国宝会说话》等节目热播，到创意视频"文物戏精大会"刷屏、《故宫日历》等文创产品热销，再到近年获得观众好评的《典籍里的中国》《中国考古大会》等文化节目，无一不是通过文化创意活化文化遗产内涵的生动案例。可以说，文化创意不仅是活化文化遗产内涵、激活其生命力的重要方向，也是满足人民群众日益增长的文化需求的有效途径。为此，一方面，文化遗产管理部门，要积极面向人民群众当代生活的内容创造和品质提升，以开放的心态，向社会提供更多可供开发利用的文化资源。另一方面，文化主管部门和专业研究机构，既要注重发挥企业和人才在文化创意方面的优势和作用，又要敢于利用、善于利用资本、技术和商业的力量推进文化遗产内涵的活化。三是广泛运用新科技技术。新科技技术是活化文化遗产内涵的重要手段。要充分运用互联网、数字化、智能化技术，让文化遗产从一件件静止的作品变为活在当下、活在人民群众生活里的生命物品。比如，利用数字化技术将文化遗产信息以动漫、游戏、VR、AR、AI等形式展现出来，再借助互联网平台，如官网、小程序、H5、短视频等形式，将遗产知识内涵进行传播与分享，实现对文化遗产全景式、立体式、延伸展示与宣传。近期，山西博物馆举办的"观妙入真——永乐宫保护与传承特展"，运用各种新科技手段以沉浸式空间打造永乐宫服饰图案体验、以动画技术解读壁画绘画特点、以3D打印技术打造永乐宫三清殿东西山墙壁画沉浸式体验空间、以数字修复让永乐宫壁画重焕光彩，给观众以强烈的主体感官体验、具有故事情节的情感体验和追求价值高度认同的精神体验。这正是运用新科技活化文化遗产内涵的魅力所在,它既能让人民群众守护历史的记忆,又能满足人民群众对美好精神生活的需要。

(三)文化遗产精神传承

文化遗产是一个国家、民族或地区精神与文化的高度凝聚,无论是物质文化遗产还是非物质文化遗产,都是人类基于生产生活实践而产生的精神活动的产物,都强调一个民族特有的精神价值、思维方式、想象力和文化意识。这也就决定了传承遗产精神是文化遗产保护的重要任务。文化遗产的精神内涵,可以从两个方面来理解。一方面,从文化发展的客观规律和事物的共性特征来考察,任何一种文化遗产的诞生,都是劳动人民用自己的聪明才智和专注、精进、乐业的职业操守创新创造的结果,从而都蕴含着共有的创新精神和工匠精神。另一方面,从事物所具有的个性本性来看,由于受地理环境、风俗习惯、宗教信仰等因素的影响,每一种文化遗产又都具有各自独特的精神内涵。如曾侯乙编钟承载着劳动人民的智慧和对音乐美的积极追求,长城承载着戍边将士不畏牺牲、保家卫国的气节情操,井冈山革命根据地承载着共产党人为国为民奋战到底的革命情怀。衡量文化遗产保护质量高低、成效大小,既要看其对物质外壳的保护,更要看其对精神内核的传承。例如,对红旗渠的保护,在关注物质层面文化遗产保护的同时,也要充分关注其精神层面文化遗产的保护。这是因为它对我国当代社会的影响远远不止创造了一个物质环境,解决了一个地区农业和生活用水的问题,它所反映的人们的英雄气概和进取精神,构成了当时我国社会面貌的真实写照。① 传承遗产精神,要在深入研究、精准把握遗产精神的内涵、特质的基础上,从两个方面开展工作。一是加强遗产精神大众传播。2008年,国际古迹遗址理事会第16届全体会议通过的《关于保护遗产地精

---

① 单霁翔:《试论新时期文化遗产事业的发展趋势》,《南方文物》2009年第1期。

神的魁北克宣言》明确指出："遗产地精神本质上是由人传播的，这种传播本身就是其保护的一个重要组成部分。因此，我们认为交互式的传播和相关社区的参与，是保护、使用、加强遗产地精神最有效的方法。传播是保护遗产地精神生命力的最好工具。"[1]要充分利用大数据、新技术等现代传播手段，寻找每个遗产点和当代人的共情点，通过把专业内容大众化、知识内容生活化、历史内容现代化，使文化遗产变成富于情感、有温度的对象，与社会公众的情感记忆握手[2]，让人们爱上文化遗产，汲取精神力量。二是强化遗产精神的现实应用。传承遗产精神不是为了"发思古之幽情"，而是要在学习借鉴优秀历史传统的基础上，使遗产精神融入现实生活中，作为当今国人思想行为的本源和底色，与现代文明发展的最新成果扩展融通，为创新建构当代中国的价值理念和精神图景贡献智慧和力量。在此，笔者想特别强调的是，在价值理念和精神图景的构建中，青年一代的理想追求和行为取向至关重要，而遗产精神对此可以发挥独特的潜能和作用。据阿里巴巴大数据显示，年轻一代已成为传统文化消费的主力军。[3]那么，在以文化遗产为资源为青年人提供更多更好的传统文化消费品的过程中，如何进一步强化遗产精神的享用氛围，用遗产精神激发其创新激情、塑造其价值取向、砥砺其意志毅力便成为重要的时代课题。我们必须学会在文化遗产保护中，灵活巧妙运用遗产精神培育青年一代的思想境界、理想信仰的方法要领。总之，传承遗产精神，要通过大众传播和现实应用，让文化遗产的精神滋养在当代社会生活中唤醒历史记忆、启迪创造心智、激发生命激情、培育高尚情操、提升思想境界。

---

[1] 国际古迹遗址理事会：《场所精神的保存（魁北克宣言）》，《国际文化遗产保护文件选编（2006—2017）》，西安市文物保护考古研究院等编译，文物出版社2020年版，第57页。

[2] 《专家热议世界遗产走进生活》，《人民日报》（海外版），2021年10月20日。

[3] 荣书琴：《论中国非物质文化遗产的当代价值》，《中国非物质文化遗产》2021年第2期。

(四)文化遗产价值实现

从根本上讲,实现文化遗产保护的目的,关键是要实现文化遗产的综合价值。而要达此目的,首先要在思想认识上把遗产价值实现与遗产保护视作文化遗产事业"车之两轮""鸟之两翼",摆在同等重要的地位,在人力经费投入、政策举措支持、目标任务考核等方面同部署、齐推进,使二者相融相通、互相促进,把遗产保护作为遗产价值实现的前提和基础,以遗产价值实现为动力推进文化遗产保护事业健康持续发展,形成遗产保护与价值实现良性互动新格局。文化是一种社会现象,人类社会自产生以来就在文化环境中生存发展,文化既是人类生存的基础,同时也是构成人类发展的动力。"文化的任何外在形式、内在结构及其变迁,都是以满足人不断变化的需要为根据的,可以说文化的变迁实质上就是人类需要的变化,文化变迁的动力源是人变动着的物质精神需要。"[1]在此意义上,保护文化遗产,要努力兑现文化遗产的文化、经济、社会等多元价值,不断满足人民群众生存需求和发展需要,实现文化遗产在现实时代新的文化意义与功能。事实上,"那些在理解自我身份、归属感方面深受遗产实践影响的老百姓,也就是我们所说的'遗产的主人',才是最重要的利益相关者。专家们应该保证这些人的声音被听到,他们需要认真地聆听这些人的声音,了解他们关心什么,把他们所关心的放在首位"[2]。近年来,随着我国文化遗产保护事业的推进与发展,对文化遗产价值的研究愈益深入。总体上看,这方面的研究重在阐释文化遗产具有什么价值,而很少触及如何实现文化遗产的价值。有鉴于此,要着力做好以下三个方面的工作。第一,要把兑现遗产价值纳入文化遗产保护内容。长期以来,传统意义上的文化遗产保护,基本上都是从文物技术和法律条文出发,重在保护文化遗产的现存样貌状

---

[1] 甘代军:《文化遗产与保护:意义消解与价值重构》,《湖北民族学院学报》(哲学社会科学版)2009年第5期。

[2] [澳]劳拉简·史密斯、侯松、谢洁怡:《反思与重构:遗产、博物馆再审视——劳拉简·史密斯教授专访》,《东南文化》2014年第2期。

态，而很少直面人民群众对文化遗产的参与度和获得感不足的现实问题，也很少关注当代人对当下精神物质文化的本真诉求。毋庸置疑，保护文化遗产，既要珍惜祖先的荣耀，承载过去的荣光，但更要关照国民生活的精神指向，服务当代人发展和创新的权利。只有把兑现遗产价值纳入文化遗产保护内容，使保护与发展相结合，使物质与精神相融通，才能实现文化遗产从躯体到灵魂的保护，才能正确确认文化遗产保护与利用的尺度，也才能真正实现文化遗产服务于人的目的和要求。第二，要把兑现遗产价值纳入科学研究。针对当前我国文化遗产领域重保护轻利用、重传承轻发展的实际状况，要按照创造性转化和创新性发展的理念思路，以服务于人和社会的发展为目的，加强兑现遗产价值的科学研究，从理论与实践层面提出切实可行的实施路径。各级遗产管理部门要从政策引领、科研立项、资金扶持等方面加大支持力度，营造良好的研究氛围，鼓励激励多出研究成果，指导、引导兑现遗产价值不断取得新成效。第三，要把兑现遗产价值纳入绩效评估。要像文化遗产保护工程绩效评估、保护专项资金绩效评估、教育传承绩效评估那样，把兑现遗产价值纳入文化遗产保护工作评估体系之中，充分发挥考核评估的导向作用，有效促使文化遗产价值从口头、书本上的"说道"变为现实生活中的经济效益和社会效益。

其次，要对文化遗产资源进行有效利用，在行为方式上多措并举使文化遗产活起来。对此，要在三个递进环节上下功夫。第一，把遗产资源外化，这是实现遗产价值最基础的第一环节。如众所知，在我国文化遗产中，有许多属于隐性资源，如隐匿在文献典籍中的历史故事、深埋地下的文化遗址等，这些遗产资源可视性差、可读性不强。要针对不同地域、不同种类、不同形式特质的文化遗产资源的实际情况，采取切实有效的方法措施，如城市历史文化标识设计等，让典籍里的遗产资源走出来，让地下的遗产资源走上来，切实增强文化遗产的可视性、可读性，为文化遗产的利用、价值实现打下基础、创造条件。秦始皇帝陵是中国历代帝王陵墓中规模最大、埋藏文物最丰富的一座大型陵园，拥有极为丰富的历史文化内涵。曾几何时，这里还是被当地人称为"没啥看头的土堆堆"。2010年，历时7

年建设的秦始皇陵遗址公园正式开园,利用地面不同的植被和半地下式的展示大厅,配以声光电的多媒体效果,将丰富的秦文化内涵展现出来,成为陕西和西安一张更具吸引力的文化名片。通过科学的解说系统、规范统一的标识以及为游客设定的最合理的参观路线,展示园区地下和地上遗址。在秦始皇陵内城、外城城墙基址上,栽种浅根植物把城墙的轮廓勾画出来,并配合解说标识,让游客了解城墙的走向和位置。对已探明的主要建筑遗址、陪葬坑、陪葬墓,则在地面上用不同的铺装材料和不同颜色的植被,把地下的陪葬坑位置和范围标识出来。90%的绿化面积以各种不同种类的植被来标识不同遗址的所在,在没有遗址的地方种乔木,遗址埋得深的地方种灌木,遗址浅的地方种草、鲜花等植被,游客在参观遗址的同时,也可以休闲怡情。① 秦始皇陵遗址公园首创立体展示遗址文化内涵新模式,复活地下文物资源,丰富文化遗产看点,不仅满足了广大民众日益增长的文化需求,且有效保护了世界文化遗产。第二,把遗产资源活化,这是实现遗产价值的中间环节或桥梁。相对于具有活态传承特性的非物质文化遗产,物质文化遗产均为静态资源,可亲近性、可感知性较弱。对于实现遗产价值而言,不能将文化遗产作为文物、遗物、不动物、过时物等存量来看,而要通过多媒体、互联网、AR、VR等技术的运用,将其看成动态的流量。在具体实践中,不能采取静态保护的方式将文化遗产简单地封存起来,造成文化遗产与遗产地居民活动割裂。要从"提升区域功能的经济维度、关注百姓生活的社会维度、保存历史文脉的文化维度、注重城市特色的形态维度"②等方面,对文化遗产实施活态保护,以实现文化遗产与人民群众生产生活的活态融合。比如,对历史建筑和历史街区等静态文化遗产的保护,可在保护区内对特定的文化空间加以改造,增加社区美术馆、艺术画廊、创意书店、生态绿地等,依托人进行活态传承。作为丝绸之路的东方

---

① 《复活地下文物资源,丰富文化遗产看点——秦陵遗址公园首创立体展示遗址文化内涵新模式》,《西安晚报》2010年12月21日。
② 于小植:《在城市更新中让文化遗产"活"起来》,《光明日报》2020年3月2日。

起点,大唐西市是目前唯一能够反映盛唐商业文化和市井文化的遗址,是大唐帝国繁荣昌盛的历史佐证。为保护西市遗址这一不可再生的珍贵历史文化资源,大唐西市公司按照"原地保护、原样保存、原物展示"的方针,建设了 3.5 万平方米具有遗址保护与展示功能的大唐西市博物馆,还专门邀请文物系统专业人才负责文物、遗址的保护、展示、研究和运营工作。大唐西市不仅规划有遗址博物馆、丝绸之路风情街区、国际古玩城、精品百货超市、国际商务场馆及五星级酒店、高级人文古韵住宅等复合业态,还举办春节文化庙会、文化遗产博览会、文化遗产节等系列文化活动,成为国家级文化产业示范基地,促进了经济增长方式的转变,带动了区域经济和区域文化的展示与发展。① 第三,把遗产资源转化,这是实现遗产价值的最后环节。在现代社会转型和经济模式转换过程中,文化遗产资源的转化已经成为政府、企业及学界关注的问题。转化遗产资源,是指把文化遗产资源转化为文化资产和文化资本。遗产资源具有较高的人文和审美价值,是一种潜在的产业价值;文化资产是指文化领域或从业人员创造的受到法律保护的知识性专有权利,是显性的产业价值;文化资本是可投资、可增值、可变现的价值量,具有增值性。实现遗产资源转化,要按照资源到资产再到资本的思路,把文化遗产中蕴含的丰富的历史文化积淀与现代社会的发展需要和现代人的精神与物质需求相结合,经由创新性的探索实践,充分运用现代创意思维、现代设计理念、现代制造工艺、现代科技手段,将文化遗产的内涵、元素、符号转化为思想精深、艺术精湛、制作精良的物质与精神产品,让文化遗产中的密码获得现代形态的美好呈现,不断满足经济社会发展的现实需要和人民群众的精神文化需求。首先要推动文化遗产向文化资产转化。文化遗产资源具有潜在的文化产业、文化资产价值。要让文化遗产与生活相遇、与创意碰撞、与技术结合、与旅游融合、与企业联袂,演绎成一种文化符号、一种文化地标、一种文化品牌。其次,要推动文

---

① 《用责任传承历史,用智慧弘扬文明——大唐西市:实现民间资本保护历史文化遗产的典范》,《西安晚报》2010 年 12 月 28 日。

遗产向文化资本转化。文化资本是以财富的形式具体表现出来的文化价值积累,是文化资源投资、运营、增值、变现的价值量的叠加。要以文化遗产资源为依托,在对其合理继承、积极创新的基础上,实现产业化开发,激发文化遗产资源的经济效益和社会效益。例如,深圳华侨城打造的甘坑客家小镇,就是一个把"文化资源"转化为"文化资产"和"文化资本"的典型案例。① 客家凉帽作为特色民俗,被列为广东省非物质文化遗产。开发者以"白鹭归来"为主题,将原创绘本延伸,创意打造成全国首个寻根客家文化的场景浸入式 IP 亲子农庄,并在此基础上创作出 VR 电影《小凉帽之白鹭归来》,荣获 2017 年意大利威尼斯电影节亚太单元最佳沉浸片、最佳未来影像金狮奖两项大奖,实现了较好的社会效益和经济效益。再比如,"花木兰代父从军"是我国文化遗产,美国一家影业公司通过对故事情节的现代化编排,将其改编成动画电影作品搬上银幕,获得巨大的投资回报。总之,要立足文化遗产资源的现代转化,加强传统与当代的兼容并蓄,通过创新性理念、技术和手段,将更多的文化遗产转化到当代生活中,让文化遗产从资源变成人民群众当今生活的一种文化资产、文化资本。

(五)文化遗产功能重构

从文化的时代性特征来说,"每一具体的文化形态是人类在特定历史时期创造出来满足其某种需要的产物"②。每一种文化遗产在它产生的时代都有着其本来意义上的功能。比如,长城作为世界古代史上最伟大的军事建筑,具有防御扰掠、保护国家安全和人民生活安定的重要功能。伴随着历史的发展、社会生产力的提高以及人们价值观念的演变,文化遗产亦随之部分或完全丧失其原初的社会功能,在社会与文化价值层面,"实现了向

---

① 花建:《推动湾区文化资源向文化资产和文化资本转化》,《深圳特区报》2020年7月8日。
② 甘代军:《文化遗产与保护:意义消解与价值重构》,《湖北民族学院学报》(哲学社会科学版)2009 年第 5 期。

文化符号、历史信息载体的主要功能的嬗变"①,但由于文化遗产是人类智慧的结晶,饱含着超越时空的永恒的价值与魅力,尤其在社会的现代性发展道路上显示出更加重要的文化意义,从而又蕴藏着被赋予新的社会功能的巨大潜力,因而在原初功能消解之后能够实现新的社会功能的重构。以我国宝贵文化遗产少林武术为例,学者苏小燕指出,当下的少林功夫,经历了精心设计与重构以满足当代的政治和经济需要。②新时代文化遗产保护要立足我国经济结构和社会结构深刻变革、人民群众新需求不断涌现且日趋多样化的新情况,从人本主义范式出发,紧密结合不同种类、不同形式、不同内涵的文化遗产的价值作用,实现文化遗产在现代社会、不同语境之下与人的有机结合,重构文化遗产不断满足人民群众多样化、多层次、多方面需求的社会功能。例如,以文化遗产为资源,推动创意产业、特色文化产业、旅游业发展,使文化遗产重新焕发新的活力,既满足人民群众的审美文化需求,又促进经济社会发展。华清宫是唐代封建帝王游幸的别宫,更因唐玄宗和杨贵妃的爱情故事而驰名中外。从 2006 年起,依托诗人白居易千古流传的诗篇《长恨歌》打造的中国首部大型实景历史舞剧《长恨歌》让这段缠绵悱恻的爱情故事在华清池畔"复活"了。自公演以来,《长恨歌》几乎场场爆满,有效带动了华清池景区游客数量的大幅上升,也带动了当地餐饮、住宿、交通等第三产业发展,延长了游客在临潼乃至西安的逗留时间。有关数据显示,《长恨歌》推出后,华清池景区游客数量增幅连续 4 年都保持在 20% 左右,大大跨越了多年来游客维持在 5%~8% 自然增长率的台阶。③这种将静态文物所承载的信息,以一种动态的、体验式的、贴近

---

① 曹兵武:《让文物活起来的初步思考——兼论全民参与文物保护利用体系建设有关问题》,《析情探路——符合国情的文物保护利用与改革发展》,曹兵武、何流、于冰编,文物出版社 2020 年版,第 265—271 页。

② Su, X.. "Reconstructing Tradition: Modernity and Heritage-protected Tourist Destinationsin China." International Journal of History of Sports, 2016, 33(9).

③ 《演绎千年爱情故事,扩大古都对外影响力——舞剧〈长恨歌〉开创通过体验式旅游保护利用历史文化遗产新路径》,《西安晚报》2011 年 1 月 5 日。

大众的文艺精品展示出来,通过真山真水真历史、高科技声光电表现手段和陕西民间文化、唐乐舞精髓等文化因素的植入,有效避免了同质化现象,形成较强的竞争力,为传统文化景区实现资源保护与开发利用并举、经济与文化发展并重、经济效益和社会效益双赢提供了有益借鉴,也是重构文化遗产功能的典范。 近年来,让文化遗产活起来、将文化遗产用起来已经成为全社会的吁求,而要真正使文化遗产活起来、用起来,从根本上来说,关键是要满足经济社会发展需求,重构遗产功能,这既是基础,又是前提。唯其如此,才能真正实现文化遗产不断满足社会、个体生存和发展需要的根本意义和价值。

(六)文化遗产制度再造

法律制度作为调解人类行为方式的重要手段,是提升文化遗产保护规范性的重要保障。 健全完善文化遗产保护立法和制定出台相关规章制度,能够依据文化遗产的内涵、特质、价值来规范文化遗产保护行为,并能明确不同主体在文化遗产保护中的具体权责,有效补足文化遗产保护的实践漏洞,增强保护效力。 所谓文化遗产制度再造,就是要在遵循国家宪法和《文物保护法》《非物质文化遗产法》等文化法的前提下,根据文化遗产保护的实际需要,坚持以破除制约瓶颈、解决具体问题为导向,深入调查研究,及时研究制定相关法律制度,这不仅是新的历史时期文化遗产保护的重要任务,同时也是我国文化发展和社会主义法制建设的重要内容和中国特色社会主义法律体系的重要组成部分。 历史地看,重视文化遗产保护法律制度建设是我国的一个优良传统。 早在周代,即有对盗窃宝器罪的规定。《左传·文公十八年》记载,周公"作誓命曰:'毁则为贼,掩贼为藏,窃贿为盗,盗器为奸。 主藏之名,赖奸之用,为大凶德,有常无赦'"[①]。"盗器为奸"意即盗窃国家宝器为奸诈行为,和别的罪行一样是不能赦免的。 这是关于保护文物的最早记载。 汉代对盗掘普通人坟墓者也

[①] 杨伯峻:《春秋左传注(修订本)》,中华书局1990年版,第634页。

处以重刑。据《淮南子·氾论训》记载:"天下县官法曰:'发墓者诛,窃盗者刑。'"①到了唐代,随着法律制度的高度发展,对保护文物的法律规定也不断完善,尤其是制定了对地上、地下文物保护的条令,并为宋元以至明清的法律制度所沿袭。中华人民共和国成立后,特别是改革开放以来,我国先后颁布实施《文物保护法》《非物质文化遗产法》及相关许多条例、准则、规定等,文化遗产保护法律制度建设成效显著,为新形势下依法推进文化遗产保护工作奠定了坚实基础。不过,从当前世界范围来看,伴随全球科技经济的迅猛发展和人类文明的不断进步,随之而来的是人们对文化遗产的认识在不断深化和文化遗产保护面临的新问题、新挑战日益增多。比如,受全球化、现代化的强势冲击,我国文化遗产保护状况并不乐观,文化遗产生态环境衰退、失衡等问题十分严重。②这些都给文化遗产保护法律制度建设在力度、深度和多维度上提出新任务、新要求。也正是在这个意义上,笔者认为,目前我国文化遗产保护法律制度建设尚存在两个方面的问题亟须解决。一是从总体上看,文化遗产保护法律制度建设滞后于文化遗产保护进程。当今,世界很多发达国家在面临因现代性引发的文化遗产保护危机时,都及时制定了许多法律法规,设置了相对健全的保护文化遗产的机制与相应的激励政策,从法律制度上给文化遗产保护工作以支持和保障。以法国为例,从中央到地方,从政府到民间拥有很多保护文化遗产的法规与条例,比如为保护历史街区和传统民居,制定了《马尔罗法》与《城市规划法》③。与此相比,我国有着较大的差距。例如,我国作为一个文明古国和世界遗产大国,拥有众多的传统村落,这类遗产资源在推进文化建设、乡村振兴、全域旅游等方面发挥着独特的价值与作用。然而,随着现代化的发展和城镇化的快速推进,几亿农民涌入城市求学打工、移

---

① 刘文典:《淮南鸿烈集解(修订本)》,中华书局1989年版,第495页。
② 蔡武进、傅才武:《我国文博管理制度改革发展的基本路径》,《福建论坛》(人文社会科学版)2017年第10期。
③ 叶秋华、孔德超:《论法国文化遗产的法律保护及其对中国的借鉴意义》,《中国人民大学学报》2011年第2期。

民定居，致使许多传统村落变成了"空心村""老人村"，失去了赖以生存和发展的根基。一些地区打着新农村建设的招牌，摒弃传统，大拆大建，拆旧建新，致使大量富有民族地域特色和历史文化价值的传统村落正逐步走向灭绝。可是，时至今日，我国尚无传统村落保护法或保护条例。二是从应对解决具体问题的角度看，文化遗产保护法律制度建设严重缺位。由于受人为、自然、社会等环境因素的影响，在文化遗产保护过程中时常会出现这样那样带有普遍性的具体问题，而这些问题又很难通过行政的手段来应对，需要借用法律制度加以解决。例如，近些年，许多地方都在依托文化遗产大力发展文化创意产业和特色文化产业，并取得良好的经济效益。文化产业以文化遗产为生产要素，所创造的经济效益理应反哺文化遗产保护。然而长期以来，文化产业的社会责任履行不够，文化遗产保护的可持续性不高。这就需要在法律上赋予文化产业反哺文化遗产保护的社会责任，完善配套法律法规，通过企业税费、融资优惠等方式引导文化产业经济效益向文化遗产保护回流。[①] 可是，无论是文化遗产界，还是法学界，均未在这方面提出制定切实有效的法律制度。从上可见，加强法律制度建设是文化遗产保护的重要任务和手段。从文化遗产保护是一项系统工程的视角上讲，文化遗产工作者、法学工作者及社会各界，要齐心协力推进文化遗产保护制度再造，根据文化遗产保护事业的实际需要，把握时代发展规律，不断建立完善文化遗产保护法律制度，提升文化遗产法制保护效力。

---

① 杨小飞：《文化遗产保护立法的知与行》，《人民论坛》2021年第2期。

◆ 我的创新之路——从学术研究到行政管理

创新中国文化遗产保护发展路径

随着经济社会的发展与转型，文化遗产保护所面临的社会、经济环境发生重要的改变，并由此形成两种新的时代趋向。一方面，文化对社会的整合作用日益增强，文化遗产保护因其社会凝聚力而受到空前重视。2005年，《国务院关于加强文化遗产保护的通知》强调文化遗产保护的重要社会意义，提出"到2010年，初步建立比较完备的文化遗产保护制度，文化遗产保护状况得到明显改善。到2015年，基本形成较为完善的文化遗产保护体系，具有历史、文化和科学价值的文化遗产得到全面有效保护；保护文化遗产深入人心，成为全社会的自觉行动"的总体目标。另一方面，大规模持续的城市开发改造和快速推进的城镇化进程，在给城市和农村发展带来难得历史机遇的同时，也使文化遗产保护面临诸多进退取舍的严峻挑战，"由此成为文化遗产保护最危险、最紧迫、最关键的历史阶段"[1]。在这种新的时代条件下，中国文化遗产保护应走怎样的路径便成为学界探讨的一个热点话题。总括起来，主要集中在以下几个方面：一是文化遗产保护理念创新研究。管宁提出，文化遗产保护利用要进行以设计承载传统精神、提炼美学精粹、重塑传统文化的理论探索与创新，并进行整体性、行业性和跨界融合的多元化新实践[2]。二是文化遗产保护利用整体研究。林秀琴认为，文化遗产保护创新既要体现对自然和文化环境的"整体"保护，也要

---

[1] 单霁翔：《关于城市建设与文化遗产保护的思考（上）》，《中国建设报》2015年7月14日。

[2] 管宁：《中华文化基因与当代中国话语建构——基于文化遗产保护的认知、理念与实践视角》，《江苏社会科学》2020年第1期。

突显文化空间中"人"的主体性[①]。霍晓卫指出,要站在"全域遗产"的视野中,关注更广泛完整的时空范围,并基于遗产价值内涵的相互关联性构建全方位、多视角的文化遗产保护网络体系[②]。也有学者将文化遗产保护利用与乡村振兴[③]、精准扶贫[④]、国土空间规划[⑤]等相结合,探索新的时代背景下文化遗产保护的新视角、新观点。三是不同类型文化遗产保护利用研究。学者们围绕大遗址[⑥]、工业遗产[⑦]、建筑遗产[⑧]、线性文化遗产[⑨]、非物质文化遗产[⑩]等多样文化遗产类型,提出针对性的保护与利用对策。四是文化遗产保护利用个案研究。有学者引入田野调查[⑪]、实证分析[⑫]等社

[①] 林秀琴:《整体性保护:价值、理念、实践及挑战——关于文化遗产保护创新的若干思考》,《福建论坛》(人文社会科学版)2020年第12期。

[②] 霍晓卫:《全域视野下的文化遗产保护与利用》,《中国文化遗产》2019年第3期。

[③] 黄永林:《乡村文化振兴与非物质文化遗产的保护利用——基于乡村发展相关数据的分析》,《文化遗产》2019年第3期。

[④] 崔磊:《精准扶贫视域下非物质文化遗产开发的平衡机制研究》,《湖北民族大学学报》(哲学社会科学版)2020年第4期。

[⑤] 刘军民、张清源、巩岳、张译丹:《国土空间规划中线性文化遗产的保护利用研究——以咸阳市为例》,《城市发展研究》2021年第3期。

[⑥] 刘卫红、田润佳:《大遗址保护理论方法与研究框架体系构建思考》,《西北大学学报》(哲学社会科学版)2021年第1期。

[⑦] 郑建栋:《价值导向下文物类工业遗产保护利用策略探析》,《东南文化》2020年第4期。

[⑧] 徐进亮:《基于经济学思维的建筑遗产活化利用的探讨》,《东南文化》2020年第2期。

[⑨] 李麦产、王凌宇:《论线性文化遗产的价值及活化保护与利用——以中国大运河为例》,《中华文化论坛》2016年第7期。

[⑩] 蔡晓英:《关于非物质文化遗产保护与利用的辩证思考》,《艺术百家》2020年第5期。

[⑪] 武宇林:《"洮岷花儿"的现状与西北"花儿"的传承——甘肃省岷县二郎山"花儿会"田野调查》,《宁夏社会科学》2006年第3期。

[⑫] 冯斌、陈晓键、王录仓:《文化遗产周边历史环境再生的时空维度与实证探索——以锁阳城遗址为例》,《现代城市研究》2020年第11期。

会学方法,对文化遗产个案进行跨学科研究。此外,还有大量研究成果主要针对具体文化遗产,分析现状问题、提出对策建议或总结经验启示。

总体来看,近年来文化遗产保护研究涉及的新视角、跨学科与多元化内容不断丰富,提出来的对策建议亦日趋务实对路,但缺乏从理论与实践层面对新时代中国文化遗产保护发展路径的整体创新研究。

一、保护发展定位

一个国家文化遗产保护与发展的能力,关系到文化脉络的延续、民族文化自信和文化话语权建设,关系到国家经济社会发展的总体走向与可持续性动力。促进文化遗产保护发展,是功在当代、利在千秋的伟大事业。文化遗产的价值与地位决定了新时代中国文化遗产事业要树立高品位、精内涵、强特色的保护发展定位,努力加强文化遗产保护传承与创新发展,讲好中国遗产故事,彰显中国遗产精神,凝聚中国遗产力量,为实现中华民族伟大复兴提供强有力的文化支撑。

(一)提升品位

新时代做好文化遗产工作,要布局全国、放眼全球,明确中国文化遗产在国际格局中的重要地位与核心价值,在保护发展理念、顶层设计、项目落实诸层面谋求高端定位,立足高起点谋划、高水平规划和高质量实施,全方位、多维度推进文化遗产事业整体发展。

一是高起点谋划。中华文明绵延数千年,文化遗产承载着中华民族的历史渊源、发展脉络和独特创造,可以凝聚和打造强大的中国精神和中国力量,其特殊的历史地位与价值影响,要求我们推进文化遗产事业必须站在引领文明之先、服务国家战略需要、促进民族复兴进程的历史高度,高起点谋划具有"中国精神""中国风格""中国气派"的文化遗产保护发展格局。首先要把文化遗产保护发展融入国家和民族的总体性、时代性战略部署,不能看作是单一的、专业领域的实践探索。在国家宏观设计层面要突显遗产保护与发展的地位,经济社会发展的各个领域需进一步强化与遗产领域的交集和互动,在国家文化安全、区域协调发展、新型城镇化建设和乡村振兴战略中,要将文化遗产保护作为其重要的、有机的构成,在多重国家政策交织共力、相互呼应中彰显文化遗产保护发展的"大战略"理念。其次,要以凝聚中华民族共同体文化根系作为根本立场,以传承中华优秀传统文化、发展特色社会主义文化、推动中华文化走出去、建设中华文化话语体系作为顶层设计,以更具前瞻性、系统性、包容性的历史意识和发展视野制定文化遗产保护发展战略,进一步推动文化遗产保护发展与经济社会文化各领域互融互渗,强化城市文脉意识,重塑乡土大地民族文化根系,着力进行传统文化母体保护与时代创新,谱写好传统与现代、传承与创新的时代华章。[①] 再次,在实践层面,要依托文化遗产的内涵、属性和价值,按照经济社会发展的实际需要,积极运用大众传播学议题设置理论,从科学研究、保护传承、发展创新等方面,高起点谋划设置相关议题,以引导推动文化遗产事业新发展。

二是高水平规划。文化遗产保护发展是一项复杂的系统工程,高水平规划是保障文化遗产保护发展顺利进行的关键,特别是新时代经济社会的高质量发展和人民日益增长的美好生活需要,对文化遗产保护发展规划提出了新的更高的要求。2021年10月,中共中央、国务院印发《黄河流域生态保护和高质量发展规划纲要》[②],重点提出高水平保护陕西石峁、山西陶寺、河南二里头、河南双槐树、山东大汶口等重要遗址。2021年11月国家文物局印发《大遗址保护利用"十四五"专项规划》[③],提出"提升大遗址展示利用水平""推动国家考古遗址公园高质量发展"两项主要任务,促进大遗址展示利用从强调数量转变为重视开放服务质量和效果。围绕高质量的时代诉求,从国家到地方都在从高水平规划的角度探索创新文化遗

---

① 林秀琴:《文化遗产保护的中国智慧》,《光明日报》2020年12月6日。
② 中共中央、国务院:《黄河流域生态保护和高质量发展规划纲要》,2021年11月19日。
③ 国家文物局:《大遗址保护利用"十四五"专项规划》,2021年10月12日。

产保护发展新思路、新路径，比如，陕西省神木市在保护允许的前提下，对石峁遗址进行科学而有序的规划，通过拟建石峁国家文化遗址公园、石峁博物馆等项目，旨在打造一个世界级的考古研学旅游地，将石峁古城这一文化符号与区域内的旅游发展互动起来，有力促进遗址文物的良性循环保护，成为陕西省旅游与保护并重的发展样本。这些都是令人鼓舞和欣慰的。但还存在两个方面的问题值得我们重视。一方面是近年来文化遗产保护发展规划的制订更多关注的是单体且具代表性的重点文化遗产，而对面上的一般文化遗产多有忽略，至于高水平规划更无从谈起。另一方面是注重对文化遗产本体及其周边环境保护规划的制订，至于如何挖掘遗产内涵、传承遗产精神、实现遗产价值、重构遗产功能等事关文化遗产内核方面的内容尚未纳入保护发展规划的视野和范畴。就高水平编制文化遗产保护发展规划而言，笔者以为，以上两个方面是当务之急，需要引起各级文化遗产保护管理部门和学界的高度重视，并切实将其纳入文化遗产保护发展规划中，尤其是要秉承高水平规划先行的原则，立足长远规划、分步实施目标，以高品位、高水准、高层次要求，编制具有前瞻性、指导性和可操作性的规划文件和实施方案，真正实现文化遗产保护发展从"躯体"到"灵魂"的飞跃。

三是高质量实施。高起点谋划和高水平规划最终都要落脚到高质量实施上。改革开放40多年来，我国经济社会发展由过去大规模扩张式的建设逐步进入到存量改造为主、注重品质提升的全新阶段，特别是美好生活的向往已经从"有没有"转向"好不好"。这一转变为新时代文化遗产保护发展提出了更高质量的目标和要求。文化遗产工作要准确把握高质量发展的内涵要求，着力建设社会主义文化强国。要立足新征程，树牢新发展理念，加强改革驱动，强化创新协调，大力推进文化遗产保护发展科技创新、制度创新、理论创新，不断激发文化遗产事业发展活力；要积极参与城乡建设绿色转型，做好文博场所节能减碳；要聚合各方力量，加强文化遗产保护研究和管理利用，解决发展不平衡不充分问题；要着力统筹协调、促进融合共享，主动融入共同富裕战略部署，实现文化遗产事业更高质量、更加公平、更可持续的发展。在此前提下,高质量实施文化遗产保护发展,要重点在两个方面下功夫。一个方面是要依托高效、科学的组织管理和先进、精湛的现代高科技,坚持政府主导、社会参与、注重实效的原则,尤其是要全面调动社会力量,注重联合科研院校、专家学者建立多领域、多层次、综合性的遗产智库,为文化遗产项目的实施提供必要的智力支持和技术支撑,推动文化遗产保护发展水平不断提高。另一个方面是要大力弘扬精益求精的工匠精神。任何一种文化遗产的诞生,都是工匠精神的产物,同理,保护发展文化遗产更需要以工匠精神为支撑。多年来,我国文化遗产维修保护普遍存在质量不高的问题,当然这其中有经费不足、专业人才缺乏等原因,但从根本上来说,工匠精神不足是其主因。所以,要始终以精进、乐业的"工匠精神"执着专注于文化遗产保护发展,主动而为,开拓创新,精益求精,追求卓越。

(二)彰显内涵

文化遗产的内涵是有形或无形文化遗存内在本质属性之总和。笔者以为,文化遗产的内涵可分为知识内涵、精神内涵和价值内涵三个方面。保护发展文化遗产,既要保护文化遗产的本体与环境,更要传播、彰显其知识、精神、价值内涵。

一是传播遗产知识内涵。总的来说,文化遗产作为人类自然和社会活动的历史遗存,是不同时代社会成员行为处世方法的物化和非物化表现,蕴藏着自然、社会、人文等多学科多领域的知识内涵,承载着真实、丰富、珍贵的历史信息。文化遗产的知识内涵包含在遗产本体及其所依存的周边自然、社会环境中,同时也体现在遗产地的传统知识里。例如,在古代农业文明中,中国农业之所以能够长期领先于世界其他文明古国,一个重要的原因就是我国的先民们认识到人是大自然的组成部分,强调人与自然和谐相处,主张因时制宜、因地制宜和因物制宜,遵循自然规律开展各种农事活动。在数千年的农耕活动中,人们在"天人合一"的思想指导下,"顺天时,量地利",植五谷,养六畜,农桑并举、耕织结合,逐渐形成了土地精耕细作、生活勤俭节约、经济富国足民、文化天地人和的优良传统，创造了灿烂辉煌的农耕文明，留下了弥足珍贵的农业文化遗产。这些农业文化遗产中蕴含的农耕知识对中国农业的发展，乃至世界农业的发展都做出了巨大贡献。在今天科技日益进步、社会飞速发展的新的历史时期，这些农耕知识对现代农业的发展仍然具有十分重要的现实意义。文化遗产的知识内涵有两个方面的含义：一方面，体现文化遗产的建造者、制造者、创作者和传承者具有相关的专业知识；另一方面，蕴含文化遗产本体乃至与本体有关的社会科学或自然科学的知识[①]。比如，河南安阳殷墟遗址，涉及甲骨学、青铜铸造、人殉、手工工艺等多方面的知识，内涵博大精深。保护发展文化遗产，要在系统梳理、深入研究文化遗产丰富内涵的基础上，借用现代传播手段，广泛宣传文化遗产的知识内涵，扩大其覆盖面与影响力。近年来，《中华成语大会》《中华汉字听写大会》《中国诗词大会》等广受人们喜爱和追捧的电视节目将中华优秀传统文化的继承和弘扬推向高潮。这些节目都是利用现代传播手段宣传中华优秀传统文化的有益尝试。然而，应该承认，我们在这方面仍存在较大差距。中国文物交流中心2020年5月发布的《2019年度全国博物馆（展览）海外影响力评估报告》显示，以故宫博物院、上海博物馆、中国国家博物馆等为代表的部分博物馆，在展览及自身的国际影响力方面得到大幅度提升。但与国际知名博物馆相比，中国博物馆及其展览的国际知名度和影响力仍较为有限。这其中有文化隔阂的原因，也有中国博物馆IP打造多流于表面，缺乏深意的因素。同样是数字化技术探索，中国博物馆往往偏重于技术的超炫，对文化遗产内涵的挖掘、理解和展示不够。世界级博物馆关注的是技术的运用对内容的作用究竟能达到什么程度，从而会对每一件文化遗产和细微之处进行深入研究，而这些细微之处亦即知识点，才是真正打动人心的地方。今天，传播文化遗产知识内涵，除中国传统的理论总结和中国道路的学术表达外，要加强对文

---

① 刘炳元：《文化遗产内涵的本质属性探究》，《中国文物科学研究》2010年第1期。

化遗产知识内涵的当代阐释和大众传播,这无疑对于新时代大众凝心聚神,增强文化认同,提升文化自信,对于以文传声,增强国际亲和力、扩大国际舆论"朋友圈"都有着不可忽视的重要作用。 为此,从国家到地方,要选取不同历史时期具有代表性的物质与非物质文化遗产,如黄帝陵、兵马俑、长城、故宫、昆曲、剪纸等,运用各种现代传播手段,从讲座到图书,从电视台的大屏到新媒体的小屏,主流媒体的正向赋能和新型社交媒体的流量效应相互加持,形成个性化、分众化传播新理念,扁平化、多元化传播新生态,让文化遗产的知识内涵抵达更广泛的受众,成为讲好中国故事、提升中华文化软实力的重要内容。 比如,就讲好中国故事而言,中国文化遗产作为中华民族文明发展历程最原生态的、最具代表性的综合性物证,其本身就是中国故事的直接依托,文化遗产所包含的遗物、遗址及其承载的历史、文化、生活、社会等信息是中国故事的内容来源,也是最直观、最具信服力的依据和素材。 在此意义上,传播文化遗产知识内涵,正是当今讲好中国故事,助推中华文化走出去,扩大中华文化国际影响力的重要手段和力量。

二是挖掘遗产精神内涵。 文化遗产表面看是物质的,实际上它又是精神的,在它身上体现着人类的精神品格和精神力量,涉及人们的精神风貌、道德信仰、生产生活方式、价值体系等各个方面,是需要世代传承共同珍爱的精神财富,正如冯骥才先生所说:"文化遗产是精神的概念,是一种公共的遗产,是一个民族、一个国家、一个地域的精神财富。"[1]也正是因为这一点,有学者指出:"文化遗产首先满足的是人类的精神需求,它承载着的是人们的想象力与前进的信念。 真正支撑我们走下去的往往是蕴藏在文化遗产中的精神力量。"[2]另有学者进而认为,人类保护文化遗产,不是为了获得直接的经济利益,而是为了获取精神情感上的满足。 文化遗产的利用更主要的方面并不是遗产物化的具体产业价值,而是遗产所蕴含的抽象精

---

[1] 冯骥才:《文化遗产思想学术论集》,宁夏人民出版社 2007 年版,第 42—43 页。
[2] 杜晓帆:《文化遗产首先应满足精神需求》,《人民日报》2018 年 6 月 13 日。

神价值。保护文化遗产主要是为了满足人们怀旧和好奇的精神需求①。尽管这些说法失之偏颇②，但它却在一定程度上道出了文化遗产精神内涵的重要意义。挖掘、阐释文化遗产的精神内涵，首先要从整体上对遗产精神进行研究界定。笔者认为，文化遗产的精神可分为普遍共有精神和个别特有精神两个方面。普遍共有精神是指所有文化遗产均具有的精神，主要表现为创新精神和工匠精神。我们知道，任何一种文化遗产的诞生，绝不是简单机械的重复与模仿，而是其所在时代的人们在设计理念、制作方法上创新、创造的结果，其中蕴含着鲜明的原创或创新精神。与此同时，每一种文化遗产的形成，又都是其造物者锲而不舍、精益求精的结果，饱含着专注、乐业、精进的工匠精神。个别特有精神是指每一种文化遗产所专有的精神。每一种文化遗产因其所处时代条件、内容构成、功能特征不同，从而又都具有各自独有的精神。挖掘文化遗产精神内涵，其一，要在思想认识上高度重视挖掘遗产精神内涵的价值与意义，并将其纳入文化遗产保护内容范畴，与本体保护、环境保护同部署、齐安排，不可偏废，尤其是要像遗产保护、管理一样，纳入年度目标责任考核任务。其二，要从总体上立足文化遗产自身传承需要和经济社会发展需求，系统梳理、深入研究文化遗产普遍共有精神的内涵特质、历史贡献和时代价值，让人们在铭记历史、奋进当代中弘扬遗产精神。其三，要在保护实践中，结合具体保护对象，挖掘阐释其特有精神内涵的时代背景、传承发展和当代意义，既能增强人们对遗产的深入了解和对文化的广泛认同，又可达到满足精神需求和启智励志之功用。

三是阐释遗产价值内涵。价值问题，是文化遗产保护的核心问题。长期以来，对遗产价值的研究从未停歇，遗产价值的种类也层见叠出，由最初的历史、艺术、科学价值到后来的文化、经济、社会、教育等价值。事实

---

① 孙华：《文化遗产利用刍议》，《中国文化遗产》2020年第1期。
② 文化遗产具有多方面的功能与价值，既有人们早先认定的历史、艺术、科学价值，又有后来为学界普遍接受的文化、经济、社会等价值，换言之，文化遗产能够满足社会和个体发展生存的多样需求，而不仅仅是精神需求。

上，穷尽所有的价值类型是徒劳且不现实的，因为价值镶嵌在文化和社会关系中，是伴随人的认知水平的提升和社会发展需要不断变化的。务实的做法是，结合时代语境，从遗产的本质出发，按照时代所需，厘清文化遗产常见价值种类，并深入阐释其内涵、特点，为人们全面认识遗产的价值以及更好地保护传承发展遗产提供参考和建议。文化遗产的价值分为固有价值和创生价值两类，历史、艺术、科学价值属固有价值，文化、经济、社会价值属创生价值。[1] 阐释遗产价值要从两个方面开展工作。一方面，要研究、阐释、展示遗产的固有价值内涵。文化遗产固有的历史、艺术、科学价值都是基于遗产包含的历史信息而存在，历史信息是构成遗产的本质和理解遗产价值的核心。也正因此，很早便有学者意识到价值统称为信息价值[2]。就遗产的历史价值来说，其核心即是历史信息。这里的历史信息包含双层含义：首先是第一史实，如由于重要原因而建造并反映了这种历史实际；见证了重要人物、历史事件或某历史时期的社会风貌等；对艺术史、科技史、宗教史等专题史有突出意义，如代表了某时期的艺术风格和科技成就。其次是第二史实，即在当代人采取保护干预之前，其所经历的发展变化，如某个时代的正当添加和改建[3]。由此不难看出，文化遗产的历史、艺术、科学价值，属性比较超脱，关乎真善美，如审美的愉悦和真实的历史，普通人很难直接认知，需要专家学者和遗产工作者研究和挖掘以后以恰当形式进行阐释和展示，便于公众了解接受。事实上，对文化遗产固有价值的理解认知，正是在不断阐释的过程中实现的。以对遗产艺术价值的理解为例，在我国，很多文物古迹本身的艺术个性或特性并不是特别突出，通俗来讲就是不好看，但随着历史变迁，一代又一代来自社会各阶级的人，以多种形式和古迹产生了大量的互动，如登高凭吊、题字赋诗、撰文作

---

[1] 见本书"文化遗产保护篇"《中国文化遗产保护存在问题新辩》。
[2] 蔡达峰：《文物学基础》，《文化遗产研究集刊》，复旦大学出版社2000年版，第1—30页。
[3] 王巍、吴葱：《浅析中国文化遗产的价值体系——基于价值的特点、关系和本土语境》，《中国文化遗产》2019年第1期。

画,产生了怀古诗文和游记等多种文学艺术作品。这些活动和作品,对古迹进行了大量的阐释和展示,在艺术价值上附加了丰富的审美意向,尤其是在普通民众的意识中引起丰富共鸣①,方便公众认识接受遗产。今天,保护发展文化遗产,要着力阐释展示遗产固有价值内涵,让更多的人认识到遗产的价值,明白遗产的重大意义,从而发自内心地去保护它。另一方面,要研究阐释文化、经济、社会等文化遗产创生价值内涵的当代意义。相对于遗产的固有价值,创生价值表现为现在时,描述的是遗产与当代社会与人们之间的互动关系,趋向功利,可以给人们带来某种实际利益,与生活直接相关。所以,要紧扣创生价值可被人们直接感受的特性,多层面、多手段阐释文化遗产文化、经济、社会等价值内涵促进经济社会发展、服务民生改善的现实功用及实现路径,积极推进文化遗产内涵活化和有效利用。

(三)强化特色

中华文化遗产是中国历史、中华文化、中华民族发展进程的历史见证和实物见证,铭刻着中华文明从起源形成到不断演变进步的时代印痕,承载着中国历史、中国文化和中华民族的基因密码及内在特质,保护发展文化遗产,有利于强化中国历史、文化特色和中华民族特色。

一是强化中国历史特色。关于中国历史特征,前人多有研究。国学大师钱穆在其《国史大纲》中指出,中国历史有三个特点,一是悠久,二是无间断,三是详密。笔者很赞同悠久和无间断之说。中国历史悠久举世皆知,在我国辽阔的土地上,早在170万年前就出现了旧石器时代的人类。从黄帝时代至今,有着五千年的文明历史。其间虽则历经各种内忧外患,但始终没有像印度历史那样因雅利安人的入侵而被摧毁,也没有像埃及历史那样因亚历山大大帝的占领而希腊化,更没有像罗马历史那样因日耳曼

---

① 王巍、吴葱:《浅析中国文化遗产的价值体系——基于价值的特点、关系和本土语境》,《中国文化遗产》2019年第1期。

民族的南侵而中断，而是一直保持着独立、连续的发展系统，且具有举世无比的顽强的生命力。在这两个特点之外，笔者认为，文明起源多元是中国历史的第三大特点。我国古代文明起源是一元还是多元？是内源还是外源？这是长期争论的问题，直到现在仍有不同的看法。自司马迁《史记》提倡我国诸民族，特别是三代同源论以后，对后世影响很大，把中原四周地区的文明都看成是中原文明的影响和传播。事实上，中华民族起源不只是黄河中下游一个源头，在各民族的先世和祖先的历史发展到具有文明创造时期，都可能创造先进的文明。随着考古发掘的深入推进，越来越证实这一点。现在，学术界普遍承认中华早期文明呈现出"多元一体"格局。苏秉琦提出"满天星斗说"，认为在距今6000年左右，从辽西到良渚，中华大地的文明火花如满天星斗一样璀璨，这些文化系统各有其根源，分别创造出灿烂的文化。学者陈星灿亦认为，中国古代文明不是从一个地方发源的，包括黄河、长江和西辽河在内的广大地区，都有自己渊源脉络的史前文化且都对中国古代文明的起源和形成做出了自己独特的贡献。越来越多的考古新发现不断揭示出中华文明孕育之初呈现出的多元发展的鲜活场景。文化遗产作为历史发展的信息和实物见证，是强化历史特色，增强国人对历史认知的有效载体。如果说上述三个方面是为中国历史特点，那么今天保护文化遗产，就要在强化这些特点上下功夫。例如，针对中华文明起源多元的特点，在保护辽宁凌源牛河梁遗址、甘肃秦安大地湾遗址、浙江杭州良渚遗址、陕西榆林石峁遗址等过程中，要通过解读、阐释其文化内涵、社会状况等问题，认证强化这些文化遗址为中华文明多元一体格局形成过程的重要实证，如近年来在牛河梁红山文化遗址台基上发现的地上建筑基础，与裸礼、燎祭等祭祀行为相关的遗迹均可在《周礼》中找到相关记载，很有可能是这些后世礼仪制度的源头。先后主持多项红山文化重要遗址考古发掘工作的考古学家郭大顺指出，距今6500—5000年的红山文化最显著的核心部分，就是具备较复杂的古礼系统和较为明确的礼仪活动，是中华文明进入古国时代重要的标志和重要源头之一。以红山文化为主要代表的诸多文化类型已成为中华五千年文明史的重要支柱。① 就单体或者单个的文化遗产来说，它们和考古学资料一样，表现出明显的直观性和碎片化特征，如何将其与宏大的历史背景联系起来，并做出合理的历史解释，是每一位遗产工作者面临的任务。今天，保护文化遗产，就保护的具体对象来说，既要看到其特殊性、阶段化的一面，但更要以大历史观，运用时空观念，将其置于历史发展进程之中，用以阐释强化中国历史特色，在深化国人历史认知的同时进一步增强国家历史自豪感。

二是强化中国文化特色。中国文化的特色或者说特性是什么？学界说法较多。有人认为独特性、主体性、持续性、多元性、变通性是中国文化的特性。王蒙先生指出，中国文化有六个鲜明特色：一是循环认同，二是一元化逻辑，三是变通性，四是包容性和平衡性，五是有效性，六是自省性。② 尽管见仁见智，但大家基本认同丰富性、多样性、包容性是中国文化的重要特色。而文化遗产正好是这些重要特色的有力注脚。例如，在三星堆出土的青铜人像、面具、神树等器类中，有造型各异的青铜人像、人头像、面具，奇特的铜树、太阳形器、眼形器，众多的铜龙、虎、蛇、鸟、鸡等动物形象，还有形体虽小但数量和种类丰富的铜戈形器、瑗形器、方孔器、铃和挂件等。这些文物的独特性正是中华文化丰富性、多样性以及兼收并蓄、海纳百川特质的最好表达。再比如，在流传下来的古代绘画中，有两幅《职贡图》最能生动形象体现中国文化开放包容特色。一幅是南朝梁萧绎所绘，绘制的是与南朝梁有外交关系的各国使者，分别为滑国、波斯、百济、龟兹、倭国、狼牙修、邓至、周古柯、呵跋檀、胡密丹、白题、末国的使者③。另一幅为唐贞观时期阎立本所绘，绘制的是朝贡的使者喜

---

① 刘国祥：《红山文化——研究中华文明起源的重要内容》，《人民日报》2021 年 8 月 28 日。
② 王蒙：《王蒙谈文化自信》，人民出版社 2018 年版，第 144—149 页。
③ 中国历史博物馆：《华夏文明史图鉴》，图版 329，《华夏文明史图鉴：第二卷》，朝华出版社 2002 年版，第 286—287 页。

气洋洋、肩扛手提各种宝物及珍禽异兽争相朝贡的景象。① 苏轼赞《阎立本职贡图》云："贞观之德来万邦，浩如沧海吞河江，音容伧狞服奇庞。 横绝岭海逾涛泷，珍禽瑰产争牵扛，名王解辫却盖幢。 粉本遗墨开明窗，我喟而作心未降，魏征封伦恨不双。"上所列举，充分说明文化遗产在彰显中国文化特色上的价值与作用。 今天，保护文化遗产，要把保护和阐释相结合，在讲清楚中华文化的历史渊源、发展脉络、基本走向和独特创造、价值观念的过程中，强化中华文化特色，增强国人文化自信和价值观自信，以使人们在与其他文化交流中既不妄自尊大，也无须妄自菲薄，积极通过互学互鉴实现取长补短，并充分展现中华文化的独特魅力。

三是强化中华民族特色。 梁启超曾言："凡一国之能立于世界，必有其国民独具之特质。 上自道德、法律，下至风俗、习惯、文学、美术，皆有一种独立之精神。 祖父传之，子孙继之，然后群乃结，国乃成。"②这些共同的历史记忆和文化认可，是熔铸在民族基因之中世代传承的。 习近平总书记指出，我们生而为中国人，最根本的是我们有中国人的独特精神世界，有百姓日用而不觉的价值观。 中华民族自古以来就是一个充满自信、追求自强，勇于开拓、不断创新，不畏艰险、积极探索的民族。 正是这些独具特色的中华民族精神的深厚涵养和开放包容，绵延了人类历史上最为璀璨辉煌连绵不断的中华文明，发明了造纸术、火药、印刷术、指南针等深刻影响人类历史的伟大科技成果，建造了万里长城、都江堰、大运河、故宫、布达拉宫等气势恢宏的伟大工程。 反过来，这些弥足珍贵的文化遗产无不是中华民族自信自强精神特色的充分体现。 再从文化遗产看中华民族的创新精神，就浙江良渚遗址和山西陶寺遗址出土的文物来看，我国史前区域文化对外来文明因素的吸收融合大多不是简单的复制性效仿，而是通过改造加以创新。 良渚文化玉器具有特色的神人兽面纹之外的鸟纹及变体

---

① 中国美术全集编辑委员会：《中国美术全集：卷轴画》，第一卷，黄山书社 2010 年版，第 36—37 页。

② 梁启超：《新民说》，《梁启超选集》，上海人民出版社 1984 年版，第 211 页。

鸟纹应是源于大汶口文化，进入良渚社会后与神人兽面纹组合成一个整体。之后，进入龙山时代，陶寺文化与社会扬弃式吸收外来先进文明因素，例如创造性使用范铸铜容器，成为辉煌的夏商周三代青铜铸造技术之始。另外，日常用具也有经改造的情形，一些十分重要的器物如玉器更少见与原产地完全相同的文化现象，而是创新出多璜联璧、组合头饰、组合腕饰等新的象征物以凝聚族群。再比如，作为中国古代陶瓷工艺代表的唐三彩，其产生本身就是一种创新，是中华民族不断创新的实例。早在西汉中期就产生并流行棕色和绿色为代表的铅釉陶。北魏时期出现了复烧工艺，即对釉陶先采用不上釉的素烧，上釉后再入窑烧制一次。到了北齐，开始出现了局部上釉的单色釉和多色釉，说明人们已经充分掌握了某些釉色的显色剂并能够熟练运用，最具代表性的是山西太原北齐娄睿墓出土的二色陶盂，已经初步具备了"唐三彩"的基本特征。从目前的测试结果来看，唐三彩复烧和多色釉这两大基本特征显然必须从单色釉陶谈起，从西汉中期至7世纪中叶诞生真正意义上的唐三彩，技术积累用了800年左右的时间，所以，不能简单地将唐三彩看作是唐代的发明创造，它的产生实际上是中华文明不断创新、自强不息的典型例证。[①] 新时代保护文化遗产，要结合文化遗产传承发展的历史与内涵，着力彰显强化中华民族开拓创新、与时俱进、自强不息的进取精神，促进当代国人深刻把握民族精神的核心内容和深层特质，激发伟大创新精神、伟大奋斗精神、伟大团结精神、伟大梦想精神在共筑百年梦想中的内生精神力量，努力创造属于新时代的光辉业绩。

二、保护发展举措

新时期中国文化遗产保护发展要立足自身特性与优势，按照遗产保护和经济社会发展需要，坚持以解决问题为导向，走出一条务实、管用、对路

[①] 冉万里：《考古教学中的中华文明传承与表达》，《文博》2022年第1期。

的新路子，着力在彰优势、促弱项、补短板上下功夫。

（一）突显优势

中国文化遗产具有鲜明的资源优势与研究优势，并且在长期的探索实践中建立了文物科技保护的学科基础，要充分发挥优势作用，推动文化遗产事业全面发展。

一是突显遗产资源优势。国家文物局最新统计数据显示，我国共有5058处全国重点文物保护单位，3154处国家级非物质文化遗产代表性项目保护单位，56处世界文化遗产和40项人类非物质文化遗产。另外，"十三五"期间，第一次全国可移动文物普查登记1.08亿件/套国有可移动文物。文化遗产历史悠久，种类繁多，数量巨大，这是我们的资源优势，但如果对其彰显不力、利用不足，优势会变成负担而成为劣势。笔者认为，当前，我国在彰显文化遗产资源优势方面存在数字化力度不强、社会化程度不高两个主要问题。为此，一要加快遗产资源数字化。文化遗产作为一种历史的记忆包含两方面主要内容：第一是历史特定时期文化遗产形成和存在状态中的社会关系和历史人文信息。第二是历史发展进程中文化遗产自其原始产生到现在所经历的不同时期的文化积累。文化遗产保护传承是共时性和历时性的统一。文化遗产数字化是对文化遗产共时性和历时性的原真性记录和呈现。当今世界，新一轮科技革命和产业变革蓬勃兴起，数字技术快速发展。习近平总书记强调："我们要乘势而上，加快数字经济、数字社会、数字政府建设，推动各领域数字化优化升级。"[①]近日，中共中央办公厅、国务院办公厅印发了《关于推进实施国家文化数字化战略的意见》[②]，明确提出到"十四五"末，基本建成文化数字化基础设施和服务平台，形成线上线下融合互动、立体覆盖的文化服务供给体系；到2035年，

---

① 习近平：《国家中长期经济社会发展战略若干重大问题》，《新长征》2021年第1期。

② 中共中央办公厅、国务院办公厅：《关于推进实施国家文化数字化战略的意见》，2022年5月25日。

建成物理分布、逻辑关联、快速链接、高效搜索、全面共享、重点集成的国家文化大数据体系，中华文化全景呈现，中华文化数字化成果全民共享，并为此提出了八项重点任务。按照国家战略部署，文化遗产数字化任重道远。当前，我国绝大部分物质和非物质文化遗产，尚未进行资料采集和数字化建档，有些号称已数字化的遗产，其中不乏只是简单地用数字技术对文化遗产的外在表现形式进行记录存档，或者简单地用录音录像记录文化遗产的图片影像，而没有透过人们直观所见的文化遗产的种种表象去以数字化的方式记录和呈现文化遗产的文化内涵。这就要求我们要积极运用数字化技术手段，在数量上尽快实现文化遗产资料采集和数字化建档全覆盖。同时在质量上要基于缜密的学术调查研究，针对不同类型文化遗产，采用不同的数字化方式，既进行静态的历史特定时期的文化遗产形成的历史背景、艺术审美、社会文化关系的记录、发展和反映，又灵活地展现其动态的发展演变过程，真正实现文化遗产由物质形态向数字形态的转化，更好促进文化遗产保护利用。二要加强遗产资源社会化。文化是一个国家的基本识别标志，具有浓厚的艺术色彩和价值理念，而文化遗产是延展民族文化深度与广度不可或缺的组成部分，带有明显的公共性特征。站在这个角度看，文化遗产保护的利害关系已远远超越了个人和遗产本身，其更深层的意义在于关系着国家、社会以及城乡社区发展公共空间的价值实现。例如，非物质文化遗产保护传承的意义，不仅仅在于遗产类型本身的可持续性，更重要的是其作为活态文化，关联着社会发展各方面，从多民族文化多样性的文化信仰，到不同地域和幸福生活指数相关的衣食住行及作为地方文化资本向地方文化产业的发展，以及持续民族身份认同和文化记忆等诸多社会发展的现实问题。[①] 文化遗产的社会公共性特征以及在社会价值认同中的公民所属权益的平等性，要求文化遗产工作者必须超越个人、部门及地方本位的利益，以高度的人文关怀，把文化遗产保护发展置放

---

① 乔晓光：《关注非物质文化遗产传承保护的公共性》，《湖北美术学院学报》2007年第2期。

在原发公共领域的整体社会存在背景中，让其内涵、精神最大限度、最为便捷地融入社会公共空间，为增强文化认同、文化记忆，激发民族生命机体内驱精神活力和文化创造热情，发挥其潜在的价值与意义，而不能让文化遗产异化为个体或集团的利益的工具，或成为经济价值的从属手段。对此，需要引起学界和全社会高度关注的是，长期以来，有些文化遗产，如出土文物被考古发掘者以撰写考古发掘报告或进行学术研究为名，数年乃至数十年"据为己有"，尤其是绝大多数考古资料包括出土文物、标本，在发掘报告完成之后又被雪藏，除少数"明星"遗物外，大多将难以重见天日，有效发挥作用。① 有些文物因受展陈条件限制，年复一年、代复一代地尘封在文物库房中；有些文物被束之高阁，成为文人精英们把玩、孤芳自赏的对象；……这些忽视文化遗产社会公共性的表现，必将因为失去民间公共社会发挥的精神力量和生存情感的认同支撑作用，而直接削弱文化遗产的保护成效，并严重制约着文化遗产满足人文关怀和应对解决相关公共性问题的潜能的释放与发挥。所以，从国家到地方，各级文化遗产管理部门和文化遗产研究者、工作者及舆论宣传从业者，要立足文化遗产的公共性特征，群策群力，加强文化遗产资源社会化，积极搭建调动社会参与文化遗产保护的公共机制和平台，强调民众参与和民众共享保护成果，让遗产地居民最大程度地全过程、全方位参与文化遗产保护决策、规划和具体实施，以民众最大程度的"在场"，来保障文化遗产保护"公共性"的有效实现。②

二是突显遗产研究优势。目前我国文化遗产研究，就研究队伍来说，主要有国家各级党委政府政策研究部门、高等院校、研究院所、党校（行政学院）和协（学）会等群团组织五方面有关研究人员，都在不同程度地从事文化遗产的保护传承研究，队伍之庞大，参与人员之多，举世无双，的确是我们的优势。另就研究内容来看，集中于基础理论、个案分析、保护利用、经营管理、方法技术等方面，其中，保护与利用已成为文化遗产研究的

---

① 曹兵武：《考古学的公共性及其时代价值》，《中国文化遗产》2022年第2期。
② 赵艳喜：《文化生态保护区的公共性及其发展方向》，《文化遗产》2018年第4期。

热点问题；关注遗产管理实践的个案研究，文化遗产的多学科、跨学科研究与信息技术研究成为文化遗产研究的方向；文化遗产概念体系与理论研究是文化遗产研究的前沿课题。① 在文化遗产保护事业深入推进的新的历史时期，要进一步彰显以上两方面的研究优势，从理论与实践层面为文化遗产保护发展献计献策。与此同时，一方面，要坚持以解决问题为导向，针对当前中国文化遗产保护发展存在的主要问题进行深入广泛的研究，在学理和应用上提出切实可行的解决思路与办法。另一方面，要立足中国文化特性和文化遗产特性，围绕中国特色文化遗产保护发展理念、原则、体系构建开展学术研究，为走出一条富有中国特色的文化遗产保护发展新路径提供学理支撑。

三是突显遗产学科优势。无论是就文化遗产自身的内涵、外延，还是研究、保护文化遗产的实际需要来说，都与历史学、考古学等传统学科和物理学、化学、材料学等理工类学科密切相关，例如，研究文化遗产需要历史学、考古学、技术史、艺术史等学科和专门史的知识基础；保护文化遗产需要人类学、社会学、民族学、化学、材料学等学科的学科视野和科学技能；展示和利用文化遗产则需要博物馆学、教育学、传播学等学科知识。② 21世纪以来，随着全球化、现代化的快速推进，特别是在世界遗产运动的影响下，我国文化遗产事业出现了前所未有的研究和保护热潮。相应地，众多高校、科研院所依托传统学科优势，积极参与文化遗产保护与发展，探索学科人才培养。北京大学、西北大学、四川大学等高校依托考古学专业进行文化遗产研究；浙江大学、复旦大学等高校依托文物与博物馆学、艺术史专业侧重于文物鉴定、保护和修复；清华大学、天津大学、同济大学等高校主要依托建筑学、城市规划与设计专业，侧重于古建筑、历史街区的保护与修缮；中山大学、苏州大学等高校主要依托民俗学、社会学、艺术学等专业开

---

① 崔卫华、贾婉文：《近十五年我国文化遗产研究的新动向——基于核心期刊的统计分析》，《东南文化》2013年第5期。

② 张颖岚、刘骋、陆余可：《关于"文化遗产学"的几点思考》，《中国文物报》2021年5月7日。

展文化遗产研究。尤其是近年来,随着文化遗产学的蓬勃发展,一些理工科院校、科研院所开始介入文物考古研究,依托理工类学科在文物材料工艺研究、古代材料标准化研究、文物修复与文物数字化模拟等方面取得了大量实践探索成果。例如,西北工业大学依托其航天、航空、航海等学科专业优势,于2017年与陕西省文物局联合成立文化遗产研究院,设立了材料科学与科技考古研究中心、文化遗产信息技术中心、文化遗产规划中心等机构,建有科技考古专业实验室、文物保护技术专业实验室等。经过几年的探索实践,在文物材料科学、文物保护技术、考古探测技术等方面产出了许多理论与实践成果。今天,保护发展文化遗产,可在以往的基础上,依靠高等院校、科研院所,进一步发挥传统学科和理工类学科优势,紧紧围绕文化遗产进行更为科学的整体保护、内涵挖掘、精神传承、功能重构、价值实现,通过深度交叉融合,遵循跨学科门类、跨领域、跨院系交叉研究与合作思路,按照文化遗产事业发展对高层次创新型、复合型、应用型人才的迫切需求,激发和培育以文化遗产为研究对象的学科创新点与科技进步,推动文化遗产创造性转化和创新性发展,为中国文化遗产事业发展提供强有力的学术、智力和人才支撑,并助力我国由文化遗产大国走向文化遗产强国。

(二)加强弱项

我国文化遗产资源丰富,但由于受文化遗产保护管理体制机制和人才培养机制尚未健全、文化遗产保护与发展并重理念尚未确立等因素影响,在文化遗产保护管理中存在诸多不足或弱项,导致不少文化遗产没有得到有效保护,甚至出现保护性破坏、建设性破坏等问题,特别是专业型、高层次保护管理队伍缺乏,亟须从文化遗产保存数量、保护质量和人才队伍建设等方面创新突破。

一是保数量。文化遗产是长期历史积累中,由特定历史时期的社会、经济、文化和技术等多方面因素共同作用而形成的。由于时间的不可逆性,文化遗产从时间意义上具有稀缺性。任何一种文化遗产被毁坏,都不可能再生。20世纪80年代初期，随着经济发展和城镇化步伐的加快，大量的历史文化建筑被拆除，造成难以挽回的损失。更令人痛心的是，在当前的城市化进程中，又出现了不少的问题，很多地区的传统建筑、历史文化街区在迅速消失，文化遗产遭到破坏的情况时有发生。长城被誉为"世界十大奇迹之一"，但由于自然侵蚀、人为损害和管理不善等众多因素影响，古长城遭到严重破坏，只有8.2%的墙体保存状况较为良好，而整个古长城的30%已经消失。① 传统村落蕴藏着丰富的历史信息和文化内涵，是中国农耕文明留下的最大遗产，近15年来，中国传统村落锐减近92万个，并正以每天1.6个的速度消失。② 再就名人故居来说，北京市有关部门曾对名人故居进行较系统的调查，核实在4个城区内共有308处名人故居。然而，目前这些名人故居只有8处被辟为博物馆、纪念馆，仅占总数的2.6%。还有少数名人故居实施挂牌明示，而绝大多数名人故居淹没在杂乱无章的建筑之中，鲜为人知。由于缺乏管理、保护和修缮，大多数名人故居已变成大杂院，许多院落房屋年久失修，院内地面坑洼、自建房丛生，早已失去了原有的面貌。原有建筑格局遭到破坏，保护情况不尽如人意。③ 尤其是非物质文化遗产的处境更为艰难，许多传统技艺如皮影戏、修船、铜器制作、打花带、画年画、编草鞋、画糖画等面临着消失、遗忘、割裂的困境。据不完全统计，20世纪50年代全国有戏曲剧种368个，目前仅有267种，其中60多个现有剧种没有音像资料保存。④ 因此，新时代保护发展文化遗产，要切实加强保护力度，努力做到应保尽保、能保则保，使每一项文化遗产有效延展其生命周期与存续时间。对此，关键是要解决好两个方面的问题。第一是在思想上要认识到保护文化遗产不只是保护一幢古建筑、一件文物、一项古老的技艺，更是对一种文化记忆和当下文化交流内容、形

---

① 《万里长城濒危，三成消失身影》，《京华时报》2015年6月28日。
② 《每天消失1.6个，抢救濒危中国传统古村落迫在眉睫》，央广网，2017年12月11日。
③ 刘丽媛：《北京：名人故居该咋保护？》，《中国建设报》2006年6月17日。
④ 李婧：《中国戏曲到了最危险的时候》，《北方音乐》2006年第7期。

式的保护,是对我们自己的历史的保护,从而以一种礼敬的态度重视对每一种文化遗产的保护。因为在相当一部分人的心目中,总是认为我国历史悠久,文化遗产种类多、数量大,人为或自然损失一些无关紧要。实则不然,我国虽是文明古国,但保存下来的文化遗产的数量并不值得我们自豪。早在20世纪90年代中期,博物馆学专家苏东海先生就严肃地提出"文物大国的忧患",多次发出"我国文物匮乏""博物馆贫血""文物事业持续发展困难"的警告,他在《文物大国的忧患》和《再论文物大国的忧患》两篇文章中指出:"我国文物不是太多,而是太少,对这一点有清醒的认识,才不会盲目和乐观,才不会以为破坏个把文物无伤大局;才能有深刻的忧患意识,正确面对当前极为严峻的文物保护形势。"[1]以英格兰为例,土地面积相当于中国1/74,其登录保护建筑50万处,保护区8000多处。而我国各级文物保护单位仅7万处左右,保护区仅数百处。从国家层面保护的文化遗产状况来看,我国列入保护单位的数量也明显偏少,与文明古国的历史地位不相适应,甚至与同为发展中国家的一些国家和地区相比也存在较大差距。例如埃及由中央政府管理的文物古迹有2万余处,印度由国家管理的文物古迹有5000处左右,越南的国家级文物保护单位也有2823处,而我国列入全国重点文物保护单位的仅为2351处。[2]面对这一严峻的现实,当代国人必须以正确的态度,竭尽全力保护好每一种文化遗产,切实肩负起时代所赋予的文化遗产保护的责任与担当。特别是对一些城市决策者来说,不能将文化遗产视为影响城市建设和经济发展的包袱,错误地坚持不申报或少申报文物保护单位,而要把文化遗产作为当地的文化资源和宝贵财富保护好、传承好。第二是要加强对文化遗产的抢救性保护和预防性保护。对此,笔者在本书"文化遗产保护篇"《中国文化遗产保护的目的、任务新论》中已有论述,兹不赘论。

二是提质量。直面当前我国文化遗产保护、管理实际现状,应该说,

---

[1] 曲冠杰:《我国文化遗产是多还是少》,《光明日报》2002年4月3日。
[2] 单霁翔:《试论新时期文化遗产事业的发展趋势》,《南方文物》2009年第1期。

在保护、管理质量上存在诸多问题。就保护而言,有些缺乏整体保护规划,遗产保护工作者似同救火队员,临时抱佛脚,仓促施救;有的保护方案长期议而不决,致使被保护的文化遗产遭受严重损害,甚至消亡;有的保护方案不够科学,造成在较短的时间内修了再修;有的保护方案针对性不强,原本的正向修复变成反向损害;有的文物建筑注重安排重点修缮,缺少日常养护。尤其是非物质文化遗产保护大多停留在一般性号召和口号上,缺乏具体有效的保护措施落地。这些都直接影响着文化遗产保护的质量。再就管理上来看,至少表现出两方面的严重不足。第一是在管理对象上注重对遗产本体现存样貌状态的保护,忽视或淡化文化遗产快速演进的内部因素和动态变化的外部环境,管理目标单一,为保护而管理的僵化管理现象时有所现。第二是在管理内容上与时代、社会脱节,未能很好地回应"让文化遗产活起来"的时代诉求,文化遗产管理服务城镇化建设、乡村振兴及民生改善等落得不实不细。为此,新时代保护发展文化遗产,一要在提升保护质量上下功夫。要进行全方面的调查研究,在详细掌握文化遗产特性和特征信息的基础上制订科学可行的保护方案,并做好项目储备;要利用高科技手段,精准监测文化遗产的病害产生诱因和发育情况,最大限度减少各种风险因素造成的危害,留住历史原貌,提升文化遗产完好率;要进一步规范文化遗产保护程序,严格按照事先制订的方案实施保护,确保保护工作的规范化、科学化。同时,要加强对文化遗产定期检查和测验工作,严格遵循修缮原则,避免文化遗产的二次损坏。二要在提升管理质量上下功夫。首先要积极顺应时代和环境变化,不断创新文化遗产管理体制机制,实现管理主体由单一的政府主导向政府与企业经营管理共存、管理机制从传统的政府主导下的专家咨询模式向全民共同参与治理的模式转变。其次,要进一步拓展管理视野,实现文化遗产管理范围由传统的物质文化遗产向非物质文化遗产延展、管理对象从遗产个体向遗产群体和周边环境延展,满足新时期文化遗产管理目标多元化需求。再次,文化遗产管理者要适时转变角色职责,实现从遗产"看守者"向"遗产内涵挖掘者""遗产精神传承者""遗产功能重构者""遗产价值实现者"转变,充分发挥文化遗产服务经济社会发展的时代价值。

三是强人才。文化遗产行业人力资源是支撑文化遗产事业可持续发展的重要资源,也是最富有活力的资源。人力资源的强弱直接决定着文化遗产事业发展成效的大小。文化遗产保护存在的许多问题,如上文所说的保护质量、管理质量方面的问题,都与人力资源上的不足有着密不可分的关系。笔者认为,当前我国文化遗产行业在人才队伍建设上存在三个方面的弱项。第一是人才总量不足。我国文化遗产数量多,分布广泛,尤其是大量不可移动文化遗产分布在人迹罕至的偏远之地,文物普查、考古、修缮、展览等工作均需足够的人力保障。人员数量不足已成为制约文化遗产事业发展的重要因素。[①] 的确,相比我国文化遗产保护这辆"大车",人才的缺口值得重视。2015年开展的文博系统首次关于全国文物修复人员的调查估算,全国文物保护修复人员缺口约为2.6万人。据2017年公布的第一次全国可移动文物普查数据公报,近四成的文物需要修复。每年,待修复的文物以300余万件(套)的速度在增长。人才短缺在基层区县表现得尤为突出。"在山西省晋北地区的一个区县,当地文物管理所管理着65段明长城墙体的432个敌台、烽火台等文物点。除此之外,文管所的职责还包括其他古建筑与古遗址的保护与修缮、考古及文案工作等。光是春秋两季野外文物点的巡查工作,就需要一两个月。完成这些工作的,只有文管所9名在编人员。"文化遗产人才缺乏的困境不只在山西,"在陕西某县,文物管理所需要负责管理的文物点有560多处,但有编制的工作人员只有6人"[②]。文化和旅游部副部长、国家文物局局长李群在2021年8月的一次报告中指出,全国县级文物行政编制仅有5000多个,平均每县不足2人。[③] 这些数据无一不

---

① 徐志鹏:《文化创新比较研究》,《历史文化》2018年第4期。

② 《6个人管560处文物,无招聘权,基层文博人才短板如何补?》,《中国新闻周刊》总第1047期,2022年6月13日。

③ 李群:《国务院关于文物工作和文物保护法实施情况的报告——2021年8月18日在第十三届全国人民代表大会常务委员会第三十次会议上》,《中华人民共和国全国人民代表大会常务委员会公报》2021年第6期。

在证明人才总量不足的严峻性。第二是专业人才匮乏。专业人才匮乏一直被视为我国文化遗产事业发展的瓶颈。文化遗产保护是一项专业性、业务性、政策性很强的工作，专业技术要求高，非专业人员难以胜任。例如，抢救性考古任务需要考古与历史专业背景人才；文物建筑的保护与修缮需要勘察设计与施工专业人才；历史文化名城、名镇、名村和各级文物保护单位的管理需要大量保护规划与管理类专业人才；等等。但目前行业人员鱼龙混杂，非科班出身的占比很大，高学历人员和专业技术人员比重较低。① 特别是"在区县一级的基层，大量文物保护工作必须在广大田野中开展，但是想见到一个文物、考古相关专业的本科毕业生都非常困难"②。多年来，学校培养的文化遗产保护方面的专业人才远远不够，真正的从业人员数量仅相当于韩国的四分之一。③ 第三是综合素质不高。文化遗产行业是一个从事保护管理、科学研究、宣传展示和公共服务等的知识密集型领域，不仅涉及人文科学、自然科学等多个学科、多个领域，而且需要多学科交叉和科技支撑，这就要求从业人员在自身专业的基础上必须具有较好的综合素养。而现实是，专业人才的思想素质、理论素质、文化素质及业务素质普遍不高。例如，就文化遗产研究来说，有的研究者只是凭一时兴趣涉猎文化遗产研究，并没有专门从事此项研究的知识储备④，文化素质较低。上述三个方面问题为新时代文化遗产保护人才队伍建设提出具体要求。一要壮大人才队伍。首先要结合行政事业单位机构改革，适当增加文化遗产行业行政事业编制。其次要加大财政投入，各级政府要为文博人才的发展提供必要的经费保证，可以考虑在文博部门预算中设置人才引进和

---

① 闫俊：《文化遗产保护行业人才队伍建设前景展望》，《文物鉴定与鉴赏》2020年第2期。

② 《6个人管560处文物，无招聘权，基层文博人才短板如何补？》，《中国新闻周刊》总第1047期，2022年6月13日。

③ 宿希强、姚小康：《中国文化遗产保护现状：方法技术领先最缺人才》，中国青年网，2016年7月23日。

④ 王宪昭：《我国非遗研究人才培养面临三大问题》，中国民俗学网，2012年5月7日。

建设科目,用于引进高学历、高技术人才,建立待遇与岗位相匹配的用人机制。① 再次要拓宽人才引进渠道,可通过政府购买岗位、设立文博专业人才市场、适当降低技能型人才招聘标准等形式,吸引更多有热情、有潜力、有特长的年轻人加入文化遗产保护行业。 二要加快人才培养。 目前,文化遗产保护人才的综合性体现在既要精通历史、考古、古建知识,又要熟知文化、艺术,甚至了解物理化学、工程技术等方面的知识。② 要支持有条件的高校根据文化遗产行业对人才需求的复杂性和特殊性,通过完善专业设置,优化课程体系,创新教学计划,拓宽实习、实践渠道,加强与文化遗产保护行业的紧密结合,培育更多更高质量的高层次专业人才。 同时,要加强对高职院校文物博物馆相关专业的支持和引导,完善布局,为文化遗产保护培养大批合格的技能型人才。 三要加强人才培训。 要联合高校、研究院所及社会培训机构建立系统的人才培训体系,制订切实可行的培训方案,多渠道、多形式扩大培训规模,提高培训质量,在解决紧缺人才和特殊人才需求的同时,全面提升文化遗产保护人才队伍整体素质。

(三)补齐短板

长期以来,中国文化遗产保护发展理论体系尚未健全完善,文化遗产保护国际话语权较弱,文化遗产保护的科技优势没有得到充分发挥,多方因素共同制约着文化遗产保护发展。 新时代文化遗产保护发展,要从理论与实践层面补齐发展短板,努力推动文化遗产保护事业取得新突破。

一是补齐思想短板。 西方"权威遗产话语"强调文化遗产的真实性、物质性、纪念碑性及其历史、艺术、科学价值,体现了西方启蒙运动以来的现代历史观、文化观和价值观,成为今天国际文化遗产保护的宪章和基本原则,并在很大程度上影响甚至左右着中国文化遗产保护的理念、原则和

---

① 闫俊:《文化遗产保护行业人才队伍建设前景展望》,《文物鉴定与鉴赏》2020年第2期。

② 宋佳:《文化遗产保护学科、专业与教育体系研究》,硕士学位论文,南京工业大学,2012年。

举措,由此导致中国文化遗产保护发展在理论上存在两个方面的问题:一方面,背离自身文化遗产特性和传统审美崇尚、思维方式及价值取向,丢失本土历史记忆方式和文化思维逻辑,盲目屈从西方权威遗产话语,在思想观念上表现出较强的崇外性,造成文化遗产保护理论混乱和保护实践水土不服;另一方面,提出的理念、制定的原则套用西方文化遗产原真性保护理论,缺乏本土化表达,更多地强调约束性、强制性,似同负面清单,宏观引领、微观指导力不足,在思想观念上表现出较强的教条性。比如,《中国文物古迹保护准则》制定的十条保护原则,主要是参照基于西方石质特性文化遗产形成的《威尼斯宪章》而为,"必须""不应"等保护要求约束、强制色彩浓厚。应该说,上述两个方面是中国文化遗产保护发展存在问题的深层次或者说根本原因。尽管近年来,随着我国文化遗产领域思想变革的不断深入,"移植""照搬"论开始受到质疑并逐渐走下神坛,走中国特色文化遗产保护发展路径的吁求愈益强烈,但在遗产工作者,特别是一些专家学者灵魂深处,西方权威遗产话语的影响仍然挥之不去,文化遗产保护理论上的中国特色并不明显。所以,新时代中国文化遗产保护发展,要立足中国文化遗产特性和传统审美崇尚、价值取向,坚守中华文化立场,彻底摒弃崇外和教条,探索形成富有中国特色的文化遗产保护发展理念和原则,补齐思想短板。

二是补齐话语短板。经过多年努力,我国文化遗产保护取得了多方面的成就。例如,在世界文化遗产保护方面,我国自1985年加入《保护世界文化和自然遗产公约》以来,长期致力于推广世界遗产保护理念,积极改善世界遗产保护状况,充分发掘世界文化遗产的当代价值,推动文明交流互鉴。然而,由于我国文化遗产保护起步晚、底子薄等原因,迄今在世界文化遗产领域的理论建树还比较少,在重大议题上的话语权也很小。[①] 同时,由于国家体制和价值观念的差异,在国际层面由我国主导的遗产共识

---

① 刘曙光:《我国世界文化遗产保护现状及重点工作》,《文化艺术报》2019年5月20日。

尚不够多。这些都与我国作为世界文化遗产大国的地位极不相称，并直接影响着向世界展示当代中国人的世界观、文明观、文化观和价值观。当前，世界文化遗产事业正处在一个新的转型期，不断受到国际政治、地缘政治和国家利益的干扰。在这种复杂的情况下，中国要积极发挥世界文化遗产大国的作用，主动、广泛参与联合国教科文组织在文化遗产领域开展的培育人才、推广标准、制定规则、普及知识、提供国际援助的各项事务，加强与各国各地区同行的交流合作，推动文明交流互鉴。要利用我国作为"濒危文化遗产保护国际基金"（冲突地区文化遗产保护国际联盟）首批出资国和董事国的身份，积极履职尽责，推动相关项目实施。同时，要把国际上文化遗产保护的中国项目做成科技含量更高、综合学术成果更丰富、社会影响力更大的优质项目。① 通过这些举措，紧扣我国文化遗产内涵、价值与特征，进一步加强我国在世界文化遗产领域的理论建树，着力提升我国文化遗产体系在人类文明格局中的话语地位，尤其是要实现文化遗产的话语转换，创新话语表达方式，把本土话语转换成现代话语、大众话语和国际话语，"以人们喜闻乐见、具有广泛参与性的方式推广开来"②，寻求国际社会最大公约数，为丰富和发展世界文化遗产事业做出理论贡献。

三是补齐科技短板。科学技术对文化遗产事业的发展起着决定性的作用。在1955年，中国科学院考古研究所副所长夏鼐将碳十四测年这项技术介绍给中国考古界，开拓了现代科学技术对文物工作的应用前景。20世纪60年代，在中国历史博物馆、上海博物馆等相继设立文物保护实验室，开启了运用现代科学技术修复保护文物的理论与实践探索。③ 1973年，组建成立了文化部文物保护科学技术研究所，全面启动现代科学技术在文物保

---

① 刘曙光：《我国世界文化遗产保护现状及重点工作》，《文化艺术报》2019年5月20日。
② 习近平：《建设社会主义文化强国，着力提高国家文化软实力》，《人民日报》2014年1月1日。
③ 路甬祥、周宝中：《文物修复和辨伪》，大象出版社2017年版，第15页。

护事业中的应用。半个多世纪以来,我国文物保护科技工作取得了多方面的成就。但由于我国文物保护科技研究起步晚、基础条件差,文物保护科技水平整体不高,自主科研成果相对较少;文物修复的科技水平亟待进一步提升;文物保护的技术供给总量和技术集成能力不足;考古调查勘探和发掘科学技术水平有待加强。例如,就自主科研成果来说,"目前敦煌研究院针对文物开展无损分析所用到的仪器设备,比如高光谱成像仪、拉曼光谱仪、光学相干断层扫描系统等大多是进口设备,其间难以见到国产装备的身影"①。文化遗产保护的科技短板十分明显,正如敦煌研究院名誉院长樊锦诗所说:"由于我国文物保护专业人才不足,文物保护的科技水平也有待加强,大量文物保护难题因缺乏科技支撑而无法得到及时、有效解决。"②故此,"十四五"时期,在国家文物事业发展规划中,科技创新被摆在更为重要的位置,通过加强顶层设计和整体布局,着力提升文物科技创新能力和应用水平。当务之急,首先是要加强文化遗产科技领域的基础和应用研究,突破关键共性技术,为考古研究和文物保护利用提供有力支撑。通过统筹部署建立一批文化遗产保护领域的国家重点实验室、国家技术创新中心,着力发挥新科技技术、工艺、材料在文化遗产保护发展中的重要作用,重点在遗迹遗物探测、文物信息提取、文物价值挖掘、水下文物探测、古代材料加工、馆藏文物保护修复和监测、智慧博物馆技术等前沿领域,开展深入广泛的基础和应用研究,并保持行业领先优势。其次,要加强装备研发,为文化遗产保护提供利器。要在文物无损分析、考古勘察、文物安全等领域进行关键技术、先进装备研发。要加大对无损检测分析装备的研发力度,尤其是针对纸质类文物,研发专用的高光谱、多光谱仪器;要加强田野考古勘察测绘技术装备的专业化集成和智能化升级,研发出面向远程、野外作业的小型化、可移动装备;要加强绿色环保新型文物保护功能性材料研发与应用效果评估,着力研发文物安全智能监测和预防性保护关键

---

① 《文物保护亟须科技发力》,《科技日报》2021年3月8日。
② 《走出中国特色的文物保护利用之路(总书记和我握过手)——回访敦煌研究院名誉院长樊锦诗》,《人民日报》2022年1月24日。

技术与装备。① 还要针对文物特性,研发一些能够保障文物安全的专门技术和设备。唯有多措并举补齐文化遗产保护科技短板,才能有效支撑文化遗产事业的系统目标和可持续发展。

三、保护发展愿景

文化遗产保护既是理论问题,也是现实问题,事关中国特色文化遗产学的学理基础与学科建设,同时与国家、民族实力及民生工作息息相关。新时代文化遗产保护发展,既要建立中国特色文化遗产保护发展学科体系、学术体系、话语体系,又要提升国家竞争力、增强文化软实力、扩大对外影响力,同时还要从形式、内容、品质等方面服务和改善民生。

(一)构建体系

文化遗产保护是兼具基础性与应用性的社会科学,加强文化遗产学理论体系建设,为文化遗产保护发展提供理论指导与发展方向,对文化遗产事业的实践和理论都将产生积极推动作用。习近平总书记指出,每个学科都要构建成体系的学科理论和概念。② 加快构建中国特色的文化遗产学,要不断推进学科体系、学术体系和话语体系建设。

一是构建学科体系。文化遗产学科体系是构建文化遗产学的基础和依托。2003 年,曹兵武提出"文化遗产学"的构想,指出它是"一门应当和遗产价值及本体研究、管理、经营、运作等密切结合在一起的高度综合性的创新性学科"③。后来,杨志刚提出"文化遗产学应该是一门涵盖面甚广、学科交叉性很强的学问"④。此外,还有其他学者不断从学科边界、

---

① 《文物保护亟须科技发力》,《科技日报》2021 年 3 月 8 日。
② 习近平:《在哲学社会科学工作座谈会上的讲话》,2016 年 5 月 18 日。
③ 曹兵武:《文化遗产学:试说一门新兴学科的雏形》,《中国文物报》2003 年 5 月 30 日。
④ 杨志刚:《文化遗产研究与文化遗产学》,《中国文物报》2003 年 9 月 12 日。

内涵范畴、发展方向、规范要求等方面就文化遗产学科建设提出许多富有见地的见解。不过，受制于我国原有的学科框架体系以及学术界对文化遗产学的学科定位、研究范围、基础理论和研究范式等方面存在不同的思考和认知，时至今日，文化遗产学学科构建尚未取得实质性突破，"相较于文化遗产实践与理论领域的进步，文化遗产学学科体系的建设相对滞后"①。当前，伴随国家文化复兴战略的实施和文化产业的发展，文化遗产学越来越受到广泛关注。为此，要加快文化遗产学科体系建设进度。一要在国家层面将文化遗产学从历史门类中移出设立文化遗产学一级学科，并在国家政策上予以推动和引领。我们知道，党的十九大将"加强文物保护利用和文化遗产保护传承"作为坚定文化自信的一个部分写进报告，设立文化遗产学一级学科符合国家重大文化战略需求。二要从研究对象、研究内容、研究方法、研究任务、基本理论、学科目标、学术价值等方面进行梳理、归纳、研究、创新，进而确定文化遗产学科边界、内涵范畴、发展方向、规范要求。三要从保护理念、理论框架、分类体系、操作方式及培养模式等方面，构建具有中华民族文化特色、反映中华文明特点的学科体系②，努力使基础学科健全扎实，新兴学科与交叉学科创新发展，重点学科优势突出，基础研究和应用研究相辅相成，学科研究和成果应用相互促进。

二是构建学术体系。文化遗产学术体系是构建文化遗产学的核心。库恩的"学科范式理论"认为，成熟学科的标志应该是拥有一个科学共同体，该共同体由具有共同的学术背景、学术传统及公认的学术交流载体等的学术人员构成。这也就是说，一门独立而成熟的学科的发展应具备规范化的特质，即特定时期该学科的从业人员进行学术研究共同遵守的理论基础、实践规范、基础坐标和方法准则。构建文化遗产学术体系，要从两个方面着力推进。第一是在文化遗产学研究中真正确立成熟学科应有的基本

---

① 潘鲁生：《关于文化遗产学建设的思考》，《中国非物质文化遗产》2021年第3期。

② 王福州：《"文化遗产学"的学科定位及未来发展》，《中国非物质文化遗产》2021年第2期。

问题意识,如基本的理论框架和方法论等。 这方面应更多用力于基础理论研究,而基础理论的突破首先要在两个层面获得深入阐释,即对中国文化遗产保护的历史进行学术上的科学解说和从理论上解决实践中突出而普遍的问题。 与此同时,要从提升研究者个人的学术品性与能力和加强文化遗产领域共同体建设两个方面,建立和培育良好、健康的学术规范与氛围。第二是从思想、理念、原理、观点、理论、学说、知识、学术和研究方法、材料、工具两个层面加强理论研究和实践运用。 其一要积极融通古今中外文化遗产保护发展的理论、经验成果,在不断推进知识创新、理论创新、方法创新的过程中,将学科的发展放在生动的历史境遇中加以考量,充分顾及学科本身历史现实的互动关系,以使学科发展具有源源不断的动力和自己的传统,使学科内容富有生命力,体现出文化遗产学在当代经济社会发展进程中所具有的思想活力与独特价值。 其二要坚持问题导向,认真研究新时代文化遗产保护发展面临的主要问题和矛盾,在解决问题、化解矛盾中积累学术资源,创新学科格局,并不断培育新的文化增长点,助力相关产业发展,完成文化传承和文化发展的使命担当。 其三要从我国文化遗产保护发展实际出发,在学术体系上研究探索关于中国文化遗产学的学术思想、理论与观点,寻找内在的学理关系与结构,并不断提出具有主体性、原创性的理论和学术观点,着力提升原创能力和水平,形成和强化自身特色与优势。

三是构建话语体系。 文化遗产话语体系是文化遗产学术体系的反映、表达和传播方式,是构成文化遗产学科体系的纽结。 话语既是思想的外在表现形式,又是构成思想的重要元素。 一种理论、思想、学说、知识,从创立、发展到传播运用,需要通过一定的语言来塑造、成形和表达出来。在构建学科体系、学术体系的同时,要加快构建中国文化遗产话语体系。其一要对中华民族传承至今的文化遗产进行全面、立体、多维、深入的梳理探索,形成具有中国特色的文化遗产语言①,并要在此基础上,"对中华民

---

① 潘鲁生:《关于文化遗产学建设的思考》,《中国非物质文化遗产》2021 年第 3 期。

族传统文化内涵、历史渊源、发展脉络、基本走向进行有深度与广度的研究,强调梳理遗产文化的'过去'与'现在'时态的重要性,以更好地构建'未来'中国底蕴与特色的话语体系"①。其二要善于提炼标识性概念,发展凝练中国文化遗产的言语符号、概念话术及表达方式,打造易于为国际社会所理解和接受的新概念、新范畴、新表述,用中国理念阐释中国实践、展现中国思想、提出中国主张,做到中国话语、世界表达。其三要聚焦国际社会关注的文化遗产保护发展面临的问题与挑战,积极参与国际规则、标准、法律的制定,提升在世界文化遗产保护领域的国际话语权和规则制定权。我们知道,当前国际文化话语权已经成为表达、维护和实现国家文化权益、政治利益、经济利益乃至国家安全的重要手段。要按照中国国家文化战略的旨归,积极开展与联合国教科文组织的合作,并努力创新合作形式、合作模式,利用国际文化话语平台,以文化遗产为载体和素材传播中华文化,参与国际重要文化规则制定,增强国际话语权。四要把构建话语体系同办好国际学术交流活动相结合,主动设置文化遗产保护发展重大议题,勇于参与世界范围的"百家争鸣"。面对当前正在重构中的国际文化新秩序,要把握国际话语生产、控制的特征及规律,在引领中国文化遗产界关注国际遗产话语议题的同时,借助一切活动与平台,通过参与调整、解释、建构和传播等方式,增强中国文化遗产议题设置权,拓展中国文化遗产国际话语平台,扩大中国文化影响力。

(二)增强实力

文化遗产所具有的文化、经济、社会等价值及其在文化认同上的符号价值,决定了它在当代社会提升国家竞争力、增强民族凝聚力、扩大文化影响力上发挥着重要的时代价值。

一是提升国家竞争力。国家竞争力主要体现在综合国力层面。综合国

---

① 潘君瑶:《遗产的社会建构:话语、叙事与记忆——"百年未有之大变局"下的遗产传承与传播》,《民族学刊》2021年第4期。

力是衡量一个国家基本国情和基本资源最重要的指标,也是衡量一个国家的经济、政治、军事、文化、科技、教育、人力资源等实力的综合性指标。美国哈佛大学教授约瑟夫·S.奈曾将综合国力分为硬实力和软实力两种形态,他指出,一个国家的综合国力既包括由经济、科技、军事实力等表现出来的"硬实力",也包括以文化和意识形态吸引力体现出来的"软实力"。① 而文化遗产的时代价值对提升硬实力和软实力都具有十分重要的作用。 就"硬实力"来说,文化遗产是发展文化产业的强大文化资源,主要表现在,文化遗产种类繁多、文化蕴含丰富,与经济的可渗透性强、可开发程度高,是发展文化创意产业、特色文化产业强大的资源供给、资产支撑和资本保障。 离开了文化遗产资源,文化产业只能是无本之木、无源之水。当务之急是要针对当前我国大量文化遗产资源尚处于原始的待开发状态,有市场号召力、对群众有吸引力的知名文化产品数量少,文化产业对经济社会发展的贡献率还不高等问题,从两方面加以努力。 一方面要积极借鉴利用。 在文化这个问题上,借鉴就是无偿借用,谁的借鉴能力强谁就会有更多的文化资源。 例如,美国自身文化资源不多,但它不仅把整个古希腊以来的欧洲文明作为自己的文化源泉,而且还积极汲取非洲和包括中国在内的东方文化的养分。 美国迪士尼公司曾以中国花木兰的题材制作了一部动画片,赢得了巨额的全球票房。 所以,要以开放的心态积极借鉴利用文化遗产资源,通过用创意激活文化遗产资源、用载体物化文化遗产资源、用市场撬动文化遗产资源、用科技提升文化遗产资源、用产业融合文化遗产资源,使文化遗产成为文化生产的生产资料,实现文化遗产资源向项目转化、向产品转化、向品牌转化,推动经济发展,有力提升国家硬实力。 另一方面要积极创新发展。 任何文化遗产资源都不能天然地成为产品或商品,只有经过人们的创新发展,才能成为富有知识产权的文化产品。 比如日本的动画片《天鹅湖》并不是对柴可夫斯基同名芭蕾舞剧原作的简单模

---

① [美]约瑟夫·S.奈:《硬权力与软权力》,门洪华译,北京大学出版社 2005 年版,第 97—110 页。

仿和复制,而是根据儿童理解的实际需要进行了创造性转化和创新性发展,里面的角色都变成了动物的形象。为此,要本着在传承中创新、在保护中发展的态度,把传统元素与时尚元素相结合,把民族特色与国际潮流相结合,通过内容、技艺、业态创新,变文化遗产为文化产业,努力提升文化遗产对经济的贡献率。再就"软实力"来说,它是文化和意识形态吸引力体现出来的力量,可以说,软实力在很大程度上表现为文化软实力。文化软实力最终要靠国民素质来支撑,而国民素质首先是道德素质。提升国民道德素质,要以文化遗产承载的中华传统美德为基础,通过传承创新,以文化人、以文育人,使知礼守法、诚信友爱、团结奉献等基本道德规范融入人们的日常工作和生活中,匡正社会风气,陶冶人们情操,使中华文化软实力的光域不断增大,亮度持续增强。①

二是增强民族凝聚力。中华民族凝聚力既是一种物质力量,也是一种精神力量,是几千年来各族人民对经济、文化开发、创造和贡献的汇聚,是一种强大的合力。英国著名历史学家汤因比对中华民族凝聚力给予高度评价,他指出:"就中国人来说,几千年来,比世界任何民族都成功地把几亿民众,从政治文化上团结起来。他们显示出这种在政治、文化上统一的本领,具有无与伦比的成功经验。这样的统一正是今天世界的绝对要求。"②历史地看,中华民族凝聚力的形成与增强,很大程度上源于世代各民族对具有文化符号特征的文化遗产的保护传承与发展创新。文化符号是能超越事物本身的形式而代表某种意义与价值的事物的物质实体,是文化深层次的凝练标记。不同民族的文化符号体现了不同民族的文化基因,其特质与禀赋已深深融入不同民族的血脉。从符号学的观点讲,文化遗产是最具代表性的文化符号,它承载着丰富的文化和历史信息,从各方面反映了当时的生产方式、科技水平和文化意识,是时代的符号和象征。正因此,1994年世界遗产委员会对《保护世界遗产公约实施指南》进行了修改编订,强调

---

① 慎海雄:《让我们的文化软实力硬起来》,《光明日报》2014年1月13日。
② [英]汤因比、[日]池田大作:《展望二十一世纪——汤因比与池田大作对话录》,荀春生等译,国际文化出版公司1985年版,第283—284页。

遗产文化符号的价值。① 中国文化遗产作为中华文化符号是在历史演进中形成的各民族共有的文化标识，是各民族的共有记忆和共享映象，也是各民族紧密联系的精神密码，它能够以隐喻和转喻的方式进行表征②，表征着文化记忆与民族文化认同③。文化记忆是对文化遗产符号意义的传承，它建构了一个文化空间，产生"凝聚性结构"（Konnektive Structur），将社会中的"我们"连接起来④，在共时性的社会实践与历时性的时间进程中不断形成强大的民族凝聚力，同时也巩固着集体成员的身份认同，强化着民族的文化认同。今天，保护发展文化遗产，要通过阐释展示来传播和传递遗产文化符号，加深文化记忆并扩大影响。尤其是要与时代接轨，现实化活态传承与传播中华民族的价值观与世界观，使民族文化符号融入当代社会语境和社会实践之中，在提高公众对文化遗产的认识、理解与体验的过程中，不断增强民族凝聚力，构建民族认同、文化认同，使全体人民在理想信念、价值理念、道德观念上紧紧团结在一起，为实现中华民族伟大复兴和衷共济。

三是扩大文化影响力。在当今世界文明交流互鉴中如何讲活中国故事、扩大中华文化国际影响力，已经成为文化遗产事业所面临的重要问题。2021年11月24日，中央全面深化改革委员会第二十二次会议审议通过了《关于让文物活起来、扩大中华文化国际影响力的实施意见》⑤。习近平总书记在主持会议时强调，要加强文物保护利用和文化遗产保护传承，提

---

① 丛桂芹：《价值建构与阐释——基于传播理念的文化遗产保护》，博士学位论文，清华大学，2013年。

② Urry J. The Tourist Gaze: Leisure and Travel in Contemporary Societies. London: Sage, 1990, pp.129.

③ Yu Park. "Heritage Tourism Emotional Journeys into Nationhood." Annals of Tourism Research, Volume 37, No.1 (January 2010), pp.116—135.

④ 潘君瑶：《遗产的社会建构：话语、叙事与记忆——"百年未有之大变局"下的遗产传承与传播》，《民族学刊》2021年第4期。

⑤ 中央审议通过《关于让文物活起来、扩大中华文化国际影响力的实施意见》，新华社，2021年11月25日。

高文物研究阐释和展示传播水平,让文物真正活起来,成为加强社会主义精神文明建设的深厚滋养,成为扩大中华文化国际影响力的重要名片。这既说明文化遗产在扩大中华文化对外影响力中具有重要的地位和作用,又给我们指明了扩大中华文化国际影响力的路径与方法。的确,文化遗产直观形象的外在形式和蕴含丰厚的内在特质决定了它在扩大文化影响力上具有不可替代的特殊优势。正如国家文物局原局长刘玉珠所说:"以文物为代表的文化遗产,兼具审美价值、思想价值和历史价值,既超越时空又超越国度,既富有永恒魅力又具有当代价值,民意接受度高。文化遗产生动直观,可以为政治、经贸关系注入文化活力,提供韧性支撑。"[1]比如,若干年前,我国的陕西省、西安市对西方国家的绝大多数人来说是陌生的,而临潼的秦始皇陵兵马俑却为欧美国家更多的人所了解。扩大中华文化影响力,一定要发挥文化遗产资源的特殊优势。不可否认,进入新时代以来,我们在这方面做了大量的工作,也取得了较好的成效,但还存在不少问题,主要是,文物价值说不清、保护做不实、利用跟不上;文物领域对外交流品牌驱动力量不足,缺乏中国故事的国际表达方式方法,资源配置、资源整合力度不够。[2]针对这些现状,一要深入挖掘阐释文化遗产价值,从文化遗产资源宝库中提炼中华优秀传统文化的精神标识,运用丰富多样的艺术形式进行当代表达,借以弘扬社会主义核心价值观,满足人民群众对公众文化服务的需求,发挥教育启迪引领的作用。同时,要用文化遗产讲活中国故事,阐释好中国特色,服务于"一带一路"建设和文明交流互鉴。二要统筹打造中国文化遗产精品走出去工程。首先,要着力实施"文物外展精品工程"。随着"一带一路"建设的持续推进,我国文物出境展览事业发展迅速。相关数据显示,党的十八大以来,我国每年举办60余场文物出境展览和入境展览。但应该承认,在文物展览理念思路、方式手段和展陈布

---

[1] 刘玉珠:《更大力度促文物活起来 扩大中华文化影响力》,《文艺报》2020年5月25日。

[2] 刘玉珠:《更大力度促文物活起来 扩大中华文化影响力》,《文艺报》2020年5月25日。

局等方面尚有很大提升空间。有鉴于此,我们要从国家层面加强对文物外展的统筹规划,从管理制度、品牌建设、人才培养、评估体系、参与机制、传播方式等多方面,组织实施"中华文物走出去精品工程"①,打造一批"中国故事、世界表达"的文物外展精品项目,广泛拓展国际传播渠道,不断扩大中华文化国际影响力。其次,要积极打造"中国非遗精品"走出去工程。要联动华侨华人、文化体育名人、高出境人群,依托我国驻外机构、中资企业、友好合作组织,大力促进中华典籍、中华园林、中华武术、中华医药、中华节日等中华优秀传统文化代表性项目走出去,塑造助推遗产外交、活跃人文交流的文化名片。通过举办丰富多样的非遗品牌活动和多国巡览,切实提高非遗走出去的质量和传播实效,在推动文明交流互鉴中扩大中华文化国际影响力。

(三)惠泽民生

新时代保护发展文化遗产,要正确处理文化遗产保护传承和创新发展的关系,充分发挥文化遗产对经济社会的促进作用,让文化遗产事业更好地与民生相结合,让文化遗产保护发展成果更好地惠及民生,始终坚守民生之魂,不断丰富民生内容,提升民生品质。

一是坚守民生之魂。民生主要是指民众的基本生存和生活状态,以及民众的基本发展机会、基本发展能力和基本权益保护的状况,它是一个蕴含着人本思想和人文关怀之所在,一种渗透着大众情怀的指代。纵观人类社会发展,其实就是不断解决民生问题、不断改善民生的过程,也是由解决物质民生向解决文化民生问题转化和提升的过程。②英国哲学家休谟说过:"一切人类努力的伟大目标在于获得幸福。"幸福和快乐需要以物质条件为基础,但更重要的还是情感和精神,源自内心的感受,源自文化的滋养。有人说,就业是民生之本,教育是民生之基,医疗是民生之急,社会

---

① 潘路:《建议编制中华文物走出去精品工程五年规划》,《经济日报》2020 年 5 月 21 日。

② 刘莲香:《论文化也是民生》,《福建省社会主义学院学报》2011 年第 5 期。

保障是民生之盾,这是很有道理的。但笔者认为,更准确全面地说,还应该再加上一句"文化是民生之魂"。公民公平享有文化资源和充足的公共文化服务,是决定一个国家和地区基本实现现代化的重要指标。教育、医疗、就业、社会保障是民生,文化也是民生,而且是重要的民生。特别是在今天,随着文化权利越来越成为公民生存权与发展权的有机组成部分和文化元素越来越广泛地渗透于社会生活之中,没有文化就没有真正意义上的民生,因为文化既是凝聚人心的精神纽带,又是增进民生福祉的关键要素,这也正是文化是民生之魂的原因所在。如果说文化是民生之魂,那么作为文化物质与非物质承载者的文化遗产,就是民生之魂的重要支撑者。新时代保护发展文化遗产,要坚守民生之魂,将改善民生作为重要事项,把满足最广大人民群众的基本文化需求作为出发点、依据和目的,充分发挥文化遗产在文化惠民中的价值和作用,提供更多亲民惠民的文化产品、文化设施、文化场所、文化机遇,使人民群众便于参与、乐于参与,最大限度地实现文化建设的公共价值,使每个公民都平等享有文化服务的权利、文化进步的权利和参与文化生活与文化创造的权利。

二是丰富民生内容。文化遗产种类繁多、形式多样、蕴含丰厚,是丰富民生内容的重要资源。可以毫不夸张地说,文化遗产与民生的每一个方面都有着千丝万缕的联系。重要的是,要深入挖掘文化遗产的内涵与价值,通过策划遗产展览、开发遗产文创产品、编写遗产普及读物等方式,同时借助旅游、演出、展览、影视、动漫等文化产品媒介,推动文化遗产表现形式、传播形式的多样化、现代化、创新化,让文化遗产以生动、具象的面貌参与到大众社会生活中,切实丰富民生内容。例如,西安城墙景区管理委员会,依托明城墙这一物质文化遗产持续举办西安城墙新春灯会、古城全球征集春联活动、西安城墙国际马拉松赛、大唐风筝节、端午节主题活动、七夕主题活动、中秋主题活动、非遗文化传承活动等数十项丰富多彩的品牌文化活动。另外,结合新时代文化遗产保护发展的需求以及近两年疫情防控要求,适时推出实践云享博物馆,利用自媒体平台搭建"待客"桥梁;通过VR技术,全景式展示含光门博物馆基本陈列、"封泥中的大秦帝国展览"精品展等,在让市民游客足不出户感受优秀传统文化的同时实实在在地丰富了民生内容。今天,保护发展文化遗产,要立足文化遗产的实际功能,结合民生工作的具体需求,让文化遗产在教育、医疗、就业、社会保障等方面有效发挥出丰富民生内容的独特作用。比如,在教育方面,积极推进文化遗产进校园,不断丰富国民教育课程内容;在就业方面,依托文化遗产发展文化创意产业和特色文化产业,向社会提供更多就业岗位;在医疗方面,推动中医药非遗融入现代生活,将中医药非遗方法和技术推向社会,得到更广泛的应用,让中医药非遗真正实现现代化、科普化、大众化,以更多的健康产品和医疗技术满足人民群众的健康需求。

三是提升民生品质。衡量民生品质,不是看外表如何光鲜亮丽或传播如何天花乱坠,而是要看其深层价值内核是否符合历史趋势和民心所向、民之所需。新时期民生工作要从"全覆盖"向"高品质"跃升,不断满足人民群众个性化、多元化、高质量的民生需求。文化遗产自身的文化属性及多重价值,决定了它是提升民生品质的重要资源和力量。要立足"向民之心",着力增强"足民之需"的能力,有目标、有计划、有重点地挖掘、激活文化遗产资源,打造高品质文化供给的内容设计、人才培养、公共平台和产业布局等系统工程,从文化产品、文化服务、文化设施、文化权益等方面努力提升民生品质。比如,可从文化遗产中精选一批凸显文化特色的经典性元素和标志性符号,纳入城市规划设计,巧妙应用于城市雕塑、广场园林等公共空间,在推进城市有机更新中提升文化品质。要精准预判新时代人民群众在民生上多样化、个性化的需要,积极把文化遗产资源优势转化为提升民生品质的动能优势。尤其是结合城市改造和民生改善,要着重发挥文化遗产的辐射带动作用,让文化遗产与周边环境实现对接与融合,有效带动交通改造、生态建设、文化配套工程,提升区域综合配套水平,从单一的文化遗产保护、旅游景区服务,向完善城市功能、加快产业集合的方向发展,不断丰富市民生活、改善民生环境、提升人民福祉。

社会科学 | 工作篇

2005年1月,组织上将我由西安市文物园林局调至西安市社会科学院、西安市社会科学界联合会(当时西安市社科院和社科联实行两块牌子、一套机构、合署办公)工作,至2007年6月,任社科院党组书记、院长,社科联主席。2017年3月,在时隔10年之后,我又从西安市教育局调至陕西省社会科学界联合会,任党组书记、常务副主席,重回社科工作。2005年到西安市社科院、社科联任职伊始,正值西安提出建设国际化大都市当口,我结合自己的认知与体会,以"国际化大都市与城市社科院的角色与担当"为题,从国际化大都市的文化特征、国际化大都市视野下的城市社科院的使命与担当、城市智库的角色转变三个方面,阐释论证了城市社科院的角色与担当。2017年到省社科联工作,恰逢国家"一带一路"建设深入推进之时,我围绕社科联拥有的研究力量和研究平台,撰写了《积极参与国际智库平台对话,创新"一带一路"人文交流机制》①一文,从新型智库优化人文交流内容、新型智库改进人文交流技巧、新型智库参与人文交流机制创新、地方智库参与人文交流的经验四方面,论述了新型智库建设及其作用的发挥。可以说,这两篇文章中的观点与思路,是我先后在社科管理工作中不断创新的立足点。我在西安市社科院、社科联工作共计两年半时间,先后在思想观念、体制机制、课题设置、学术研究、社科普及等方面不断探索创新,在国家社科基金、权威期刊发表学术论文等多方面实现了零的突破,取得了较好的成效和较大的社会反响。直至今天,我记忆犹新的是,2005年初,我到西安市社科院(联)工作不久,针对院(联)现状,结合实际调研情况,对西安市社科院(联)的工作做出"高品位、精内涵、强特色"的总体定位,并按照这一定位,提出"加强学术研究,向科学要

---

① 见拙著《历史文化论集》,西北大学出版社2017年版。

品位;锐意改革,向机制要活力;更新观念,向市场要效益,做大、做强、做活西安人文社科资源"的工作思路,带领全院(联)广大干部职工大胆探索,勇于实践。在省社科联短暂工作的一年间,我提出构建全省社科资源信息共享平台、实施优秀社科研究成果购买等十大创新举措,尽管因时间短未能全面推开,但毕竟在营造创新氛围、开拓工作格局上发挥了很好的作用,并且有些举措已初见成效。功夫不负有心人。从一定程度上来说,正是由于不断创新、不断变革,西安市社科院(联)、陕西省社科联的综合实力和对外影响力显著提升。2006年,西安市社科院(联)网络点击率直线上升,与上海、成都社科院的点击率一起位列前三,与2005年相比,点击增长率高达900%。与此同时,《大公报》《南京社会科学》《西安宣传业务通讯》《西安日报》《西安晚报》《西安电视台》等报刊媒体,多次报道西安市社科院(联)创新改革事迹及取得的成就。尤其是西安市委宣传部主编的《西安宣传业务通讯》,以"开拓创新,服务大局"为题,把西安市社科院(联)的创新业绩作为创新工作的经验成就向全市推广,供大家学习、交流。

当年我到西安市社科院(联)工作时,单位只有30多人,有朋友对我说:小单位,冷部门,等着养老吧!我说,事在人为,有为才有位。经过两年半的探索创新,我切身体会到,单位虽小,平台够大;权力不多,作为无限。只要勇于创新,敢作敢为,皆有成效,而且大家会记住你、感念你!我清楚地记得,2007年6月9日上午,市委组织部宣布我到西安日报(晚报)社任职,我离开社科院时,广大干部职工自发地站在大门口两侧为我送行,有的眼眶湿润,有的泪流满面,我当时不禁泪如泉涌,深为感动,久久不愿离去。此情此景令我终生难忘!

论国际化大都市与城市社科院的角色与担当

国际化大都市的形成固然要有资源禀赋、区位条件、经济优势、科技人才、法律制度、基础设施、服务功能等方面的条件,但文化对国际化大都市的最终形成起着不可或缺的作用。在新一轮的城市国际化进程中,城市社科院应被定义新的角色,赋予新的使命,迎接新的挑战,真正履行时代和国家的"智囊团""思想库"的职责,切实发挥分析、研判、预测、总结等积极社会作用。

一、国际化大都市的文化特征

城市文化是城市历史发展的结晶,是城市形象的内涵。进入21世纪以来,文化的巨大感染力与影响力日益得到世界国际性城市的重视,文化软实力已成为国际性大都市的核心竞争力,许多国际化大都市已成为区域乃至全世界的文化符号和文化坐标,在历史文化特色、人文、智慧、创新等方面体现出巨大的文化竞争力。

(一)历史文化之城

国际化大都市历史底蕴深厚、文化特色突出,多为世界性的历史文化名城,如伦敦、巴黎、罗马等,无不具有文化积淀深、文化特色显、文化品位高、文化创造强、文化影响大等特点。国内城市如北京、上海、西安,朝着国际化大都市伟大目标迈进,正是基于城市自身文化悠久、资源丰富的特点，并以最终形成既有传统文化神韵，又有现代文明特征，既能"承上"又能"启下"的文化形态，打造文化个性突出的世界文化中心为目标。

（二）人文之城

历史文化厚重的国际化大都市伴随着城市现代化的不断推进，日益形成独特的人文精神。世界城市的人文精神直接通过城市形象、市民素质、城市建筑等体现出来，不同的国际化大都市的历史遗产、建筑以及布局体现着该城市的文化韵味和风格。同时，国际化大都市在发展中尤其重视人文价值的体现。当今世界的国际化大都市都是人文城市，都关注自己的人文品位、人文魅力。如巴黎、罗马、伦敦等，都是国际人文城市，有着巨大的文化聚集力和流通量，城市的知识、信仰、道德、习俗等精神文化的巨大影响力与城市的经济发展相得益彰。

（三）智慧之城

国际化是科学管理的国际化、高科技的国际化、高端人才的国际化。国际化大都市必须建立在高效的科学管理和高科技应用基础上，拥有大批最优秀的科技人才，包括一批高水平的国际经济交往人才，并在人才培养和科研成果产出方面拥有绝对优势。唯有如此，才能将科研成果转化为生产力。

（四）创新之城

创新是国际化大都市的生命。21世纪国际化大都市的形成更多依靠人文因素以及对人文的创新。国际化大都市不仅在生产、流通、消费领域具有显著优势，而且还拥有高度现代化的文化设施和文化服务功能，拥有高水平的大学、医院、图书馆、博物馆和各类科学、技术、文化研究机构，拥有发达的出版业、报业、影视传播业、娱乐业，在文化生产、服务、交流领域具有明显的国际地位和创新优势。尤其是在高等教育、科学研究、传媒突起及独特的政策优势、高端的产业优势、完善的配套优势等方面彰显出知识、创新之城的魅力。

二、国际化大都市视野下的城市社科院的使命与担当

党的十七届六中全会将文化的地位和作用提到了前所未有的高度,"文化是民族的血脉,是人民的精神家园,是政党的思想和精神的旗帜",这使得文化的价值引领和导向作用更加突出。文化的彰显与国内城市的国际化建设相融合,发展与繁荣城市文化,传承城市文明,成为国际化大都市建设的重要任务,同时也考验着地方党委和政府的理解能力、决策能力和执行能力,城市社科院被赋予更多重要的文化担当与责任,为国际化大都市建设担负起引领理念、传承文化、沟通桥梁、服务城市的重任。

(一)引领理念

城市建设需要新的理念、新的思想、新的智慧作为指导,在能够创新性地发现问题、提出问题的基础上,城市社科院必须对国际化大都市建设提供前瞻性的指导作用。同时要引导社会思潮,或通过新闻媒体引导社会舆论,或直接面对公众,把握公众思潮,从而形成对社会主流发展意识的引导。另外,要及时为社会大众提供正确、高质量的信息,客观地进行全方位、多视角、深层次的思考,继而引领社会的健康有序发展。这是城市社科院获得公信力和良好声誉的根本保障。

(二)传承文化

在新一轮的城市竞争中,城市文化建设作为"软实力"日益受到政府和学界的重视,并被确立为城市建设的核心。城市社科院作为地方政府的"思想库""智囊团",也理所当然率先背负起文化传承和文明再造这一责任。在国际化大都市的文化建设中,城市的文化遗产如何保护与利用,城市的文化产业如何发展与繁荣,城市的历史文化如何传承与发扬,城市

的文化理念、市民情趣如何引导与提升，都需要城市社科院发挥"智库"作用，为城市文化性格的理解、城市形象的塑造、城市精神的提炼提供智力支持。

(三) 沟通桥梁

发挥"沟通桥梁"作用，是城市社科院在国际化大都市文化建设中义不容辞的重任。对学者，要把最新的研究成果转化为政府的对策建议，发挥好沟通政治和学术的桥梁作用；对社会，要提出新的思想观点和价值诉求，及时反映和融汇社会各种意见和需求，引导公众舆论和社会走向；对民众，必须能给社会大众提供正确、高质量的信息，要及时宣传党的政策和理论，起到利益表达枢纽的作用。

(四) 服务城市

为城市发展服务是城市社科院的基本功能，既要为党委政府决策部门服务，为企业和社会服务，也要为城市有需求的社会各界服务。城市发展需要社会科学理论做支撑，保证城市发展科学理性；社会科学研究是为了指导工作实践，用人文科学理论丰富城市思想文化积淀，提升城市人文素养，增强城市品位。

三、城市智库的角色转变

基于以上四点文化担当与责任，城市社科院在国际化大都市建设背景下应完成角色转变，变被动为主动，在引领城市理念、宣传与发扬城市文化、充当沟通的桥梁为城市发展服务上下足功夫，为城市文化大发展大繁荣增添光彩。

(一) 引领城市

国际化大都市在国内是新生事物，如何结合国情与城市自身特点推进城市国际化，需要城市社科院出思想、出理念。城市社科院要具有发现问题的能力，主动引领社会的发展，提供最直接的方案，能在解决问题的思路方面提供独特的观点。同时必须有创新的能力，在课题研究方面以理念创新为先导，要在科研成果上避免闭门造车和低水平重复，发挥社科研究预测社会的功能，提出新的概念，慢慢发展成社会发展和整个政策制定的先导，通过智库新理念的引领，使社会媒体、社会大众形成一种共识。能够明晰未来发展的方向，从而为国际化大都市建设发展提供有高度的战略论证、有力度的理论支撑。

（二）宣传城市

要以传承地域文化、民族精神为己任，宣传与发扬城市文化精神。首先，城市社科院要成为城市文化研究的中心，了解城市历史文化进程，掌握城市文化发展规律，提炼城市文化发展的精髓，进而结合时代特征与城市文化气质，为城市文化定位，提出相应的文化理念、文化产品与宣传口号，弘扬城市文化精神。

其次，就城市文化遗产继承、城市文化产业发展、城市文化形象塑造、市民文化素养提高等方面展开研究，积极与省内外城市社科院互动交流，推介城市文化产品，倡导城市文明，为促进城市和谐发展提供思想理论方面的服务。

（三）沟通城市

城市社科院要继续发挥"桥梁纽带"作用，要了解决策动态和社会的需求，把握对智库的市场需求，城市社科院应成为理论智能的源泉与象征，成为城市建设与发展的宝贵智力资源，掌握怎样在"学"与"政"、"官"与"民"、"朝"与"野"、"知"与"行"之间架起一座桥梁，从而把最科学的智慧和深刻的思想与最紧迫的现实问题对接起来，在公共理性的引领下，力图破解发展难题，推动社会变革，实现社会进步与发展。

首先，推介社科界的专家，把决策与研究联系起来。要凝聚更多优秀的专家学者，建立人才库，对各类人才和智库要做到摸清家底、心中有数。对于城市建设中遇到的难题，能够及时组织专家进行针对性的研究，并引导他们处理好基础研究与对策应用研究的关系，通过召开理论研讨会、发布课题等方式，全方位地寻求解决之道，并及时反馈给政府。

其次，城市社科院应主动搭建学术平台和学术阵地，创办高质量、有特色的刊物或其他媒介，及时刊登国内以及国外研究者的研究成果，并迅速做出回应。

(四) 服务城市

城市社科院的首要任务是以理论服务于社会，服务于国际化大都市建设，对国际化大都市建设中亟须解决的诸如经济发展、社会矛盾、文化繁荣、生态保障等重点、热点、难点和疑点问题，能够发现事物的规律及根本原因，予以客观、公正和科学的分析，开展战略性、趋势性、指导性和前瞻性的研究，进而提出可操作的战略思路、政策方案和行动设计，切实服务城市发展。

同时，城市发展需要以民众的人文社会科学素养为基础。社科理论研究成果不能束之高阁，应走向社会，走近市民，进企业、进农村、进社区，积极开展社会科学普及活动。应以普通大众关心的生产生活问题为重点，以讲座、授课等形式，开展小规模、多层次、受众广的有针对性、实效性的社科普及宣传教育活动，宣传城市的发展理念，提高市民的文化品位。

积极参与国际智库平台对话，创新人文交流机制

当前，在世界经济发展和全球一体化过程中，国家、地区或国际组织之间通过人文交流，可以在不同文化之间架起共鸣与共识的桥梁，促进世界的和平、稳定和繁荣。人文交流已经越来越凸显其深厚的国际影响力。近年来，我国与美国、俄罗斯、英国、欧盟及"一带一路"相关国家和地区分别建立了高级别人文交流机制。人文交流已经同政治互信、经贸合作相辅相成，成为维护世界和平的三大支柱。人文交流的巨大潜能及其正在显示的根本作用或可归结为三点：第一，为中国自身的全面发展和升级转型提供有利的舆论环境；第二，为当今世界的紧张关系和利益格局输入必要的平衡机制；第三，为中国进一步参与全球治理奠定持久的长效基础。实践基础上的理论创新是社会发展变革的先导。对于新型智库建设而言，研究人文交流的特性，优化人文交流的内容，丰富人文交流的载体，改进人文交流的技巧，积极参与国际智库平台对话，开展国际合作项目研究，建立与国际知名智库交流合作机制，有助于加强中国特色新型智库对外传播能力和话语体系建设，提升我国智库的国际竞争力和国际影响力，为创新"一带一路"人才交流机制贡献智慧。

一、新型智库优化人文交流的内容

人文交流的开展离不开自身丰厚的人文资源和软实力的发挥。中国作为一个有着悠久历史传承的文明古国和文化大国，蕴藏着无比丰富的能够

催生软实力的潜在资源。如果能够充分发掘、合理利用这些丰富的软实力资源，就能够使中国在开展人文交流方面迸发出巨大的能力和发挥出强劲的作用。新型智库应充分挖掘、研究中华民族和各交流对象的民族特性、心理情感、审美需求、思维模式，总结各民族人文特性，提炼出具有"中国基因""中国特色"的人文软实力。

各个民族和国家在各自的发展历程中都创造了丰富而灿烂的历史文化和人文资源，这些文化和资源都是基于民族特性、区域环境、价值取向而生长成熟的。世界和平发展离不开人文交流与文明对话。新型智库应该站在引领文明之先、构建人类文明共同体的历史高度，优化人文交流内容，求同存异、各美其美、美美与共。既要积极利用现有平台和传统文化资源，加强文化合作和交流，也要充分发挥各文化交流主体的重要作用，形成强大的合力机制，更要善用恰当的话语体系，形成最广泛的共识，在"和平、包容、共赢"的发展理念下，形成"平等、尊重、借鉴"的"一带一路"人文交流局面。

二、新型智库改进人文交流的技巧

内容决定形式，形式丰富载体。再好的人文内容，如果没有很好的载体、渠道来表现、阐释和传播，无疑是事倍功半。因此，新型智库要着眼于"一带一路"大时代大背景，在立足传统的人文交流模式的基础上，大力创新、丰富我国人文交流的载体和渠道。一是要充分利用好教育交流、文化交流、青年交流、艺术交流、科技交流、媒体交流、影视交流、体育交流、旅游交流、文物展演交流等传统交流模式。二是要充分利用现代科技和大数据资源，提升人文交流的效能和质量。大数据时代以前，受制于空间阻隔和信息不畅等因素，有限的人文交流成效不显、质量不高。但随着网络技术和现代科学的进步，这一现实障碍得以消弭，可以充分利用网络平台和数字技术，如网络新媒体、自媒体传播进行全天候、即时性交流沟通，丰富人文交流载体。

在和平、包容、共赢的发展理念下,人文交流应秉持平等、尊重、包容的话语体系,文化软实力切勿包装成硬力量,避免因不当的话语使用引起外界疑惑和反感。新型智库应积极对人文交流的参与者进行培训。就"一带一路"相关国家共同关注的话题,如教育合作、生态文明、宗教文化、遗址保护等议题,各国政府的知识、能力、经验和人员配备不足,很多参与人员对这些议题的性质、内涵仍不甚了解,应积极对他们进行系统培训和智力支持。

三、新型智库参与人文交流机制创新

在全球思想激烈碰撞的今天,中国积极推动经济全球化的深化与发展,给全球化注入了新的生机和活力。"一带一路"人文交流理念既强调中国特色,又符合"一带一路"倡议主旨;人文交流主体既强调国家和政府主导,又突出民众参与、互动和广泛性;人文交流的载体既要立足传统特点,又要充分利用时代创新。新型智库在参与人文交流的机制创新方面大有可为,为了让"中国方案""中国精神""中国价值"造福全人类伟大的文明进程,新型智库可在如下领域发挥自身作用。

第一,倡导践行"命运共同体"的价值理念。可在"命运共同体"框架下建立一个高级别机制,以协调致力于在"一带一路"倡议议题上促进中外协作的人文交流活动。应将人文交流高层磋商机制纳入中国与"一带一路"相关国家对话的机制中,从而使中国与"一带一路"相关各国的沟通协商的基础更加广泛与深厚,实现真正意义上的国家间互信。

第二,积极利用现有对话交流平台。对接现有发展成熟的区域合作机制,依托上合组织、欧亚联盟、中国—东盟机制、南盟、阿盟、海合会等地区机制,有效地为"一带一路"人文交流服务,共同应对各类不稳定因素、协商共建项目、实施机制创新。

第三,要充分发挥各类型智库的重要作用。应调动社会各方面的力量,融汇对外文化交流的合力。如学术研究型智库可加强与有关国家合作研究丝路沿线的历史遗存和文化传承,共同挖掘历史文化记忆、增强文化认同和相互理解;鼓励社会组织、各类文化团体及机构参与和承担人文交流项目,助推文化"走出去";民间智库可推动人文交流,让沿线百姓彼此了解,消除偏见和误解,推动区域间、市民间交流与合作;文化产业智库可利用文教融合通道,引导和鼓励海外留学生、出境游客积极参与所在地的文化活动,做中华文化的传播者、践行者。

第四,加强人文交流效果评估,建立人文交流激励奖惩机制。人文交流的效果决定了人文交流的可持续性。因此,应建立一套科学的、可操作的、符合中国特色的人文交流评估体系和激励奖惩机制,以评估人文交流的效果和影响,确保人文交流活动更加有效。

四、地方智库参与人文交流的经验

人文交流是丝路精神的核心要义,是互联互通的社会根基,是"一带一路"倡议的重要驱动力。"一带一路"倡议提出以来,陕西发挥自身优势,融入"一带一路"大格局,着力构建"五大中心"。在扩大对外交流方面,陕西举办了"一带一路"海关高层论坛、上合组织经贸部长会议。2013年,欧亚经济论坛发表《西安宣言》。2015年,丝绸之路旅游部长会议形成《西安倡议》。在人文交流方面,陕西举办了丝绸之路国际艺术节、旅游博览会、电影节等丝路人文交流活动,开通20多条丝路国际旅游线路。陕西推动"丝绸之路"跨国联合申报世界遗产名录,并获得成功。陕西高校与境外60多所高校开展了校际交流,每年为中亚国家培养1200多名留学生。前不久在西安举办的2017年丝绸之路国际博览会上,来自全球42个国家和地区的嘉宾、客商会聚在这个古丝绸之路的起点城市。不断升温的人文交往,正成为"一带一路"民心相通的重要渠道。

省级社科院、社科联自身拥有一定的研究力量和研究平台,是地方智库体系的重要组成部分,在地方智库体系建设过程中具有独特的作用。陕西作为古丝绸之路的起点,具有深厚的丝路人文资源优势,如何利用这一独特的优势,探索内陆与"一带一路"相关国家经济合作和人文交流的新模式,是陕西社科联的工作重点之一。近年来,陕西省重点围绕科技、教育、文化、旅游、医疗卫生五个重点领域,充分发挥政府和民间两个方面的力量,政府主导、民间辅助,积极参与国际智库平台对话,共同推动"一带一路"人文交流新模式的构建和发展,取得了一系列有目共睹的成绩。

越是在全球处于变动格局的今天,智库的力量就应该越强大。通过积极参与国际智库平台对话,创新"一带一路"人文交流机制,加强合作与共赢、规划与执行、服务与担当,中国的发展必将大步向前,谱写全球化、全球治理的新篇章。

创新社科工作思想观念

观念既是生产力,也是竞争力。实践一再证明,好的思想观念,可以使人们少走弯路,利用后发优势、聚集效应实现跨越式、赶超式发展。2005年1月,我到西安市社科院(联)工作后,经过调研和自我观察,发现单位上下普遍存在被动等待、坐享其成的思想行为。你不推,他不动;你不说,他不做。研究人员手中既无课题,亦无项目,行政管理人员可做的事情很少,院内一片寂静,缺乏生机与活力。为此,我主持院(联)党组会议,专题研究创新思想观念问题,提出从以下三个方面转换思想、创新思路。一是破除五种思想障碍,即不能正确对待自己、不能正确对待新生事物、不能正确对待责任和风险、不能正确对待客观条件、不能正确处理各种利益关系。二是更新三种观念,即守成观念、等靠要观念、老好人观念。三是树立四种意识,即竞争意识、品牌意识、一流意识、经营意识。结合破除思想障碍和更新观念,我给社科院(联)学术研究和行政管理工作做出"高品位、精内涵、强特色"的总体定位,并提出加强学术研究,向科学要品位;锐意改革,向机制要活力;更新观念,向市场要效益;做大、做强、做活西安人文社科资源的发展思路,一手抓学术研究,一手抓人文社科资源的经营开发,努力在为市委、市政府的决策提供智力支持等方面争创一流,在学术理论研究水平方面争创一流,在西安人文旅游资源创意策划方面争创一流,在人文社科资源开发利用方面争创一流。2006年,针对社科院(联)以及整个西安社会科学界存在的不太令人满意的现状,如各部门、研究所(中心)、协会、学会、研究会往往注重内部纵向的交流,缺乏外部横向的联合,注重各自专业的研究探索,缺少多学科的整合创新,注重学科研究理论价值的探讨，缺乏成果转化的社会效益等长期形成的惰性和弊病，全院（联）在邓小平理论和"三个代表"重要思想指导下，在贯彻落实科学发展观、构建和谐社会的战略部署下，不断转换思维，创新思路，以适应不断变化的学科发展所需、适应不断变化的市场经济发展所需、适应不断变化的社会民众所需。正是以上观念和思想的转变，破解了我们发展道路上的难题，找到了解决问题的利器，聚集了继续前进的力量，最终使社科院（联）学术研究工作跃上新台阶，体制创新向纵深发展，社会影响日益扩大。

革新社科工作体制机制

体制机制的好坏是事业成败的关键。良好的符合客观规律和实践的体制机制,有利于激发活力、创造效益。2005年至2006年,为推进西安哲学社会科学事业更好更快地发展,作为社科院(联)一把手,我一手抓体制改革,一手抓机制创新,着力破解羁绊发展的藩篱和瓶颈。

首先是创新工作体制。一是立足城市特色和优势,面向社会需要,增设研究机构。西安作为世界四大古都、我国十三朝古都、世界著名历史文化名城,拥有博大精深的历史文化和丰富多样的文化遗产,是极负盛名的文物大市、文化大市、旅游大市,这正是西安最大的特色与优势。依托这一特色与优势,结合社科院(联)在文化资源研究开发和文化项目创意策划方面的优长,根据西安经济社会发展需要,面向市场需求,在不增加人员编制的前提下,通过合理调配人才资源的手段,在院内原有传统学科研究机构的基础上,新设立了西安文物旅游资源开发研究中心、非物质文化研究中心、长安文化研究所、城市规划与发展研究所、现代企业研究所、传媒与广告研究所六个适应社会发展需求的研究机构,既增强了社科院的研究功能,又凸显了西安的地域特色。与此同时,创建了西安旅游设计研究院。西安作为旅游大市,旅游业在全市GDP中占有较大比重,已成为主导产业。旅游业的发展需要一个独立的研发机构来对它进行整体规划、设计、策划、包装,使之更符合旅游市场运行机制和世界旅游业发展趋势,但长期以来,西安尚无这样一个独立的研发机构。故此,我提议并经社科院(联)党组会议研究通过,向市委、市政府建议成立西安旅游设计研究院,承担起对全市旅游资源进行整合、规划、设计、研究的重任。此建议得到市委、市政府的肯定和支持，并责成市委编办进行可行性研究。市委编办以〔2005〕85号文件批准成立了西安旅游设计研究院，作为社科院（联）下属的处级建制的自收自支事业单位。说起西安旅游设计研究院的成立，还有一段我至今回想起来仍面有愧色的插曲。西安市社科院（联）属市委、市政府双重管理部门，分别由市委一位副书记和市政府一位副市长分管。当时成立西安旅游设计研究院，经院（联）党组专题会议研究同意，以正处级建制、自收自支事业性质编制（申请20名编制）制订报批方案。为了节省时间，尽快获批，方案拟订后我让院（联）办公室同时呈报市委、市政府。结果市委先同意并批转至市政府阅办。一天上午，市政府分管副市长的秘书打电话给我，让我去市长办公室一趟。我一进分管副市长的办公室，就被狠狠地批评了一顿，说怎么先报市委后报市政府，我连忙解释说是同时呈报的。现在回想起来，确实是我的过错，不管出于什么考虑都不能一文两报。分管副市长尽管批评了我，但很快将申请方案批转至市委编办、市人社局，要求从速办理。市委编办、市人社局迅速派员来社科院（联）调研商谈成立事宜，不到一个月的时间，西安旅游设计研究院即挂牌成立。二是灵活多样，实行"一院四制"。2005年之前，社科院（联）有两种体制，即参照公务员系列的事业体制（共16人）和全额拨款的事业体制（共24人）。2005年以来，通过增设机构、转变职能、优化组合等方式，形成"一院四制"的工作体制，即参照公务员系列的事业体制、全额拨款事业体制、自收自支事业体制和企业招聘制。这些灵活多样的符合社科院（联）客观实际的工作体制，激发了广大干部职工的积极性、主动性、创造性，在短短一年内创造出一个又一个佳绩，取得了良好的社会、经济、环境效益。尤为可喜的是全院上下逐渐形成人心思干、人心思上、人心思发展的浓厚氛围。如"一院四制"中的西安旅游设计研究院作为自收自支事业体制，自2006年1月25日挂牌以来，在不到一年的时间内，积极创新、开拓市场，充分运用科学设计和市场机制两种手段，抓住管理体制机制创新、自身素质提高和项目设计三个重点，制订出西安旅游设计研究院发展战略规划、学科建设规划、业务市场规划、人力资源规划四个规划，按照

"高品位、精内涵、强特色"的规划设计理念，面向市场、开拓进取，加强联合、优势互补，规划设计工作全面展开，相继承担完成了周原遗址保护利用规划、唐玄宗泰陵遗址保护利用规划、西安市兴庆宫公园总体规划修编、西安市近期城市绿地建设规划、东莞市动物游乐园项目可行性研究报告等二十五个规划文本，规划设计项目涉及陕西、广东、河南、河北、新疆等省、自治区，取得了骄人的业绩，开创了良好的格局。

其次是创新工作机制。创新工作机制，是增强积极性和创造性的根本保障。古人云："工欲善其事，必先利其器。"这句话套用到工作机制上，应改作"工欲善其事，必先利其制"。"制"指的就是新方法、新思想、新理论。2006年，社科院（联）根据人文社科资源研究规律和特点，以及西安经济社会发展所需，积极创新工作机制。一是按照"小院所，大联合；小核心，大外围"的思路"开门办院"。主要狠抓两方面的工作。第一，努力加强与西安地区大专院校、科研机构联合申报国家社科基金项目和合作进行学术研究。例如，社科院（联）与西北大学合作，申报并获准国家社科基金项目"中国风俗史"（隋唐卷），实现建院20年来获准国家社科基金资助项目零的突破。第二，按照市场化原则，以课题为纽带，加强横向合作与对外交流，实现优势互补，效益双赢。二是公开竞聘，人尽其才，加强监督，力求实效。对院（联）内中层部门负责人，按照公开竞争、择优聘用的原则实行公开竞聘，形成"能者上、庸者下、平者让"的竞争机制，使人才脱颖而出，形成人尽其才、人尽其能的局面。根据院（联）历史学、社会学、经济学等五个重点学科建设需要，实行科研人员双向选择制度。同时，为了加强对院（联）重点学科建设和重点任务完成情况督促检查力度，保证重点学科课题、重点任务顺利完成，成立了院（所）考核督导小组进行督促检查。三是取消院（联）、所管课题，变事前资助为事后奖励。积极探索适应科研发展规律和特点、符合科研发展导向的科研管理理念和办法，建立以能力和业绩导向为核心的新型运作机制。具体做法是取消沿用多年的院（联）三级课题设置，由事前资助变为事后奖励。事前资助是指课题研究未开展之前，课题经费已拨付到位，科研人员做好做坏一个样,发表不发表一个样,缺少应有的监督和考核方法,使大多数"科研成果"的质量和社会效益不尽如人意。事后奖励是年终按照论著公开发表或出版刊物的档次、质量和社会影响来进行奖励。实践证明,这种创新更加符合科学研究及管理的规律,更能激发科研人员的创造力,更加有利于多出社科精品和名品。四是以课题配置智力资源。针对社科院(联)各研究所、中心在学术研究上缺乏协同合作的现象,建立起以课题为中心组织科研活动、以课题为中心改革分配制度和管理机制,形成以课题组织科研力量、以项目为纽带整合科研队伍的研究机制,即通过组织中青年社科理论工作者参与重大项目的研究来加强理论队伍建设和人才培养,通过资源整合和联合攻关,新的学科门类不断产生,边缘学科、交叉学科在社科研究中的作用日益突出,最终形成社科研究、人才培养和学科建设"三赢"的良好局面。五是创新科研考核机制。遵循科研规律,按照工作实际,实行科学管理、严格考核、合理分配的科研考核机制。主要是将全院科研工作分作四项内容,即市委、市政府交办的课题,院(联)委派的课题,国家、省、市级课题,公开发表、出版的论著,按照"分类考核、明确导向、质量并重、以质为主"的指导思想严格考核,对优秀者进行奖励,对不合格者扣发一定比例的目标责任奖。

加强学术理论研究

学术理论研究是科研院的立院之本、发展之源。针对院（联）科研经费不足、科研力量相对薄弱、科研潜力尚待挖掘、科研成果有待提升的实际情况，在加强科研管理的同时，打破常规，多措并举，着力加强学术理论研究，向科学要品位。

一是以申报社科基金为抓手，提升科研成果质量。申报社科基金课题既是科研力量的组合和展示，又是提升科研水平的有效途径与方法。西安市社科院自1984年成立至2004年，20年间没有承担过一项国家和省级社科基金课题，只获准过为数不多的市级社科基金课题（市社科基金规划办设在社科院科研处，合署办公）。2005年1月我刚到社科院工作，闻知此事，感到非常惊讶！一个副省级城市社科院，数十年间没有获准一项国家和省级社科基金课题，何谈其实力和影响力！为此，我召集社科院所有科研人员专题研究社科基金课题申报问题，会上没有一位同志愿意以课题负责人的身份组织申报或参与申报，其理由要么是从未申报过，没有经验；要么是实力不强，很难获准。我首先指出，社科基金申报对个人、单位和学术研究具有重要的价值与意义，然后严厉批评了这种态度消极、缺乏自信、不敢担当的行为作风，最后表示我率先垂范，亲自带头申报国家社科基金课题。① 会议决定由分管科研工作的副院长抓好落实。结果2005—2006年两年共获准国家社科基金课题4项、省级课题8项、市级课题16项。对

---

① 2005年，我作为课题负责人，以《构建中国西部丝绸之路沿线非物质文化遗产保护体系》为题，申报国家社科基金项目，顺利获批。

科研院所来说，申报国家社科基金课题，并不是什么创新之举，但对西安社科院而言，却是破天荒的。

二是聘请知名专家学者指导，紧跟学术前沿。实行开门办院，面向全国聘请知名专家学者进行学术指导与合作研究。先后在中国社会科学院、北京师范大学、浙江大学等科研院所和大专院校聘请了4位知名专家学者为西安市社科院（联）特邀研究员，不定期来院（联）做学术报告、进行学术交流与合作，以改善学术氛围，提升院（联）内学术研究水平。例如，2005年，先后两次邀请著名学者李学勤先生来社科院（联）做学术报告，在院（联）内外引起较大反响。

三是创新科研管理制度，实行人才培养导师制。创新科研管理制度，既包括院（联）内的科研管理，也包括社科院（联）代管的社科规划课题的管理工作，重点是创新和加强对课题和科研成果的管理。从科研课题的立项设计、学术水平、发表成果的刊物级别及社会效应等方面提出更新、更高、更具体的要求，并以制度的形式进一步明确、规定、量化这些标准，探索完善地方社科类科研管理新型指标系统。与此同时，在院内首次实行"一帮一、一帮二"的导师制度来培养新的科研人员。也就是一个副研究员必须培养一个年轻科研人员，一个研究员、教授必须培养两个年轻科研人员。尤其注意以课题、项目带动人才培养，一方面使年轻科研人员尽快成长、成熟，另一方面促进院内学术研究资源有效整合。2006年，科研人员分别在国家、省、市级报纸杂志上发表科研论文27篇，与2005年同比增长350%。

服务地方经济社会发展

唐朝白居易响亮地提出"文章合为时而著,歌诗合为事而作"的口号。文章合为时而著,这既是古训,又是历代学人富于历史使命感的一种集中概括。"为时而著",对于理论研究而言,它意味着对时代的一种关注,对现实社会的一种关切,对促进社会进步的一种责任和使命。因此,理论研究必须倾听时代的足音,呼吸时代的空气,把握时代的脉搏,让自己的研究合着时代的节奏一起跳动,真正用心去感悟时代、体验时代,感国运之变化,立时代之潮头,发时代之先声。地方社科院的办院思想、发展方向和现实目标,只有与当地经济、文化、社会发展相结合,紧贴发展主题,以问题为导向,深入研究经济社会发展中的迫切需要,及时回答前瞻性、全局性、战略性问题,当好党委政府深化改革、创新发展的"助手"和"参谋",当好干部群众转变观念、提升品位的"向导"和"讲解员",才能在新时期新的环境中释放更大潜能,求得更快、更好的发展。按照这一思路,我充分利用社科院(联)的智力资源和学科优长,提出重点研究事关西安发展的全局性、前瞻性理论及现实问题,努力提出真知灼见和对策建议,并在此基础上加大深入基层调查研究力度,积极开展为企业、为民营企业家、区域经济发展的咨询服务,发挥社会科学在基层政权建设、区县经济发展等方面的积极作用,真正使社科院(联)成为市委、市政府"用得上、信得过、离不开"的思想库和智囊团。为此,我提出通过"三化"举措来实现这一目标。

一是坚持社会科学研究成果社会化。积极投身西安经济文化建设主战场,参与有关西安重大战略决策和发展建设的理论研究、项目设计和科学论证,为西安经济社会文化发展谋思路、想办法、做课题。 2005年至2006年,西安市社科院参与了《西安市四轮城市总体规划修编》《西安市旅游发展规划》编制工作,并承担了修稿、顾问、评审等工作;参与了西安市"十一五"规划中重大项目和延安市、榆林市、宝鸡市、安康市、咸阳市以及碑林区、莲湖区、临潼区、曲江管委会、城墙景区管委会等单位重大规划和开发项目的设计、论证及评审工作。 同时,还承担了一批与重大建设项目有关的科研课题,如亚洲开发银行西安三环移民拆迁外部监督评估项目、汉景帝阳陵汉文化综合馆创意策划、西安城墙景区景观系统保护利用总体创意策划、西安城墙景区发展战略规划、曲江"老西安民俗文化主题园"创意设计、唐长安城(含唐皇城)文化复兴计划研究和古都风貌保护研究等项目,为西安乃至陕西经济社会发展提供了充足的智力支持,树立了社科院智囊团、思想库的形象。

二是坚持社会科学研究课题化。 以课题为中心组织科研活动,以课题为中心改革分配机制和管理机制,形成以课题组织科研力量,以项目为纽带整合科研队伍的体制。 研究课题面向西安市区域经济发展和现代化建设中的难点、重点问题。 如以城市管理、城市经营理论、城市精神、城市旅游、城市资源(文物、旅游资源等)、城市概念性设计、城市标识系统及城市发展战略研究为重点,突出城市发展的战略性、前瞻性及开发性研究;长线研究以城市史、城市通史、城市发展史为纽带,突出城市历史文化资源的基础性研究;进一步研究和发展广场文化、公园文化、企业文化、校园文化、村镇文化和家庭文化,促进西安文化事业和产业的发展。

三是坚持社会科学研究成果品牌化。 没有品牌就没有核心竞争力,就没有市场感召度,就谈不上做大、做强、做活西安人文社科资源。 坚持社会科学研究成果品牌化,既是面临市场需求的现实选择,也是推进哲学社会科学繁荣发展的必由之路。 坚持社会科学研究成果品牌化是以新成立的西安旅游设计研究院为载体,通过区域化合作、人文化构成、市场化运作的模式,立足西安丰厚的文物旅游资源和自身优势特长,承担起对全市旅游资源进行整合、规划、设计、研究的重任,把科学研究和市场需求有机结合,把西安旅游设计研究院打造成为西安地区乃至全国知名的集旅游规划、开发、研究、设计和培训为一体的名院。首先,加强与西安市旅游局合作,在发挥各自优势,合理分工,优势互补的基础上,创建西安旅游人才培训基地,打造多层次、多功能的旅游教育、研发、培训、测评中心。其次,加强与西安市城市规划设计研究院合作,紧抓城市建设大发展的契机,不断借鉴吸收国内外先进研究方法和手段,充分利用与政府有关职能部门和高校、院所长期合作的优势,面向西安、全国乃至全球,深入研究城市发展规划、区域旅游规划和历史文化名城的保护开发等方面的课题,以前瞻性的眼光、战略性的思维和创新性的精神开展多渠道、多层次、多形式的交流与合作,为保护西安历史文化名城风貌,提升西安城市规划建设水平,实现西安传统文化与现代文明交相辉映的现代化国际化大都市的伟大目标,进而为创建世界历史文化名城的保护开发范式做出新的贡献。

创新性开展省级社科联工作

2017年3月9日，我到陕西省社科联任职。2018年2月，陕西省政府换届，省委规定，1960年1月31日以前出生的党、政各部门一把手领导干部一律退居二线，到人大、政协或参事室工作。我出生于1959年4月，遂于2018年3月离开省社科联到省政协教育科技委员会工作。在省社科联工作的一年时间里，我对创新和加强陕西社科联工作提出了许多新的思考和举措，遗憾的是因为时间短，大多未能付诸实施、见到成效，但作为一段难忘的创新经历，我觉得有必要将它归纳总结以飨读者。

到省社科联任职伊始，我安排做了两个方面的工作。

第一，科学研判陕西哲学社会科学综合实力在全国的位次及特征。从哲学社会科学发展基础、投入与经费争取和科研产出3个维度，学科建设、省级科研经费、国家社科基金数量、学术论文等13个指标，结合已有的哲学社会科学评价体系，利用教育部年度统计资料及国家统计局、全国哲学社科规划办等官方数据，选取2011—2015年数据（2016年相关数据尚不完善），采用哲学社会科学界认可的"我国省（市）哲学社会科学事业发展的理论评价指标体系"，通过修正、赋值，对全国31个省（区市）哲学社会科学发展情况进行评估，其结果为：陕西哲学社会科学发展综合实力在全国31个省（区市）位列第12名，在西北地区居于第一位，在整个西部地区仅次于四川，居于第二位，体现出陕西哲学社会科学发展在全国的中上游水平。主要呈现出以下特征：一是文化资源丰富，战略地位突出。二是学科门类齐全，优势学科明显。三是高等院校、研究机构众多，发展基础深厚。四是承担国家社科基金重大招标课题能力突出。五是陕西哲学社会科学发展快于其经济发展。

第二，客观分析陕西哲学社会科学面临的形势与不足。站在全国看陕西哲学社会科学发展，我们前有"标兵"（广东、上海、北京）、后有"追兵"（贵州、甘肃）。在整个西部地区四川处于第一位，排在陕西省之后的重庆发展势头劲猛。2016年，与社科发展势头相近的河南相比，我省社科资金投入增量差距加大。可以说，"标兵"综合实力强、步子稳、投入大，"追兵"速度快、势头猛。差距不小，容不得我们歇歇腿脚；形势逼人，容不得我们丝毫懈怠。陕西哲学社会科学在发展的过程中，虽然拥有诸多优势，但不足也非常明显。一是长期以来，陕西各界对哲学社会科学重视不够，哲学社会科学发展相对缓慢，哲学社会科学研究未能完全站在历史和时代的制高点上，缺乏理论引领或是理论深度不够，问题导向性、聚焦性不足。二是陕西哲学社会科学界，能代表时代高度的学术大家、学术流派和学术群体没有形成，缺乏知名学者和学术重镇，在国内国际哲学社科领域话语权偏弱。三是陕西哲学社会科学学术创新能力不足，具有原创性、体现国内国际水准的研究成果不多。四是省级哲学社科基金项目经费投入不足，据统计，2016年全国31个省（区市）哲学社科基金平均投入是2000万元，而我省仅为1000万元，省级哲学社科基金项目投入力度达不到全国平均水平，更无力与南部发达省份相比，甚至与地理位置和经济发展水平接近的西南地区相比也存在较大的差距。

在弄清以上两个问题的基础上，我提出从以下几个方面创新性开展工作。

一、切实加强社科联机关自身建设，充分发挥社科联统筹、协调的纽带作用

正确的思想是行动的先导，成熟的理论则是实践的指南。习近平总书记在"5·17"重要讲话中深刻指出，"新形势下，我国哲学社会科学地位更加重要、任务更加繁重。面对社会思想观念和价值取向日趋活跃、主流

和非主流同时并存、社会思潮纷纭激荡的新形势,如何巩固马克思主义在意识形态领域的指导地位,培育和践行社会主义核心价值观,巩固全党全国各族人民团结奋斗的共同思想基础,迫切需要哲学社会科学更好发挥作用"。要实现好这一任务,我认为,一方面要加强理论武装,做好理论阐释,强化思想引领。要把深入学习贯彻习近平总书记系列重要讲话精神作为重中之重,学习领会好精髓要义,不断从讲话中汲取智慧滋养,增强思想定力;要发挥好社科理论阐释高地的优势,主动对党的最新理论成果进行深入解读,培育和践行社会主义核心价值观,务求把价值导向转化为自觉行动;要增强责任担当,以更加务实管用的思想产品,提振实现"追赶超越"的信心和士气,唱响主旋律、壮大主旋律,营造我省决胜全面建成小康社会的良好舆论氛围。各级社科联、各社会组织,要切实履行好意识形态主体责任,时刻把意识形态工作抓在手中、放在心上,确保在思想上、政治上、行动上同以习近平同志为核心的党中央保持高度一致,自觉维护中央权威。另一方面,要切实加强自身建设。打铁必须自身硬,首先必须从社科联自身建设抓起。就陕西来看,我省是中华文化第一大省,也是高教科技大省,自古以来贤良辈出,智者云集。而省社科联作为繁荣发展全省哲学社会科学事业的重要阵地,承担着组织、协调、联络全省社科工作者开展社科研究、理论研讨、学术交流、社科普及等重要职责。在新的历史条件下,社科联各项工作面临着新形势、新挑战、新机遇、新任务,肩负着新的使命和担当,必须准确把握社科工作新要求,不遗余力、持之以恒加强和完善社科联自身建设,通过搭平台、建阵地、抓项目、促繁荣,不断提升自身工作的能力和水平。唯其如此,才能把省社科联真正打造成为省委、省政府科学决策的高端"思想库"和"智囊团"。对此,我提出和强调四个方面的问题。

(一)突出"中枢功能",加强信息报送工作,切实发挥社科联"上情下达、下情上传"的信息传递作用

当今我们已经进入以"互联网+"为特征的全球化信息时代,无论是转变经济发展方式,还是完善社会治理,增强文化软实力,各项改革都进入攻坚期和深水区,各种深层次矛盾和问题不断呈现,各类风险和挑战不断增多,如何提高党政领导水平、改革决策水平,推进国家治理体系和治理能力现代化,都迫切需要哲学社会科学发挥信息汇总、研判和资政作用。社科联绝不能成为"信息孤岛",要主动当好省委、省政府的"顺风耳""千里眼",进一步建立和完善信息工作体制机制。一是要根据省委、省政府社科工作部署和全省社科工作实践,运用互联网+、云计算和大数据等技术,依托社会组织,加快建设社科繁荣发展综合管理服务信息系统,加快构建我省社科资源信息化共享平台,形成归口管理、统筹规划、需求驱动、运行顺畅的信息工作运行机制。二是要确立社科信息化在繁荣发展社科事业中的战略位置,形成一把手负责的社科信息化管理体制,建立社科信息专员队伍,加强社科信息报送和对社科信息化队伍的激励。三是开发优质社科资源,完善相关配套制度、流程、标准,加快社科信息化建设和应用步伐,加强系统安全防护,开设社科联微信公众号,加快线上线下的官方权威信息发布,扭住关键,精准发力,及时、准确、有效向上、向下传递和反映社科工作的新动态、新举措、新经验、新成果,切实发挥好传递信息、反映情况、交流经验、服务决策、指导工作的中枢功能,保障全省社科工作高质量高水平运转和推进。

(二)用活"三项机制",加快队伍建设,不断提升省社科联服务"追赶超越"的领导能力

习近平总书记强调,"构建中国特色哲学社会科学,要从人抓起,久久为功"。目前,追赶超越已经成为三秦大地最鲜明的主题和旋律。聚焦"追赶超越"、全面增强核心竞争力,要成为社科联"十三五"期间最鲜明的主题和旋律。省社科联作为省级社科类学术团体的业务主管部门,承担着服务管理全省社科类学术社团和民办社科研究机构的重任。这个群体的参加者是来自全省的哲学社会科学方面的专家学者,其中既有德高望重的老专家、成果丰硕的学术带头人,也有崭露头角的后起之秀。这支队伍的结构、能力和水平直接决定着社科工作的成效高低。要深入学习贯彻习近平总书记关于人才工作重要论述和重要指示精神,坚持党管人才,聚天下英才而用之,深入实施人才优先发展战略。一是结合省委"三项机制"各项要求,在社科联机关内部及下属社科团体组织中认真执行鼓励激励、容错纠错、能上能下三项办法,不仅要把完善用人机制作为日常学习教育的重要内容,而且要落实到年度目标责任考核各个环节,认真研究制定具体可行的实施办法。二是按照省委、省政府《陕西省"十三五"人才发展规划》要求,建立社科人才专项基金,进一步深化社科人才管理体制、培养机制、评价激励保障机制等改革,通过实施"社科名家"工作室工程、"优秀中青年社科专家评选"计划、人才理论和管理创新工程等,进一步培养集聚"高精尖缺"的社科领军人才,使社科联成为哲学社会科学领域的人才"高地"、社科资源的"洼地"。三是要加强对社科人才的团结教育引导服务,制定社科联加强联系专家工作意见,探索实行哲学社会科学研究成果购买和后期资助及事后奖励机制。加强各类社科人才教育培训、国情省情研修,增强认同感和向心力,以"三项机制"的落实、落地来切实激发、约束全省社科工作者始终对标"追赶超越"促发展、紧扣落实"五个扎实"干事业的积极性和责任感,努力造就一支政治坚定、业务精湛、作风优良的社科工作队伍。

(三)打造"新型智库",将建立新型智库体系作为工作的重中之重,积极践行社科联的咨询决策职能

习近平总书记"5·17"重要讲话指出,"要建设一批国家亟须、特色鲜明、制度创新、引领发展的高端智库,重点围绕国家重大战略需求开展前瞻性、针对性、储备性政策研究"。要按照省委、省政府出台的《关于加强陕西新型智库建设的实施意见》对社科联提出的具体任务,统筹全省优秀智库资源,组建我省智库联盟,促进智库跨学科、跨单位、跨领域开放合作。我们常说"有为才有位",对我们而言,当务之急是要在构建多领域、多层次、综合性、专业化的新型智库的过程中,充分彰显省社科联智库联盟的独特优势,通过搭建社科工作交流平台、整合社科研究力量、优化学术资源配置,进一步发挥牵头抓总、统筹协调功能,有效实现新型智库的体制机制创新。

前段时间,我们已经进行了前期调研,初步形成了一个筹建思路。下一步,我们将在广泛征求意见的基础上,突出导向明、聚焦准、体制活的特点,出台科学可行办法,使新型智库进一步释放出活力与效能。我想有这样几个重点:一是社科联要充分发挥桥梁纽带作用,组织引导全省各类社科研究组织强化决策咨询服务导向,推动更多优质社科资源向智库建设集中,把全省社科界建设成为决策咨询的强大智库。二是由省社科联依托有关社会组织牵头组建我省智库联盟,在联合攻关、信息资源共建共享、团队和成果互动交流、联合培养人才、对外开展交流合作、汇集报送传播研究成果等方面发挥重要作用。三是由省社科联协助主管部门统筹规划、管理省级重大决策咨询研究课题,增设智库研究专项,制定重大决策咨询研究课题管理办法,编制年度决策咨询研究计划和课题指南,建立重大决策咨询研究课题和成果展示教育、应用转化发布平台。当然,具体实践中的实际困难和问题还很多,这既需要省社科联发挥主导作用,更需要大家集思广益,群策群力,静下心来下认真研究,逐步推进。我们将积极争取设立新型智库建设专项奖励资金,通过拓展新型智库建设空间,开阔决策咨询工作格局,努力建设以省社科联智库联盟为桥梁枢纽的新型智库体系,大力推进智力成果转化为党政决策,为陕西"十三五"时期同步、够格、全面建成小康社会提供坚实的智力支撑和理论保障。

(四)创新"社科普及",着力提升科普工作质量和水平,加快构建陕西社会科学普及工作新格局

社科知识普及工作的重要意义在于,不仅要致力于改变人们的思想观念和思维方法,还要承担起在塑造思想高度和文化高度、提升价值判断标准、改善知识结构等方面的重任,真正使社科普及成为公众思想和社会风尚的引领者。社科联工作要在以往的基础上,进一步深入基层,沉到底下，做实、做细，不仅要接地气，而且要接得住、接得好，其中社科普及工作就是最重要的渠道载体。要以提升我省广大干部群众的人文素养、构筑陕西精神文化高地为目标，将社科普及工作的深入性与广泛性目标相结合，具体来讲有五项要求：一是明确主题。社科知识宣传普及工作的主题要在鲜活、生动、群众喜闻乐见上下功夫，要使普通群众都能看得懂、愿意听，更好地弘扬社会正能量，引领社会新风尚。按照省科技之春领导小组办公室《关于开展陕西省第二十五届"科技之春"宣传月活动的通知》要求，本着对象化、接地气、暖民心，服务基层的原则，我们的社科宣传普及活动的主题确定为"社科知识，引领未来"，以公众易于理解、接受、参与的方法，面向基层、面向大众，实施全域社科知识普及。二是丰富载体。以迎接党的十九大和省第十三次党代会召开为重点内容，以追赶超越和"五个扎实"为主线，认真组织开展社科普及宣传等系列活动，充分结合地方经济社会文化发展实际，宣传贯彻党的十八大以来系列重要会议精神，宣传贯彻我省追赶超越发展战略的决策部署和"十三五"的重点任务，紧密联系群众，有效服务群众，不断创新社科宣传普及的路径、平台、方式、方法，积极策划城乡公众喜闻乐见的公益性社科普及活动。根据各地工作计划和活动方案，进一步加大统筹协调指导力度，以确保全省形成较大的社科普及活动规模与宣传声势。同时，要开展全省社科普及成果和工作绩效的统计整理，编印相关资料，积极推动社科普及立法进程。三是塑造品牌。要切实克服重形式传播、轻内容创新的问题，坚决避免搭台子、请名人等流于形式的简单做法，把重点放在提高科普质量、推动内容创新、方式方法革新上。"长安讲坛"是我们的一个品牌，2017 年，要坚持以问题为导向，按照"高端引领、彰显品牌、注重实效、固化成果"的总体思路，全新提升讲坛品位和质量，把该品牌做大叫响，成为社会科学知识的科普基地、人文素养的涵养高地、传播社会主义核心价值观的思想阵地。高标准办好《陕西社会科学》刊物，积极争取该刊物公开出版发行。各级社科联、社科类社会组织、科普基地及相关单位要积极发挥"联"的优势，为各类社科普及资源的有效整合牵线搭桥，充分利用大众传媒作为公众获取信息主渠道的功能,推动社科普及与各类媒体的广泛合作,争取更大的社会反响,积极加强社科普及载体创新,提高社科普及的数字化传播水平,加快推进"互联网+社科普及"行动,重点抓好三微一端(微博、微信、微视频、移动客户端)与社科普及的融合发展,增强社科普及的吸引力、感染力和辐射力。大力支持和推动各基层社科组织、各学术研究团体以"一县一品牌,一行一名家"的形式,向群众广泛宣传社科工作的最新成果和先进典型。四是强化特色。要突出陕西地域文化特色、社科工作区域特色,灵活运用各种方式和手段,积极编写反映陕西历史文化、研究陕西现实问题、讲述陕西故事的社科普及读物,努力发出"陕西好声音"。实施"五个一批"行动,即组织一批社科文化专家、采编一批乡土文化故事、破解一批传统文化密码、传承一批乡土文化遗产、打造一批文化旅游乡村。五是服务大局。积极推动科普立法工作,进一步明确社科普及的重要意义和地位,明确党委政府及全社会的责任和义务,促进全社会形成崇尚科学、崇尚科普的氛围。同时,在科普活动中要注重工作实效,紧紧围绕省委、省政府的中心工作,全面落实新时期社科普及的新要求,通过健全完善省、市、县三级联动的社会科学普及新格局,全力促进我省社会科学普及工作社会化、经常化和法制化发展。

二、着力强化社科类社会组织建设,积极发挥社科联凝聚、引领的阵地作用

目前,省社科联拥有团体会员130多个,已经成为全省经济社会发展中不可或缺的重要力量。但也应该清醒地认识到,我们的工作还存在着许多问题与不足,主要表现在:一是各社科团体组织间凝聚力、联系度不够,交流合作还开展得比较少;二是更多地注重内部纵向互动,外部横向联合共同攻关还比较少;三是更多关注专业研究探索,缺少多学科整合创新,有很多综合学科、边缘学科的研究潜力和优势没有得到充分挖掘和发挥;四是更多注重学科研究的理论价值,在服务决策、指导实践方面还缺乏有效的

成果转化，社科工作的社会效益还不高；等等。要着力加强全省社科类协会、学会和研究会的组织建设和服务工作，充分发挥省社科联对各研究社团的学术凝聚和科研引领作用，积极协调所属社团的关系，通过整合资源、挖掘潜能、补齐短板、发挥优势，不断巩固和拓展社科阵地，积极推动哲学社会科学工作创新发展。

（一）大力培育首创精神，以精益求精的工匠态度加强创新，争创一流

尊重基层的首创精神是中国改革开放取得巨大成就的重要经验。何谓首创精神？首，头也；创，始造之意。首创可以理解为创始。由于工作主体的独立性、工作环境的民主和谐性，以及工作过程的探索性，创新成为社会科学发展的永恒主题，也是社会发展、实践深化、历史前进对哲学社会科学的必然要求。当前社科工作特别是在学术领域存在着三个方面的问题：一是感知性研究多于创造性研究，即许多理论成果限于现有信息的整合和解释，使读者缺乏新鲜感；二是总结性研究多于突破性研究，即以演绎和重复为主，这类似于马克思在论述货币资本循环时的比喻，如果只是简单的重复，对资本家而言毫无意义，就生不出"金蛋"来；三是表面性研究多于规律性研究，表现为空话、套话多，或者是列举现象多，而对事物本质的分析和揭示不够。当今世界是知识创新的世界，社科联各学术团体作为知识创新的重要阵地，有责任、有能力加强主体性、原创性工作，这就要求我们必须克服以往工作的不足，以基础理论创新研究为核心，瞄准"高、精、尖、新"，全面拉动基础理论的研发和创新工作，以基础理论研究的创新成果进而促进对策研究的发展，实现理论创新研究与对策研究的双赢。

（二）大力提升融通能力，积极倡导学科交叉、多域融汇的跨界研究

习近平总书记强调指出："哲学社会科学研究范畴很广，不同学科有自己的知识体系和研究方法。对一切有益的知识体系和研究方法，我们都要研究借鉴。"中国特色哲学社会科学涵盖历史、经济、政治、文化、社会、

生态、军事、党建等各个领域,囊括传统学科、新兴学科、前沿学科、交叉学科、冷门学科等众多学科。这既对我们每一位社科工作者的研究能力和水平提出更高的要求,也对我们传统上"老死不相往来"的学术工作体制机制提出了挑战。《周易》认为:"引而伸之,触类而长之,天下之能事毕矣。"这是成语触类旁通的来历。在推进哲学社会科学研究和创新的过程中,要求我们必须注重综合性,多维度、多学科地看待问题,要善于融通马克思主义的资源、中华优秀传统文化的资源和国外哲学社会科学的资源,善于运用自然科学研究模型推演、数量分析等有效手段和方法,注重哲学、经济学、政治学、法学、管理学、教育学、人类学等多学科的深度聚合、协同创新,着力发挥边缘学科、交叉学科在社科工作中的重要作用。在具体科研工作中,要切实注重各社科团体组织的学术共享、资源整合、联合攻关,要加强与兄弟省市社科联的联系与交流,积极参加全省、全国相关学术活动,通过建立形成优势互补的合作机制,不断提升学术品位和成果权威性,全力构建凝聚力强、富有创新意识、科研水平较高的陕西省社会科学研究体系。

(三)全面深化服务功能,力争将省社科联建设成为陕西中长期发展对策的研发阵地

围绕中心,服务大局,是哲学社会科学工作必须始终坚持的目标方向。哲学社会科学要发挥作用,一项很重要的任务是加强话语体系建设。我们必须在解读中国实践、构建中国理论方面有效行使立言权;必须在全面深化改革、促进经济社会科学发展方面有效行使建言权;必须在服务保障民生、全面建成小康社会的过程中有效行使发言权。我们要始终坚持真理,注重立足实际,积极推动具有陕西地方特色和区域优势的基础理论研究,要下力气整合下属各科研团体组织的人才优势和科研优势,按照"长期有规划、年度有谋划、短期有策划"的工作思路,重点抓好中长期课题,合理兼顾短线课题,在充分发挥自身特色的基础上,力求与地方其他决策咨询机构形成互补关系,积极探索研究成果为省委、省政府科学决策提供学理支撑和智力支持的有效机制和途径,努力把文章转化为文件、把谋划转化策划、

把对策转化为政策,使社科联建设成为陕西中长期发展对策的研发阵地,让哲学社会科学事业真正服务于陕西全面决胜小康社会宏伟目标的伟大实践。

(四)始终坚持问题导向,切实加强重大性、前瞻性、全局性、战略性现实问题研究

马克思曾深刻指出:"主要的困难不是答案,而是问题。"问题是科学研究的基石,也是出发点。当前,经济文化化、文化经济化的发展趋势,社会思潮的多元化,以及知识经济全球化等,都对搞好哲学社会科学工作提出了挑战,极少数不接地气、不谈矛盾、回避现实的社科成果被社会诟病为"无病呻吟"。如何找准问题、设好问题是我们做好工作的前提条件。我个人理解,要从三个方面抓起:一是要坚持直面问题,特别是对民生热点问题展开研究,重点是加强对民生领域普遍存在的不同区域之间、行业领域之间、利益群体之间的机制不协调、政策不完善、资源不均衡等问题展开研究,主动当好转变观念的"向导"、优化路径的"助手"、深化改革的"参谋",用科学严谨的理论论证和大量鲜活的实践素材,把我国速度变化、结构优化、动力转换重要时期,中央关于"三期叠加"的"总谱"唱好,把陕西经济增长和去产能、调结构的"基调"唱亮,积极回应全省人民群众的期盼。二是积极破解难题,核心是聚集思想上的焦点难题,加强和巩固马克思主义的指导地位,结合陕西历史文化和革命传统,重点就中国特色社会主义理论体系展开系统性、时代性的研究,及时批驳反对社会主义、反对党的执政领导地位以及脱离国情、省情实际的"杂音",切实铸牢全社会共同建设社会主义的理想信念。三是主动创设课题,要自我加压,坚持立足全省经济社会发展,重点围绕实现"追赶超越"目标定位,全面落实"五个扎实"工作要求,针对我省在政治、经济、文化、社会、生态建设中的重大问题开展课题攻关,力求为省委、省政府提供科学有据、既"解渴"又"解困"的"含金量"高的决策参考。各学术团体要坚持以课题为纽带,深入基层,搞好调研,大力转变文风、学风,切实抓好基础理论研究和应用对策研究相融合,努力形成一批高质量的重大课题研究成果。

三、努力提升工作质量,以务实担当的精神状态开创省社科联工作新格局

当前,以习近平同志为核心的党中央高度重视哲学社会科学工作,省社科联各项事业也迎来了难得的历史发展机遇。需要我们进一步提振思想,以务实担当、奋发有为的精神状态,认真扎实地抓好各项日常工作的落实。

(一)创新社科团体的管理机制,健全社科联组织网络,突显桥梁纽带优势

省社科联要突出抓好在服务社科团体方面的工作,按照"解难题、担责任、服好务"的思路要求,进一步注重和加强社科类社团的建设和管理,积极创新管理模式和服务方式,推动社团健康发展和品牌社团建设,使社团事业发展呈现更多的生机与活力。

一方面,要继续强化服务和管理,定期深入各社团组织开展调查研究,听取意见,破解难题,办好实事,改进服务,紧抓社团队伍建设,在释放社团工作活力、培育和发挥社团功能方面下功夫,引导和督促社团规范运作和加强组织建设。另一方面,要创新思路,发挥"社科联+"的作用,通过项目、平台、基地、人才,拓展社科工作的覆盖面和影响力。要大力开展社科专家学者"双创"活动。实施"百名专家学者理论创新、千名社科工作者实践创造",提升社科服务经济社会的能力和水平。同时,要加大对下属科研团体组织的工作指导、协调、服务力度,建设集哲学社会科学成果展示、学术交流及相关培训为一体的社会科学活动新平台,指导各科研团体进一步提升服务社会的功能,通过激发社团工作生机,努力使省社科联成为陕西社科工作者之家园、繁荣社科学术活动之重地。

(二)加强重大课题设置与研究,发挥好社科联决策、咨询的服务作用

要着力深化陕西省社科界重大理论与现实问题研究课题设置工作,重

点是突出学术价值，体现原创性和创造性；应用对策研究要突出实用价值，体现针对性和前瞻性。要立足陕西，对标全国先进省份，力求反映哲学社会科学相关领域的最新研究水平，着力推动学术观点、学科体系和研究方法的创新。一是坚持"科学性"。构建中国特色哲学社会科学是一个系统工程，是一项极其繁重的任务。我们要加强顶层设计，搭建哲学社会科学创新平台，统筹各方面力量协同推进。要以习近平总书记重要讲话精神为引领，全面贯彻以人民为中心的根本导向，从人民的要求中寻找研究课题，确保哲学社会科学研究坚持正确的政治方向，符合哲学社会科学的发展规律，体现哲学社会科学研究的科学价值。二是注重"理论性"。恩格斯说："一个民族要想站在科学的最高峰，就一刻也不能没有理论思维。"哲学社会科学工作的核心是创造理论、引领理论。当前，我们必须牢牢把握党中央治国理政新理念、新思想、新战略，牢牢把握贯穿其中的马克思主义理论与方法，持续推进马克思主义中国化、大众化的理论课题研究，始终保持思想理论学术的生命源泉。三是彰显"时代性"。习近平总书记强调，新形势下做好哲学社会科学工作必须"立足中国、借鉴国外，挖掘历史、把握当代，关怀人类、面向未来"。对我们而言，必须坚持与时代同呼吸，与发展共命运，要牢牢把握"五位一体""四个全面"国家战略和总体布局，紧紧聚焦我省"十三五"发展规划提出的各项任务要求，通过分析形势、沟通思想、凝聚共识，及时开展更加鲜活、更具时代感的课题研究。四是突出"地域性"。前面我说过，历史上的陕西是中华文明的重要发祥地，三秦文化有着鲜明独特的自然地理特色和人文风貌，当代陕西更是面临着国家"一带一路"建设、大西安建设、自贸试验区建设等多重利好，这些资源共同构成了我省哲学社会科学研究的"富矿"。我们要深耕细植陕西历史文化资源，以全省经济社会发展实际为起点，围绕"追赶超越"加快推出一系列具有唯一性、原创性的学术研究成果。五是强化"应用性"。社会科学工作重在研究，贵在应用，我们的各项成果也必须是具体、务实、管用的，要善于提炼标识性概念，打造易于为社会群众所理解和接受的新概念、新范畴、新表述。要不断在实践和理论的结合上深入探索，坚持用发展着的理论指导发展着的实践,针对我省重大战略、重大政策、重大理论问题、现实问题和焦点难题开展前瞻性、针对性、储备性思维实用研究。

按照上述思路,2017年省社科联确立了十大研究主题,重点围绕"深化供给侧结构性改革""'五大理念'推进生态文明建设""区域城乡协调发展和新型城镇化""'一带一路'陕西发展战略与实践""中国(陕西)自由贸易试验区""'大西安'国家中心城市""坚定文化自信与文化建设""陕西传统文化传承与发展""'三项机制'贯彻实施""脱贫攻坚保障民生"十个方面展开课题攻关,并从三个方面抓好落实。一是分解任务、明确责任。对各项主题进行分解细化,拟定子课题,发布2017年度陕西省社科界重大理论与现实问题研究课题指南。二是拓展渠道、保障经费。推动成立学术基金会,鼓励民营企业捐赠,探索实施优秀社科成果购买制,积极向省委、省政府相关部门申请课题专项资金,加大项目政策经费支持力度,以保证各项课题的顺利开展。三是加强绩效考核和检查监督,切实推动成果转化。积极争取设立陕西省哲学社会科学成果出版资助专项资金,主要用于资助具有较高学术水平的优秀著作的出版,资助出版的社会科学研究成果统一纳入"陕西省哲学社会科学成果文库",有关对策性、应用性成果将推介到相关部门做好成果转化。

(三)认真做好全省优秀成果评奖工作,切实发挥社科联组织、引领的学术作用

陕西省哲学社会科学优秀成果奖每两年评一次,已经进行了13次。优秀成果奖是我省哲学社会科学研究领域的最高荣誉,社会关注度高,参与度广泛,影响力大,导向性强。近年来,在成果推选、发现、培养社科优秀人才,调动广大科学工作者积极性、主动性和创造性,推动我省哲学社会科学事业的繁荣发展等方面发挥了积极的激励和导向作用。按照《评奖办法》规定,2017年要对《评奖办法》进行重新修订。在广泛征求意见的基础上,要积极响应社科理论工作者的呼声,并结合社科发展需要,对《评奖办法》做出修订。大致上,对奖项数量、奖项类别、奖金额度做一些调

整。修订的意见，我们已经报省政府，待省政府批准后，即可组织开展申报评审工作。在2017年，第十三次优秀成果评奖工作的过程中，要把"高品质、精内涵、强特色"作为总体工作定位，以参评成果"创新性""特色性"和"实用性"为依据，严格程序、提高标准，切实发挥评奖的导向、引领和激励作用，及时推出一批具有决策参考价值的优秀成果。一是坚持"高品位"，秉承"保证质量至上，打造学术精品"的评选宗旨。所谓品位，指的是品质、质量和档次。高品位是做好社科工作的最高目标。在新形势下加快社科工作发展，实现高品位，必须在坚持正确政治方向的前提下，把成果质量放在首位，重点验收项目最终成果的学术质量和水准，推出在学术观点、科研方法、理论价值、应用价值等方面有重大突破和独创的研究成果。同时，要加强对规划项目的中期监督评估，对已经认定不适应形势发展要求的项目和预期无法完成的项目，必须及时予以撤项。二是强调"精内涵"，把握"材料论证精准，学术权威可靠"的评选标准。项目评选工作的精内涵，就是要精确、精准、精致，做到细节周密、过程严谨、手段科学、效果优良。要认真总结以往评选工作中好的经验和做法，进一步加强制度化、程序化、规范化管理，评选过程必须坚持精益求精、公平公正。要注重成果论证的严谨性、周密性和真实性，在理论研究上要突出思想性，在对策建议上要有针对性、可操作性，体现哲学社会科学研究的求实态度，确保科研成果的科学性、权威性和公信力，在后期的转化应用过程中经得起实践检验。三是突出"强特色"，聚焦"定位陕西本色，彰显地域个性"的评选目标。工作成果要有特色，就应该做到"人无我有，人有我优，人优我精，人精我特"。哲学社会科学优秀成果评奖工作要坚持立足陕西问题，突出时代和地域特色，进一步塑造具有陕西特色、陕西风格、陕西气派的社科工作亮点与品牌，通过推出一批有深度、有影响，能辐射全国、接轨国际的重大成果，不断做大、做优、做强、做活陕西哲学社会科学研究工作。

为实现上述目标任务，经过充分调研、深入研究，我从量的扩张、质的提升、发展模式创新三个方面提出十项主要举措：一是构建全省社科资源信息共享平台，形成"归口管理、统筹规划、需求驱动、运行顺畅"的社科综合管理服务信息系统，使之成为一流的综合性数据调查、汇集、分析和信息发布中心，成为支持全面性、综合性、前瞻性、战略性研究的数据信息创新基地。 二是推动成立陕西省社会科学学术基金会，通过政府投入，鼓励民营企业捐赠，同时吸引民间资本，募集学术基金，用来开展咨询服务、扶持并资助科研成果的出版和科研考察、学术交流等活动。 三是探索实施优秀社科研究成果购买制，对急需的，能够为省委、省政府提供科学有据，既"解渴"又"解困"的"金蛋蛋"研究成果，向社会公开征集，向专家学者购买"智慧服务"。 四是搭建优秀社科成果发布展示转化应用平台，建立社科成果资源统筹联盟，每年集中发布重大社科研究成果，编辑社科年鉴，开发线上线下发布展示平台。 五是设立社科人才培养专项基金，进一步深化社科人才管理体制、培养机制、评价激励保障机制等改革，实施"社科名家"工作室工程、"优秀中青年社科专家评选"计划、人才理论和管理创新工程等。 六是设立智库建设专项奖励资金，按照突出导向明、聚焦准、体制活的要求，对全省官方党政研究（政策）室、党校、行政学院、社科研究机构、高校和社科类社会组织等各级、各类智库，委托第三方评估机构，进行绩效评估，实施激励奖励，推动更多优质社科资源向智库建设集中。 七是争取《陕西社会科学》公开出版，按照审批程序，尽快启动申报审批工作。 同时，加大投入力度，选聘国内一流编审专家策划、征稿、统稿，力争5年左右，办成核心期刊，发出陕西社科的最强声音，唱响陕西的精彩故事，为我省追赶超越鼓与呼。 八是修改评奖办法，争取陕西社科评奖一年一次，通过政策层面，把"高品位、精内涵、强特色"的优秀成果，及时挖掘出来，切实发挥评奖的导向、引领和激励作用。 九是推动陕西省社科普及立法工作，积极借鉴外省经验，建议成立陕西省社科普及立法工作领导小组，开展社科普及立法大调研、意见建议征询会等各项前期筹备工作。 十是举办"'一带一路'与大西安建设""追赶超越与陕西腾飞""三项机制与人才效能的发挥"三场大型高端学术应用研讨会，为实施"追赶超越"营造氛围，为我省的腾飞"鼓与呼"，唱响陕西经济、社会、文化、生态等追赶超越的最强音，让陕西声音叫响全国，影响世界！

新闻媒体
宣传篇

2007年6月,我由西安市社会科学院(社科联)调至西安日报(西安晚报)社,工作至2011年3月。西安日报(西安晚报)社负责编辑出版《西安日报》和《西安晚报》,前者为市委机关报,后者为市民都市报。我任两报总编辑。到报社工作的第三天,一位大学同学打电话问我说:"你大学读考古专业,研究生阶段研读历史文献,现在做媒体宣传,你能行吗?"我回答说,从久远的考古到现代传媒,对我的确是一种挑战,但一份报纸就如同一篇学术论文,论文首先要有创新点,发前人所未发;其次要论点鲜明,论证有力;同时还要有理论性和自身特色。一份好的报纸,在遵循新闻传播规律的前提下,既要立场观点鲜明,又要通过理论评论引导社会舆论,特别是作为地方报纸,还要具有较强的地域特色。我会像撰写学术论文那样做好一份报纸。

也正是基于内心的一种自信,到报社工作的第二个月,根据对《西安日报》《西安晚报》编辑、经营的实际状况的调研,结合自身对新闻媒体宣传工作的认知,我撰写了《对新时期地方宣传思想文化工作的几点思考》一文[①],从思策与求略相结合、务虚与实做相结合、共性与个性相结合、得人与赢人相结合四个方面,论证提出新时期地方宣传思想文化工作的新思路、新方法、新范式。

新闻喜新不喜旧,宣传最忌步人后。新闻创新,既是思想和观念,也是行动和实践。在重复中体现创新,在稳定中追求变化,是媒体在激烈竞争中把握主动、抢占先机的重要手段。依据我的思考与认知,针对《西安日报》《西安晚报》的优长与弱项,我提出"创新观念、做强特色、提升品位、强化素质"的办报思路。在"创新观念"上,要创新新闻采写理念和新闻制作理念;在"做

---

① 见拙著《历史文化论集》,西北大学出版社2017年版。

强特色"上,要在版式上突出现代特色、新闻上突出分众特色、文化上突出地域特色;在"提升品位"上,要强化版式考量、增加信息储量、丰富知识含量;在"强化素质"上,要提升职业素养、增强职业道德、树立职业精神。按照这一思路,在社委会的领导下,全社上下从革新版面栏目、强化理论评论、提升新闻质量、主动设置议题、激活广告经营五个方面,开启了对《西安日报》《西安晚报》编辑、经营的创新之旅。经过三年多的探索实践,两报的新闻传播力、社会影响力不断增强,社会效益和经济效益大幅提升。2009—2011年,《西安日报》《西安晚报》连续三年荣获中国报业创新奖。

对新时期地方宣传思想文化工作的几点思考

宣传思想工作是我们党的政治优势，也是我们党的一项重要工作，是党宣传群众、组织群众、动员群众为实现自身目标和国家利益而奋斗的强大武器。在当今科技信息时代，宣传思想工作的重要性日趋增强，宣传思想工作的重要作用愈益凸显。与此同时，新时期、新的时代特征也给宣传思想工作提出了新要求、新目标，正如胡锦涛同志指出："要用时代的要求来审视宣传思想工作，用发展的眼光来研究宣传思想工作，以改革的精神来推动宣传思想工作，努力使宣传思想工作更好地体现时代性、把握规律性、富于创造性。"在新世纪新阶段，宣传思想工作应围绕中心、服务大局，创新内容、创新形式，为全面建设小康社会、不断开创中国特色社会主义事业新局面提供强大的精神动力。

在坚持科学发展观，全面构建和谐社会，建设创新型国家的今天，如何应对世界大转折和中国大发展的时代特征，如何为建设小康社会、不断开创中国特色社会主义事业新局面提供精神动力和思想保证，是摆在我们党各级宣传部门和宣传思想工作者面前最为现实而又十分迫切的问题。

现代社会是一个具有科学技术人性化、经济活动商品化、社会交流信息化、生产过程自动化、成本费用节约化、政治制度民主化等特点的社会，宣传思想工作的客体和主体都是人，这就必然要求党的宣传思想工作既要研究人与自然的关系、人与人的关系，又要研究人的心理特征、社会人口特征，以及宣传传播方式、渠道和受众接受方式。

既要坚定地坚持党的基本路线的不变应万变，又要通过创新思维、创新内容、创新形式应万变。新的时代特征要求新时期宣传思想工作必须在深刻体现时代性、准确把握规律性的前提下，紧紧围绕发展和稳定这个主题，着力创造出具有中国特色的宣传思想工作新思路、新方法、新范式。

基于上述思考，结合地方宣传思想工作现状，兹就新时期地方宣传思想工作谈几点想法：

一、思策与求略相结合

思策，是指在立足中央确定的基本路线、战略决策和重大国策的基础上，从地方实际出发，组织协调各方力量，深入调查研究，制订宣传思想工作发展规划，把长远目标、总体设计与阶段性任务、分步实施有机结合。地方各级宣传部门和宣传思想工作者要立足全局，着眼宏观，加强战略、方针、政策的学习和研究，谋大事、抓大事。把主要精力放在研究和解决带有导向性、全局性的问题上，注意抓导向、抓总量、抓结构、抓效益，真正解决好宣传思想工作的对路问题。

求略，是指探求做好宣传思想工作的方略和谋略，也就是解决具体问题的措施和方法。"策"是"略"的行动纲领和战略指导，"略"是"策"的具体体现和个性表征。简言之，要把战略和战术结合起来，避免用战略性口号去处理战术性问题。目前，地方宣传思想工作往往重视政策的传达、会议的研讨、理论的阐释等，忽视结合当地实际、特色的具体执行贯彻；重视宣传的结果，忽视宣传的具体过程；重视传统方法的应用，忽视对新方法、新措施的创新；等等。凡此种种，严重制约着地方宣传思想工作有效开展，与新时期宣传思想工作的标准和要求相距甚远。新时期，地方宣传思想工作应当立足本地历史文化传统，围绕地方经济工作中心，创造适应当地民众心理特征的宣传路线，切实做到目标明确、主题清晰、手段新颖、效果明显、评估科学。目标明确就是要求宣传思想工作坚持党的基本理论和基本路线不动摇，紧紧围绕地方经济建设中心，一心一意为"抓住机遇、深化改革、扩大开放、促进发展、保持稳定"的工作大局服务。主题清晰就是要求围绕宣传主题,分任务、分阶段,有节奏、有步骤,合理安排、分步实施。手段新颖就是要求新时期的宣传手段跟上时代发展的需要,达到便捷、快速、高效的目的,不仅要利用好报刊、广播、电视和图书等普通大众传媒,更要充分利用网络、移动通信、短信、楼宇电视、车载电视、户外显示屏等新型传播渠道。效果明显就是要求宣传思想工作收到实效,多出精品,多树典型,得到社会认可,让群众满意。评估科学就是要及时对宣传思想工作进行过程检测、结果评估、目标考核,以确保宣传思想工作取得实效。

二、务虚与实做相结合

宣传思想工作作为意识形态方面的工作,"务虚"是其重要的属性和特征之一。宣传思想工作的"务虚"应包括两层含义:一是指创造理论、制定路线、明确方向、确立原则等工作,即舍弃具体事物的特殊性,通过科学的抽象揭示出事物的普遍本质和一般规律,并上升到思维中的具体,形成系统性的科学理论和方针、政策,以满足指导实践的需要。二是通过会议、研讨、文件等形式统一思想,提高认识。需要指出的是,"务虚"的"虚"绝非"虚实"的"虚"。我们常讲实事求是,"求是"也是一种务虚的工作,离开务虚去讲实事求是,就离开了它的本意,就成了就事论事的事务主义。一些人认为,宣传思想工作无形的多,有形的少;软件多,硬件少;务虚的多,务实的少。甚至有的同志存在一些片面的认识和错误的观点,认为只有抓具体工作,抓经济建设,抓项目,多赚钱,才是实的;搞理论学习、理论研究,抓意识形态、精神文明,讲什么基本原则、什么大道理,那都是空的、虚的。有人甚至提出把宣传思想工作"虚事实做"。从表面来看,这些观点是一种"务实的态度",但从本质上讲是一种极端的教条主义。它割裂了党的宣传思想工作内在的有机联系,看不到党的宣传思想工作的"虚"是在具体宣传工作"实"基础上的理论升华和哲学层面的高度概括,是对"实"的内涵的提升和质的飞跃。没有"虚"的凝练,党的宣传思想工作最后只能是毫无战斗力和凝聚力的一盘散沙。因此,地方各级宣传部门和宣传思想工作者只有紧紧围绕中央大政方针,立足本地和自身实际,紧扣时代脉搏,以新视角、新思维、新举措着力搞好"务虚"工作,才能使地方宣传思想工作方向明确、路线正确,也才能富于特色,取得实效。

在"务虚"的同时,地方宣传思想工作必须注重实做。所谓实做,是指要把"务虚"的成果落实在实践层面上,也就是说要把宣传思想工作从时间到空间、从定性到定量逐项分解,分门别类地提出具体的目标要求,认真落到实处,并辅之以切实可行的检查督促,以使宣传思想工作变成看得见、摸得着的东西。这样,党的宣传思想工作就会在我们真抓实干中树立起权威,不断开创新局面。这也就要求做好地方宣传思想工作,不能停留在一般理论阐释上,也不能停留在一般原则要求上,一定要有措施,有载体,有办法,使工作抓得住、效果看得见。各项工作都要制订具体的实施方案,注重操作性。工作目标和任务要切实可行,工作要求和措施要具体实在,力戒空洞无味的套话、不着边际的大话、不可操作的空话。组织活动、召开会议、调查研究、制定文件都要着眼于解决问题,防止形式主义、做表面文章。任务确定后,要量化分解,责任到位,明确时限。务必每阶段做几件群众欢迎、富有实效的事情。

三、共性与个性相结合

我党从马克思主义小组开始就重视宣传工作,在革命战争年代,党探索出"农村包围城市,武装夺取政权"的战略策略;在社会主义建设时期,邓小平同志提出"宣传工作就是一切革命工作的粮草";江泽民同志把宣传工作纳入"三个代表"中的"先进文化"范畴;胡锦涛同志进一步深化为"贴近实际、贴近群众、贴近生活"的三原则。由此可见,宣传思想工作伴随党的事业始终,是党的工作的重要组成部分,在我党历史上发挥着重要作用。它是实施党的政治思想领导,宣传党的路线、方针、政策的基本途径；是鼓舞、动员、教育、引导人民群众前进的主要工作；是密切党群关系的重要手段；是保持正确的舆论导向，批判错误倾向的有力武器。与党的其他职能相比，宣传思想工作有其自身的特性。一是具有鲜明的党性和时代性；二是具有广泛的群众性和很强的实践性；三是具有多样的层次性和阶段性；四是具有严格的科学性；五是具有生动活泼的民主性和非强制性。就宣传思想工作本身而言，这些特性也就是其自身的共性。作为地方宣传思想工作，要研究、把握、运用好这些共性，使宣传思想工作始终围绕中心，服务大局，并永葆生机与活力。

在坚持科学发展观、全面构建社会主义和谐社会、建设创新型国家的今天，地方宣传工作的社会环境发生了变化，其任务、职责、对象、目标与以前相比也有很大的不同。地方宣传思想工作必须在充分认识宣传思想工作共性的基础上，不断研究、探索、创新具有地方特色的宣传思想工作的个性，以适应时代发展的要求，适应地方环境和人民群众思想观念的变化。这也就是说，党的宣传思想工作有其共性的一面，同时也更需要结合各地实际，创新性地研究、总结出具有地域特征、符合地域身份、融合地域特色的宣传思想方法和理论。换言之，做好地方宣传思想工作必须既要吃透上头精神，又要坚持一切从实际出发，特别是从本地区、本部门出发，这是做好宣传思想工作的前提和基础。客观地讲，目前我国地方宣传思想工作普遍存在千人一面的概念化迹象，不同地域、不同部门、不同时段在宣传理念、思路、手段上表现出很大程度的雷同性，缺乏特色，生硬教条。应该承认，这种现状与忽视地方宣传思想工作的个性不无关系。宣传思想工作的地方个性概括起来主要有两点：

第一，地域性。地方宣传思想工作，要立足各地人文个性，做出自身的特色和品牌。人文的个性是一个地区与其他地区不同、具有本地民众基础和自身发展模式的特色。如西安气势恢宏、凝练厚重、雍容华贵、古朴典雅的地域个性与深圳的开放豪迈、现代时尚、生机迸发的地域个性就有显著差别，相应地，其宣传思想工作的主题、口号和传播形象、概念定位等必然有所不同。妄图用一种宣传理念和模式来套用这两个特性迥异的城市，无疑是抹杀了二者之间多彩的差异性，势必削弱宣传思想工作的特色与魅力。

第二，针对性。地方宣传思想工作，既不能忽视原则去淡化甚至抽掉应有的政治内容，又不能一概用政治标准去对待一般性的思想认识问题，而必须是尊重个性，因势利导，有针对性地开展工作，做到具体情况具体分析。地方宣传思想工作要针对不同地区群众的社会人口特征、行为方式、生活方式、伦理道德等体现出来的共同的价值观念，提出相应的宣传理念、思路和手段。如西安在历史上长期形成的原创精神、有为精神、和合精神应是西安宣传思想工作的重要源泉和载体之一，要大力弘扬。宣传思想工作不仅要有地域的针对性，更要有宣传对象的针对性。组织理论学习，对领导干部、一般干部和普通群众应有不同的安排。开展思想教育，要按照不同对象的社会人口特征、行为特征、心理特征等确定相应的内容，把具体性要求与广泛性要求结合起来。不分层次、不分主体、脱离实际的宣传思想工作，往往流于形式，于事无补。

四、得人与赢人相结合

宣传思想工作是一门科学，也是一门艺术。要坚持科学性与艺术性的有机统一，得人与赢人完美结合，明之以理，动之以情，如春风细雨，润物无声。情是艺术，理是科学。坚持入情入理，情理结合，就会受到欢迎，收到实效，就会得到人气，赢得人心。

"得人"就是要协调、组织好理论、新闻、出版、文艺等各部门、各领域的优秀人才为宣传思想工作所用，形成实力雄厚、阵容强大的宣传队伍，这是地方宣传思想工作取得成就、达到目的的保障，更是尊重知识、尊重人才的具体体现和改进工作作风、工作方法的主要内容。地方各级宣传部门既要"得"与自己意见相同的人，也要"得"与自己意见不同的人。彼此之间坦诚相见，虚怀若谷，信任尊重，关心支持，精诚团结，形成合力，共同开创地方宣传思想工作和谐共赢新局面。就当前我国地方宣传思想工作的现状来看，不可否认，在很大程度上是宣传部门和宣传思想工作者的"孤军奋战"，而没有或很少整合、利用相关智力资源"协同作战"，这直接影响着地方宣传思想工作的有效开展，主要表现为力度不强、广度不宽、深度不厚。

"赢人"是指宣传思想工作要以真功实效赢得人心，赢得社会的肯定与赞誉。地方宣传思想工作要通过掌握科学的方法和形式，在得人心、暖人心、稳人心上下功夫，增强宣传思想工作的吸引力和凝聚力。当前，一些地方的宣传思想工作在很大程度上自觉或不自觉地习惯把宣传思想工作者本身作为主体，而简单地把广大人民群众当作客体，热衷于自己怎么想、怎么方便就怎么做，过去怎么搞、别人怎么搞就怎么做，甚至出现上级领导如何高兴、满意就怎么做，很少考虑普通群众有什么要求，适合开展什么活动，造成宣传思想工作缺乏针对性。有时出现我主动他被动，甚至我动他不动的现象，使群众产生逆反心理，收效甚微。

宣传思想工作要"赢人"，必须转变这种主客体思维定式和宣传模式，真正贴近社会、贴近生活、贴近广大群众，了解实情，弄清需要；让群众由被动变为主动，由客体变为既是客体又是主体，把单向灌输变为双向互动，从全面性、前瞻性、战略性的角度思考、筹划、部署宣传思想工作，在平等交流中尊重、引导、激发群众参与和接受宣传思想工作的积极性、主动性和创造性。

把广大群众当作地方宣传工作的主体，就需要切实关注广大群众的现实生活，着眼于他们的思想实际、工作实际和生活实际，要自觉深入实践、深入基层、深入群众，真正反映和维护他们的合法权益。为此，宣传思想工作要在选好切入点、找准结合点、抓住着力点上下功夫，确保工作实效。找好切入点，就要做到说服教育，以理服人；找准结合点，就要关怀体贴，以情感人；抓住着力点，就要尊重群众，依靠群众，最后达到真正"赢人"的目的。

创新版面栏目

一、创新版面

报纸版面是各类稿件在报纸上编排布局的整体产物，是各类稿件内容的整体表现形式，是读者的第一接触对象，它集中地体现报纸编辑部的宣传报道意图，被称为"报纸的面孔"。报纸版面具有三个方面的功能：一是版面语言是报纸引导舆论的重要方式。二是版面是帮助和吸引读者阅读的重要手段。三是版面是形成报纸个性的重要组成部分。报纸是"眼球经济"，是"注意力竞争"，独具特色的版面，不仅是报纸内容的视觉表达，也是吸引读者的有效形式。新颖、独特的版面风格，对读者总是具有较强的吸引力，尤其是高品位、视觉美的版面，更会让读者在获取信息的同时，产生愉悦的心情和艺术美的享受。

鉴于报纸版面的重要性，我到报社工作伊始，即开始谋划版面创新。一是变黑白版面为彩色版面。直到 2007 年，作为西安这座省会城市、副省级城市机关党报的《西安日报》依然是黑白版面。也许有人会说，这有什么奇怪！但如果说，这在全国所有地级及以上城市是个例，那么是否就耐人寻味或发人深省。出于增强报纸版面视觉冲击力和增加广告收入的目的，我提出将报纸版面由黑白改为彩色。道理很简单，彩色版面的视觉冲击力和广告收入要远超黑白版面。然而，简单的事情实施起来难度很大。当我提出变黑白版面为彩色的想法时，阻力重重，特别是报社财会人员给我算了一笔账，说黑白变彩色，一个月多投入几十万元。我说仅就经济效益而言,彩色版面的广告收入会是黑白版面的好几倍。在我的坚持和努力下,2007年7月1日,《西安日报》黑白版面终于改为彩色版面。也就在改为彩色版面的第二天,香港《大公报》有一则新闻消息说,大陆机关党报告别黑白版面。改为彩色版面的《西安日报》,不仅使读者眼前一亮,而且广告收益大幅提升。

二是创新版式设计。报纸版式是组织报纸内容和排版设计的方式。版式是报纸的脸面,是报纸形象识别系统的重要组成部分,是报纸精气神的视觉体现,它直接影响读者对报纸的阅读体验和对信息的获取。读者阅读报纸的心理路径,主要是通过对版式的视觉感知,实现对内容的心理认知,从这层意义上说,版式的优劣直接影响读者对报纸的取舍。一张好的报纸离不开好看的版式设计,而好看的版式又刺激、引导着读者的阅读欲望。这也就是说,在报纸编辑美学中,版式美是最直观的审美范畴,版式设计的审美趋向、审美意识、审美取向等诸多因素都影响着报纸作为传播主体时的内容能否更好地吸引读者,提升读者在接收信息和阅读时的美感享受。特别是在信息社会,新闻媒体和人们的生活密不可分,报纸作为重要的新闻媒体之一,越来越强调从美学原则的高度来关照、提升版面设计的审美效果,尽可能使"可视性"与"可读性"互相渗透,完美结合,从而充分发挥报纸特殊的不可替代的作用。

作为《西安日报》《西安晚报》的总编辑,我深知版面设计的重要性。我提出通过强化版式考量来提升报纸版面的视觉冲击力。主要是通过大胆借用现代杂志的流行理念,在版式设计上追求现代、时尚、疏朗、理性、大气、灵秀,彰显个性化品牌形象,提高报纸形式和内容的欣赏性和愉悦性。在形式上,注重色彩搭配,讲求文图组合,各种版面元素精心设计。整个版面大气、高雅、美观、妙趣横生、曲径通幽,既有绘画的美感,又兼园林景观的趣味。对标题、图片、字体、隔线、示意图等从视角形象和冲击力上进行革新调整,从版式设计上改变了过去僵化呆板的模式,改版后的新闻版面大气、沉稳、重点突出,组图画面冲击力强;国际版、体育版、文化版活泼时尚,标题图片处理灵活;副刊版、理论版清秀大方,整体版面统

一、固定，具有清新、大气、厚重、时尚的鲜明风格。在内容上，紧扣读者的关注点和兴奋点，准确判断新闻价值，依据内容进行分类、提炼、标识，赢取最佳的传播效果。

2007年7月1日起，全新面目的《西安日报》《西安晚报》亮相，这次版面的创新，是探索新形势下地方党报改革发展，参与报业竞争的一次有益尝试，结果比较理想，社会反响很好，广告营业额也大幅提升。

二、创新栏目设置

报纸栏目历来是报纸作为大众传媒的一个重要表现工具，具有归纳内容、引导阅读、吸引眼球、方便阅读查找的作用。在互联网快速发展、多媒体技术层出不穷的时代，报纸因受其自身平面媒体相对"静态"的特点限制，在新闻"数字化""可视化"发展上具有明显短板。在这一背景下创新报纸栏目，让报纸原有的这一功能不断出新出彩，为版面增色，提高报纸的可读性，让报纸在融媒体时代发挥其自身优势，吸引更多受众的眼光，显得更加重要。

传播学理论认为，信息传播的效果包括影响公众的选择性、注意的功能性因素和起到类似作用的结构性因素。结构性因素涉及信息刺激的强度、对比的重复率和新鲜度。一个好的栏目，应是报纸特色和个性的集中体现，应是一张报纸的鲜明特色。毋庸置疑，报纸栏目的特色越鲜明，报纸的影响力也就越大。基于这一新闻传播认知，我提出按照彰显个性、突出特色的思路创新《西安日报》《西安晚报》栏目设置。

一是突出时代特色创新栏目设置。大众传播日益发生变化的多媒体时代，是一个多元化、分层化、个性化、对象化的阅读时代，报纸的发展要与时俱进，要站在时代的前沿，紧扣时代脉搏，关注时代特色，聚焦热点、难点。为此，我们在《西安日报》《西安晚报》新增《今日时评》栏目。时评，是指以议论时事为主的评论，最初指的是时事短评。1898年由康有为、梁启超在日本横滨创办的《清议报》自26期起开辟的《国闻短论》专栏，所刊登言论具有很强的时效性和针对性，为时事短评的出现奠定了基础。与政论相比，时评更注重新闻性，特别是时效性，因此更接近于今天的新闻评论。报纸的时评栏目在舆论引导和提高报纸影响力方面发挥着重要作用，并能使报纸在市场竞争中获得新的优势。"今日时评"以大众化的评论角度，关注热点人物、热门话题，尤其是关注百姓生活点滴，以小见大，往往由一件事情引发对政府执政或者相关法规的思考，并利用同新闻报道联动的方式，以最大限度地引起读者的关注。另外，在评论形式上亦多大众化，如标题制作、语言风格更接近于大众口语。内容上，在保证对热点事件关注度的同时，更多挖掘对于社会发展有重要影响且长期存在的现象和问题，进行更为深入的探讨。如对经济领域热点事件所做的比较深入的探讨。

二是突出分众特色创新栏目设置。受众是一个传播学概念。传播学说的奠基人之一拉斯韦尔于1948年提出人类传播行为的第一个模式：5W模式，该模式把传播过程分解为五个要素：传者（Who）、讯息（Says what）、媒介（in what channel）、受者（to whom）、效果（with what effect）。这一模式奠定了以后传播研究的基础。在这一模式中，讯息的传播对象被称为受者，即"受众"。传播学中的"受众"是社会信息传播接受者群体的总称。大众传播的受众，是指报刊读者、广播听众、电视观众以及网民，是通称这些信息接收者的集合名称。需要指出的是，受众作为群体，其本身又处在不断分化中。著名传播学者丹尼斯·麦奎尔认为，受众分化可以形成一元模式、内在多元模式、核心—边缘模式和分裂模式，这四种模式伴随着传媒业的发展层层递进，受众愈发以不固定的形式分散到各种各样的媒体中，偶尔才会出现受众共享媒介经验的情况。21世纪10年代后期，伴随媒体的不断丰富，可供选择的精神食粮越来越多，任何一份报纸都无法满足所有人群的需要，报纸必须利用传统媒体良好的品牌和公信力打造特色的公众服务平台，有效地进行分众化传播，使之拥有一定范围内相对稳定的读者群。在这种时代背景下，我提出通过创新栏目设置，突出《西安日报》《西安晚报》的分众特色。具体讲，重视受众的需要，准确进行受众定位，实施传播内容的对象化和小众化，开拓特色产品和个性化服务，形成独特的品牌栏目，以拥有更加具体而稳定的受众群，增强报纸的竞争力。例如，2007年7月2日，针对历史文化爱好者创设了《文化纵横》栏目，旨在探索如何传承传统文化精华，如何构筑新时期文化体系，批判文化深层的丑陋落后，培育个体及群体的文化自信。正视和尊重文化的多样性和差异性，倡导百家争鸣、百花齐放，迎纳海内外专家学者的各类文化学术文章。栏目坚持"文化性、学术性和高品位"的宗旨。所选文章不仅突出知识性、学理性、独特性，而且具备学术、参考和资料价值。栏目涉及的内容十分广泛，包括古代制度沿革、古今文化事件、民俗风情、节日文化、关中方言、探究解密、文化争鸣等多方面。2008年1月2日，针对艺术爱好者开设了《艺术视窗》栏目，作为新型艺术类专版，宗旨是关注具有新闻性、社会性和轰动性的艺术人物和艺术事件，为读者提供丰富多元的艺术信息、深度权威的专家解读。专版围绕书法、绘画、摄影、舞蹈、雕塑、陶艺、木雕、民俗等不同艺术门类，既有专家的专业视点，又为普通百姓提供了一个才艺展示的平台。在原有栏目基础上深化推出的《收藏天下》栏目，每期一个热点系列专题或话题，在注重新闻性、专业性、市场化的同时，挖掘无论是藏品、艺术，还是玩家幕后深度性的故事、事件、谜团和现象的开发及透视，以增强报纸的文化含量、权威性、直观性、专业性、趣味性和与读者的互动性。这一栏目自开办以来，在《西安晚报》及社会有关机构所组织的多次读者调查中，均位居"最受读者欢迎"的专刊专版，读者阅读率均超过或接近50%。2008年10月，创设了《周末视角》栏目，它是《西安晚报》多次改版以来形成的用图片专题形式记录生活、现象摄影艺术的独特窗口，得到读者认可和赞誉，是《西安晚报》"文化周刊"的主要组成部分。最初为半个版，后来逐渐扩大成一个彩色整版，定期周日刊出。2008年11月30日，创设了《读书》栏目，以推荐好书为主要核心内容，通过重点的书评推荐和扼要的书目介绍以及书生书事等手段来完成，在茫茫的书海中，起到好书搜索引擎的功能。在选图、做版上精益求精，获得好版面荣誉。2009年1月，创设了《西安地理》栏目，针对历史知识爱好者,旨在把地理作为载体,谈文化、谈历史、谈艺文掌故、谈风土人情,展示古都西安的文化底蕴。以亲历现场的形式,用真实的文字和图片带读者走过皇城根下,走进老街古巷,寻访老宅民居及其各种类型的城市空间,见证其变化,叙说它们在时间发展中的命运,挖掘这些地方和在这些地方生活过的人的前世今生。另外,还针对历史文化爱好者创设了《长安旧事》栏目。总之,新开设的一批特色栏目,不求大而全,专攻细而特,为目标受众提供了很好的特色和个性化服务。

2010年上半年,为更加凸显文化版块的这种优势,进一步打造特色栏目,《西安晚报》对文化专刊版面资源进行了一次大整合,将原有分散的《收藏天下》《文化纵横》《西安地理》《艺术视窗》及专栏连载等专版集中起来,连同《读书》《周末视角》,新设"文化周刊",放在周日出版,每期8个整版,形成一大特色。这一变化对方便读者集中阅读,打造特色鲜明的文化版块,进一步提升《西安晚报》的吸引力和影响力,作用非常明显,深受读者欢迎。

三是突出地域特色创新栏目设置。随着网络、手机等创新媒体的出现,媒介竞争日趋激烈。地市报纸处于我国"三级办报"报业架构的最末端,深受新兴媒体及其他强势媒体的双重夹击,生存空间受到严重挤压。如何在夹缝中生存,并能不断发展壮大?诚然,思路和方式方法是多样的,但不能不承认,着力凸显报纸的地域特色,不失为一种有效途径。古语云"橘生淮南则为橘,生于淮北则为枳",讲的是环境对事物的巨大影响。作为一份地域性报纸,同样会受到地域环境的影响。不同的城市具有不同的城市个性与特色,而这个性与特色本源于该城市独有的地域资源,诸如自然风光、历史人物、人情世故、风物特产、人文古迹之类,都是得天独厚的资源,是这个城市独有的,它处在读者身边,与读者有着千丝万缕的联系。如果利用新闻的形式对这些资源进行全新的阐释,便可形成报纸的特色栏目,也能够形成报纸的特色版面,比如《大河报》的《厚重河南》,《东方今报》的《河南地理》,即产生了很好的品牌效应,既增强了读者对报纸的亲近感,使读者对报纸产生强烈的归属感,又让报纸与这个地方的历史文化产生了深度沟通，从而深深植根于这个地方的丰厚土壤。也正是因为这一点，自21世纪10年代以来，在新媒体的不断冲击下，全国各地的地市报纸在充分研判市场的情况下，一方面都把打造个性报纸、追求地方特色，作为自己的竞争王牌。采编业务上，在报纸新闻标题的制作、报道内容及报道尺度等方面积极寻找与本地受众之间的连接点，以本地化元素充实新闻，借用大量方言、俗语拉近报纸与人们之间的距离，以稳定目标受众。另一方面，都在纷纷依托独特多样的地域资源打造特色栏目，找到与当地读者在文化心理和生活经验上的天然亲和力，以增强报纸的魅力与吸引力，更好地留住既有读者和获取更多新的读者，促进报业的持续健康发展，如《三峡商报》的《夷陵骄子》、《沂蒙晚报》的《沂蒙湖·市井》等都在这方面发挥了很好的作用。然而，反观《西安晚报》，直到21世纪10年代中期，除《副刊》栏目外，尚无一个彰显地方个性的特色栏目。老实说，也正是有感于此，2016年我到西安日报（西安晚报）社工作后，将相当一部分精力放在《西安日报》《西安晚报》特色栏目打造上。按照突出地域特色创新栏目设置的思路，组织编辑一班人先后研究创设了《文化纵横》《长安旧事》《西安地理》《收藏》等一批特色栏目，引起学术界、报界同行和广大读者的极大关注，成为两报的一大亮点。

强化理论评论

理论和评论是报纸之"魂",报纸的一个传统和优势就是理论看家、评论当家。在传播新闻的同时,进行理论阐释和评论解读,不仅是报纸的职责所在,也是其发挥自身特长、展现独特作用的必然要求。多年来《西安日报》《西安晚报》在信息传递、知识传播、舆论监督、文化传承等方面发挥着重要作用,拥有较强的社会影响力和公信力。不过,需要指出的是,理论评论的欠缺与不足,始终是两报的软肋。长期以来《西安日报》没有评论版,只设一个"理论与实践"版,每周一次,一次半个版,而且所刊登的文章层次较低,理论性不强。

至于《西安晚报》,既无理论版,也无评论版。在我未到西安日报(西安晚报)社工作之前,每天也阅读日报和晚报,直言不讳地说,那时我在不同场合,便对两报理论评论的欠缺与不足提出过疑问与批评。因此,到报社工作以后,我讲得最多的一句话是强化两报理论评论话语权,力图通过提升理论评论水平增强两报的社会影响力和公信力。

一、提升理论宣传水平

报纸上的理论文章,同报纸的社论、评论一样,是报纸的旗帜,是报纸宣传的重型武器,同时也是报纸宣传的一项重要内容。办好一张报纸,固然不能没有新闻,因为新闻是报纸的重要内容。但是,报纸如果没有理论、社论、评论文章的理论宣传,就会成为没有"灵魂"、迷失方向的报纸,并且会对报纸和读者带来重大损失。对此,毛泽东同志十分重视。他曾经指出:"《人民日报》要重视理论工作","要注意发表学术性文章,发表历史、哲学和其他的学术文章"。后来当他看到《人民日报》有所改进以后,又指出:"现在《人民日报》有看头了,理论上加强了。也有一些有意思的东西。"为了突出报纸的思想性、理论性,毛泽东同志还主张重要新闻要夹叙夹议。为了提升《西安日报》《西安晚报》的理论水平,我们主要从三个方面加以努力。

一是全面提升编辑的理论知识水平。理论知识是保证报纸正常编辑出版的基石,没有理论指导的实操是盲目的实操,所以用专业的理论知识开展报纸编辑出版的各项工作至关重要。在报纸编辑出版中,对要刊登传播的内容进行策划、审核、审读、编辑加工是编辑工作的基本要求,如果编辑人员的理论知识不全面、不深入,则在实际的报纸编辑出版工作中容易出现编辑出版问题,尤其是还会直接影响到报纸的理论宣传水平。为此,在全报社要求全面提升编辑的理论知识水平,不仅要求编辑对本领域的热点议题及未来发展有深刻的理解和紧密跟踪,还要求编辑全面掌握报纸编辑出版的相关理论知识,用过硬的理论知识护航报纸编辑出版。【专家说话】约请专家学者就社会当下的理论热点问题进行阐释和探讨,按照不同受众,理论板块细化栏目;【热点透视】责任编辑根据形势发展采写稿件,要求时效性、可读性和趣味性统一;【聚焦西安】编发针对西安经济社会发展的文章,从实际出发,有针对性和可操作性;【新锐声音】约请年轻学者、在读硕士博士研究生撰写稿件;【观点专栏】约请专家学者就经济、政治、文化等方面撰写杂文随笔;【一家之言】对于同一个问题往往有不同的认识和见解,在符合基本理论原则的前提下,刊登与众不同的"另类"观点;【交锋】根据需要,设计话题供读者讨论,聚集不同的看法,形成共识;【大视野】介绍国际上关于经济社会发展的先进经验,他山之石可以攻玉;【观点快递】介绍国内知名专家学者的最新理论观点。在人手少、版面紧的情况下,取得了较好的理论宣传效果。

二是扩充理论版。2008年7月将《西安日报》"理论与实践"专版由半版扩充为整版,同时将内容调整为给西安加快发展、科学发展提供有价值的理论思维,给读者提供高质量高水平的理论信息,给科学理性思考搭建扩大影响力的传播平台。为此,"理论与实践"将关注的重点放在宣传党的大政方针上,放在西安的发展、建设和市委、市政府的中心工作和重大决策上。"理论与实践"版面改版调整后,深得市领导和具有较高知识层次读者的好评,党报对地方工作的指导性得以有效体现与发挥。

三是对所刊登的理论文章提出严格的质量要求。一直以来,党报理论宣传多以高深、枯燥、说教的面目示人,难以吸引读者的目光。如何增强理论宣传的有效性和影响力,进一步提高舆论引导水平,是报纸理论版编辑孜孜探索的问题。一般来说,地市级报纸的读者多为机关干部、公务人员以及一些文化层次较高的读者,对党的路线、方针、政策有一定了解,但也存在一知半解、获取信息片面零散的不足,渴望对一些社会热点、难点问题和本地区经济社会发展相关情况有更深入的了解。因此,照本宣科、照搬照抄文件、援引权威媒体观点,重复抽象的上传下达和呆板乏味的工作总结,很难满足其需求。这也就是说,地方报纸的理论宣传既要深刻领会、准确把握中央的大政方针,又要围绕党和政府的中心工作,服务大局,指导地方经济社会发展,同时还要牢牢把握舆论导向,贴近读者,针对群众关注的热点、难点、焦点问题做出鲜明的回答。为此,我们要求在"理论与实践"版上刊登的文章,要集思想性、指导性、新闻性、学术性于一体,既不能单纯地只做理论阐释,也不能只讲新闻性,而忽视了理论辨析。具体讲,要从三个方面组织稿件:

一是准确及时宣传党的路线、方针、政策,统一思想,凝聚力量,指导实践。通过理论文章帮助读者深刻理解领会党的路线方针政策的政治意义、历史意义、理论意义、实践意义,把思想统一到党的重大决策上来;二是结合西安经济社会发展实际,从宏观角度开展理论结合实践的研究探讨,提出具有指导性的观点和积极的实施方法、举措;三是把西安有特点、有亮点的探索实践,引导到理论的高度。2008年上半年,围绕西安发生的、和西安有紧密关联的重大新闻事件,先后组织、撰写、刊登了"抗击低温冰冻雪灾""抗震救灾""熊宁精神"等系列评论,如《血浓于水情重于山》《地震无情人有情》《有爱心就是最美》《理想的追求者》《让善成为时尚》等文章,把握时代脉搏,关注社会热点、难点,特别是老百姓的所思、所盼、所呼,厘清思想认识,引导社会舆论,指导工作实践,激活发展思维。

二、加强评论话语权

评论是报纸的旗帜和灵魂。一张好的报纸不但是新闻纸、信息纸,也是观念纸、思想纸。报纸评论是一种主观性比较强的文体,它强调的是理性的思考和反思,是深入剖析后的豁然开朗,是对时代主旋律的弘扬,是对真善美的一种讴歌,其重要性不言而喻。

读者翻看一张报纸,如果没有评论,就会感觉它肤浅、简单,没有层次、水平与深度,也必然失去影响舆论导向的话语权。随着新闻同质化现象日益加剧,新闻言论在媒体竞争中发挥着越来越重要的作用,言论的权威性、深刻性、独特性成为决定报纸市场竞争力、影响力大小的关键因素。基于报纸评论的重要性,我到西安日报(西安晚报)社工作的第二个月,即围绕加强《西安日报》《西安晚报》评论话语权进行创新性改革。在《西安日报》创设《西京评论》版,专版开设《西京视点》《民生话题》《社会点击》《新世说》等新栏目。在《西安晚报》创设《今日时评》版。终结了两报没有评论的历史。不过,这还只是形式上的创新,更重要的是要以上乘的内容服人、赢人,引导读者。对此,结合我自身的理解与认知,对两报的评论提出三点创新性要求。

一是强化权威性。优质内容永远是稀缺资源,权威声音永远是刚性需求。报纸评论的权威性,既是阐释时的系统深刻、全面准确,又是政治立场上的旗帜鲜明和重大斗争中的不怒自威,同时也是针砭时弊时的理直气壮。报纸评论作为输出观点、给出判断、传递价值、引导情绪的新闻载体,权威性是其活力、生命力的重要体现,权威性强不强直接决定了阅读率高不高、好评度多不多。为此,主要从三个方面着手提高报纸评论的权威性。第一，站稳人民立场。高度决定力度，站位决定方向。报纸评论要与群众站在一起，善于与人民心相印，与时代同频共振，传播人民观点，满足人民需要。在选题上，多从群众切身利益角度审视话题的评论角度，主动展开舆论引导。在写法上，尽量用细微案例做论证切口，用场景式描述拉近与受众的距离，用熟悉的道理解析未知的事物，让群众爱听爱看，产生共鸣，有效增强评论的吸引力和感染力。第二，用好理论方法。评论向来被视作说服的艺术，观点是否鲜明，逻辑是否严密，论证是否有力，都需要诉诸科学理性的理论与方法。马克思主义的理论、方法，是评论讲道理所需要的思维工具。报纸评论写作者要拥有马克思主义理论视野，善于运用辩证唯物主义和历史唯物主义分析看待问题，无论是挺起腰板开展舆论斗争，还是情理交融进行热点事件舆情引导，都需要坚持马克思主义的立场、观点和方法。第三，坚持准确客观。准确性和客观性是报纸评论的生命。事实准确、分析客观是报纸评论具有权威性的前提和基础。我们严格要求报纸评论写作者既要使引用的各种资料和人物语言、心理活动、环境细节、思想认识都准确无误，不能含糊其词；又要科学理性地分析、阐释具体事实，不能有任何曲解、夸大或缩小。

二是突出深刻性。一篇好的报纸评论贵在有理论深度，唯有写得深刻，入木三分，才能说理透彻，将道理讲清楚，让读者知道所以然，给人以深刻的启发，引人深入思考。例如，1980年《体育报》上刊发的《赛场成败与英雄本色》一文，在当年"全国好新闻"评选中荣获评论好新闻奖。中国女排在第九届世界女子排球赛夺冠之后，袁伟民教练接受记者采访时发自肺腑地说："胜利了总该高兴。但是，我们又不能太高兴了。"作者由这句话联想到平时生活中时常看到的一种现象：一场球赛赢了，群众中爆发出一片掌声，大话、好话，能用的好词一拥而上；一场球赛输了，群众中爆发一片嘘声，诋毁之声不绝于耳。真是赢了捧杀，输了骂杀。作者由这种普遍现象有感而发，对赛场成败做了深刻的分析与论证："胜与败都有二重性，胜利的美酒固然香甜，但畅饮无度可以致醉；失败的苦果固然难咽，但细细咀嚼，倒也有开胃提神的作用。"这种力透纸背的评论闪耀着令人折服的光彩，使人深受启迪。为了使《西安日报》《西安晚报》的评论突出深刻性，我一再强调评论写作者必须克服就事论事、蜻蜓点水式的议论。凡事都要多问几个为什么，刨根问底深究其原因，尽最大努力把评论涉及的基本道理与中心论点分析透、论述透。要善于透过现象揭示事物的本质，深入浅出地分析事物的内部联系，准确把握事物的内在规律。通过见人之常见而未见，发人之常发而未发，写出人人心中皆有、人人笔下俱无的评论，并从理论高度阐述其中的深层次原因，为读者指明方向。

　　三是彰显独特性。爱因斯坦曾经说过："提出一个问题往往比解决一个问题更重要，因为解决问题也许仅是一个数字上或实验上的技能而已。而提出问题，新的可能性，从新的角度看旧的问题，却需要有创造性的想象力。"尽管他强调的是提出问题的重要性，但也启示我们，要写好报纸评论，必须要有独到的眼光，要有求同存异的思想，敢于标新立异，充分表现出自身评论的独到、独特之处。直到今天，我仍清楚地记得，当时为了彰显《西安日报》《西安晚报》评论的独特性，我反复强调的是："评论要有独特的视角，独到的见解，个性化的语言。切忌人云亦云，搞文件剪贴、观点堆砌。力求一切言语都由自己胸中自然流出。"事物的内涵是丰富多彩的，重要的是评论写作者要在同一信息源中找到不同点，抓住事物发展的新趋势、新变化，提出新问题，发表新观点。发表在《解放日报》上的《媒体自身也要讲荣辱观》一文，荣获第十七届"中国新闻奖"评论二等奖。在全国新闻媒体大力宣传社会主义荣辱观之时，作者却另辟蹊径，第一次在新闻媒介提出"媒体自身也要讲荣辱观"的观点，并将媒体自身的荣辱观与宣传报道的荣辱观区别开来，明确了新闻媒体荣辱观的概念、特点、指导原则。这种从"异"的视角选题、立意、论述，既显示出自身评论的独特之处，又给读者以主题鲜明、立意深远的冲击感，起到独树一帜、别有洞天的奇特效果。

提升新闻质量

报纸与其他传媒一样，需要准确及时地向大众传播时政新闻，这不仅是政府和社会大众的要求，也是媒体生存发展之道。在网络媒体资源日益丰富的社会形势下，报纸新闻行业的生存空间越来越小。为在激烈的市场竞争中谋求长期发展，报纸必须不断提高自身的新闻质量。报纸的新闻质量决定着其自身的影响力，没有上乘的新闻质量做支撑，报纸的影响力就是"空中楼阁"。作为《西安日报》《西安晚报》的总编辑，我一到报社工作，就把提升两报的新闻质量放在工作首位。老实说，在这方面的压力非常大，付出的精力也最多。今天回顾总结起来，我记忆犹新的是，当时主要从两个方面着力提升两报的新闻质量。

一、创新新闻采编理念

首先是创新新闻采写理念。新闻采写是新闻生产的第一个也是十分关键的环节，对报纸新闻内容的质量起着决定性作用。对于报纸这种传统媒体来说，新闻采写要与时俱进、推陈出新，不断顺应受众的阅读心理与阅读习惯，这样才能在时代变革浪潮中站稳脚跟、赢得市场。如何创新新闻采写理念，我提出要"追求立意新颖、角度新巧、事实新鲜、语言新雅"的四新标准。就"立意新颖"和"角度新巧"而言，我们知道，新闻立意是新闻的核心所在，是对新闻事实由感性到理性认识的飞跃。新闻角度是新闻采写者发现、挖掘和表现新闻时的着眼点和侧重点，构成事物的各个因素和各个侧面，都是新闻报道可以选择的角度。新闻角度和新闻立意是密不可分的，选择什么样的角度，往往决定了一条新闻最终会拥有一个怎样的立意，也就是能够达到一个怎样的水准；而选择什么样的立意，就必然有与之相适应的角度来进行呈现。可以说，没有一个新颖巧妙的角度，将无法提炼出具有深刻丰富内涵的立意；而没有一个新颖高远的立意，采访者也很难由此去选择一个新颖独特的角度。基于此，我们要求记者采访时所确立的主题必须是自己的新认识、新感受，能够给人以新的启示。在角度上要善于观察一般人不注意的地方、不了解的地方，以及平常很少见到的地方，要跳出自己原有的思维模式，站在普通市民的角度来思考新的视角。具体到实际采访中，记者采写新闻要突破头脑中的思维定式，关注新闻议题的设置。要按照"三贴近"的要求，把握时代脉搏，围绕老百姓的关注点和兴奋点，选取政治上重要的、人们普遍关心的、具有典型意义的新闻主题，做好新闻策划。比如政府机构改革、精神家园建设以及城市所独有的历史文化资源，都应该成为新闻策划的题材。记者在采写新闻时，要发挥主动性，找准切入点和突破口，能动地创造良性的新闻热点，变被动地等待新闻为主动地发现新闻、挖掘新闻、提炼新闻，在追求新闻报道思想深度上下功夫。特别是要闻部门要改进政务报道形式，让领导活动和会议报道鲜活可读。在改进市委、市政府领导活动报道方面，摒弃以往用长篇幅领导讲话代替新闻报道的做法。在撰写领导慰问或有关民生问题的调研稿件时，要抓细节、抓领导眼神，精心提炼领导讲话的主要精神，用通俗亲近的语言表现新闻本身。领导同志就一些热点问题或重要工作进行调研，调研之后可能出台新的政策或举措，要把出台的政策和举措当作新闻眼，使领导活动变得有"新闻"，剔除党八股式的报道形式。另外，在会议报道方面，着力强调要跳出会议写新闻，努力挖掘会议蕴含的丰富的新闻源并加以提炼，尽量将摘抄式、照搬式报道，化作生动的、视角富于变化的新闻报道，增加信息含量，提高报道质量。例如，2008年《西安日报》对政务新闻报道版面有关主要领导的报道做了较大调整，除书记、市长、副书记和政协主席四位主要领导的活动新闻在头版安排外，其他市级领导的活动新闻一律放在二版，从而有效改变了头版几乎全部成为领导活动、读者意见较大的弊端，许多读者想看、爱看的重要新闻、民生新闻上了头版，读者普遍反映良好。

其次是创新新闻制作理念。新闻制作是新闻产品的总装车间，是新闻生产链的最后关口，对报纸新闻内容及形式的质量起着关键性作用。如何创新新闻制作理念？我提出"关键是要在新闻制作过程中树立质量意识、责任意识、品牌意识、营销意识"，"要通过报纸内容的不断完善，报纸版面的不断优化，来提高读者读报的价值报偿，要用现代传媒最流行的理念、手段、方法做好视角营销、版面营销，塑造报纸长期的品牌定位，培养读者的认同感和忠诚度"。按照这一理念，在具体编报工作中，对每一位编辑提出具体要求。一是稿件处理要细化。总编室的每一位编辑，要从思想上牢固树立政治意识、责任意识、质量意识，对待所有稿件首先要把好政治关、真实关，时刻维护报纸的权威性和公信度。同时要吃透稿件，无论是本地新闻还是国内、国际新闻，要全面了解掌握新闻的内容和相关信息，包括人名、地名、时间顺序等，要让读者看得懂、读得顺。政务稿件要打破程式化的模式，力求鲜活生动，让读者想看，乐于接受。重点稿件力求多角度、全方位报道，图文并茂。二是版式设计要美化。结合改版，版式使用现代报业流行模块式结构、清晰透气的博雅宋内文、清秀又不失庄重的兰亭粗黑主打标题字体，使得版面疏朗大气，令人耳目一新，得到读者广泛好评。三是标题制作要精练。标题是新闻的核心，是新闻的亮点。过去《西安日报》《西安晚报》的标题总是过于冗长，究其原因，一方面是政务报道指令性稿件多，另一方面是编辑的思想僵化。长期以来，政务报道模式化，养成了编辑害怕出错、不太动脑的习惯。创新新闻制作理念，要使编辑打破僵化思想，发挥主动性，积极尝试在政务报道标题上下功夫。站在读者角度，以最精确的语言标出新闻的亮点。同时可采用提要题的方式，标出新闻的要点，以增强可读性。如 2008 年《西安日报》《西安晚报》关于全国两会的议程性报道，大胆改变以往的标题模式，主题突出会议的主要内容，收到很好的效果。在政务以外的稿件标题上，多运用口语、象声和拟人等词语及表现手法，凸显现场感和生动性，增强版面冲击力。

二、提高新闻资源占有率

熟悉报社编辑工作的人都知道，每天下午三四点钟都要召开一次编前会。编前会是在每期报纸出版之前，由总编辑、编委或总编室主任主持，值班总编、记者部主任、编辑部主任、相关业务部室主任参加的版面协调会。主要内容有两个方面：一是对当天刊发稿件的优劣得失做出点评；二是各版主编汇报第二天版面的稿件情况和编排设想，各部门沟通协调，对版面上可能出现的问题及时安排解决，并对近期的重要报道选题进行落实和部署。由于编前会每天下午都要召开，雷打不动，且工作流程、环节完全重复，唯有内容有所不同，老实说，刚开始到报社工作，还真有些不习惯这样的会议。但过了两个多月之后，我不仅习惯了，而且还觉得津津有味，因为每次编前会上讨论的有关新闻内容，或多或少总有一些思想上的闪光点。这里我想说的是，参加过一段时间编前会之后，我发现《西安日报》《西安晚报》在新闻报道上存在三个方面的问题。一是对有些重要时政或民生新闻的报道有遗漏；二是对有些连续发生的新闻在报道上有中断；三是对有些重要新闻的报道肤浅、简单。我把这三种情况分别称为漏报、断报、浅报，它们不仅降低了新闻报道的质量和水平，而且严重削弱了报纸的公信力和影响力。为此，我对两报的新闻报道提出"不能漏报""不能断报""不能浅报"的"三不"要求，着力从完整、连续、深刻上提升新闻报道的质量和水平。

一是不能漏报。准确、及时、生动地向读者传递信息，满足读者应知、预知的需求，是报纸宣传的职责和追求。但在办报实践中，往往存在新闻遗漏现象，一些有价值的新闻，未能在第一时间予以报道。许多鲜活的新闻，特别是一些动态的、突发性的事件，如果不能在第一时间客观地进行报道，纵然事后做出补救，效果也必然大打折扣。为了避免新闻漏报，第一，我们在全报社开展加强记者职业精神教育，强调记者在新闻采访报道上要强化新闻敏感和积极发挥主观能动作用。第二，制定赏罚分明的奖惩制度，划分责任区，明确责任制。针对时政新闻、社会新闻、会议新闻、动态新闻，按照明确的目标细分到具体部室或具体人负责，以防止有些新闻一哄而上相互"撞车"，或有些新闻无人问津的现象发生，同时也可避免新闻漏发的责任难以认定。对于因工作松懈或主观原因造成重要新闻遗漏的责任人，追究其责任，并根据遗漏稿件的重要性给予不同程度的经济处罚。相应地，如果在这方面做得好的，则给予奖励。第三，建立内部监督机制，对新闻报道进行定期检查和评估，及时发现和纠正报道中的问题。第四，建立采编应急反应机制。对于突发性的新闻，如火灾、水灾、车祸等，一旦收到信息，要立即出动，快速反应，在第一时间把最新、最好的新闻献给读者，满足受众的知情权。

二是不能断报。一般来说，许多新闻事件并不是一发生就结束，而是持续发展于某一个时段中。这就需要新闻记者对新闻事件进行跟踪，连续采访和报道。更为重要的是，连续性报道可使报纸新闻采编工作更能适应现代信息社会受众认知能力和方式的变化与提升，更加符合广大受众对新闻事件认识完整性的思维模式。在经济社会快速发展、多元化的现代社会中，人民群众在精神物质生活上的多样化需求日益增强，广大群众已经不仅仅关注吃饱穿暖等物质性问题，还对社会上发生的和自身利益息息相关的一些突发或重大新闻事件萦萦于怀，"刨根问底"，渴望获悉真相，了解其全过程。采用连续性报道能够给受众一个满意答复，满足读者对报纸的最基本需求。而从报纸的发展来说，只有紧紧抓住受众的眼球，才能更好地扩大消费市场，在激烈的媒体竞争中夺得先机。针对《西安日报》《西安晚报》在连续报道中存在的"断报现象"，我从多方面对新闻记者提出具体要求。一要身临一线，针对受众关心的新闻事件给予更多的耐心，保持高度的政治敏锐性和感知新闻的灵敏性，随时洞察事件的变化，深入调查采访，立足事实，从多角度、多层面、多元素出发，将各种关联的要素连接起来，给受众一个明确、完整的新闻事件的报道。二要在前篇报道中留下足够余地，注意事件报道中的节制与平衡。三要在连续报道引起受众关注和思考的同时，及时获取社会大众信息的反馈，针对反馈信息权衡利弊，统筹谋划后续报道。四要立足传播新闻事件本身的社会意义，不断探索，推陈出新，使连续报道能够拥有全新的、超前的表现形式和思维内涵，以更具深度和品位的新闻作品引起受众的高度关注。例如，为庆祝改革开放30周年，《西安晚报》推出以普通人的视角和感受体味30年来的变化的连续和追踪报道，形成了一系列以小见大、点面结合、意义深刻、可读性强的传播效果。

三是不能浅报。我们知道，深度报道是相对于客观报道的平面性、片段性和孤立性而言的。美国哈钦斯委员会在其著名报告《自由而负责的新闻界》中指出："所谓深度报道，就是围绕社会发展的现实问题，把新闻事件呈现在一种可以表现真正意义的脉络中。"这也就是说，深度报道是以现实问题的解释分析为核心，为呈"点"状分布的有关新闻事实编织出一个正确的确定其社会位置的经纬坐标系。深度报道的本质就是"求是"。从报道的重心上看，深度报道关注的是某个新闻事件"点"的延伸与联系，是一种讲求展示新闻事实的宏观背景与结构的报道；从报道的时效上看，深度报道是在不失效的前提下讲求打新闻"第二落点"，是一种后发制人式的质量竞争。在新媒体迅速发展的形势下，人们在接受大量"碎片化""快餐化"信息的同时，更需要阅读一些深度报道，以"知其所以然"，这不仅是社会大众的阅读心理需求，也是一种认真的探究态度。报纸的新闻报道当顺应这种需求，写出更多更好的深度报道。相对于上文所说的"漏报"和"断报"，《西安日报》《西安晚报》在新闻报道中不够深入的"浅报"问题表现得尤为突出，许多富有价值、意义的新闻被简单化、肤浅化。对此，我感触最深，从而强调的也最多。总结起来主要从四个方面努力改变。一要选好题材。好题材是决定深度报道成功与否的关键。要求采编人员在选题时要独具慧眼，遵循贴近实际、贴近生活、贴近群众的"三贴近"原则，用理论的目光分析生活中的事实，敏锐捕捉社会热点、矛盾焦点、生活难点等受众最为关心的话题。二要深入采访。要深入基层、深入一线、深入现场去获取第一手真实资料，并通过细致采访深入挖掘新闻背景，了解事情的来龙去脉及其发展趋势。三要深刻分析。深度报道区别于一般报道对观点的简单罗列,其对事物本质的深度挖掘成就了其深刻的思想、独特的价值判断。要以其严密的逻辑和环环相扣的问题意识,推动新闻报道对重大主题的深入剖析,直抵事物的内在本质。四要做亮版面。观点和思想是深度报道的灵魂,完善的结构和严密的逻辑是其内在的骨架。在版面设计上要综合运用多种形式,精心雕琢,匠心美化,使版面美观大方、焦点突出,在丰富文稿内容的同时,全方位提升读者的阅读体验。例如,围绕改革开放30周年,《西安日报》《西安晚报》把握时代脉搏,围绕老百姓的关注点和兴奋点,深入社区、农村,发现百姓生活中的新鲜事,展现事件背后的社会变动和人性光芒。从社会民生的角度追踪各类政策、举措出台的社会影响。选取政治上重要、人们普遍关心的、具有典型意义的新闻主题,推出系列策划和深度报道,这些报道通过社会热点话题涉及的活生生的人与事,为受众展现出古代文明与现代文明相融合的新西安形象,增强了市民对这座城市的信心与热爱,传播了人文关怀。报道受到社会上下的一致欢迎与肯定。

主动设置议题

议题设置作为传播领域的经典理论,最早可以追溯到美国学者李普曼在1922年出版的《舆论学》。他认为,随着社会规模的扩大,"现实世界"和"我们头脑中的图景"开始分离,公众亲身体验获得的认知开始被大众传媒塑造的"拟态环境"取代。1958年,美国现代政治学家诺顿·朗指出:"在某种意义上说,报纸是设置地方性议题的原动力。在决定人们将谈论些什么,多数人想到的事实会是什么,以及多数人认为解决问题的方法将是什么这些问题上,它起着很大的作用。"在这里,已经出现了报纸设置地方性议题的概念。1963年,美国政治学家伯纳德·科恩在《报业与外交政策》中指出:"很多时候,媒介也许在告诉人们'如何想'方面不太成功,但是在告诉读者去'想什么'方面却惊人地成功。"后来,这一论断得到广泛传播,成为议题设置功能假说的中心思想。议题设置的核心思想在于,媒介选择集中的报道对象,以此来制造社会的中心议题,并左右社会舆论的形成。报纸通过充分发挥议题设置功能,可以深挖新闻资源,推出大策划、大深度报道,有效左右受众关注哪些事实和意见,从而强化导向功能,增强舆论引导的及时性、权威性和公信力、影响力。身为《西安日报》《西安晚报》的总编辑,也许是出于长期从事学术研究常常需要拟定论文选题的本能反应,我非常重视两报在新闻宣传中的议题设置,高度关注公众的议题和媒介的热点,并据此进行新闻策划,使组织的行为和产品成为新闻报道的热点,成为公众关注的对象,以获取良好的传播效果。我提出重点围绕服务地方发展、助力民生改善和聚焦社会热点三个方面进行议题设置。例如,2008年当"微博打拐"新闻在全国沸沸扬扬时,《西安晚报》适时推出了《微博打拐：见证公民巨大的微力量》议题设置，随后推出的一系列深度报道，被省内外多家媒体转载。随着事件的发展，证明当初的选点非常正确，"公民的微力量"被放大到"聚集全社会力量"高度，《西安晚报》在这个重大新闻事件上赢得了一个主流媒体的话语权。

一、服务地方发展

地方报纸不仅是当地一举一动的见证者，为地方建设发展留下宏观的、主流的记录，更是当地发展的思想者、参与者和推动者。换言之，服务地方经济社会发展，是地方报纸义不容辞的职责和使命。我们知道，地方发展离不开良好的舆论氛围，地方报纸通过新闻报道，加强地方政府信息宣传，正向引导社会舆论变化，能够有效减少舆论因素的阻碍，助力地方经济社会发展。例如，就地方经济发展而言，地方报纸的经济报道与地方经济发展有着紧密的联系。地方报纸作为联系地方经济建设与政府经济工作的信息纽带，作为地方市场供求与企业生产经营活动的信息桥梁，其经济报道对推动地方政府的经济工作和地方经济的发展起着积极的作用。基于此，《西安日报》《西安晚报》围绕地方发展，结合西安经济社会发展实际，严格按照新闻报道要求，先后策划实施了一系列议题设置，对西安促进经济社会发展的政策措施及成绩特色进行深度解读和分析，既为西安发展提供信息传播平台，又通过新闻报道很好地展示了西安发展成果，促进舆论正向发展，有效推动了西安经济社会发展。其中最为典型的是以"东方文化遗产保护的典范"为主题的一组议题设置的专题报道。众所周知，地处西安的唐大明宫是我国唐朝重要的文化和政治中心。早在1961年，大明宫遗址就被国务院列入第一批全国重点文物保护单位名录。长期以来，遗址保护现状和周边环境不佳，南部含元殿遗址以南为市区叠压区，人口稠密；东部有大面积临时性建筑，城市建筑垃圾和生活垃圾大量涌入其中。存在的主要问题是：遗址区内人员组成复杂，工人和无业者居多；居住环境差，房屋面积大，光线阴暗，结构简陋，供气供热设施基本没有；治安状况恶劣，由于流动人口较多，管理不便，打架、斗殴等社会治安事件时有发生；交通状况差，路面较窄，且人车混流；环境污染严重，生活垃圾堆放在路边简陋的公共垃圾站，取暖期燃煤对空气造成污染；生活设施短缺，幼儿园和医疗诊所水平较低。很难想象这是西安这个特大城市二环内近10万居民的居住区。针对这些长期困扰大明宫遗址区的尖锐问题，从2007年10月开始，西安市政府经过多方规划、论证，创新性地开展了遗址保护与规划工作。首先是整体完整保护，把遗址本体和周边环境共同纳入保护范围之内。大明宫遗址占地3.5万平方千米，周边改造区域达12.76万平方千米，实行了整体保护。同时借用现代科学技术，对夯土层进行修复，在保护遗址完整性和真实性的基础上确保传承。其次是直观形象地展示，如建设独特的东方古建筑遗址地标性标识紫宸殿、含耀门等。同时，在科学研究的基础上，建设再现大明宫风貌的微缩景观。再次是深挖遗址的文化内涵，发展遗产创意产业，如建设集考古、科研、科普、游览和旅游于一体的大明宫国家考古遗址公园考古探索中心。根据史料记载，利用多媒体，系统展示拍摄 MAX3D 电影《大明宫传奇》和环幕电影《飞跃大明宫》，不仅延伸了遗产自身的潜在价值，而且成为现代创意产业的动力源泉。以上这些保护展示手段，既有国际大遗址保护的先进经验，更具有东方大遗址保护的智慧。直接效果是，长期困扰遗址保护的老大难问题终于取得了永久性的解决，昔日拥挤、密集覆盖遗址的城中村棚户区被拆除，堆积如山的垃圾被清理，遗址区和城市建设区与生活区成功剥离开来，遗址区内的老百姓住进了窗明几净的新居，城市面貌得到极大改善，真正地造福了当地百姓。

然而，令人百思不得其解的是，这种既有效保护文化遗产本体、优化周边环境，又大幅提升人民群众幸福指数的好办法、好模式，却遭到了有些专家学者及媒体的质疑和责难，毫不夸张地说，当时全国各大主流媒体蜂拥而上，负面报道铺天盖地。尤其是有些批评相当尖锐，如"120亿元的投资让这个具有重大考古价值的文化遗址变成了迪士尼式的游乐园""这种做法违反了文物保护原则，也违反了文物保护法的规定""大明宫建设方式违背了国家遗址公园的初衷,是错误的"①。

面对如此尖锐而严厉的批评,在当时的西安乃至陕西,没有一家媒体,也没有任何一个组织或个人做出一星半点儿的正向回应或反向诘问,声名远播的文物大市、文物大省,出奇沉默和平静。出于自己所学专业和研究兴趣之所在,再加上曾经的文物保护工作经历,我主持策划了以"东方文化遗产保护的典范"为主题的专题报道,于2010年12月9日至2011年11月5日分四期在《西安日报》和《西安晚报》同时刊出,每期一个整版,由一篇言论和两篇报道西安文化遗产保护的典型案例组成,介绍和评论西安在文化遗产保护方面的理念、思路、举措和成效。第一、第二期的言论由我撰写。当时,我认为,从根本上讲,对大明宫遗址保护模式的非议,在很大程度上是"保存现状""原封不动"的守旧性文化遗产保护观念在"作怪"。于是,我立足大明宫遗址和西安其他文化遗产保护实践,以《东方文化遗产保护的典范》②为题为第一期报道撰写了3000多字的言论,通过从文化遗产特性、传统审美崇尚和价值取向、时代发展内涵三个方面进行论证,指出:"一方面,从理论层面来说,西安文化遗产保护实践符合我国文化遗产特性,遵从我国的传统审美崇尚与价值取向,体现出发展的时代内涵。另一方面,从实际效果而言,西安文化遗产保护实践有效保护了遗址本体,优化了遗址周边环境;有效传承了遗址的历史文化信息,展现了遗址的教育价值;有效提高了遗址地区居民的生活质量,增强了幸福指数。应该说,这是一种成功的实践模式,是我国乃至东方文化遗产保护的典范。"

也许是时间上的巧合,在将近一个月的时间里,四个整版的专题报道刊出之后不久,《人民日报》、中央电视台等多家国家主流媒体通过采访国内有关文化遗产保护、经济学、社会学等领域有代表性的专家学者,对大明宫遗址保护模式给予充分肯定和赞誉,称赞大明宫遗址保护为"东方文化遗

---

① 《失去历史,你会不会恐慌——警惕文物保护背后的地产冲动》,《人民日报》2010年10月22日。

② 见拙文《东方文化遗产保护的典范》,《西安晚报》2010年12月9日。

产保护的典范"。

显而易见,这一组按照议题设置要求策划的新闻报道,充分展示了西安在文化遗产保护方面的亮点和成就,提升了社会各方面对相应事件的关注度,正向引导社会舆论,为西安经济社会发展创造了良好的舆论环境。

再比如,建设人文西安、活力西安、和谐西安是西安市委、市政府的重大决策,《西安日报》《西安晚报》围绕这一内容,主动设置议题,强化舆论引导。两报分别设置了"西安三十年""我看三十年""地铁建设全记录""创业路上""生态文明西安行""西安制高点"等议题。对这些议题,两报设立相对固定的专版专栏,积极组织采写刊登有看点、有深度、有反响的稿件文章,浓墨重彩地进行宣传报道,为促进西安经济社会各项事业进步、又好又快发展,为塑造人文西安、生态西安、时尚西安、活力西安、和谐西安鼓与呼,在很大程度上提升了广大市民对西安的自豪感、对党委政府的信任感和共同建设西安的责任感。

二、助力民生改善

胡锦涛在 2008 年考察《人民日报》时指出:"要认真研究新闻传播的现状和趋势,深入研究各类受众群体的心理特点和接受习惯,加强舆情分析,主动设置议题,善于因势利导。"讲话强调了在各级党委和政府高度重视民生的大背景下,媒体做好"民生议题设置"的重要性。"民生"一词最早出现在《左传·宣公十二年》,所谓"民生在勤,勤则不匮"。这里的"民"就是百姓的意思。民生新闻,就其字面理解,就是和人民群众息息相关的新鲜事。因民生新闻所特有的趣味性、人情味、题材广泛等特点,有着广泛的受众群体。据有关调查表明,在诸多的报纸版面中,读者最喜爱的版面是社会民生新闻。报纸民生新闻的民本取向是凸显其亲和力、凝聚力、向心力的一个重要途径。

为了做好《西安日报》《西安晚报》的民生报道,助力西安民生改善,我们重点从两方面入手策划实施民生报道议题设置。一是提高站位。基层是反映党中央治国理政方略的一面镜子,人民群众的获得感、幸福感、安全感从表面看是源自发生在各自生活、生产领域的一些新变化,放眼望去,正是党中央的路线方针政策在基层结出的累累硕果,意义大且影响深远。所以要站在国计民生的高度,对重大政策进行解读,关注重大事件,根据西安市委、市政府的中心工作,挖掘民生新闻背后的事实,强化报道深度,让受众了解更深层次的新闻信息。 二是找准切口。 民生新闻通常以城市和乡村老百姓的身边事、麻烦事、稀奇事、关心事为主要报道题材,通过记者的现场调查、跟踪报道、嵌入式体验等灵活多样的方式采编制作。 因此,民生新闻的切口要小,一方面要深入基层,贴近群众,做到"脚板底下出新闻";另一方面要善于观察,抓住细节闪光点,发现问题的普遍性和典型性。 总之,要在解剖麻雀的过程中反映党中央的大政方针和地方党委政府的部署落地生根所取得的实际效果。 按照这样的思路,两报先后推出了许多产生较大影响的民生新闻,如《商城地下经营区藏火患》《全城清查、力排火患》《西何家村千人臊子面》《雪夜救助流浪者行动》《晚报记者春运行》《两吨病死猪肉惊现城中村》《锁定三小偷,乔装紧追踪》《地下钱庄》《乳品涨价》《股市波动》等。 实践证明,越是群众喜闻乐见和与群众利益关联度越高的议题设置,就越能牵动群众的心,辐射面越大,影响力越强。在策划民生报道过程中,始终强调要彰显人文情怀,提升报纸的亲和力。在方式方法上力戒板着面孔说教,不能"机关脸""文件味",一副居高临下的架势,而要以民本思想为基点,以平民化的报道方式关注和表现普通百姓的生产生活状态。 在报道内容上平民化、大众化,从影响市民生活的角度切入,从市民关注的角度深入,从服务市民的角度升华。 尤其是在报道的力度上,摆脱过去简单、就事论事、鸡零狗碎的肤浅层面,从一般化的报道向有深度、有广度、有力度、有高度的深层次贴近转变,而且要以解决问题为目的,把新闻的重点放在解决民生问题的方法和意义上,做有观点、有思想的民生新闻。 例如,关于"年满70周岁集中办理公交老年卡"的民生新闻,《西安日报》将工作人员的建议做到副题上——提醒老年人办理时将身份证与老年优待证正面复印在同一张纸上,并留下联系电话,在照片背面写上自己的姓名。同时，在文中对办理的办法、时间、联系电话、何时能全面领到老年卡一一告知。次日，又用半个版，以文字、图表的形式对"市证""省证"离休证申办老年公交IC卡进行了充分报道，真正体现了民生新闻的贴近性、服务性。又如《西安晚报》策划的《疯狂绿豆9月将"退烧"》的民生新闻，既有绿豆价格普遍大涨的现状、绿豆价格缘何"疯涨"的分析，又有9月新绿豆上市价格回落的预测，给读者提供了一份绿豆市场的晴雨表。

媒体作为党委政府和人民的双向传声筒，通过围绕民生问题实施的一系列议题设置，既让人民群众全面深刻地认识到党委政府为民履职的举措和成效，又使党委政府及时了解到人民群众的所思所盼，在有效增进彼此互动的过程中，为民生改善和质量提升发挥出重要作用。

三、聚焦社会热点

社会热点是指在某一时期内引起广泛关注、参与讨论，激起民众情绪，引发强烈反响的社会问题或事件。这些热点通常涉及政治、经济、文化、科技等多个领域，并对社会产生重大影响。社会热点问题或事件通常具有时代性、挑战性、普遍性、敏感性和流变性等特征，也可能是社会发展进程中出现的矛盾，它们可能是某一现象的表象。

社会热点话题一直是各大媒体关注的焦点所在，热点报道已经成为传媒引导舆论的一种重要手段。一般来说，在选择热点问题进行报道时，必须考虑是否具备解决问题的条件。相较于其他媒体，报纸媒体由于其独特的文字魅力，在喧嚣吵闹的媒体空间，更具发现问题本质、提出解决问题的方案与建议的优势。基于报纸在报道热点问题方面的相对优势，我们紧扣三个方面，紧紧聚焦社会热点加强议题设置。一是紧贴时事。读者最关心的，正是报纸最关注的。每逢有关百姓关心的新闻热点出来，我们总是不遗余力地组织策划，多角度、多版面、连续地进行报道，让读者充分了解整个事件的来龙去脉以及最终结果，收到了很好的社会效果。二是深度解读。对待重要的热点问题或事件,通常采用配发言论、编者按等策划手段,在深度和力度上下功夫,在体现编辑判断价值的同时,使稿件充实、厚重,更有深度。三是运用链接。在互联网时代,人们已经不满足于新闻报道的本身,而是希望了解更多的背景性内容,以利于自己独立分析。我们运用链接方法,整合相关信息内容,既有提出问题的部分,又有解决问题的思考,还有普及知识类的内容,拓宽了报道范围,满足了受众的不同阅读需求。

今天,回顾起当时聚焦社会热点策划议题设置的情景,依然历历在目。以 2010 年上半年为例,读者普遍关注的社会热点新闻接连不断,如女交警被奔驰车碾轧断臂、病退教师闯入小学砍伤 16 名师生、专家赴美修复昭陵二骏、交大一附院偷婴案、榆林神木法官入股煤矿讨分红、南非世界杯、韩国"天安"号事件、富士康出现"十二连跳"、重庆打黑、南方暴雨水灾、秦岭野生动物园老虎咬死游客等。对这些本地以及国内国际热点新闻,报社采编部门相互配合,精心策划,前后联动,在深度和广度上下功夫,并且从读者角度出发,对这些热点新闻进行多层次、多侧面的快速、翔实分析报道,满足了读者的阅读愿望,充分展示了大报和主流媒体的传播力与影响力。例如 2010 年 6 月以来,我国南方多个省区发生的洪涝灾害,成为社会和舆论关注的热点,《西安日报》《西安晚报》在这一重大事件面前没有缺位,通过议题设置,持续聚焦灾情。《西安日报》开辟专栏和专题,除及时刊登汛情灾情外,还有选择性地整合相关信息,为读者提供延伸阅读服务。《西安晚报》则较多地采用专版形式,突出灾情危急、突出政府的关怀和救助、突出抢险中的温情和感人事迹,所选稿件许多来自兄弟媒体的交换稿件,如温家宝总理在泥中清理废墟、一青年在齐腰深的洪水中打电话、失去儿子的刘红梅仰天痛哭等照片,画面令人震撼。

紧贴时事、深度解读、运用链接三个方面有机结合,既体现了采编人员的能动性,又带来了《西安日报》《西安晚报》新闻策划的新思路。一系列成功的策划报道,很好地满足了读者的需求,也产生了较大的社会影响,为报纸带来了较好的社会和经济效益。

激活广告经营

广告对报纸经营发展至关重要。一方面,广告是维持和扩大报纸再生产的重要资金来源,如果离开了广告,报业的发展将难以为继。另一方面,广告是报纸信息的重要组成部分,如同好的适需对路的新闻一样,好的适需对路的广告同样是读者了解市场、获得生活资讯的重要来源。坦率地讲,正是基于广告对报纸发展所具有的特殊的重要性,我特别注重报纸广告的经营与管理。按理说,作为总编辑,只是分管采编业务,广告由社长或分管副社长负责,但我还是"越俎代庖",对《西安日报》《西安晚报》的广告经营与管理提出许多创新的思路与做法。

一、创新广告运营体制

报纸广告运营模式主要有报纸自营、广告公司总代理、广告公司分行业代理等几种。报社自营的运营模式有利于报社与广告主直接高效沟通,客户对与报社合作更有信任感。缺点是受报社人力、物力所限,难以全面充分地开拓市场,广告收益在很大程度上受到限制。广告公司总代理运营模式的优点是报社管理成本较低,但缺点是报社对市场开发的节奏和规划很难掌控。分行业代理的运营模式可以最大限度地利用各个广告公司的优势,充分开拓市场资源。

《西安日报》和《西安晚报》自刊登广告以来,一直实行自营运营模式,直至2007年。当年我到西安日报(西安晚报)社工作后,在调研中发现,《西安日报》《西安晚报》广告运营均采取报社自营模式,名义上是报社自营，实际上是由几个报社内部职工联合承包，每年给报社上缴一定金额，至于承包人盈利多少，不得而知。正如上文所说，由于自营模式很难全面充分开拓市场，广告收益必然受到限制。令人吃惊的是，堂堂副省级城市的西安市委机关报《西安日报》，2006年广告收入仅490多万元，而当年作为拥有830万人口的西安的市民都市报的《西安晚报》，广告收入也只有9000多万元，与同类城市相比，的确使人汗颜。我当时极力主张将《西安日报》《西安晚报》的广告运营面向社会公开招标，按相关法规程序选取有实力、业绩好的广告公司承担广告运营，走市场化的路子。老实讲，我当时并非心血来潮，不敢说在这方面有什么经验，但至少也是亲身经历过此类事情。2000年前后，我在西安市文物园林局任副局长，分管财务、基建和经营项目。如众所知，西安作为一个文物大市，文物古迹、文化遗址遍布各地，许多公园既是园林又是文物景观。例如，兴庆宫公园即建在唐代三大内之一兴庆宫遗址之上，兴庆宫遗址为省级重点文物保护单位。再比如，西安莲湖公园、革命公园也是如此，文物与园林交相辉映，融为一体。一般来说，文物属文化口管理，园林属城建口管理，正是因为上述原因，在西安，文物和园林在管理上互为一体，统一由西安市文物园林局管理。兴庆宫公园内有一兴庆湖经营项目，多年来始终由园内个别职工承包运营管理。兴庆湖占地150亩，有100只划船，承包人每年只给公园上缴105万元。莲湖公园内的莲花池，占地30多亩，其经营也由园内职工承包，每年只向公园上缴10万元。我当时提出，将兴庆湖和莲花池经营项目面向社会公开招标，刹那间议论纷纷，阻力重重。因为这毕竟是利益之争，改革经营体制，便是利益的再分配，肯定会触及项目承包人的切身利益。在今天看来，经营项目面向社会公开招标竞标是非常普遍和常见的事情，但在20多年前绝非简单之举。然而，不创新、不改革，国家和集体的利益就会受到伤害。所以，当时不管阻力有多大，我力主创新经营体制，经西安市文物园林局党委研究决定，将兴庆湖和莲花池经营项目在《西安晚报》刊登广告，面向社会公开招标。结果兴庆湖经营项目金额由上年的105万元增加到326万元，莲花池经营项目金额由上年的10万元增加到30万元。这在当时西安文物园林系统引起较大反响。

有鉴于此,针对《西安日报》《西安晚报》广告自营现状,我顶着重重压力,提出面向社会公开招标,经社委会研究同意后召开全社员工大会,宣布于 2008 年实施。实施当年,《西安日报》广告收入由 2007 年的 570 万元跃升为 1500 万元,2009 年增至 2200 万元,2010 年达 2950 万元,《西安晚报》的广告收入由 2007 年的 1 亿元上升到 2010 年的 1.5 亿元。

毫无疑问,报纸生命力的关键在于报纸自身的质量,报纸广告收入的多少及增幅的高低,在很大程度上取决于报纸内容质量的好坏、影响力的大小和公信力的强弱。应该说,《西安日报》《西安晚报》通过不断地推出创新版面栏目、强化理论评论、提升新闻质量、主动设置议题,其影响力和公信力日益增强。不可否认,这是其广告收益大幅提升的重要原因。但与此同时,我们又不得不承认,广告运营体制的创新是《西安日报》《西安晚报》广告收入激增的关键因素,因为报纸广告的运营体制对于激活广告经营、提升广告的经营效果和服务质量具有重要意义。2011 年初,我们又对《西安晚报》广告经营实行新的代理制,采取多家代理和独家代理相结合的经营方式,通过强强联合,使媒体、代理公司和客户三者之间的关系更加稳固。无论是曲江年度千秋为房产行业倾力打造的《大楼书》、报丰公司为分栏广告的重新整装,还是曲江金巢为旅游行业的出谋划策,都给《西安晚报》广告经营带来了鲇鱼效应。

二、加强广告经营管理

在创新报纸广告运营体制的同时,加强广告经营管理至关重要。为此,我们结合创新广告运营体制,强化对《西安日报》《西安晚报》广告运营的管理。

一是加强制度建设,严格用制度规范工作行为和经营行为。先后完善和修订了非正常稿件发稿流程、广告审读校对流程等规章制度。每周一通过 PPT 形式及时公布和总结上周报社任务完成情况及竞争媒体的相关数据,寻找差距,总结经验教训,落实营销责任,明确努力方向和目标。 坚持周例会、月例会、季度绩效跟踪会,将全年目标任务分解到每个工作室,参照同城媒体经营数据和市场走势,对突出贡献者给予重奖,对未能完成任务者限期拿出营销方案,以补亏空。 通过制度来奖优罚劣,激励员工拓展新的广告增长点。

二是强化绩效考核。 不断完善广告经营中心员工绩效考核管理制度,制定了新的编辑、记者考核办法,增加业务拓展考核,将个人收入与广告完成量、稿件数量与质量、策划能力紧密结合。 对客服部员工,将其每月的广告发生、广告回款、广告欠款等指标进行综合考评,使广告回款达到历年来最好的状况,避免了烂账、坏账对广告经营收入的影响。

教育改革

发展篇

2011年3月,组织上安排我到西安市教育局工作,任党委书记、局长,直到2017年3月。在我的家庭,除父亲外,兄弟姐妹四人中,哥哥、妹妹和我也都先后从事教育工作。尽管我多年在高校工作,但通过我的孩子从幼儿园、小学、中学到大学的受教育经历,我对西安乃至全国的基础教育有着一定的了解和研究。初到教育局任职,我结合自己的认知和体会,针对多数家长"唯分数论",只看重学生文化课成绩,而忽视道德素养教育和整体教育品质的提升这一社会问题,撰写了《教育品质决定社会气质》一文①,指出高品质教育在引领促进社会生活方式、生产方式、思维方式、社会管理方式改革等方面发挥着至关重要的作用。它不是盲目地迎合社会、机械地服务社会,而是引领社会发展方向,培养社会发展人才,优化社会发展环境,塑造社会精神气质。古往今来,凡是把教育工具化、功利化、庸俗化的时代,都是社会偏离良性发展轨道,道德水准失衡,社会气质处在文明"低谷"的时代,进而从教育品质的高低决定着社会风气的好坏、决定着社会文明程度的高低、决定着社会核心竞争力的强弱等三个层面论述了教育品质的社会引领作用及对人类文明进步的重要性,倡导和鼓励教育事业管理者、广大学生家长要不断深化对教育品质在历史进程中地位作用的认识,正确把握教育品质的发展规律,主动担当起提高发展教育品质的历史责任。围绕提升教育品质,我在深入调查研究和与广大校长、教师、学生和家长交流座谈的基础上,针对西安基础教育存在的教育资源配置不均衡、优质教育资源短缺、中小学生综合素质不高、用奥数选拔学生现象突出、教育评价由教育部门和学校自己对自己的教育行为进行评价等问题与矛盾,开始谋划教育领域综合性改革。我当时意识到要解决这些

---

① 《时代人物》2012年第2期。

问题与矛盾,单靠不痛不痒的"改良"根本无法奏效,需要外科手术式的改革创新。按照党的十八大和十八届三中全会精神的要求,结合实施《国家中长期教育改革和发展规划纲要》,我开始谋划西安基础教育综合改革。

一是认真做好改革的顶层设计和总体规划。首先是高远立意,立足于国家"五位一体"建设大局的高度,充分考虑教育与经济建设、政治建设、文化建设、社会建设、生态文明建设的联动,努力增强教育服务经济社会发展的核心支撑能力。其次是科学设计,坚持正确的改革方向——办人民满意的教育;坚持有效的改革途径——做到"务实,管用,对路";坚持科学的改革思路——抓住主要矛盾、围绕重点问题、紧扣关键环节,以追求教育公平、提高教育质量、增强教育活力、维护教育稳定为核心内容,以均衡配置教育资源、构建合作共生共赢办学联合体为手段,以体制机制创新为动力,用更大的政治勇气和智慧,矢志不渝、不失时机地深化教育领域综合改革。最后是统筹规划,坚持全局与局部相配套,治本与治标相结合,渐进与突破相促进,注重改革的系统性、整体性、协同性,通过统筹协调各方利益,不断提升教育利益的增量,增加教育改革的红利。

二是切实找准改革的着力点与突破口。针对教育问题涉及面广、社会关注度高,牵一发而动全身的实际情况,坚持化繁为简,从老百姓意见最大、反映最强烈的问题入手,一方面把维护教育机会均等、教育内容公正、教育资源共享作为改革着力点,另一方面将方便、廉价、有效的务实举措作为改革突破口加紧实施。

三是充分发挥基层创造力的主体作用。把充分运用人民群众的智慧作为改革取得成功的关键,充分发挥区县和学校的责任主体作用,充分调动基层的工作积极性,积极发挥全体教育工作者的首创精神,尊重他们的劳动成果与实践,通过边改革、边总结、边完善,不断推进教育改革迈向深入。

四是不断健全完善改革的体制机制。把健全完善科学、规范的体制机制作为改革的重要载体,不断健全改革调研制度、督查制度和定期协商制度,通过建立完善改革的指导机制、督导机制、问责机制、宣传机制和试点转示范机制,为深化教育改革提供坚强的制度保障和监督保障。

按照这一总体设计,认真制订西安基础教育综合改革方案,用改革创新的办法破解教育发展难题。从2011年下半年开始,先后启动实施了"大学区管理制改革""民办学校初中招生制度改革""创新中小学素质教育"和"创新教育评价体制"四项改革,在促进教育均衡发展、提升教育教学质量水平、增强学生综合素养、激发学校办学活力等方面发挥了重要作用和影响。《人民日报》、新华社、《光明日报》、中央电视台等国家主流媒体先后多次予以跟踪报道,受到中央和省市领导及社会各界的充分肯定和广泛赞誉。2016年,以西安教育改革创新为主题背景,由中央电视台著名纪录片导演夏骏执导,中视新影集团科影制作中心、陕西教育题材影视剧创作办公室联袂摄制中视大型教育纪录片《正道:基础教育改革启示录》。该片分为上(《挑战》)、中(《均衡》)、下(《素质》)三集,立足中国基础教育现状,以西安教育领域综合改革为例,从古与今、中与西、体与用、民族性与世界性等方面,纵横捭阖,回顾历史,反思当下,着眼未来,提出问题,分析问题,探讨中国基础教育改革创新的途径与方法,展现西安基础教育领域综合改革主要内容,评价审视其对中国教育改革的先锋意义和对中国教育未来的启示与价值,在央视播出后引起广泛关注和热烈反响。时任教育部教师工作司司长王定华指出,教育部通过长时间的观察,发现西安的教育改革呈现出三大特点:大学区改革方向正确,符合教育公平的目标,教育部对这种敢于探索的精神表示钦佩;教育改革成绩非常显著,基础教育阶段的学生生活丰富多彩,而教育教学质量也非常高;引进第三方评价机制的方式令人信服,通过电视纪录片推广改革经验,有助于打消社会疑虑,引导社会观念转变,效果较好。

在谋划设计以上四项改革的过程中,我内心有过好多次纠结,甚至有时候纠结到一种痛苦的程度,彻夜难眠。坦率地说,不搞这些改革,我照样当教育局长。但一旦搞改革,就不光是更多的脑力和体力的付出,关键是还有很多意想不到的事情。经过反复的思想斗争,最后我觉得还是应该走下去。改革尽管有风险,但更需要从本质上均衡改革的利弊。我认为,这四项改革,只要初心起点,也就是最初设计是为了解决教育公平问题,是为了解决老百姓反映强烈的突出问题,那么这条路一定是正确的,自己再付出、再担当也是值得的。因为深层次的矛盾和问题解决不了,只会随着时间的推移越积越多,民怨越来越大,迟改不如早改。在改革的过程中,我总结了三个方面的认识和体会,能说明我当时为什么要进行改革。

西安市基础教育综合改革被《光明日报》报道

西安市基础教育综合改革被摄制为纪录片《正道》

一是只有不怕揭短亮丑，勇于直面问题和矛盾，才能坚定教育改革发展的信心与决心。奥数乱象、教育资源不均衡、优质资源短缺，都是教育发展中客观存在的问题与矛盾，但作为教育工作者有时很难直面这些问题与矛盾，经常会说这是历史遗留问题，好像与自己无关，其结果是问题与矛盾越积越多，陷入一种恶性循环之中，最终将严重影响教育事业的持续健康发展，后患无穷。因此，无论是从理论还是实践层面来看，只有勇于直面教育发展中的问题与矛盾，才能坚定改革的信心与决心。

二是只有锐意改革，大胆破解焦点问题和难题，才能占据教育改革发展的主动与先机。焦点和难题是教育改革的关键和要害，是需要重点投入火力攻克的堡垒。问题的焦点是什么？难点是什么？把它破解了，就抓住了改革中的牛鼻子，就会占据教育改革发展的主动与先机。2011年到教育局工作不久，我感触最深的是，新闻媒体对西安教育的报道基本都是负面的，我整天通过担任西安日报（西安晚报）社总编辑时积累的一些关系资源，恳请媒体记者减少对西安教育的负面报道，能不报道的不要报道，能放后版的别放前版，能用两三百字的别用五六百字。但是两三年改革走过来以后，情况截然相反，不断有新闻媒体记者联系我索要正面新闻素材。

三是只有立足实际，着力彰显特色和亮点，才能增强教育改革发展的魅力与活力。一般来说，越是有特色的事物，越魅力无穷；越是有亮点的事物，越活力四射。四项改革立足西安基础教育发展的客观实际，把教育发展中的难点、老百姓议论的热点、媒体关注的焦点，转化成教育工作的特色与亮点，有效地增强了教育改革发展的魅力与活力。

从一定程度上来说，正是由于教育改革取得了多方面的成效，西安市教育局2011年至2016年连续6年在全市目标责任考核中被评为优秀等次。

教育品质决定社会气质

社会气质是一个群体的集体人格、集体素质，是社会文化生态和文化水准的集体呈现。社会气质的孕育、涵化、形成和发展是由多方因素相互影响而成，而教育或教化无疑对其起到无可替代的作用。纵观人类文明发展历程，不难发现，教育引领人类文明的进步，塑造社会整体气质。可以说，一部人类文明发展史在很大程度上就是一部教育成长史。"善政不如善教之得民也。"[①]我国古代圣贤很早就认识到教育对于社会发展的促进和改善功能。中国历史上，自孔子创立私学、普及教育以来，每一个朝代的兴盛，都离不开对富有时代内涵的高品质教育的推崇，中华文明的形成正是在数千年历史演进中重视教育、不断提高教育品质的结果。具体来讲，高品质教育在引领促进社会生产方式、生活方式、思维方式、管理方式改变等方面发挥着至关重要的作用，它不是盲目地迎合社会、机械地服务社会，而是引领社会发展方向，培养社会发展人才，优化社会发展环境，塑造社会精神气质。凡是把教育政治化、工具化、功利化、庸俗化的时期，都是社会偏离良性发展轨道、道德水准失衡、社会气质处在文明"低谷"的时代。

伟大的心理学家荣格认为，一切文化最后都沉淀为人格。说到底，教育就是在完成一种人格教育，而群体人格是社会风气、气质形成的决定性因素，也是不同民族、不同国家、不同社会能够形成独特社会气质的根本的规范性。从人格这个意义上讲，世界上每个民族的性格和社会气质都受人格教育的影响。比如，古希腊罗马时代的英雄人格气质、中国传统社会的

---

① 《孟子·尽心上》。

君子人格气质、英国的绅士人格气质、法国的骑士人格气质、日本的武士人格气质等，都是各民族根植于各自传统和现实关怀从而遵循、崇尚、追求各自理想的教育品质所致。古今中外的文明历程一再证明，一个民族、一个国家、一个社会教育品质的高低，决定着社会风气的好坏，决定着社会文明程度的高低，决定着社会核心竞争力的强弱。

教育品质的高低，决定着社会风气的好坏。"目击世趋，方知治乱之关，必在人心风俗，而所以转移人心，整顿风俗，则教化纪纲为不可缺矣。"①"穷维古来世运之明晦，人才之盛衰，其表在政，其里在学。"②教育、教化之功对于社会风气的形成有着重要的影响。中国古代社会正是依靠强大的封建传统教育力量和教育秩序，造就了以崇尚人伦教化、追求社会协调、强调道德自觉和人文关怀为本质特征的社会整体气质和氛围，而中华民族以礼仪之邦著称于世界民族之林并深远地影响着世界文明的进程，也正是得以依靠高品质的传统教育力量。反之，若是世风日下，物欲横流，各种野蛮、冷酷、浮靡、欺诈、残人自肥、犯罪行为比比皆是，拜金主义成为浩荡潮流，泛滥成灾之时，就是教育功能弱化、教育体系崩塌、教育品质低下之秋。"博学于文，行己有耻"，古代贤者的教诲，在今天构建社会主义核心价值体系的时代语境下，仍然散发着智慧的光芒，好的教育品质决定着良好社会风气的形成。

教育品质的高低，决定着社会文明程度的高低。教育之在社会，其功用为绵续文化，而求其进步。换言之，教育的目的是文化生长，文明进步。没有高品质的教育，没有高素质的人才，就没有一个民族能量的调动和组织，就造就不了高等级的社会文明形态。创造精神是教育最大的品质，中华文明之所以在很长时间一直引领世界文明发展的潮流，根本就在于其绵延不断的创造精神。而近代中国由于文化教育保守主义和文化复古主义大行其道，严重影响了我们应有的创造力，直接后果是社会急剧变化、

---

① 顾炎武：《与人书》，见《亭林文集》卷四。
② 张之洞：《劝学篇》。

文化断层，社会文明程度比之于其他文明差距明显。所以说，教育品质的内涵随着时代变迁而变化，决定着社会文明程度的高低。就世界近现代史而言，在前工业社会，教育是权贵阶层的特权，教育即身份，教育品质是少数人的事情，精致的学术能力和伦常知识是教育品质的核心。工业化和现代国家形态带来了教育普及，为适应标准化生产的要求，掌握最基本的读写算能力和一般的概括能力及简单的工作态度成为教育品质最基本的内容。在全球化时代和信息社会，发展认知能力仍然是教育品质的核心，但是关于生存意义、增长智慧、培养信仰、丰富情感的追求成了教育品质最显著的特征。

教育品质的高低，决定着社会核心竞争力的强弱。社会的改造要依靠教育的改造，社会核心竞争力的形成要依靠教育的教化之功，教育是社会进步及社会改革的基本方法。正如美国著名的哲学家、教育家杜威所说，改革仅仅依赖法规的制定，或是惩罚的威胁，或仅仅依赖改变机械的或外在的安排，都是暂时性的、无效的。教育是达到分享社会意识的过程中的一种调节作用，而以这种社会常识为基础的个人活动的适应是社会改造的唯一可靠的方法。社会核心竞争力是社会人的综合素质、社会资源配置、社会制度安排、社会环境优化等综合实力的表现，是国家、民族得以可持续发展的关键所在。高品质的教育，可以培养具有良好文化素养和思想文化创造力的国民，保持文化的先进性、丰富性和传承性；可以培养掌握现代科学技术和知识以及具有技术创新能力的国民，发展科学技术实力；可以培养具备法治精神和理念的国民，增强其主人翁意识，完善法治建设，提倡政治清明。只有在文化、意识形态、人才、创新、制度等方面具备优势，才能在新型的国际竞争中占据优势，而这一切都得益于一个国家对教育品质的较高的认识水平和实现这一认知的能力。通过教育，社会能明确地表达自己的目的，能够组织它自己的方法和手段，因而明确地和有效地朝着它所希望的前进目标塑造自身。因此，一个社会的教育品质，如果没有精神的超越性，没有灵魂的高度，没有时代关怀，就没有思想的深度和意境的高远，这样的教育文化必定陶冶不出伟大的、深邃的、丰富的仰望星空的心灵,并最终不能形成在国际范围内具有广泛影响的社会核心竞争力。

百年大计,教育为本。中华民族拥有发展高品质教育的历史和气度,拥有发展高品质教育的积淀和勇气,在五千年的历史长河中独具特色。站在急剧变化的 21 世纪时代面前,作为教育事业的管理者和建设者,应当不断深化对教育品质在历史进程中地位作用的认识,正确把握教育品质发展规律,主动担当起发展教育品质的历史责任和时代使命,做出一番无愧于历史、无愧于时代、无愧于人民的教育事业。

大学区管理制改革

单就"大学区"这一名称而言,最早出现在 19 世纪初的法国。 1806 年,拿破仑设立帝国大学为政府管理全国教育的机构(国民教育部),1808 年划全国为 29 个教育行政区,称为"大学区",其辖境与司法区重合。 大学区最高长官为总长,管理区内各级教育。 区内每省设督学一人,代表总长管理省内的中等和初等教育。 这一制度一直沿袭至今。 在我国,1927 年 6 月,国民党教育行政委员会仿照法国教育改革制度,中央设中华民国大学院主管全国教育,地方试行大学区,取代民国以来中央政府设立教育部、各级设教育厅的教育行政制度。 1928 年公布《大学区组织条例》,规定全国各地按教育、经济、交通等状况划分为若干个大学区,每区设一所大学,大学设校长一人负责大学区内一切学术和教育行政事务。 1929 年 7 月 1 日,国民政府决议"由教育部定期停止试行大学区制"。

我在这里所说的"大学区",与上述内容要求完全不同。 它是指以区域内优质学校吸纳若干相对薄弱学校组建的新型学校管理组织形态。"大学区管理"是指在基础教育范围内,以学区长学校引领带动成员学校实现捆绑式集约运行,通过互通互补、合作互助,达到共生、共进、共强,促进区域办学水平整体提高和教育均衡发展的一种实践活动。 其结构主要表现为紧凑型、松散型、混合型等形式;其属性主要表现在办学组织形式的改组、运行模式的改进和机制体制的创新等范畴。"大学区管理制"是通过合理组建的紧凑型、松散型等大学区,以教育教学"九统一"为核心内容,以优质带动、捆绑式集约化运行为方式,扩大优质教育资源覆盖,提升中小学整体办学效能的一种管理机制;是政府推进教育公共性、公益性、普惠性改革,加快教育发展方式转变,提升内涵发展水平,促进基础教育均衡发展,实现教育公平的一种创新载体。

一、改革的主要原因

"择校热"高烧不退是21世纪10年代初西安基础教育存在的突出问题之一,为了孩子就学,家长逐校而居,不断上演现代版的"孟母三迁"。从表面来看,"择校热"体现了家长竭力给孩子提供最好的教学条件,"望子成龙"心切,但实际上反映的是西安在基础教育资源配置、优质教育资源覆盖等方面存在的深层次矛盾与问题。

(一)基础教育资源配置不均衡

基础教育资源是指投入基础教育活动的一切人力(师资、生源)、物力、财力,确定基础教育的合理结构,创造基础教育的良好环境的总和,其中的财力是人力资源和物力资源的货币表现形式,而教育环境则是开展教育活动的物质条件和良好氛围。所谓基础教育资源配置不均衡,主要是指在基础教育活动中,由政府主导的社会各方面积极参与的教育资源(师资、生源、物力、财力、教育结构、教育环境)等相对不公平、相对不合理的分配形式。

在过去一个较长的历史时期,特别是在计划经济体制和以财政包干制为主的财政管理体制时期,各级政府财政支出压力较大,教育经费短缺。加上后来国家基础教育分级办学和管理体制的实施,在客观上造成了教育资源配置的地区差距和区域内配置不均。虽然在分税制改革后,中央财政实施了地方税收返还和转移支付,但这种长期形成的分级办学思维和十分有限的地方财力,显然没有从根本上改变基础教育投入经费短缺的状况,教育资源配置不均现象没有显著改变。西安作为全国经济相对落后地区和教育人口大市,市级财政对基础教育投入的能力十分有限,全市各区县财政状况差异较大,特别是郊县(个别区县还曾经是国家级贫困县)财政十分困难，导致各区县对基础教育投入的差异较大。甚至少数区县只具有保证教师工资的财政能力，在这种仅能维持"吃饭财政"的情况下，其投入基础教育建设和发展的财政资金几乎为零。在这种长期体制性因素和各种客观因素主导的情况下，基础教育资源配置在城乡、区域、校际表现出明显差异。

一是基础教育资源城乡配置不均衡。从行政区划角度看，2011年西安市下辖的九区四县中，九区处于城区，其基础教育财政支出能力高于四县，对基础教育投入的资金大于四县，其整体教育资源配置水平明显高于四县。从经济发展角度看，全市区域可以分为中心市区、周边城区和乡村地区，这些地区的经济社会发展水平以及民众教育观念与承受能力等方面存在明显的差异，各自的整体基础教育资源及配置情况差别很大。中心市区的整体配置水平明显优于周边城区，周边城区的整体配置水平明显优于乡村地区，特别是中心市区的整体资源远远优于乡村地区，其差异量可以达到数倍甚至十几倍。这种不均衡导致了教育质量的不平等，使农村学生在竞争中处于不利地位。

二是基础教育资源城区间配置不均衡。以经济社会相对发达的新城、莲湖、碑林、雁塔、未央和灞桥六个城区的基础教育资源为例，这六个城区的原有经济社会发展水平存在差异，导致其基础教育发展现状，特别是基础教育资源整体水平也存在较大差异。如过去以农业经济为主、工商业经济较为落后的未央、灞桥两区，其财政对基础教育投入不足、原有办学主体单一、民众的教育需求水平较低，其基础教育资源配置水平相对偏低。碑林、雁塔两区，区域内原有工商业相对繁荣，农业人口较少，高校创办的中小学较多，区域内人口的平均受教育程度较高，则其财政投入较多，办学主体多元，民众的教育需求水平较高，其基础教育资源配置水平相对较高。新城和莲湖两区，区内原有企业众多，工农业发展水平相当，其财政投入虽相对不足，但企业为主的多主体办学为基础教育发展打下了良好的基础（虽然经过国企改制后企业办学校出现衰落），其基础教育资源配置水平相对偏高。可见这六个城区在基础教育资源配置上存在明显的不平衡状态。这种差异导致了不同地区之间教育水平和竞争能力的差距。

三是基础教育资源学校间配置不均衡。在过去较长一段时间,国家实施义务教育阶段"等级学校"评定,在一定程度上促使政府加大对教育的投入,把有限的教育经费更多地倾斜投入部分学校,让一些学校改善办学条件,达到等级学校的要求,尤其是这些学校为了顺利通过"等级学校"每隔两年的复评,不断加大资金投入和建设力度。这种只关注少数学校建设和发展的做法,导致了区域内学校的资源配置与办学水平越拉越大。这种由办学和投入机制决定的基础教育资源配置与办学水平不均衡状态,导致了"择校热"等突出问题,进一步加剧了教育非均衡发展局面和趋势。2011年统计数据显示,西安市共有普通小学1414所,普通初中251所,普通高中172所。普通小学分布为:城区小学434所,镇区小学132所,乡村小学848所;普通初中分布为:城区初中106所,镇区初中51所,乡村初中94所;普通高中分布为:城区高中134所,镇区高中28所,乡村高中10所。这些学校的资源拥有情况差异很大,主要表现在办学条件、师资水平和学校规模等方面(以下以2011年数据为例)。首先是城乡义务教育学校办学条件差距较大。尽管西安市农村义务教育阶段学校的办学条件与历史相比有了很大提升,以新建99所农村标准化学校为代表的优质教育资源进一步扩大,但与城区学校办学条件相比仍有较大差距,甚至很大差距。从校均固定资产情况看,城区小学校均固定资产为427.11万元,乡村小学校均固定资产为93.50万元,城区学校为乡村学校的4.57倍;城区初中校均固定资产为908.02万元,乡村初中校均固定资产为425.32万元,城区学校为乡村学校的2.13倍。从代表现代教育装备水平的校均计算机拥有量看,城区小学为54.52台,乡村小学为10.33台,城区是乡村的5倍多;城区初中为88.74台,乡村初中为60.57台,城区高出乡村46.79%。其次是城乡义务教育学校师资学历水平差距较大。尽管西安市特别是农村小学教师学历合格率有了很大提高,但乡村学校和城区学校仍有较大差距。从专任老师的学历情况看,小学专任教师中,本科及以上学历者比例为:城区小学57.36%,乡村小学28.86%,城区高于乡村28.50%;初中专任老师中本科及以上学历者比例为:城区初中88.20%,乡村初中65.52%,城区高于乡村22.68%。最后，城乡义务教育学校办学规模差异较大。随着西安市人口结构的变化，教育人口向城市聚集，城区小学数量略增且规模持续扩大，乡村小学数量和规模不断缩小。在西安市整体生源减少的情况下，乡村初中校均规模比城区初中校均规模下降明显。以西安市2011年的小学办学规模和师生比为例，城区小学校均规模667人，镇区小学校均规模440人，乡村小学校均规模143人。西安市小学平均师生比为18.06∶1，而29所特大规模学校（2000人以上）的师生比为25.19∶1，平均班额57.18人。相比363所在校生100人以下的乡村小学，师生比为8.23∶1，平均班额13人，可以看出，主城区学校的学位紧张，管理难度很大，形成反差的是农村小学规模过小，师资利用率较低，教学质量难以保证。

（二）全市优质教育资源明显不足

在过去较长时期内，由于各级政府教育投入不足，教育经费短缺，致使优质教育资源的建设发展和积累不足，在数量和质量上十分有限，远远难以满足民众持续旺盛的优质教育需求，优质教育资源供给矛盾十分突出，表现为学校教育资源拥有水平的差异和优质学校数量偏少。

一是义务教育阶段学校之间差异较大。2011年西安市共有普通小学1414所，普通初中251所。这些学校分布在西安市各个区域，分布在西安市社会经济、人口分布、自然环境等情况迥异的各个角落，而且其分布存在多种形态的差异。这些分布差异表现在密度不均衡、办学条件不均衡、师资水平不均衡、办学规模不均衡、办学水平不均衡、优质数量不均衡等许多方面，存在明显的区域差异、城乡差异、校际差异。下面以城市和农村两所同等规模并在所在区域内处于同等地位的学校为例，对其2010年的部分发展数据进行综合比较，可以看出其在多方面的显著差异。

A小学，处于西安城市中心，市教育局直属，学生1189人。

B小学，处于郊县县城中心，县教育局直属，学生1142人。

师资情况：

A小学，教师55人。按职称分：中学高级1人，小学高级27人，小学一级27人。按学历分：本科35人，专科18人，高中以下2人。

B小学，教师35人。按职称分：小学高级16人，小学一级18人，小学二级1人。按学历分：本科27人，专科8人。

主要资源情况：

A小学，图书33477册，仪器设备总值6.79万元，固定资产总值1174.77万元。

B小学，图书800册，仪器设备总值8.43万元，固定资产总值61.43万元。

二是优质高中比例较低。2011年，西安市共有172所普通高中，按照办学水平可以分为三个层次。其中省级示范高中10所，省级标准化高中102所（含10所省示范），普通高中学校70所。省级示范高中学校是陕西高中教育骨干体系建设的最高层次，是对学校在规范管理、质量提升、特色培育、典型示范等方面工作的认可，是优质高中学校的代表。省级标准化高中学校是陕西对普通高中建设和发展提出的基准性要求，是所有普通高中应该达到的最低标准。普通高中学校是对未达到省级标准化高中学校的一种分类，是薄弱高中学校的标志。从西安省级示范、省级标准化和普通高中学校的数量和比例来看，2011年西安市省级示范高中仅有10所，占全市普通高中的5.81%，占全市标准化高中的9.80%。这说明，西安市优质普通高中教育资源短缺较为严重，难以满足人民群众对优质高中教育的需求。西安市未达到最低建设标准的70所普通高中学校，占全市普通高中的40.70%，其绝对数和所占比例显著偏大，从另一个侧面反映出西安市优质高中教育资源建设任务十分艰巨，优质高中教育资源短缺的局面在较短时间内难以得到有效解决。

（三）全市中小学整体办学水平不高

中小学办学水平主要体现在学生素质教育、实施学生教育管理机制、区域办学水平三个层面。学生素质教育实施是根本，重点在于课程深入实施和学生综合素质提升；学校教育管理机制是保障，重点在于规范落实教育教学常规和深化师生评价操作；区域办学水平整体提高是要求，重点在于形成符合社会实际需要、合理和谐的层次结构。

一是素质教育实施水平与发展要求存在差距。素质教育是与应试教育相对应的一个概念，其核心标志在于学生的全面发展。与应试教育文化单纯强调学业成绩不同，素质教育提出的学生全面发展，表现在道德品质、学习能力、交流与合作、个性与情感等多个方面。在努力克服应试教育弊端的形势下，学生全面发展的代表性行为表现主要有：动手操作能力、实践研究能力和探索创新意识。从这一现实角度看，学校教育的出发点和归宿在于促进全体学生的全面发展，在于促进学生动手操作能力、实践研究能力和探索创新意识的提高。素质教育推进不力是西安市中小学整体办学水平不高的主要表现。在应试教育的长期影响下，大部分中小学生动手操作能力不够，实践研究能力较差，探索创新意识不强，这已成为教育界、社会和家长的普遍看法。在课程内容设置方面，表现为对技术类课程、综合实践类课程和实验教学的落实不到位，还有对书本以外涉及生活、社会、文化等方面的经验和常识的引导不够。在教育教学方式方面，自主性、探究性、合作性、体验性、综合性教学方式的运用以及课堂结构改革方面的体现还不够，课堂教学对学生能力提高、兴趣激发、情操培养等方面的关注还不够明显。在中小学教师队伍中，一些教师全面深刻把握教育改革发展形势和任务的意识不强，一些教师的事业心和职业责任意识还有待加强提高，一些教师的教育教学水平与育人为本的核心任务不相符合，教师队伍整体的教育教学研究和实践能力还未能完全适应教育改革的要求。

二是教育管理机制和质量水平不适应改革要求。教育管理机制科学化是高水平、高质量教育的保障。纵观现状，西安市学校教育教学管理机制的建立健全存在不均衡现象，还存在一些需要完善提高的方面，表现在教学管理导向机制、学科教学目标机制、教材组合使用机制、教学模式、制约机制、工作质量评价机制、学生素质评价机制等方面，要进行整体提升。学校之间的质量水平提升措施存在差异，需要在师资队伍建设、教学管理制度、课程计划执行、教学常规管理、教研活动开展、课堂教学指导、教学质量监控、班级管理、学生养成教育、学生社团活动开展等方面进一步加大力度，持续优化和完善。

三是整体办学水平的层次结构不合理。学生在潜质潜能、知识基础、能力基础和学习水平方面存在的多样化差异，呈现为正态分布形态，他们需要在不同特色、内涵和水平的学校接受适宜的教育。这就决定了学校办学水平的层次结构要符合受教育人群的需要，从这一点出发，西安市基础教育学校的办学水平与层次结构应该呈现正态分布形态。但从西安市基础教育阶段的普通小学、初中和高中的整体办学水平与层次结构来看，其与这一结构性需要不尽符合。优质教育学校的数量和比例偏低，中等质量学校的数量未形成主流力量，薄弱学校的数量和比例显著偏大，主观印象上总体呈现为"金字塔形"，这种整体办学水平层次的"金字塔形"实然结构和"纺锤形"应然结构不相符合。

以上三个方面的问题与矛盾，是造成"择校热"的根本原因，同时也是广大西安市民最为关心、意见最大、矛盾最为突出的问题。教育管理部门要积极应对、努力解决这些问题。2012年8月，我在接受《光明日报》记者采访时直言："如果说教育是最大的民生，那么，有那么多的老百姓对我们的教育现状不满，我们为什么不去纠正、不去改变、不去革新呢？"①从哪里寻找破题之策解决这些问题与矛盾？当时有人建议加大政府对教育经费的投入，改善提升薄弱学校教育教学设施，加强教师培训，实行教师流动制度，等等。客观地讲，从长远上看，这些都是解决上述问题的有效办法，但很难在短期内见到成效。因为一所名校、一所拥有优质教育资源的学校，绝非短时间内就能打造完成，需要各个方面的适合的条件顺势而生，这与人们对优质教育资源的现实需求反差巨大。人们常说，"榜样的力量是无穷的"，我当时思考最多的是，如何让拥有优质教育资源的学校充分发挥先进典型的"酵母"和辐射作用，起到"树起一个点，带动一大片"的

---

① 《让优质资源惠及广大学生——西安市深入实施大学区管理制改革纪实》，《光明日报》2012年8月8日01版。

效应，在较短时间内生成和聚集一定规模的优质教育资源，逐步调整改善优质教育资源供需失衡的局面。为此，我萌发了"大学区管理制改革"的想法，以期通过创新办学体制促进优质教育资源均衡配置，通过扩大优质教育资源总量来提升基础教育整体办学质量和水平，从根本上解决"择校热"等教育突出问题。"谋定而后行"。"主意"确定后，我相继做了三个方面的工作。一是召开教育局局长办公会和党委扩大会议统一思想认识，让大家认识到"大学区管理制改革"是追求社会公平的重要举措，是改善社会民生的重要内容，是维护社会稳定的重要手段，对西安基础教育事业整体发展，甚至对西安经济社会发展具有重要意义。二是安排有关人员赴北京、上海、广州、成都等地调查研究，借"他山之石"结合西安实际情况制订改革方案。三是召集西安有关优质中小学校长进行座谈交流，广泛听取大家的意见建议。实事求是地讲，实行大学区管理制改革，对优质学校来说，在很大程度上是一种义务和付出，只有取得他们的支持，改革才会有成效。

二、改革的总体思路

大学区管理制改革的总体思路是，通过优质教育资源配置，构建合作共生共赢机制，强化学区长学校示范引领、输出办学理念、共享教育教学资源等，通过"以强带弱"，以一种互动式的教育援助产生联动效应，快速提升大学区成员学校的教育教学质量，最终实现全市基础教育内涵发展高水平、高层次均衡，在减小校际差距的同时扩大优质教育资源总量。

（一）改革的工作思路

按照《教育规划纲要》的要求，从坚持基础教育公共性、公益性、普惠性改革的方向出发，立足西安基础教育实际，从管理机制创新着手，加快教育发展方式转变，壮大优质教育资源，加速缩小校际差距，提升整体办学效能和内涵发展水平，促进均衡发展，推进教育公平。具体讲，坚持优质带动,实施捆绑式集约化发展,坚持先试点后推开的原则,力争用2~3年的时间,以优质学校为龙头,带动相对薄弱学校的发展,不断减少校际差距,不断扩大优质教育资源总量,不断提升更多学校的社会美誉度,实现基础教育优质均衡发展,提升基础教育整体办学水平。

(二)改革的目标任务

通过推行大学区管理制改革,实施优质带动,促进共同发展,加速扩大基础教育优质资源覆盖面和区域义务教育均衡发展,提升基础教育整体水平和综合实力,基本满足广大群众"上好学"的需求。首先实现三个方面的基本目标:第一,促进西安市区域内优质教育资源均衡覆盖;第二,提高西安市基础教育总体发展水平;第三,基本解决城乡区域优质学校的"择校"问题。"十二五"期间的具体任务为:到2015年,西安市学前教育市一级以上特级幼儿园数量由2011年的10%上升到15%;西安市义务教育学校中的70%,达到标准化学校标准;所有普通高中达到省级标准化高中标准,普通高中的15%达到省级示范高中标准。

(三)改革的基本要求

一是更新教育观念。教育受社会生产力发展制约这一基本规律,决定了教育具有很强的时代特点。经济社会的飞速发展,为教育提供了前所未有的优越环境,也提出了快速适应时代发展的改革要求。更新教育观念是题中首义。教育观念更新要从教育观、人才观、课程观、评价观等几个主要方面入手,需要准确把握经济社会和时代发展的新形势和新变化,需要深刻理解学生的身心发展规律和普遍特点,需要不断学习领会国家教育改革发展的新要求和新任务。这些要求,是西安推进和实施大学区管理制改革首先要明确的理念性问题。

二是创新办学观念。育人为本是教育改革发展和素质教育的核心,也是国家办学、学校管理的核心任务。教育可促进人的发展、为人的发展服务。在办学过程中,首先要明确育什么人、如何育人的问题,也就是要树立正确的人才观、教育教学观。与西方发达国家相比,从促进学生终身发展和主动学习愿望与能力培养来看,学生在创新意识、动手能力、综合素质等方面存在着明显不足。就此而言,学校育人的科学性、创新性还存在不少问题。因此,在推进和实施大学区管理制改革的进程中,还需要树立多样化人才观念,不断创新办学理念。要创新发展理念,用发展的眼光看问题,用发展的手段解难题,用发展的力量破困局;要创新经营理念,在办学发展中善于经营学校形象和校园文化,塑造良好的教育品牌,形成学校的内涵特色和发展优势;要创新效能理念,通过提高时间效能和物质效能,追求学校发展的实效性、科学性。

三是创新工作机制。国家《教育规划纲要》着眼于促进教育公平,提高教育质量,增强可持续发展能力,对在关键领域和薄弱环节的基础教育综合改革提出了指导性意见,包括义务教育学校标准化建设、义务教育教师队伍建设、教育信息化建设、拔尖创新人才培养改革、考试招生制度改革、办学体制改革等领域的大项目改革,还有基础教育课程改革、高中办学模式、教育质量监测评估、减轻中小学生课业负担等环节的改革。在推进和深化大学区管理制这一综合性改革实践中,要与以上国家提出的各项改革试点项目和全市其他各项改革措施结合起来,渗透其中。从另一角度讲,要把大学区管理制改革作为实施和推进国家各项改革试点项目的重要抓手和平台,并在此基础上,进一步创新和完善西安基础教育管理机制。

四是创新教学方式。教育改革的核心是课程改革,教学改革是课程改革的核心和应有之义,教学改革的核心是教学方式改革。在推进和深化大学区管理制改革的教学实践中,要落实育人为本、促进学生全面发展的理念要求,通过进一步深化课程改革,不断创新教学内容、载体和方式,把促进学生学习作为教师教学的出发点和落脚点,把知识掌握、能力形成、个性培养相结合,让广大学生更深入地参与互动式、体验式的教学过程,激发学生的学习兴趣和主动性,促进自主发展。

五是培育教育特色。新时期的教育教学改革要体现时代特色,塑造时代品牌,焕发改革活力,激发教育潜能。在大学区管理制改革实践中,要充分利用西安的历史文化资源,开发和实施校本课程,培育精品特色课程;要提升办学品质,塑造学校品牌,开展多种形式的教育实践活动,形成各自的学校文化特色。这些特色,不是捧出一张张高一级学校的录取通知书,而是培养出一个个具有鲜明个性的活生生的人;不是追求百分之多少的优秀率、合格率,而是追求每个学生的生动、活泼、主动的发展;不是汇报时的总结、评比时的数据,而是教师与学生共度的生命历程、共创的人生体验。

三、改革的基本原则

大学区管理制改革,坚持四个方面的基本原则。

一是坚持形式统一与深度融合相结合。在严格遵循"一长多校""以强带弱"等形式要求的同时,实现区内学校更高层次、更具实质的深度融合,让学区长学校先进的办学理念、科学的管理模式及高水平的教育教学方式方法等,深度融入成员学校的办学实践中。

二是坚持资源共享与壮大资源相结合。一方面,要多渠道、多手段使成员学校分享学区长学校的优质教育资源,通过"输血"使其获得"生机",不断"发展壮大",缩小校际差距。另一方面,要努力增强成员学校的"造血"功能,扩大优质教育资源总量。

三是坚持优者更优与弱者变强相结合。大学区管理制改革不是教育资源的简单平均化,不是以降低或牺牲优质学校的教育质量来达到均衡,更重要的在于建立以质量为导向的管理制度和工作机制改革,以此同步提升办学水平和教育质量,增强西安市基础教育的整体实力,从而使弱校变强,让强校更优,最大限度地满足群众子女就近入学即享受优质教育资源的愿望。

四是坚持整体提高与局部突破相结合。通过以点带面、连面成片的方式,积极促进学区内学校教育教学水平整体提高。与此同时,要抓住改革的重要节点和关键环节,为学区长学校和成员学校的自身发展搭建宽松有力的平台,有计划、按步骤、分层次地确定改革的阶段性目标和重点任务,保证学区长学校始终保持办学生机和活力,促进学区内学校合作共生,共享共赢。

四、改革的主要内容

西安大学区管理制改革的核心内涵和实践方式,可以概括为实施"九统一",达到"九共享",走向"九转化"。

一是"统一管理策略"。学区内管理理念方略共享,由"学校谋划"向"学区谋划"转化。学区长学校充分发挥优质带动作用,将成功的办学经验推广并移植到学区内各成员学校,即将经验上升为理论,利用软件系统、会议和培训,在成员校之间进行传递;也通过情境体验,建立各种实验模式,将特殊的制度予以推广。

二是"统一设施共用"。学区内硬件资源共享,由"学校独用"向"学区通用"转化。学区内的图书馆、体育场、实验室、微机室、音乐厅、报告厅、心理咨询室及其他功能教室全部实施共享,建立学区资源共享的管理制度和运行模式。

三是"统一课程规划"。学区内课程资源共享,由"学校课程"向"学区课程"转化。各大学区在落实国家课程和地方课程的同时,要注重校本课程的开发、推广和应用,通过学区统一课程规划,加快学区内的课程建设步伐。

四是"统一安排教师"。学区内教师人力资源共享,由"学校调配"向"学区调配"转化。不断加大学区内校长、教师交流和转岗力度,实现教师队伍双向有序流动,不断优化师资配置和学科结构。学区内推行"名师送教"、优化教师"挂牌上课制",探索"导师制"教学模式,建立大学区"名师资源库"。各区县编办根据大学区组建需要和运行实际,坚持总量调控、结构调整、有增有减的原则,优化教职工编制。

五是"统一组织备课"。学区内教科研成果共享,由"学校智能"

向"学区智能"转化。推行"学区集体学研",开展集体备课和同课异构活动;利用大学区内各级的现代教育技术、科学管理模式、先进教学经验等资源,进行名师引领下的学区化教学备课活动。

六是"统一教研活动"。学区内教科研成果共享,由"学校研发"向"学区研发"转化。各学区以教科研为抓手,积极探索教育教学管理模式,共同设立研究课题,进行学术教科研活动,在课堂教学、教育衔接、教学评价体系等多方面进行积极有效的实践研究。

七是"统一师资培训"。学区内教师成长路径共享,由"校本研训"向"学区研训"转化。充分发挥学区长学校学科老师优势,深入开展学区内教师跨校培训,使学区内教师教育教学能力得到进一步提升。借助局域网和数字化系统创建大学区网络及本学区的信息资源建设平台,实施网上教研、网上培训等。

八是"统一质量监测"。学区内质量管控工具和研判方法共享,由"学校管控"向"学区管控"转化。大学区内统一、全面监测学生综合素质发展。严格"统一时间、统一问卷、统一登分、统一分析、统一评估、统一诊断"。通过"学区长例会"对联测成绩进行质量分析,将各校各课成绩进行横向比照,有针对性地查缺补漏,强化教学质量的过程管理。

九是"统一评价激励"。学区内精神文化取向和发展价值追求共享,由"学校引领"向"学区引领"转化。大学区要拟定科学的评价激励标准和实施措施,从终结性评价向发展性评价转变。坚持以成员校的发展进步来评价学区长学校的工作效能,以学生进步成绩来评价教育教学质量,使学区教育迈向生态和美的方向。

五、改革的推进步骤

大学区管理制改革结合西安教育改革发展进程和区域教育发展水平,按照先行试点、全面推开、深入推进三个阶段稳步实施。

一是先行试点。试点是改革的重要任务,更是改革的重要方法。

改革开放以来,党和国家领导人曾多次强调改革要"先行先试"。因为无论大小改革,也无论何种性质的改革,其遭遇问题的复杂性和触碰利益格局的不确定性等,都决定了改革只能先行先试。从小岗村的"红手印"按出联产承包责任制,到蛇口"杀出一条血路来"推开经济特区制度大门,再到上海自由贸易试验区在"大胆试、大胆闯、自主改"中取得大量制度创新成果,实践一再证明,采取试点探索、投石问路的方法,是推进改革的重要逻辑。

2011年5月,西安市教育局在深入调查研究的基础上研究制定了《关于推行大学区管理制的实施意见》,并于2012年2月启动了大学区管理制改革试点工作。试点区域为西安市新城、碑林、莲湖、雁塔四个行政区。在四区283所中小学中组建起72个大学区。改革试点为期一年。试点一个学期来,取得较为明显的阶段性成效,具体表现在:校长的办学视野更加广阔,不仅独善其身,而且"兼济天下";教师通过跨校听课、相互交流学习、集体备课,既实现了资源共享,又更新了思维方式,教学水平得到了提升;学生更多地享受到高质量教学,西安市第二十五中学一三班学生贾蕊萌说,他所在的学校是一所普通中学,英语是许多同学的"老大难",学区长学校七十中派来了英语教研组组长梅小乔老师,梅老师生动的上课方式,使班上同学的英语都取得了进步;有效地遏制了"择校热",促进教育资源均衡发展和教育公平,回应了人民群众对义务教育的期盼。

二是全面推开。在2012年,试点"大学区管理制"改革取得良好效果的基础上,2013年春季开学起在西安市13个区县及沣东新城全面推行大学区管理制改革,西安市1788所中小学组建为416个大学区。

2014年伊始,这项改革延伸至学前教育阶段(幼儿园学区)。

三是深入推进。2014年初,西安市教育局出台了《关于深化大学区管理制改革工作的指导意见》,打破区域和体制界限,在全市范围内组建紧凑型和跨区域的主体式大学区,引导和鼓励各区县、各学区积极探索,打破区域和体制界限,创造性探索学区化办学管理由区域"小范围"向"大范围"延展,由"区县域"向"市域"延伸,构建点面结合、市域一体化的管理格局,推动大学区管理制改革向纵深发展。

六、改革的主要措施

(一)加强顶层设计,提供政策制度保障

深化教育改革工作,需要政策引领和支持。改革之初,西安市非常重视顶层设计,确保改革工作健康发展。2012年研究制定了《西安市教育局关于推行大学区管理制改革工作指导意见》,启动改革试点工作;2013年,在改革试点工作成功的基础上,在全市全面推行大学区管理制改革,印发《西安市教育局关于全面推行大学区管理制改革工作指导意见》,同时,研究制定了一系列改革配套管理措施和制度,涉及学区管理、改革推进情况考评、教师交流等方面,并随着改革工作的深入积极加以调整;2014年初,在充分总结的基础上,从改革工作的实际出发,研定了《关于深化大学区管理制改革工作的指导意见》(市教发〔2014〕68号)、《关于大学区管理制改革示范学校评审标准和操作办法》(市教办发〔2014〕84号)等配套措施,进一步明确了深化改革工作目标、任务和要求,引导和鼓励各区县、各学区积极探索实践,提升学区化管理的内涵,创新学区管理新机制,按照教育教学规律和质量形成的规律,形成现代教育学区化管理制度,不断促进学区化办学管理的科学化、实效性。

(二)加大资金投入,落实经费保障

西安市委、市政府高度重视大学区管理制改革工作,2012年改革伊始,市政府就设立了大学区改革专项资金,当年拨付500万元用于改革试点工作。2012—2015年,市财政先后列支大学区专项资金1.93亿元;同时,还设立大学区网络平台建设专项资金2272万元,用于大学区优质资源共享平台及优质资源库建设。设立专项资金用于全市各区县实施大学区改革工作,并要求各区按照一定比例进行资金配套。

(三)加强队伍建设,落实师资保障

优化配置教师资源是促进教育均衡发展的关键环节,也是发挥示范引领作用、传播先进教育理念、提高和改进教育水平的有效途径。我们研究制定了《西安市推进大学区教师交流工作的实施意见(试行)》《2014—2015年西安市教育局关于落实大学区教师交流工作的方案》,确保年度内参与交流人数达到大学区专任教师人数的60%以上;实施区县间教师交流活动,选派支教教师和管理干部互派挂职,均衡配置校长、教师资源。注重加强骨干教师队伍建设,通过开展教学能手、骨干教师、学科带头人培养认定,设立名师工作室等举措,充分发挥名师的示范引领作用,带动中青年教师专业成长。

(四)优化网络平台,落实信息保障

扩大优质教育资源效能是改革工作的重要举措。改革过程中,重视优质教育资源信息化共享平台建设,截至2012年底,西安市投入2272万元用于加快教育信息化基础网络及教育资源库建设,推进各类教育教学资源共建共享。碑林区、雁塔区等区县设立大学区网络平台建设专项资金,建设优质资源共享平台,组织开展"织网工程""空中课堂",搭建大学区远程研修平台,扩大优质资源效能。各大学区在信息平台各学区模块内设立了包含学区名师优秀课例、名师专栏、教学研讨活动、教育管理等16个板块,网上教研、培训、交流、授课,使成员校学生在本校就能享受到学区长学校的教师授课与指导,有效实现了学区内优质教育资源共享。

(五)加强组织领导,落实机制保障

各区县加强对改革工作的组织领导,不断完善管理机制,形成了区教育局、大学区、成员学校三级管理推进机制,组建了"一会一室三中心管理架构",即大学区联席会议、大学区名师工作室、大学区教学管理中心、大学区素质教育活动管理中心、大学区教研管理中心,科学有序推进改革工作。各大学区结合实际,学区长学校通过共享先进管理理念和管理制度,

帮助成员学校明确办学目标,制订学校发展计划;通过创建学区科研品牌带动成员学校科研工作,促进共同发展、特色发展。

(六)探索管办评分离,落实监督保障

西安市制定了大学区管理制改革考核实施办法,将这项改革纳入全市教育综合考评,实行市、区县、大学区三级考核。开展"学区化办学示范学校"创建活动。同时,采取政府购买服务的方式,引入第三方社会中介机构对改革过程及成效进行评价监督。另外,通过各级新闻媒体向社会各界广泛、深入解读改革政策和内容,主动接受社会群众对改革实施的监督,逐步形成全社会共同关注、支持大学区管理制改革的良好氛围。

七、改革的实际成效

"木桶理论"指出,木桶的最大容积是由最短的木板决定的。薄弱学校制约着西安教育发展效益的最大化。实施大学区管理制改革,在市域、区域中以"短板学校"和"学校短板"为突破点和着力点,不但改善政府调控、优质带动等学校发展的外部条件,更增强主动改革、科学管理等学校发展的内在动力,推动教育资源均衡配置,促进教育公平,提升整体办学水平。改革实施以来,市、区县、校三级联动,紧抓落实,全力推进,取得了令人振奋的实际成效。特别是在创新教育理念、明确办学目标、完善管理机制、丰富办学模式、实现内涵发展等方面迈出了新步伐,教育发展的社会环境得到很大改善,为促进教育内涵发展、推进均衡发展,实现教育公平提供了强大动力。具体表现在:

(一)创新机制、优化配置,激发活力、共同发展的改革理念深入人心,优质教育资源覆盖面不断扩大

改革工作全面推行以来,各参与学校不断统一思想、凝聚共识,认识到大学区较好地整合和再造了教育资源,让更多的学校融入优质学校圈中,

对改善教育"硬环境",提升教育"软实力"的教育发展目标更加明确,从思想认识、态度和行为都体现在学区人的发展定位上,实现师资的共享,学校共同发展,逐渐由"学校人"向"学区人"发展,不断实现校长、教师以及学生三个层面的同步转变,学区化改革深入人心,主观能动性得到了激发,不少区县和大学区不断创新发展思路,力争实现学区化改革新突破。各区县积极探索,打破管理体制界限,组建形式多样的紧凑型大学区。碑林区积极探索紧凑型大学区组建工作,率先组建了铁五小紧凑型大学区(铁五小与祭台小学),实行一个校长、两个校区的管理模式,在教师资源共享、教育教学管理及办学思想等方面实现了最大程度的统一,优质教育资源迅速增加,进一步满足了群众需要。在此基础上,组建大学南路小学紧凑型大学区,充分发挥太白路小学的校舍资源和大学南路小学的品牌优势,扩大学区优质教育规模,缓解大学南路小学的生源压力和就学矛盾,带动两校快速迈进,实现优质教育资源量与质的双提升,扩大了优质教育资源总量。新城区教育局下发《新城区教育局关于成立紧凑型大学区改革实验校的通知》,在两校原有法人性质不变的情况下,西安市实验小学和西安育英小学作为学区长学校,主动担当责任,输出先进办学理念、管理方式和教学方法,带动成员校太华路小学、八府庄小学内涵发展和快速提升。雁塔区积极探索"名校带动"办学模式。出台了《西安市雁塔区教育局关于实施名校带动工程改革试点工作的意见》,将大雁塔小学与瓦胡同小学、翠华路小学与北池头小学、航天中学与五十四中学作为首批试点结对学校,任命优质学校校长兼任薄弱学校校长、书记,实行一长多校、统一管理策略,促进薄弱学校办学水平迅速提高。截至2013年,西安市组建紧凑型大学区21个。深化改革、创新机制,整合资源、优质均衡的教育科学发展理念已经形成共识。

(二)优质带动、捆绑发展,资源共享、合作共生的学区化管理机制基本形成

各区县教育局、各学区加强对改革工作的领导,不断完善管理机制,积极推动改革工作深入发展。莲湖区等区县形成了区教育局、大学区、成员学校"三级管理推进机制",组建了"一会一室三中心管理架构",即大学区联席会议、大学区名师工作室、大学区教学管理中心、大学区素质教育活动管理中心、大学区教研管理中心,科学有序推进改革工作。碑林区建立"大学区·大教研"教师培养机制,形成"调研为先—示范引领—同伴互助—实践研讨"的大学区教研活动模式,促进了教师专业成长。各大学区结合实际,通过共享学区长学校先进管理理念和管理制度,帮助成员学校明确办学目标,制订学校发展计划,促进共同发展、特色发展。大学区的优质学校通过输出品牌、管理、资源,利用课程改革、师资培训、教育科研、成果交流等多种方式与途径,实现了资源共享。雁塔区建立"三会一通报"制度、"10+X"管理模式(区教育局制定10项大学区管理制度,X为各学区的亮点和特色)。户县①形成了"一体两翼三机制四平台五内容六要求"推进机制。"一体"是以学生发展为主体;"两翼"是以教师队伍建设和校园文化建设为两翼;"三机制"是实行学区长负责制、大学区管理例会制和大学区学科研训制;"四平台"是以理念共享、名师共享、教研共享、设施共享为平台;"五内容"是推进课程改革、构建高效课堂,落实学区研修、促进教师发展,创建文化特色、优化学校管理,展示学校成果、分享交流提升,开展区域评价,实施捆绑激励;"六要求"是每月一次学区管理工作会、一次教学研讨会、一次教师培训会,每学期不少于一次各学科课改展示课活动、一次学生素质教育交流展示评比活动,每学年一次教育成果交流展示活动。在学区成员联动中,为成员学校注入新活力,传播先进理念,提供宝贵经验,帮助薄弱学校及时调整思路,逐渐提升薄弱学校的办学水平,学区成员学校迅速壮大。例如,未央区王家棚小学校长李向阳认为:"大学区管理制解决了同课教研问题,解决了全市薄弱学校教师培训的资源问题,尤其送课活动,既方便,又高效,很好地解决了包班教师与其他学校的交流问题。"

---

① 本文写于2014年,户县今已为鄠邑区。

(三)开门办学、开放教育,强弱互动、优势互补的办学创新模式基本形成

大学区管理制改革对相对优质学校扩大其优质教育资源,是个绿色通道,对相对薄弱学校的提升是个加速器,对推动教育资源均衡化是个有益尝试。学区长学校先进的办学理念、学校管理办法及教育教学成果得到了很好的宣传和推广,推行"大学区",可以使基础相对薄弱的学校有向好学校学习的机会,有利于增强自身办学实力。2015年,碑林区探索大学区背景下的校本研修,建立了"大学区长—校长—校本研修领导小组—学科教研组"四级管理体系,在全区中学9个学科、小学5个学科开展同学科大教研活动,有6000人次教师参加了活动。实行大学区改革以后,学校办学体制正在由封闭走向开放,广大师生逐步实现了从"学校人"到"学区人"的转变,整个学区成为合作发展的命运共同体。大学区名师工作室、大学区青蓝工程、大学区教研活动、大学区运动会、大学区科技竞赛等活动,使师生开拓眼界、丰富阅历,优势互补、博采众长。在开放式办学的理念驱动下,绝大多数学校越来越愿意进行大学区交流互动,别开生面的大学区活动日益增多,教育教学工作展现出新的发展活力。

(四)教师交流、互派传帮,网上互动、注重效能的学区化深度融合格局逐步建立

优化配置教师资源是推行大学区管理制改革的重要方面,是发挥示范引领作用、传播先进教育理念、提高和改进教育水平的有效途径,也是促进教育均衡发展的关键环节。碑林区、新城区、莲湖区等区县制定了统一教师交流暂行办法,相继制定了《大学区教师流动制度》等管理办法,进一步优化学区长学校的教职工编制,配强学区管理层力量,提升管理水平,要求在编教师全部纳入交流范畴,确立了关系随转、校际协作、跨校兼课、学术研讨、名师引领、校际跟岗等六种交流形式,带动中青年教师专业成长,不断扩大优质教师资源的效能。同时,注重发挥名师的示范引领作用,各区县精心指导各大学区组建名师工作室。2013年,碑林区成立了区级、大学

区、学科三个层面的名师工作室。"名师工作室"覆盖中小学各学科,通过"名师"带骨干、骨干促全面的形式,发挥示范、引领、辐射的作用,切实提高全区中小学教师整体专业素质和教育教学水平。 各大学区在信息平台各学区模块内设立了包括学区名师优秀课例、名师专栏、教学研讨活动、教育管理等16个板块,实现了网上教研、培训、交流、授课,让学区内学生在本校就能享受到学区长学校的教师授课与指导,实现了学区内优质教育资源共享。

(五)跨越县域、统筹城乡,跨区帮扶、合作共进,实现市域范围的优质资源共享

2014年,为了实现全市范围内教育资源优质共享,西安市制定了组建跨行政区域大学区的意见,要求在全市范围内,统筹城乡共同发展。 各区县按照市教育局《关于组建跨行政区域大学区的实施意见(试行)》文件精神,认真调研,积极落实,打破行政区域局限,充分发挥市中心区域教育资源优势,带动提高兄弟区县相对薄弱学校的办学水平和质量,推进城乡教育一体化发展。 碑林区、新城区、莲湖区、雁塔区、未央区纷纷与郊区县组建了跨行政区域大学区,全市中小学共组建了51个跨行政区域大学区,取得了高水平优质带动的效果。 碑林区通过和长安区、高陵区教育局协商,成功创建铁一中—长安区五楼初中、大学南路小学—东大中心学校、市三中—高陵一中、铁五小—高家小学等9个跨行政区域大学区。 莲湖区和沣东新城组建了11个跨行政区域大学区,开展了丰富多彩的交流和学习活动。 如位于农村的泥河小学大学区英语教学是其弱项,而西电实验小学学区的浸入式英语教学很有特色,两个大学区结成学区联盟后,以此为切入点开展活动,在"一师一优课、一课一名师"活动中通过网络传递英语优课视频,加强交流和研讨。 未央区与阎良区、高陵区、长安区、蓝田县、户县分别组建了跨行政区域大学区,如南康小学与蓝田县冯家村小学、方新小学与高陵区城关小学、西航三校与阎良西飞四小、西航四校与蓝田县玉山镇中心学校、西航二中与户县蒋村中学等。 雁塔区积极主动与蓝田县、阎良区对接，把翠华路小学、高新第二学校、高新三小、航天中学、师大附中、85中学、高新一中作为跨行政区学区合作的试点学区长学校，采取送教上门、专题培训、校际联动等方式进行帮扶，向郊县薄弱学校输出优质资源，为帮扶学校注入了新活力。实践证明，这些积极有益的探索是符合西安教育实际的，对进一步深化改革有极大的促进作用。

通过改革，市域教育资源均衡发展步伐明显加快，城乡之间、城区之间、校际的办学条件和师资力量差距正在逐步缩小，优质教育资源总量日益壮大，在义务教育标准化学校和省级标准化高中、示范高中数量占比不断扩大的同时，各成员学校的综合实力和社会美誉度有效提升，基础教育整体水平明显提高，全市教育教学质量稳中见升，从2014年与2015年中考情况来看，在招生比例大体不变、试题难度有所增加的情况下，全市中考分数线较上年明显提升；高考中高分数段的考生比例大幅提升，全市中小学生的综合素质全面提高。以碑林区为例：2014年参加中考人数为9874人，优秀人数为3461人，优秀率为36.29%；2015年参加中考人数为9537人，优秀人数4553人，优秀率为46.11%，提升近10%，全区各校中考升学率优秀人数也获得较大提升。

表1 建筑科技大学附中大学区内学校近三年中考成绩对比表

学校\年份	2013年			2014年			2015年		
	参加考试人数	上线率	优秀率	参加考试人数	上线率	优秀率	参加考试人数	上线率	优秀率
建大附中	200	91.50%	24.50%	200	93.50%	38.50%	188	92.36%	45.21%
中铁中学	181	41.90%	3.60%	148	34.50%	2.17%	136	47.10%	15.40%

表2　建大附中成员校中铁中学2013—2015年中考成绩上线率和优秀率对比

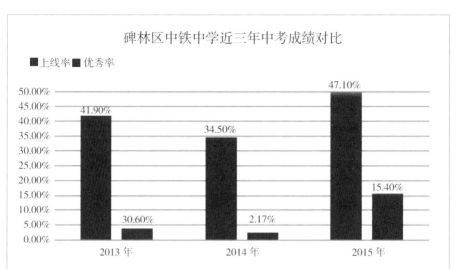

表3　西安市第26中学大学区各校2014、2015年成绩对比

学校名称	2014年			2015年		
	参加考试人数	上线率	优秀率（586.5分以上）	参加考试人数	上线率	优秀率（595分以上）
西安市第71中	136	28.7%	2.2%	165	38.18%	11.51%
西安市第26中学	578	55.8%	11%	625	57.6%	22.4%

截至2015年6月底，西安市参与大学区管理制改革的各中小学校共同设立研究课题3736项，进行学术教科研活动6775次。2012—2015年，全市各区县实质性互派交流教师6639人，短期交流教师42470人次，2015—2016年，交流一年以上的教师6010人；各学区共组织公开课12390节，示范课3924节，观摩课3789节，座谈会2431次，研讨会3223场，报告会1601场，培训会2787次，共享教育教学设施9074次，惠及教师54060人次，惠及学生80余万人次。"十二五"期间，全市共评选3个改革工作先进区县、16所改革工作示范学校、28所改革工作先进学校、41人大学区管理制改革工作先进个人。2015年，西安市全面总结教育综合改革工作，评选出教育综合改革杰出人物10名、教育综合改革优秀校长20人、教育综合改

革先进个人30名，在总结成功做法和经验的基础上树立典型，示范引领。全面推进西安教育改革工作向纵深发展。

西安基础教育大学区管理制改革工作得到了社会各界的广泛关注和肯定。2012年，时任中央政治局委员、国务委员刘延东同志做出批示："西安市通过大学区管理制改革，促进区域内优质教育资源均衡覆盖，这个好的经验应予宣传。"2012年9月7日，在国务院召开的全国教师工作暨"两基"工作总结表彰大会上，西安市作为唯一的地市级代表就"大学区管理制"改革经验发言介绍经验。① 陕西省教育厅于2013年初要求全省各市（区）认真学习借鉴改革相关经验，2014年初在全省基础教育均衡发展工作会议上宣传推广西安大学区管理制改革工作经验，与会代表实地观摩了西安市碑林区等四个区县大学区改革工作。各级新闻媒体和社会各界广泛关注这项改革，《人民日报》、新华社、《光明日报》、《瞭望》周刊以及《中国教育报》等先后深度报道81次，中央电视台新闻频道跟踪报道3次。2014年10月30日新华社《新华每日电讯》整版刊发的"全面深化改革景图·陕西篇"中，重点对西安教育领域综合改革进行了报道。同时，西安大学区管理制改革也得到了兄弟城市的广泛认可，上海、深圳、广州、杭州、青岛、石家庄等30多个国内城市的教育局或教科研单位先后来西安考察学习，大学区管理制改革举措已经成为提升西安教育在全国影响力的特色经验。2013年11月15日，中国首部以西安"大学区管理制改革"为题材的教育电影《紫香槐下》在北京举办全国首映礼，该片由荣获多项国际大奖的导演章明担任总导演，陈静执导，汇集了第14届上海国际电影节影后吕星辰、著名表演艺术家许还山等演员，该片荣获第32批教育部国家广电总局向全国中小学生推荐影片；获得2015年海南（21世纪海上丝绸之路）电影节最佳影片奖。

---

① 在这次大会上，安徽省、西安市、宁海县分别代表省、市、县做发言，我代表西安市在大会上介绍了西安"大学区管理制改革"的做法与经验。

教育改革发展篇

以西安"大学区管理制改革"为题材的教育电影《紫香槐下》海报

西安"大学区管理制改革"被《光明日报》头版头条予以报道

◆ 我的创新之路——从学术研究到行政管理

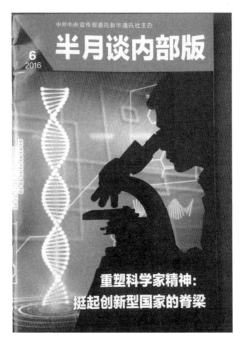

西安"大学区管理制改革"被《半月谈内部版》报道

西安"大学区管理制改革"被《中国教育报》报道

民办初中学校招生制度改革

一、民办初中学校招生乱象

按照国家政策,公办初中学校招生按学区免试对口直升,而民办初中学校则实行自主招生。《中华人民共和国民办教育促进法实施条例》第三十一条规定:"实施学前教育、学历教育的民办学校享有与同级同类公办学校同等的招生权,可以在审批机关核定的办学规模内,自主确定招生的标准和方式,与公办学校同期招生。"同条款又指出:"实施义务教育的民办学校不得组织或变相组织学科知识类入学考试,不得提前招生。"很清楚,前者说明民办初中学校可以自主招生,后者又对其招生内容和形式做出限定:不能以学科知识考试录取学生。为了既符合国家政策,又能选择到优质生源,自20世纪90年代以来,和全国其他城市一样,西安的民办初中,特别是一些名校,基本上都是通过奥数考试来招收学生。

"奥数"的全称是奥林匹克数学竞赛。1934—1935年,苏联开始在列宁格勒和莫斯科举办中学数学竞赛,并冠以奥林匹克数学竞赛的名称,而第一届国际奥林匹克数学竞赛于1959年在布加勒斯特举办。同年,华罗庚跟随中国科学院代表团到苏联访问,苏联奥数举办方强调数学竞赛不仅为了评奖,而且是"引导青年人进入科学的最先一步,鼓舞青少年训练'researchability'(研究能力)的起点"。随后,我国在北京、上海、天津、武汉举行了中学生数学竞赛。1978年改革开放以来,国家的发展急需大量人才,奥数似乎是一种低成本高效率的选拔方式。1990年,第31届国际数学奥林匹克竞赛在北京举行。中国代表队以5金1银的骄人成绩名列世界第一。此后，华罗庚金杯少年数学邀请赛的报名人数成倍增加。1994年黄冈中学校庆，由于学校在国际数学奥林匹克竞赛中取得了2金2银1铜的光辉战绩，70多家中央级媒体纷纷派专人从北京赶来黄冈采访，黄冈由此闻名全国。也正是在此前后，全国许多城市的初中学校开始用奥数选拔学生，奥数这个词风靡全国，无数家长趋之若鹜，奥数仿佛成了学生标配课程。一时间，人人学奥数，人人教奥数。奥数乱象也随之而来，奥数奖杯、奥数名次、升学挂钩、升学加分等，奥数之火越烧越烈。有些知名学校，将"小升初"招生考试放在奥数培训机构，每到考试时间，举办奥数班的就会将自己的学员送到学校指定的奥数培训点，缴纳一定的考试费后，这家指定的奥数培训点在秘密的地方组织考试，由学校老师监考、阅卷，提供录取名单，考试的成绩一般都是由培训机构通知奥数班负责人，在规定的时间内缴纳一定数额的赞助费、借读费后，学生才能领取到入学通知书，而整个过程学校是不会出面的，完全由奥数培训机构来完成。在当时的西安，万千家长为了让孩子进入初中名校，整天东奔西跑，带上孩子参加奥数培训班考试，有的学生一天要参加三场奥数考试，这既加重了家长的经济负担，又增加了孩子的课业负担，家长、孩子苦不堪言。有一位学生家长写了一首关于奥数考试的打油诗："奥数现在太疯狂，角角落落设课堂。学生失去节假日，周六周日更紧张。高额费用无需说，家长陪娃跟着忙。孩子缺少童年日，心中苦恼给谁讲？奥数疯狂是表象，名校违规皆后藏。"就家长的经济负担来讲，小学三年奥数学费比上三年大学学费还高。2011年1月25日上午，此前一直在西安举办奥数班的周伟（化名）向《华商报》记者揭露了奥数班背后的利益黑链。周伟算了一笔账：西安很多奥数班采用的模式是"一对一""三人小班""大班"等教育模式，课时费的收取是50~130元/小时不等。这些来自一线学校的老师、师范院校毕业生、退休老师等授课老师的课时费也是按时计算，根据知名度和授课方式的不同，课时费30元~50元不等。以一个小学三年级学生上三年奥数班为例，培训机构给安排的教学计划在252个小时，即使在大班按照50元/小时计算，家长也需支付 12600 元，这仅仅是奥数，如果再加上英语、语文等培训，三年下来的费用比上三年大学的学费还高。① 再就孩子的课业负担而言，一般奥数课程的学习都在课后或者周末和节假日，这就导致学生不仅要完成课堂上老师布置的作业，还要额外完成奥数补习班的作业，造成学生产生厌学及畏难情绪，身心一直处于疲惫状态，从而加重了学生的课业负担。中国科学院院士、数学家杨东痛批小学生"全民奥数"现象，认为"除了加重学生负担，让学生厌恶数学，没有其他好处"。此外，奥数的危害还在于让孩子失去了对数学的兴趣，致使许多孩子考上大学以后再也不想接触数学。这对孩子将来的逻辑和哲学思维能力的发展是极大的损失。②

更为严重的是，用奥数选拔优秀生源，扰乱了正常的招生秩序，进一步加剧了教育的不公平，直接影响着社会稳定，在一定程度上由一种教育现象发展为一种社会问题。在"全民奥数"的大潮中，前有升学指令的拉动，后有培训经济的推动，学校要出名，老师要创收，机构要赚钱，家长无一例外地被这种恶潮裹挟进去，除非不想让孩子成为"上进"的学生。③ 相应地，许多人将眼光放在这上面，搞出了一系列与之相关的产业，形成一条清晰的利益链条。这个链条，一端拴着从幼儿园就开始的各种培训和考级机构，一端拴着对孩子读书具有生杀予夺权力的学校，中间还串缀着各种考试、教材编印和评奥机构。这个链条的关键点，就在于对"升学"有用，为了达到这个目的，相关利益人八仙过海、各显神通地借用权势部门对升学条件的掌控权，上下其手，将奥数纳入到升学和择校的考量条件中。④ 把奥数成绩与升学挂钩，使奥数的功利性和工具性完全压倒其作为智能游戏的一面，形成一个浮躁而又浮夸的市场，不仅扰乱了学生家长们的心，而且影响到社会的和谐与稳定。

---

① 卢红曼：《〈华商报〉关注西安整治奥数班》，《华商报》2011 年 3 月 17 日。
② 程骞：《"奥数"本无错，"罪"在功利心》，蒲公英评论网，2015 年 3 月 16 日。
③ 耀琪：《是谁把"奥数"逼成了妖魔？》，《羊城晚报》2011 年 6 月 1 日。
④ 曾颖：《如果升学"没用"，谁学奥数？》，《新京报》2009 年 5 月 25 日。

二、变奥数考试为综合素质测评

数学本身就很重要，它是一门基础学科，从小学到大学一直是作为主科来学习的，在知识性上相当于其他科目的基石。奥数是数学学科的升级版，包含发散思维、收敛思维、换元思维、反向思维、逆向思维、逻辑思维、空间思维、主体思维等二十几种思维方式，它可以在一定程度上帮助孩子训练思维能力，用数学的观点思考问题和解决问题。奥数就本质来看，和文化、艺术、体育项目一样，是家长自由为孩子选择，凭孩子兴趣去参与的一种行为。奥数在国外，确实也就是一种思维训练的兴趣组织，孩子爱去不去关系不大，更不能据此断定孩子是不是好学生。只有在中国才被捆绑到小升初、初升高的应试体制中，彻底变成加分的毒瘤。[①] 因此，我们说，奥数本身并无过错，那种视奥数为一种"过街老鼠"的观点是一种非理性的偏颇看法。作为教育局局长，我在不同场合反复强调要为奥数"正名"，还其科学的本来面目。事实上，社会上，特别是学生家长痛斥奥数，主要是基于人为地将奥数与升学挂钩，给学生和社会所造成的负面影响。

2007年，著名华裔数学家丘成桐在第四届世界华人数学家大会上，痛批国内奥数的畸形发展模式。同年，国家继续出手调控小升初政策。取缔一批奥数竞赛，加大筹码推行就近入学原则，规定原则上各校不得以择优录取的方式公开招生。在此政策要求下，全国各地都在治理奥数乱象。作为教育大市的西安，在这方面采取了许多措施，但收效甚微。为得到优质学校入门券，每到招生季，孩子们在各个"奥数班"内奔波。地下考场为躲避教育行政部门检查，甚至深夜、凌晨组织考试，令学生、家长苦不堪言。在2011年之前，几乎每个周末，西安市教育局督察室都会全员出动查奥数。教育局督察室负责人说："我们采取过很多措施，建立教育督察

---

① 耀琪：《是谁把"奥数"逼成了妖魔？》，《羊城晚报》2011年6月1日。

队,公布举报电话,定期明察暗访等,但效果并不好,这些治标措施解决不了根本问题。"①这些治标之策也未赢得群众满意。2011年8月,西安市七部门在查处一奥数班时,被60多名学生齐喊:"出去! 出去!"在场的家长也质问检查组:"孩子不上奥数班,怎么上好学校?"

2011年3月,我到西安市教育局任职以后,治理奥数培训班及奥数与"小升初"挂钩是我面临的一大教育难题。多年来,西安市教育局及有关部门治理奥数始终处于被动境地,疲于奔命,要么是赶到现场发现人去楼空,要么是吃个闭门羹,几乎没有什么效果。究其原因,主要是在治理方法上只"堵"不"疏",其结果只能像大禹之父鲧治水那样以失败告终。我当时对治理奥数的看法是:"治理'奥数乱象'要疏堵结合,综合施策。一方面,要通过健全制度和监督检查,加大整治力度,挤压奥数班生存空间;另一方面,要另辟蹊径,创设科学公正、阳光透明的民办学校初中招生渠道,从根本上彻底取缔奥数班。任何只堵不疏之举只能收一时之效,而无法从根本上解决问题。"

所谓"堵"就是要健全完善制度,严格治理乱办班、乱考试、乱收费的违规行为,规范考试招生秩序。所谓"疏"就是要按照《中华人民共和国民办教育促进法实施条例》所赋予民办学校"自主确定招生的标准和方式"的权利和"不得组织或变相组织学科知识类入学考试"的规定,指导民办学校采取公开透明的方式,通过相对统一的测评内容,公平公正招生。为此,我决定从"堵"和"疏"两方面进行民办学校初中招生制度改革。谋定而后动。一方面,我先后主持召开西安教育局党委会议和局长办公会,让大家就民办初中招生制度改革集思广益,充分听取大家的意见、建议,认真研究,慎重决策。另一方面,责成教育局有关处室制定《西安市教育局关于进一步规范义务教育阶段招生入学工作的指导意见》,在全国率先出台民办学校初中招生制度改革办法。一切准备就绪后,2012年4月8日,召开全市义务教育阶段民办学校"小升初"招生工作会议。我从三个

---

① 《西安两年内根除"奥数""择校"顽疾》,《西安晚报》2013年8月8日。

方面强调指出改革对西安基础教育事业整体发展的重要意义。

第一，民办学校初中招生制度改革是追求教育公平的重要举措。

这一改革方案刚刚出台时，很多媒体在报道中将其重点定位在遏制"奥数班"这一目的之上。而究其改革实质，这项改革不是简单的遏制"奥数班"，更重要的意义在于追求教育公平，这主要体现在三个方面：一是资源共享。要通过改革促进更多学生共享现有的优质教育资源。二是机会均等。民办学校按照《民办教育促进法》的规定进行自主招生，但不应背离追求公平这个前提。以"奥数班"考试招生为例，对没有机会参加"奥数班"学习的学生而言是不公平的。三是内容公正。"奥数班"考试招生这种形式，其选择时内容唯一参考的是奥数成绩，其内容就不公正。资源共享、机会均等、内容公正是追求教育公平的重要方面。要站在这个高度认识改革的重要意义。

第二，民办学校初中招生制度改革是改善教育民生的重要内容。

贯彻落实科学发展观重在以人为本，在新的历史时期，重视民生、发展民生已经成为各级党委和政府工作的重要内容。作为教育行政部门和学校，要通过自身的工作为改善民生服务。对西安而言，近年来"奥数班"招生乱象已经成为人民群众批评教育工作的重要方面，我们必须通过积极的改革和创新，努力改进教育各项工作，通过推进事业发展来改善教育民生。

第三，民办学校初中招生制度改革是维护教育稳定的重要手段。

教育工作大局稳定与否，在很大程度上也体现在抵制"奥数班"、维护正常教育教学秩序方面。作为学生家长，带着学生跟赶场子一样，今天在这个学校参加考试，明天在那个学校参加考试，他们的心里肯定不舒服，这也成为影响教育稳定的一个重要方面。因此，要站在维护教育稳定的高度和大局来进一步认识民办学校初中招生制度改革的重要性和迫切性。

在强调指出改革重要性的同时，我从严格执行相关规定、严格加强督导检查、严厉处罚违规相关责任主体和责任人三个方面提出具体要求，全力做到确保报名工作顺利进行、确保评价过程万无一失、确保学生录取公平公正。

这项改革的主要内容可总结为两个方面：一是严肃查处违法违规行为。对学校与社会培训机构、奥数班暗箱操作招录学生等违规行为，要严肃追究责任。对有令不行、有禁不止、顶风违纪的学校给予通报批评、撤销荣誉称号、取消评优资格、取消招生资格、吊销办学许可证等处理；对相关责任人给予党政纪处分；对有严重违规违法行为的事业办学单位责任人，区县教育局提出处理意见后，市教育局将通报其上级主管单位给予严肃处理。对违规违法办学行为治理不力的区县，市教育局将通报地方党委、政府，追究教育行政主管部门责任人的责任。对触犯法律法规的责任人，移交司法机关依法处理。二是采取公开透明、公平统一的招生方式招收新生。全市统一规定测评时间，实行网上报名，坚持按小学阶段六年成长过程综合素质发展情况和小学毕业学生素质养成评价相结合的综合素质评价方式进行，以综合素质评价结果招收新生。在每一名学生都能就近获取公办初中学位的前提下，允许报名参加民办学校组织的综合素质评价。综合素质评价，包含小学生综合素质报告单和全面素质测评两个方面。其中小学生素质教育报告单过程评价占60%，全面素质测评占40%。综合素质评价采取网上报名、统一阅卷、统一录取。全面素质测评内容不超出义务教育阶段教学大纲，覆盖规定开设的所有科目。市教育局同时向社会承诺，全面素质测评绝不涉及奥数内容。

这项改革具有以下两个特点：一是测评内容公正客观，以小学毕业生整体情况为主，全面禁止任何奥数内容，符合国家实施素质教育的总体要求；二是整个过程公平公开透明，从报名到测评再到录取，全程向社会公开，接受社会各界监督，切实尊重和保障社会群众对民办义务教育的选择权。2012年，14570名学生通过"5·26招生"[①]，进入8个区的24所民办初中就读；2013年，范围扩大到9个区26所学校，录取了14912人。

随着改革不断深入，困扰多年的"奥数热"得到遏制。一位业内人士

---

① 当时改革方案规定，每年5月最后一周星期六举行民办学校初中招生综合素质测评，改革开始的2012年，5月最后一周的星期六为26日，故称"5·26"。

告诉记者,"奥数班"主要为名校招揽生源,而受"5·26招生"冲击,难以为继,一年多来纷纷关门,所剩无几。① "2011 年,我们接到关于奥数班的举报共 37 起,而实施'小升初'改革后,从去年到现在,一共只接到 2 起举报,连往年的零头都不到,可以说起到了治本的效果。"市教育局监察室相关负责人说。② 群众满意是改革的出发点和落脚点。 库逸龙是民办学校"小升初"改革的第一批受益者。 他的妈妈李萍说,当时周围不少同学为了上名校,都在学奥数,他们也考虑给库逸龙报个班,但被孩子拒绝了。"我们当时想,不报就不报吧,大不了就近找个学校就读。"恰在当年,民办学校"小升初"改革启动,库逸龙报名参加 2012 年高新一中初中校区全面素质评价,被顺利录取。"孩子说,确实没有奥数题,基本都是学过的内容。"李萍说。"只要孩子基础好、学习好,就能上好学校,这体现了公平公正的精神。"王永康的孩子也没有学过奥数,被高新一中初中校区录取。他对"小升初"新政非常支持,单纯看奥数成绩,有点一俊遮百丑。 而"5·26"不仅看各科成绩,还综合考虑各方面表现,更加科学。③ 西安市政协委员寇玉徽认为,"小升初"改革不只是取缔了"奥数班",为每一个孩子提供了上"名校"的机会,同时,更注重学生综合素质的全面考核,最大程度实现教育机会均等、内容公正、资源共享。④ 家住西安市东关南街的年轻妈妈李婷说:"以往为了上名校,被迫报'奥数'班,不仅要花数万元,更增添了孩子的课业负担,增加厌学情绪。 取消'奥数'代之以全面综合素质考试,更有利于孩子的健康成长。"⑤ 取消奥数招生,并未对名校生源质量造成影响。 2012 年首次"5·26"测评,高新一中初中校区命

---

① 《西安两年内根除"奥数""择校"顽疾》,《西安晚报》2013 年 8 月 8 日。
② 《西安两年内根除"奥数""择校"顽疾》,《西安晚报》2013 年 8 月 8 日。
③ 《西安两年内根除"奥数""择校"顽疾》,《西安晚报》2013 年 8 月 8 日。
④ 《西安"两改革两创新"破题,"奥数"顽疾销声匿迹》,《陕西日报》2012 年 12 月 10 日。
⑤ 《西安"两改革两创新"破题,"奥数"顽疾销声匿迹》,《陕西日报》2012 年 12 月 10 日。

题,涵盖了规定开设的所有科目,不仅有语、数、外,还有体、美以及思想品德和生物。一年多来,这届学生的表现令人欣喜。阅读能力、演讲能力、才艺表演等都好于过去,在学校社团和各类活动上表现很突出,更阳光、更活跃。高新一中初中校区校长王凤进认为,这反映出他们不仅学习好,综合素质也很出色,"说明新的招生模式很成功"。[1]"通过民办学校初中招生制度改革等一系列措施,已经彻底斩断了多年来奥数与民办学校招生挂钩的现象。"西安市教育局副巡视员董三原说。[2]

2011年,央视以《奥数班:如何说再见》为题,报道了西安奥数班治理之难。时隔两年,2013年5月28日,央视又以《没有奥数的"小升初"》为题,对西安推进名校"小升初"改革、根治"奥数择校"进行了长达12分钟的专题报道。《光明日报》《中国教育报》等媒体也做了广泛深入的报道。从长期泛滥,到两年根治,体现出西安教育人直面矛盾、创新观念、锐意改革的力量。西安市教育科学研究所所长叶同心说,在全国各地治理"奥数热""择校热"工作中,西安的民办学校初中招生制度改革兼优独到、特色鲜明,它没有受制和效仿任何一个地区的方式方法,是立足西安基础教育发展实际,尊重人才成长规律,追求教育公平的有效探索,在从根本上取缔奥数班的同时,真正做到了机会均等、内容公正、资源共享。[3]陕西高级人才事务所有限公司作为独立的第三方,在其发布的西安教育改革创新第二阶段评价结果中指出,调查显示,对名校"小升初"改革的公平性,以及"小升初"招生严禁出现"奥数"内容,社会各界高度认可。从调查结果看,"多数民众对'小升初'改革的实施有信心",陕西高级人才事务所有限公司首席管理顾问林国强说。[4]

---

[1] 《西安两年内根除"奥数""择校"顽疾》,《西安晚报》2013年8月8日。
[2] 《西安两年内根除"奥数""择校"顽疾》,《西安晚报》2013年8月8日。
[3] 《西安两年内根除"奥数""择校"顽疾》,《西安晚报》2013年8月8日。
[4] 《西安两年内根除"奥数""择校"顽疾》,《西安晚报》2013年8月8日。

创新中小学素质教育

继 2012 年相继推出"大学区管理制改革"和"民办学校初中招生制度改革"之后,2013 年,结合中小学生在综合素质上存在的主要问题,我提出对西安中小学素质教育进行改革创新,西安市教育局党委会议研究后付诸实施。

一、中小学生素质短板

2013 年 5 月,我还在西安日报(西安晚报)社工作的时候,曾去澳大利亚悉尼考察学习,一天中午饭后和几位同事在餐厅附近的公园散步,看见三个小学一、二年级的学生围坐在一个石桌前吃麦当劳,一会儿,三个学生相继将食品包装盒和饮料纸杯扔到大约 30 米开外的垃圾桶。这一幕在我人生记忆里留下深刻的印象。说来也巧,回国后不久,一天晚上我在长安北路由南向北行将走到南稍门时,正前方一名高挑个儿的中学生由北向南迎面走来,他左手拿着一枚刚从路边商店买到的雪糕,只见他右手撕掉包装纸顺手扔在路边,紧接着再把包裹雪糕的塑料盒取下扔掉,而当时在距离他四五米之外就有一个垃圾桶。两相对比,我当时真不知道说什么好,心里有一种难以言表的滋味。

2009 年 10 月 31 日,"中国导弹之父"钱学森与世长辞。这位 98 岁的科学家留给后人的,除了他在应用力学、物理学及航天喷气领域的巨大成就之外,还有一个著名的"钱学森之问":"为什么我们的学校总是培养不出杰出的人才?"钱学森先生的叩问直面中国教育的尴尬,在半个多世纪的时光流逝中,我们送走了一位又一位大师,可是却很少见到有新的大师成长起来。反思其中的原因,我认为,在中国式教育中浸润的孩子们综合素质不高是其主因,社会将知识教育和考试分数作为选拔人才的唯一标准,从而导致了"高分低能"现象的普遍存在。学生们或许可以取得优异的考分成绩,但是许多人的生活能力和个人素养却没能取得对等的发展,社会责任感欠缺,创新能力偏低,综合素养不高,已经成为中国社会不容忽视的一种危机。

无论是从国家经济社会发展,还是提高人才质量等方面来看,素质教育都具有非常重要的作用。第一,素质教育是国家经济社会发展的迫切需要。国家经济社会的快速发展急需高素质人才作为支撑,也必然带动对高素质全面发展人才的需求。因此,首先要从国家发展战略的高度来认识中小学生素质教育,依据社会发展、人的发展的实际需要培养人才。十年树木,百年树人。人才培养是一个漫长而艰辛的过程,需要从孩子抓起,脚踏实地,勤勤恳恳,通过加强中小学素质教育,为国家经济社会发展培养高素质人才。其次,在"经济文化化"和"文化经济化"的时代,经济发展是文化发展的物质保障,文化发展又为经济发展提供了智力支撑和精神家园。在"经济文化化"和"文化经济化"的时代,需要高素质的人才来服务于经济发展。因此,可以说实施高素质教育是国家经济社会发展的迫切需要。

第二,素质教育是新时期教育改革发展的重要内容。我认为,教育具有两重属性。第一重属性是排他的本体固有属性,亦即教育本身不受任何外界因素制约和干扰。教育有它本身的发展规律,可促进学生的身心健康,尊重学生的认知水平。在每一个阶段的教育中,都应遵循学生身心成长规律,遵循本阶段教学课程的质量,教授学生学习方式方法,不应受任何时代因素所制约与限制。第二重属性是融他的时代属性。不同历史时期的时代特征、时代内涵必然会给这个时期的教育发展打上深深的烙印,换言之,任何一个历史时期的教育发展都必然具备这个时代的特征。因此,教育应适当地调整或改变其内容与重点以适应时代特征,来体现教育的自身价值和教育的生命力。而培养高素质人才正是顺应时代发展的需要，因此要把素质教育纳入教育改革发展的重要方面。

第三，素质教育是提升人才质量的有效举措。可以从两个方面来理解这个问题。一是从行为学角度来说，幼年、少年时期是人习惯养成的关键时期，这一阶段养成的习惯对人的一生有重要的影响。古语说："少年若天性，习惯自养成。"若人的综合素养在幼年、少年时期没有打下良好的基础，必然会直接影响其人生的发展。二是从教育学的角度来说，良好的习惯不是一朝一夕养成的，而是一个由简单到复杂的逐渐形成的过程。小学、中学阶段，是奠定一个人终生基础的主要阶段。不能仅依靠大学一个阶段使一个人的综合素质得到加强，而忽略了小学、中学阶段习惯养成对一个人的影响。所以，从这两个层面来说，加强中小学素质教育是提高人才质量的有效举措。

早在1982年，党和国家为反对片面追求升学率即反对应试教育，提出了实施素质教育以贯彻全面发展的教育方针。《中华人民共和国义务教育法》第五章第三十四条亦对素质教育做了明确的回答。它提出教育教学工作应当符合教育规律和学生身心发展特点，面向全体学生教书育人，将德育、智育、体育、美育等有机统一在教育教学活动中。注重培养学生独立思考能力、创新能力和实践能力，促进学生全面发展。但是，在功利的教育模式主导下，由于考试成绩和升学率压倒一切，素质教育往往漂浮在呼吁和应付的表层，无法像追求考分那样真正落到实处，以致在将近30年过后，直到21世纪20年代初，中小学生的综合素质依然没有较大程度的提升，无论是与西方发达国家，抑或与东方近邻日本和韩国相比，我国中小学生的综合素质有着较大的差距。我国中小学生综合素质不高，主要表现在三个方面：一是创新意识不强。教育进展国际评估组织曾对全球21个国家进行调查，中国孩子的想象力排名倒数第一，创造力也只排在倒数第五。二是动手能力（实践水平）偏低。大多中小学生是典型的书呆子，读死书，死读书，嘴上能说会道，生活上的事情却一窍不通，更是做不好或者压根不会做，动手能力较差。三是人文素养不高。具体表现是人文积淀浅薄、人文关怀淡漠、人文精神缺失。

二、多措并举开创素质教育新格局

2013 年,针对中小学生在综合素质上存在的诸多问题,结合造成这些问题的具体原因,在充分调查研究和与校长、教师、学生座谈交流的基础上,我大胆提出"创新中小学素质教育"这一命题,力图通过多措并举开创西安中小学素质教育新格局。我的整体思路是政策引导、制度约束、学教结合、家校互动、社会支持、全民关注。具体目标是通过培养学生的创新能力、实践水平和人文素养来提升西安中小学生综合素质。

(一)编写素质教育文化读本

为了使实施素质教育有一个行之有效的载体,我萌发了编写素质教育文化读本的想法,经过充分论证之后,由西安市教育局委托西安市教育科学研究所组织相关教育、教学专家和一线教师承担编写任务。应该说,这是西安深入实施素质教育的一项创新性、探索性举措。

《文化读本》的编写宗旨是:着眼于尊重中小学生身心发展的特点和规律,促进学生生动活泼、积极主动地发展;着眼于提高学生的文化素养,促进学生创新意识和实践能力有效提升;着眼于帮助学生树立正确的世界观、人生观、价值观,促进学生培育良好的社会公德和家庭美德。

毫无疑问,对学生进行素质教育的内容是多方面的,但就西安而言,久远厚重的历史文化、丰富深邃的人文内涵,以及承古开新、开放包容的时代精神,是西安实施素质教育的重要素材,也是西安基础教育的地域特色。为此,《文化读本》以西安地域文化为主线,以传统历史文化沿革和现当代文化发展为主要内容,"小学卷"通过"讲故事""学知识""会思考""能实践","中学卷"通过"经典阅读""文化故事""知识拓展""探究实践"等板块栏目,引导学生阅读并了解西安的政治经济、人文历史、艺术创造、科技发明等,激发学生的乡土意识和爱国情怀,使其在感知中华文明深厚积淀的过程中培养高度的文化自觉意识，进而增强对民族文化的自信。与此同时，《文化读本》从提高学生的创新意识、动手能力、人文素养入手，着力深化"地域性就是国际性""民族的就是世界的"文化认知，以此来启迪青少年的国际视野和创新意识。特别是扩展体验性活动的栏目设计，对于培养学生在活动过程中观察、发现、质疑和解决问题的思维能力，具有很强的针对性和可操作性。

《文化读本》分为小学卷和中学卷，均为全一册，分别以四至六年级小学生和七至九年级中学生为使用对象。小学卷约15万字，按主题设置11个单元，分别是《自然》《先祖》《汉字》《科技》《礼仪》《美德》《节日》《艺术》等。中学卷约26万字，按主题设置8个单元，分别是《千年帝都》《礼乐教化》《宗教文化》《杰出人物》《诗意长安》《科学技术》《艺术之花》《红星闪亮》。每个单元分4个章节，围绕主题安排相对独立的内容。每个章节设有经典阅读、文化故事、知识拓展、探究实践4个栏目，介绍和讲解相关文化典籍、历史人物及事件，以丰富学生的文化积累，提高赏析能力，培养审美情操。

《文化读本》充分利用西安地域文化的优势，为实施素质教育提供现实素材，充分考虑到中小学生的认知水平和接受能力，具有知识性、科学性、趣味性和实践性的特点。纵览全书，无论是小学卷还是中学卷，都采用散文化、叙事性的语言讲述历史文化故事，有历史事件的梳理，有桑梓英贤的记叙，有风物人情的稽考，有文化典故的介绍，在表述方面力求通俗易懂。学校在使用该教材中，可以根据地方课程教学安排落实课时；也可以与学校的综合实践活动结合起来，以实践课的形式开展；还可以和学校的读书节、课外阅读活动结合起来，由教师指导学生阅读，不留作业，不考试，不增加学生课业负担。

（二）以"考"促"做"

在很多人看来，中小学生综合素质不高，主要在于追求分数的应试考试制度的副作用。我认为，这个看法不全面，也不完全客观。在中国几千年历史上，评价制度一直是延续不断的。两汉的察举制，魏晋南北朝的九品中正制和隋代开始的科举制，总有一个评价选拔的办法或制度。应该说，考试制度是机会公平的体现。中小学生甚至包括大学生综合素质不理想，从根本上讲，原因不在于中考、高考制度本身，而在于考的具体内容。中国教育的实际情况是不考不教，只要不纳入考试，老师不教，学生、家长也不会重视。造成中小学生综合素质不高的原因是多方面的，但不得不说，未将综合素质纳入考试内容应是其主要原因之一。有鉴于此，我大胆提出，将综合素质作为一个科目，纳入西安市中考。老实说，今天回想起这件事情，我都有些后怕，因为一年一度的中考，直接影响或决定着一个学生未来的人生发展，突然间在中考科目中新增加一门"综合素质科目"考试，学生、家长、社会是否认同和接受？肯定有潜在的不可预知的风险。在当时研究审定改革方案的市教育局党委会议上，我斩钉截铁地说，若改革成功，成绩是大家的；若改革失败，我一人承担全部责任。自 2013 年起，为了让素质教育有一个切实的抓手，西安市将综合素质考试纳入全市中考科目，成为全国首个在深化中考招生制度改革过程中创新实施素质教育的城市。综合素质科目考试，根据教育部对中小学综合素质评价 6 个维度要求，重点考查学生的创新能力、实践水平和人文素养，内容涉及生活技能、人文常识、社会规范等多方面知识。考试没有复习资料，不增加学生课业负担，考试费用由教育部门承担，考试成绩在 2013 年、2014 年、2015 年、2016 年和 2017 年分别以 50 分、60 分、70 分、80 分和 90 分计入中考总成绩。通过突出导向作用，将实施素质教育的要求固化到试卷上，把对学生综合素质的培养落实到更为家长和学生看重的"分数"上，"倒逼"素质教育的实施。

2013 年西安市中考综合素质科目试题以充满正能量的考查立意和贴近生活、贴近实际的考题内容，博得了社会各界和广大师生的一致肯定，有效促进了社会、学校、家庭共同关注素质教育。2013 年 6 月 24 日，《人民日报》以"西安中考增加综合素质科目：素质，怎么考"为题，在文化版头条进行了报道。新华社、《光明日报》、《中国教育报》等中央媒体也对此项改革给予了报道和肯定。

测评只是一种手段,因为这门课没有课本,课程就在于日常生活和社会实践,重在考查学生的日常积累和习惯养成,其目的是通过这种制度约束、制度改革,起一种导向作用,引导学生关注课堂之外的社会,提高自己的主体生活能力,避免学生成为四体不勤、五谷不分的"考试机器"。每年一次的中考综合素质测评是警钟,是号角,有效地引导学生和老师以及家长在日常的教育过程中春风化雨、点滴浸润。客观地讲,用测评计分的方式,让学校、学生和家长对素质教育真正重视,是一个无奈之中的必要手段。但在一个由应试教育向素质教育转型的非常时期,或许也只有非常之法才能取得切实有效的成果。与之对应的,教育部部长袁贵仁在2014年3月接受全国两会记者采访时指出,高考改革要着力解决考试内容问题,即"考什么"和"怎么考"。除了统考成绩之外,还要将综合素质纳入录取环节。从这一意义上,西安市的中考改革无疑正是率先迈出了一步。

当时有人质疑这一中考改革,说综合素质是"做"出来的,而不是"考"出来的。而我认为,一方面,"考"本身就是"做",它可以促使学生以实际行动强化自身综合素质的提升。道理很简单,你不重视综合素质这门课,你的考分上不去,你可能就考不上理想的学校。21世纪教育发展研究院院长、北京理工大学教授杨东平说:"把素质教育纳入考试,肯定会促进学生关注自身生活常识、社会活动、社会阅历的加强。"[1]中国教育创新研究院院长、北京师范大学教授刘坚亦云,在应试教育体制难以打破的情况下,加进综合素质元素对基础教育在导向上有积极意义。[2] 另一方面,能够引起家长对素质教育的重视。因为有了这样一个导向,很多家长就开始考虑如何提升孩子的综合素质,比如在家里训练让孩子做家务。哪怕是为了考试这一个单一的目的,但从效果上来说,已经达到了素质教育的某些作用。

---

[1] 见电视纪录片《正道》。
[2] 见电视纪录片《正道》。

西安中小学素质教育改革创新被《人民日报》报道

（三）以"评"促教

强国必先强教，强教必先强师。教师应该学为人师、行为世范。只有具有高素质的教师才能培养出高素质的学生。为了更好地推进中小学素质教育，我提出把提升教师队伍的整体素质作为素质教育的重要举措。从2013年开始，将素质教育纳入对教师的评价之中，在全市中小学教师中实行素质教育能力测试。经西安市教育局党委会研究，制定下发了《西安市中小学教师综合素质测试实施方案（试行）》。测试按照《中华人民共和国教师法》《中华人民共和国教育法》《中华人民共和国未成年人保护法》《国家中长期教育改革与发展规划纲要（2010—2020年）》等法律法规和文件精神，依据《中学教师专业标准（试行）》《小学教师专业标准（试行）》的要求，并结合西安市中小学教师和新课程改革的实际进行命题。

教师素质教育能力测试的主要目的：一是引导教师终身学习，树立科学教育理念，加强师德修养，建设高素质教师队伍。二是引导教师在教育教学活动中积极推进并有效落实素质教育，不断提高素质教育的实施水平，提高教育教学质量。测试内容以师德建设为首位，以教师专业发展为目标，以坚持导向性、全面性、差异性为原则，以考查中小学教师的创新能力、实践水平、人文素养为重点，进一步转变中小学教师的教育观念，强化创新意识，提升创新能力，为实施素质教育提供有力支撑。具体讲，主要从创新意识、创新方法和创新精神等方面考察教师的创新能力，主要从分析问题、解决问题和应对突发事件的能力等方面考察教师的实践水平，主要从思想境界、道德素养、职业精神等方面考察教师的人文素养。素质教育能力测试作为推进西安市中小学教师素质教育的一项重要举措，其结果作为教师资格动态管理、职务评审、岗位聘任、绩效工资发放、评优奖惩的重要依据。这一在全国首创的创新性举措，不仅有效地增强了全市中小学教师的综合素养，而且有力地推进了中小学生综合素质的提升。

2014年4月19日，西安市临潼区一位老人被水泥罐车撞倒并从身上轧过，过往车辆无一停下，而临潼中学高三年级3班学生王震及该年级其他9名同学看到后快速穿过车流搀扶老人，通过拨打急救电话、到附近医院借来担架车并迅速送往医院等办法及时予以救治，老人得以脱离生命危险。这10名中学生以实际行动传递了正能量，倡导社会新风尚，其见义勇为的行为、主动救人的勇气、团结协作的精神赢得了社会的广泛肯定和广大群众的高度赞扬。5月19日，中共中央政治局常委、中央书记处书记刘云山同志在陕西调研时，与学生代表王震、何雨萌亲切交谈，对他们以实际行动践行社会主义核心价值观的做法给予了充分肯定。这也从一个侧面反映出创新中小学素质教育的成效。

创新教育评价体制

教育评价是指在一定教育价值观的指导下，根据确定的教育目标，通过使用一定的技术和方法对所实施的各种教育活动、教育过程和教育结果进行科学判定的过程。教育评价作为教育实践的重要组成部分，是教育管理的有效手段，是保证教育健康发展的关键环节。而教育评价体制机制的好坏，则直接决定着教育评价能否全面客观地反映教育活动成果及存在问题的真实与否。

一、中国教育评价体制的缺陷与弊端

在教育行业，最重要的两个主体是学校和教育主管部门，前者是教育实施的主体，后者是教育管理的主体。基于这两大主体，我国传统的教育评价是"第一方"和"第二方"评价。教育第一方评价，即学校开展自评。学校对自身的教学活动和教学结果进行自我评价，其优势是能够充分了解自身的实际情况，可实现测量判断的评价目标，但客观性不够，容易出现避重就轻甚至自欺欺人的情况。教育第二方评价，也可称为政府评价，主要包括各级教育主管部门开展的评价活动，具有很强的行政权威性，兼具督导管理的作用，可实现引导激励的评价目标，但政府评价权力相对集中，造成权责不清，容易出现既做"运动员"又兼"裁判员"的问题。其评价的客观性和公正性令人怀疑，其可信度和公众认可度也会大打折扣，缺陷与弊端显而易见。

不难看出，上述两种教育评价体制或模式，尽管在评价主体和评价对象上有所区别，但都属于教育行为的实施主体自己对自己的教育行为进行评价。对评价主体或评价对象来说，既无压力，也无后顾之忧。例如就第二方教育主管部门的评价而言，它是教育政策的制定者，又是这些政策的实施者和实施效果的评判者，这根本无法保证评价结果的客观与公正。这两种评价的缺陷和弊端主要表现为：一是评价主体单一，缺乏社会各界的广泛参与，公信度不高；二是评价标准单一，往往将指标确定在学校规模、论文发表数量、入学率、升学率等方面，科学性不够；三是评价结果单一，与学校达标升级、评选表彰、财政投入直接挂钩，功利性太强。从某种意义上讲，单一意味着垄断，教育行业的学校和行政管理部门既当"运动员"又当"裁判员"，教育评价的科学性、公正性自然大打折扣。

二、开创中国教育评价体制新格局

基于比较优势理论，教育第三方评价相较第一方评价、第二方评价具有客观性、专业性、独立性的特点，可为实现"诊断改进"评价目标提供强力支撑。"第三方评价"这一概念最早起源于15世纪的欧洲，当时是为了保证产品的质量，后来延伸到不同的领域如医疗领域、政治领域和教育领域等。历经数个世纪的发展，"第三方教育评价"在西方发达国家已有非常成熟的市场和运行机制。以美国为例，其国内著名的国家教育进展评估（National Assessment of Educational Progress，NAEP）是美国唯一的全国性、代表性和持续性的评价学生学业成就的项目。该项目是由美国国会授权，教育部所属的全国教育统计资料中心管理，第三方专业机构——教育考试服务中心（ETS）来具体实施的。美国各州，在中小学教育修正法的强制要求下，每年都要举行统一的考试，考试结果用于评估各个学校的教学质量。这些考试各州教育部门不能自行操作，而要通过公开招标签订合同，把考试的具体工作外包给第三方考试机构。在美国，占据绝对市场优势的第三方学业评价机构至少有5家。再比如，芬兰已连续多年开展第三方教育评价。在其制订的《2012—2015年教育评估计划》中,把参与国际性的第三方评估项目作为计划的一个重要部分。而在日本,则通过文部科学省的执法规定将第三方评价提升到和学校自我评价、学校关联者评价同等重要的地位,也是国家教育评价系统的重要组成部分。

我国虽然是一个教育大国,但由于种种历史原因,在很多教育实践上都落后于西方发达国家很多年,第三方教育评价即为其一。第三方评价这个概念作为舶来品,于20世纪90年代传入中国并开展学理探讨。直到21世纪20年代初,第三方评价的实施及探讨多在商业、政治及高等教育层面进行。鉴于我国传统的第一方和第二方教育评价体制的缺陷与弊端,在充分汲取国外第三方教育评价经验的基础上,结合西安基础教育实际情况,2012年4月,我萌生了"创新教育评价体制"的想法,也就是在西安基础教育领域实施第三方评价。当时,谋划这一创新性改革,还有另外一个直接原因。如前所述,自2012年春季开学起,西安市教育局相继启动实施了"大学区管理制改革""民办学校初中招生制度改革""创新中小学素质教育"三项教育改革。市教育局是这些改革的政策制定者、组织推动者,各区县教育局和全市中小学、幼儿园是这些改革的具体实施者。这些改革取得什么成效?还存在哪些问题?需要怎样改进?如果按照第一方和第二方评价的要求,由教育局和学校进行评价,得出的结论势必难以令人折服,这也是我提出第三方评价,创新教育评价体制的重要根由。

从2012年5月开始,经过与西安市政研室、参事室、统计局、社科院等部门探讨论证,7月初,西安市教育局启动实施创新教育评价体制改革,按照"政府主导、社会参与、市场运作"原则,通过社会公开招标、政府统一采购的方式,引入社会第三方机构对基础教育改革发展情况进行全程跟踪评价,面向社会广泛征集对教育工作的意见建议,积极建立政府和社会各方共同参与的新型教育评价体制。经过招标、评标、公示、竞争性谈判,最终由陕西高级人才事务所有限公司作为中标单位来承担第三方评价任务。该机构成立了由国内知名专家队伍、研究分析人员和管理人员组成的11人项目组，评价工作包括对教育环境、政策、现状和问题的前期调研，制定评价指标体系，试评价和正式评价，数据分析，形成报告等过程，充分发挥专业机构的人才、技术优势，通过广泛和具有代表性的一手数据采集，采用数据分析和实证研究的方法，由专家缜密论证和评价教育改革内容，并最终提出教育改革政策举措的合理化建议。担任第三方评价的机构，需提供阶段性评价报告和年度评定报告，及时将反馈意见提供给教育部门和学校，评价对象涵盖了区县教育部门、学校、教师、学生和家长等。

2013年，社会第三方机构对全市大学区管理制改革、民办学校初中招生制度改革、减轻中小学生各种课业负担改革进行了跟踪评价，共向学生、家长、教师等群体发放有效问卷2.5万余份，访谈400余人次。2013年10月，向社会公开发布第三方教育改革年度评价报告。社会第三方调查显示，在对"民办初中以综合素质评价结果招录新生的方式所体现出的公平性"调查中，大多数调查者认为非常公平；对城4区（新城区、碑林区、莲湖区、雁塔区）8个大学区的调查数据显示，参与调查的教师中有86.85%的被调查者对大学区内实现"九统一"有信心，并认为会同时降低"择校热"；参与调查的学生及家长中有96.23%的被调查者对大学区管理制改革充满信心，并认为这一举措有效缓解了"择校热"。

通过社会第三方评价，党政部门对全市教育改革发展情况有了更加客观、准确的了解和把握。特别是在通过建立新型教育评价机制，促进教育行政管理科学化的同时，教育质量评价导向作用开始突显，有效引导学生和社会树立正确的质量观、人才观。

2001年，《国务院关于基础教育改革与发展的决定》即已明确指出："基础教育是科教兴国的奠基工程，对提高中华民族素质、培养各级各类人才、促进社会主义现代化建设，具有全局性、基础性和先导性作用。保持教育适度超前发展，必须把基础教育摆在优先地位，并作为基础设施建设和教育事业发展的重点领域，切实予以保障。"在随后出台的《教育部关于积极推进中小学评价与考试制度改革的通知》中,首次提出"要探索有利于引导学生、教师和学校进行积极的自评与他评的评价方法",并提出了学校评价的参与主体应该多样化的指导意见。2010年颁布的《国家中长期教育改革和发展规划纲要(2010—2020年)》在论及"改革教育质量评价与人才评价制度"时,明确提出了"要开展由政府、学校、社会各方面共同参与的教育质量评价活动"。特别是2013年发布的《教育部关于推进中小学教育质量综合评价改革》的意见中,不仅又一次强调和阐释了推进评价改革的重要性和紧迫性,而且明确要求整合和利用好相关评价力量和评价资源,充分发挥各方面优势,逐步建立政府主导、社会组织和专业机构等共同参与的外部评价机制。这些都为基础教育阶段的教育评价引入第三方提供了重要的政策改革依据。西安在全国率先引入第三方机构评价中小学教育改革发展状况,无疑开中国基础教育第三方评价之先河。也正是因为这一点,此举一开始就引起全社会的广泛关注。2013年12月,该项工作被教育部评为第三届全国教育创新改革优秀奖。中宣部理论局编印的《理性看,齐心办——理论热点面对面2013》一书关于"教育质量怎么提高——评价'指挥棒'怎么指"一文中,专门列举西安市开展教育第三方评价的事例,认为此举"提高了评价的公信力"。《人民日报》《光明日报》《中国教育报》等中央和省市媒体对这项创新都做了详细报道。其中,《人民日报》于2012年9月3日文化版头条以"西安教育部门花钱'买'监督,为教改措施打分"为题,2014年1月15日社会版头条以"政府主导、社会组织和专业机构共同参与——西安市中小学请第三方'品头论足'"为题,先后两次刊文报道,对这项创新举措给予肯定和赞誉。

◆ 我的创新之路——从学术研究到行政管理

引入第三方机构评价中小学教育改革发展状况被《人民日报》报道

后　记

2024年5月底，当我草就拙作《我的创新之路》时，心里充满一种"妆罢低声问夫婿，画眉深浅入时无"的忐忑焦虑，真是十五个吊桶打水——七上八下，因为毕竟是自己写自己，在语言表达、事实定性、成效评判等方面的分寸很难拿捏，敞开兴致去写，唯恐有自吹自擂、言过其实之嫌，谨慎隐忍些，言不由衷，又觉得无法真实客观地再现我创新的过程与结果，难以释怀，同时也失去了我写作此书的真正目的和意义。两年前，在我谋划写作此书时，有同事、朋友好心建议说，最好请别人代劳，不要自己写自己。后经思忖再三，我决定还是自己亲自执笔，主要基于三重考虑：一则能够如实反映我在学术研究和行政管理中坚持创新的心路历程；二来写作的过程也是回首过往、总结反思意义上的行旅和享受；三是有利于将该书面世后在社会上产生的訾议由自己承担，与他人毫无关联。

拙作分五个部分，第一篇和第二篇，基本上是以学术论文的形式如实再现自己在"历史文化研究"和"文化遗产保护"中进行创新的观点、思路和结果，全由自己一人完成，且均已公开发表或出版，决然没有自我标榜的成分或水分。第三篇、第四篇、第五篇记录我在西安市社会科学院（联）、陕西省社科联、西安日报（西安晚报）社和西安市教育局从事行政管理的创新之举，我作为这些单位的主要负责人，创新的观点、思路、举措由我提出，但具体工作靠大家来完成，创新改革的过程和结果中倾注了同事们大量的心血，并非我一人的功劳和荣耀。也正是因为这一点，我在写作的过程中，从语言到语气，从过程到结果，均力求客观求实，尽量做到准确无误。不过需要指出的是，这毕竟是追述往事、再现历史，难免有叙述不当、论评失允之处，诚请与我同甘苦、共命运的同事们海涵、匡正！

　　拙作得以顺利出版，首先要感谢西北大学出版社马来社长、张萍总编辑。从该书开始写作到付梓面世，两位社领导始终给予我热情鼓励、精心指导和鼎力支持，责任编辑郑迪为本书提出许多很好的修改意见和建议，深表谢忱！其次，西安市社会科学院蒋涛副院长、西安日报（西安晚报）社刘小荣高级记者、西安市教育局魏振华处长为本书写作查阅和提供相关资料，并订正、完善相关内容，在此一并致谢！

　　说来也怪，当拙作终于要和读者见面的时候，我当时写就初稿时的忐忑不安已不复存在，取而代之的是内心极度的平静与坦然，因为"丑媳妇总得见公婆"，"丑"耶，"靓"耶？"是"耶，"非"耶？听由广大读者"公婆们"见仁见智、评头论足。

2024 年 12 月